浙江省社会科学界联合会 2006 年社科普及课题成果

司法警官职业教育系列教材

现 场 处 置

张绪梁　郭锦艳　编著

中国政法大学出版社

司法警官职业教育系列教材
编 审 委 员 会

出 版 说 明

为了适应司法警官高等应用性专门人才培养的客观需要，适应司法警官高等教育改革和发展的要求，在中国政法大学出版社的大力支持下，浙江警官职业学院组织编写出版了一套司法警官职业教育系列教材。

本套教材分为刑事执行、行政执行、司法警务、安全防范、法律事务、警务基础等六大类。教材编写根据司法警官高等职业院校的人才培养目标和教育部对高职院校"突出实践应用能力培养、理论知识以必需够用为度"的教学要求，着重解决司法警官院校特有专业教材匮乏的问题，同时积极进行精品（重点）课程的教材建设，努力培育特色教材。在教材内容上，力求体现：

1. 时代性。本套教材以最新法律法规的规定为依据，努力吸收当前国内相关的最新学术理论研究成果，注意借鉴国外有关的研究成果，结合社会和行业实际发展，具有较强的时代性。

2. 实用性。本套教材在编写过程中贯彻实用性原则，坚持理论联系实际，采取理论研究与行业实际及实例说明相结合的形式，强调尽量满足学以致用和职业技能训练的要求。在实例的选用上，均注重选用相关行业的实际案例，并经分析、整合、提炼后体现在文本中，以便学习者接受。

3. 系统性。本套教材充分考虑到学科知识体系的相对完整性，注重对相应学科中的基本概念、基本原理和基本实务问题的分析和阐述，力求释义准确、论点明确、重点突出、结构严谨、逻辑严密，便于学生系统学习和掌握相关知识点。

4. 通俗性。教材作者立足警官院校的实际，针对高职学生的特点，力求运用通俗易懂、简明流畅的言语和简单的案例来阐释理论，尽量做到可读、易懂。

本套教材适用于全日制警官高等职业院校的相关专业，也可供其他院校及相关行业从业人员作为教学、业务培训、自学用书。

　　本套系列教材将在2005～2010年间陆续与读者见面。由于编写教材是一项复杂的系统工程，任务繁重，时间紧迫，不足之处在所难免，我们真诚地希望得到广大师生、读者的厚爱、谅解、批评和指正，以使本套教材不断修改、充实和完善，更好地为警官高等教育事业服务。

司法警官职业教育系列教材编审委员会

编写说明

　　"现场处置"是浙江省社会科学联合会2006年社科普及课题的研究项目。"现场处置"一词，并非独创。在我国的一些应急法规和应急预案中均出现过。现场处置的理论研究主要依据危机管理理论。所谓危机管理，是一种有组织、有计划、持续动态的过程，政府针对潜在的或者当前的危机，在危机发展的不同阶段采取一系列的控制行为，以期有效地预防、处理和消弭危机（张成福语）。危机管理的内容分为预防、准备、响应和恢复四个阶段。现场处置并非研究危机管理的全部，重点涉及危机响应阶段的内容。具体包括初级响应阶段的前期处置和扩大响应阶段的救援行动。它以危机事件（本书定义为突发事件）为研究主题，以特定的地点、时间为研究视点。应急程序、应急决策、应急职责和应急行动等概念构成了现场处置的基本范畴。综合观之，现场处置具有时间的阶段性、行动的紧急性和决策的非程序性。从功效的角度看，现场处置对于突发事件的研究具有"治标"的意义，这并非说"治本"不重要，而是说突发事件的应急措施、技术对于当下的政府、公众更为迫切。

　　当今社会正处于危机的高发时期，军事、政治领域的威胁没有消退，新的不安全因素却困扰着人类，环境恶化、生态危机、金融危机、恐怖主义、"禽流感"、艾滋病、难民移民、网络犯罪、毒品泛滥等在全球范围内此起彼伏，直接威胁着国家安全、社会稳定和人们的生活。这些非传统领域的安全事件正逐渐成为危及人类安全的主流形态。然而，面对一次次灾难，人们看到的是一幕幕惨烈的情景，家园毁损、生命杀戮、社会动荡等。如圣城麦加朝觐中狂热的信徒相互挤压而酿成的几百人死亡的踩踏惨剧，飓风"卡特里娜"中大批慵懒的美国新奥尔良居民迟迟不愿撤离家园而遭受飓风正面袭击，我国2008年南方冰冻暴雪灾害中由于应急资源不足造成百万旅客滞留车站和高速公路，深圳 9·20 火灾事故现场中舞厅观众盲目跳楼逃生酿成 43 人死亡的小火情大伤亡事故……人们不禁要问，面对危机，政府、公众、媒体要做什么？尤其作为个体，在灾害现场如何自救和逃生？这些为以应急程序、行动、技术为研究对象的现场处置提供了施展空间和机会。

现场处置虽然只反映了危机管理的部分环节，但没有与危机管理的其他环节绝然断裂。事实上，危机管理四个阶段的内容是彼此相连、不容分开的。况且"最好的救灾方法不如最好的防灾方法"。因而，对于应急准备阶段的应急预案、危机预警，应急恢复阶段的现场调查和恢复等内容，作为现场处置——这个应急响应阶段的核心内容——的必要延伸加以链接。

现场处置是一个全新的领域，它着眼宏观，着手微观，侧重于应急程序和行动的研究。本书是在结合当前突发事件的新情况，吸收同行的最新研究成果的基础上编写的，做了积极有益的探索和创新，力求在应急体系的构架性、基础知识的必需性、内容的实用性、形式的新颖性上取得突破。

本书以导论篇、技能篇和实务篇来构建现场处置的理论体系。导论篇（第 1～4 章）主要借鉴危机管理的基本原理，搭建了现场处置的理论体系，内容涉及现场处置的基本概念、组织体系、运行机制、应急保障和应急预案等应急管理中的核心要素。技能篇（第 5～11 章）主要按照应急响应阶段的程序，提炼了七项常用的应急措施（在应急预案中也称应急功能项）。实务篇（第 12～19 章）主要按照突发事件的常规分类，总结了八项应急实务专题，范围涉及公共卫生、自然灾害、事故灾难和公共安全等四大类突发事件，在相关应急机制的基础上，重点突出应急程序和措施。另外，本书在技能篇、实务篇穿插了 37 个经典应急案例，以增强本书的实践性。本书可以作为高等院校警察类、公共安全管理专业的教材，也适用于公务员、企业员工等在职人员的应急管理培训。

本书在编写过程中大量参考并吸取了相关专著、教材、论文的一些成果，编者已尽量在注释和参考文献中列出，但难免疏漏，特向有关作者表示谢意。同时对于向本书提出宝贵的修改建议的浙江大学张国清教授、杭州民防局杨松林处长表示感谢。

本书第十一章、第十五章的第三节（部分内容）、第十六章的第三节（部分内容）和第十九章的第三节由郭锦艳撰写，其他章节均由张绪梁撰写，并由张绪梁统稿、定稿。由于编写者水平有限，难免有许多不足之处，恳请同行专家和读者给予批评指正。

作　者

2009 年 2 月

目　录

导 论 篇

技 术 篇

实 务 篇

案例目录

导论篇

古巴导弹危机后，曾将美国拖入"越战"泥潭的美国前国防部长麦克纳马拉曾说过一句名言："今后的战略可能不复存在，取而代之的将是危机管理。"这句话的前瞻性在当今世界已经越来越得到证明，危机管理对于社会普通公众的意义自不待言，对于政府也是意义重大。现代危机已由被动应对转向主动管理。只有建立完善的危机应对机制，未雨绸缪，才能保证人类健康、安全地生存和发展。

第一章　现场处置概述

【学习内容】

现场处置是应急管理中应急响应阶段的核心内容。现场是突发事件的载体，突发事件是现场的构成要素。本章介绍了现场、突发事件、现场处置等基本概念。其中突发事件的含义、特征和分类以及现场处置的含义、特点和原则是学习重点。

【学习目标】

通过本章的讲授及学生学习，学生应知道突发事件的含义、特征和分类以及现场处置的含义、特点和原则。

第一节　现场及突发事件

一、现场的含义、构成要素和种类

（一）含义及构成要素

"现场"在《汉语大词典》（第 4 卷）中的解释有两种，一是指"发生案件或事故的场所及当时的状况";二是指"直接从事生产、工作、试验的场所"[1]。本书所称的现场显然是指前者,即发生案件或事故的场所及当时的状况。

现场因其形成的主客观条件不同而互有差异,其外在表现形式多种多样。但任何现场均在特定的时间和特定的空间下存在,均由一定的客观事实引起。因而现场的构成要素有三个:一是时间要素,二是空间要素,三是事实要素。

1. 时间要素。现场存在的时间,通常是指形成现场的事实因素从起始到终止的时间。这从另一侧面反映了现场的时效性特征,也就是说,现场不是永恒的,不是永远存在的。比如,对于某一起交通事故发生地;刚刚发生的可以称之为交通事故现场,但经过一段时间后,只能称之为某交通事故发生地,而非现场。从事物发生、发展和消失的规律的角度看,对现场的时间要素的理解应更加全面和完整,也就是说,事实因素的起止时间要做必要的延伸。具体来说,应包含事件即将发生、正在发生和刚刚发生三种形态。事件正在发生对于现场存在的意义不言而喻,而事件即将发生和刚刚发生对于现场存在的意义看似费解,但它们其实是现场时间要素的重要组成部分。举例说明,台风来临之前,当地渔民回港停止作业、群众大规模转移的情景生成一个现场。而地震发生后灾民自救互救、震区防疫的情景也是现场之一。同时,区分事件即将发生、正在发生和刚刚发生的时间界限是相对的、可变的。

确认事实因素的起始、终止时间在一般情况下是不难做到的,但在某些情况下需要事后确认现场并不容易。这取决于人类认识、改造自然的水平,科技文明进步的程度。比如,在一起重大疑难刑事案件现场,确认案发时间不仅是侦查工作的需要,也是侦查工作的一大难点。在实践中,现场存在的时间是通过时间的相对关系来表示和查证的,即通过比较某事件与其他事件或现象发生的先后时间关系来进行。这里所说的事件或现象包括社会的和自然的,如一次集会、一列火车开过、一场雷雨等。

现场存在的时间具有顺序性、间隔性和持续性的特点。任何事实的产生、发展和消灭都有一个依次出现的先后顺序,表明了事实持续的时间、相隔的时间或事实因素与后果产生之间有无时间间隔。如一起刑事案件由犯罪预备、实施犯罪和犯罪后处置等多个阶段组成。因而不能把瞬时性或即时性作为现场时间要素的考量依据。

2. 空间要素。现场存在的空间,通常是指事实发生、变化和消灭所涉及的地点、场所和范围。现场存在的空间,有时也指发生损害后果的地点和场所。在

---

[1] 《汉语大词典》第 4 卷,汉语大词典出版社 1989 年版,第 580 页。

一般语境中，现场的空间要素承载了现场构成要素的全部内容。

空间要素是事实发生、变化得以依附的载体。对现场构成的空间要素要做以下理解：

（1）空间的立体性。现场不等于平面，空间的概念本来就包括三维的含义。如对于一起入室盗窃案件，除了观察犯罪分子的进出路线之外，还要对天花板、窗台、墙壁进行仔细的观察，以搜寻更多的犯罪信息。

（2）空间的边际性。对于一些规模大、影响深的事件，其影响的区域可能跨县、跨省甚至跨国。如2008年5月我国四川发生的地震灾害，其直接灾区就有三个省份。这里便出现了现场边际的问题，实践中把直接受到侵害或必须处置的区域囊括在现场空间之内。

（3）空间的层次性。对于一个已划定的完整、独立的犯罪现场，通常还根据主要犯罪行为发生的地域位置，分为实施主要犯罪行为的地点和实施其他犯罪行为的地点。

（4）空间的关联性。这是对一起事件而言的。事件的发展具有持续性、顺序性和间隔性，现场呈现多个相互联系、互有因果的状态。如一起碎尸案现场，人们首先发现的往往是抛尸现场，从因果关系上推导凶手肯定有相对隐蔽的杀人现场，即第一现场。

现场时间、空间要素对于认识事件性质、合理配置资源、提高处置效率至关重要。时间和空间是现场存在的形式，也是一些事实的组成要素。因而，研究现场存在的时间和空间，不能脱离事实因素这个核心要素。

3. 事实要素。事实要素是现场的根本要素，内涵上包含了时空要素。其实质是一定的客观事实的形成、变化和消灭的过程，反映在现场上就是事故、犯罪、自然灾害的发生、发展过程及损失或危害后果的状态。从社会学的角度看，由于某种事实的出现和发展，打破了原有的社会秩序，必须恢复或重建新的社会秩序，以达到一种社会平衡。

现场中的事实要素，既包括自然因素引发的自然灾害，如台风、洪水、地震、泥石流等，也包括社会因素引发的社会性灾害，如犯罪行为、安全责任事故等。当然，一些现场的存在既有自然因素的成分，又有社会因素的成分，如因道路湿滑造成的交通事故。事实要素的形态多种多样，在刑事案件现场中，事实要素可以是犯罪分子的侵害行为，也可以是被害人呼救搏斗的情景，甚至还可以是目击者对现场的印象。

现场中的事实要素是发展变化的，这种变化不仅引起自身性质或形态的改变，还必然引起被侵害对象及其物质环境的变化，这是事实要素的延伸形态。因而，现场随事实要素的变化而呈现不同的形态。

事实要素具有不同的形态和层次，不同激烈程度、爆发频率的事件对现场的形成和发展的影响是不同的。本书所研究的事实要素主要是已产生或即将产生一定危害后果的事件和行为，即出现财产损失、人员伤亡或环境毁坏的结果或危险状态的事件和行为。我们通常称之为突发事件、紧急事件。它是事实要素中最主要，也最受社会关注的事件形态。

时间要素、空间要素和事实要素构成现场的三要素，它们互相联系、互相依存、缺一不可。事实要素是构成现场的必要要件；时间、空间要素是构成现场的充分要件。

（二）现场的种类

划分现场种类的意义在于认清现场的性质、状态，以便合理地运用处置对策。依据不同的标准，可将现场划分为不同的种类。

1. 依据现场事实要素的性质，分为自然灾害现场、违法犯罪现场、事故灾难现场和疾病疫情现场。违法犯罪现场又包括盗窃现场、杀人现场、抢劫现场、强奸现场、诈骗现场等。这里需要说明的是，在现场产生之初，有时很难判断现场事实要素的属性，需要进一步调查才能知晓其性质。如一个火灾现场既可能是人为放火造成的，也可能是意外失火造成的。

2. 依据现场事实要素与人的意识的关系，分为人为现场和自然现场。人为现场是指由于人为的因素引发的事故、案件而出现的现场，如犯罪现场、治安事件现场、交通事故现场。自然现场是指由于自然的因素引发的事故而出现的现场，如地震、洪水、台风、泥石流等自然灾害造成的灾难现场。

3. 依据现场形成后有无变动，分为原始现场和变动现场。原始现场是指现场形成后没有遭到破坏、改变而保持原貌的现场。变动现场是指现场形成后遭到破坏、变动的现场。变动的原因既可能是自然的因素，又可能是人为故意破坏或无意毁坏。

4. 依据现场存在的空间，分为实体现场和虚拟现场。无论实体现场还是虚拟现场都是客观存在的，但实体现场具有现场一般意义上的物理属性，有三维空间的表征，而虚拟现场存在于虚拟世界，现场的时空要素较为模糊。如计算机犯罪现场，犯罪分子的破坏行为及侵害后果存在于网络空间里。

5. 依据现场存在的形态，分为暴露性现场和隐藏性现场。暴露性现场是指一种直接暴露在人们眼前的现场，多数现场属于此类。而隐藏性现场是指由于事实因素之间的逻辑性，可推断出在显现现场之外必然还存在的另一个现场，如从盗窃文物的实施现场推断它的销赃现场的存在；或者由于事件的继发性而行将出现的新现场，如自然灾害发生后的次生灾害事故现场。

二、突发事件的含义、特征和分类、分级

突发事件是现场事实要素的典型代表。我国是世界上突发事件多发的国家之一。我国每年因突发事件造成的损失十分惊人。有资料显示，2003年我国生产事故损失2500亿元、各种自然灾害损失1500亿元、交通事故损失2000亿元、卫生和传染病突发事件损失500亿元，共计6500亿元，约相当于当年我国GDP的6%。[1] 此外，突发事件造成的间接损失同样不可忽视。比如，事故灾害发生后，公众的生活节奏被打乱，公众心理也会受到巨大的打击。

（一）突发事件的含义

事件在《现代汉语词典》中解释为："历史上或社会上发生的不平常的大事情"[2]。由此，我们可以将事件理解为历史上或者现实社会生活中发生的，具有严重后果和重大影响的大事。

在国际上，与突发事件相近并被普遍使用的概念是"public emergency"，欧洲人权法院将其解释为"一种特别的、迫在眉睫的危机或危机局势，影响全体公民，并对整个社会的正常生活构成威胁"。欧洲人权委员会认为"public emergency"必须是现实的和迫在眉睫的，影响波及整个国家、全社会正常生活的，继续受到的威胁、危机或危险必须是异常的以至于采取正常措施或限制办法已明显不足以控制局势。[3]

在我国，对突发事件这一概念的定义经历了一个由随意到规范的过程。在非典疫情爆发前，我国官方或学者对"突发事件"并没有一个明确的定义，应用非常灵活，其含义也是相当丰富多样的。如《刑法》第277条和《红十字会法》第12、14条将"突发事件"和"自然灾害"相并列，《人民警察法》第17条规定"对严重危害社会治安秩序的突发事件，可以根据情况实行现场管制"。

2003年基于非典疫情出台的《突发公共卫生事件应急条例》对突发公共卫生事件作出了规定："本条例所称突发公共卫生事件（以下简称突发事件），是指突然发生，造成或者可能造成社会公众健康严重损害的重大传染病疫情、群体性不明原因疾病、重大食物和职业中毒以及其他严重影响公众健康的事件。"

2006年1月8日，国务院发布的《国家突发公共事件总体应急预案》首次对突发事件作出了定义。所谓突发事件是指"突然发生，造成或者可能造成重大人员伤亡、财产损失、生态环境破坏和严重社会危害，危及公共安全的紧急事件"。总体应急预案认为突发事件是紧急事件的一种，并对突发事件分类分级，即自然

---

[1] 参见《新华网》，访问日期：2005年8月8日。
[2] 《现代汉语词典》，商务印书馆1996年版，第1153页。
[3] 参见徐高、莫纪宏编：《外国紧急状态法律制度》，法律出版社1994年版，第7页。

灾害、事故灾难、公共卫生事件和社会安全事件四个大类，以及Ⅰ级（特别重大）、Ⅱ级（重大）、Ⅲ级（较大）和Ⅳ级（一般）四个级别。

2007年8月30日，十届全国人大常委会第二十九次会议通过的《中华人民共和国突发事件应对法》（以下简称《突发事件应对法》）对突发事件作了新的界定："本法所称突发事件，是指突然发生，造成或者可能造成严重社会危害，需要采取应急处置措施予以应对的自然灾害、事故灾难、公共卫生事件和社会安全事件。"

综观以上中外学者对突发事件概念的定义，虽然角度和侧重点各有不同，但在反映突发事件发生的突然性、后果的严重危害性、事态的紧迫性和范围的公共性等方面达成了一致[1]。

全面理解突发事件的内涵，还须从它与相邻概念关系的分析入手。突发事件与危机事件、紧急事件、群体性事件和灾难性事故和事件等概念在学界常被提及，但它们究竟是何种关系？学界对如此众多、复杂的概念关系的综述并不多见，本书综合众多意见认为，危机事件着重对事件危及的范围、烈度和深度的概括。突发事件引起的仅是组织的局部破坏，而危机事件则是对整个组织的根本性的破坏。[2] 紧急事件是突发事件的上位概念，突发事件属于紧急事件，而紧急事件不一定就是突发事件。突发事件强调事件发生的不可预测性，紧急事件强调事件处理的紧迫性。一般认为突发事件中的重大或特大事件是紧急事件。[3] 群体性事件的概念着重阐述了事件参与者的聚众特性，而灾难性事故和事件的概念更关注对事件后果的描述。一般而言，这些概念在一些场合是可以互换的。而"突发事件"比较能够概括和体现现场处置的特点。本书还是采用这一概念，并将其定义为突然发生、具有不确定性、需要快速处置并加以控制的危害性事件。

（二）突发事件的特征

1. 发生的突然性。突发事件的发生虽然有征兆和预警的可能，但由于实际发生的时间、地点具有一定的不可预见性，可预警的时间很短，总是在意想不到的时间和地点发生，并造成预料之外、令人触目惊心的灾难性后果，因而发生后可供应急处置的时间极其短暂。

---

[1] 本书认为突发事件范围的公共性一说值得商榷，突发事件并不借助公共性而渲染事件发生的突然性、后果的严重危害性、事态的紧迫性。一个上夜班回家的人遭遇劫匪，对他而言就是一起突发事件，虽然不直接涉及全体公民。公共性对于突发公共事件属性的概括较为适合。

[2] 参见薛澜、张强、钟开斌：《危机管理：转型期中国面临的挑战》，清华大学出版社2003年版，第24页。

[3] 参见薛克勋：《中国大中城市政府紧急事件响应机制研究》，中国社会科学出版社2005年版，第27～31页。

2. 救助的紧迫性。突发事件发展迅速，有导致局势恶化、社会混乱的危险或者威胁，需要迅速采取有效措施予以应对。

3. 发展的不确定性。突发事件不仅在发生的时间、地点等方面具有偶然性，而且其发展变化的过程具有明显的不确定性。如果处理不当，造成的损害后果就会出现不同程度的扩大，甚至导致更大范围的严重的社会危机。突发事件的发生，一般很难用常规性的规则进行判断，其后的发展和可能产生的影响也没有经验性的知识进行指导。

4. 后果的社会危害性。突发事件的后果一般是很严重的，事件往往会给社会的发展、人民的生命财产以及环境带来巨大的损失。国内外的大量案例表明，突发事件最初发生时可能仅仅是行业性、区域性或局部性的现象，但经过城市、社会所特有的"场吸引"和"场辐射"的作用，其影响力会迅速向各个领域和周边地区蔓延，从而导致各种显性、隐性损失，引起社会动荡，影响社会和谐，对社会的持续发展构成极大的威胁。

（三）突发事件的分类、分级

1. 突发公共事件和突发局部事件。按照突发事件的影响范围、层面、程度的大小以及对社会整体价值观的威胁程度，可将突发事件分为突发公共事件和突发局部事件。突发公共事件是指对一个社会的基本价值和行为准则架构产生严重威胁，要求以政府为主体的公共部门在时间紧迫和不确定性极高的情况下作出关键性决策的事件。而突发局部事件主要指企业（私人部门）甚至个人及家庭层面上的突发事件，这种事件一般只局限于某组织或个人内部，对外界的影响以及对社会整体价值观的威胁相对较小。须要提及的是，相对于突发公共事件因高危害性和破坏力而引起的极高关注度，突发局部事件在人们心中稍显冷落。但突发局部事件更需要理论和技术的支持。因为突发局部事件发生的频率更高，侵害对象的绝对数目更大，一旦爆发将直接危及组织和个人人身、财产安全，而且公众救助资源一时难以到达，多数时候需要事发单位自行应对或受害个体自救和互救，因而对突发局部事件的研究更贴近现实，更符合关注民生的时代背景。

2. 自然灾害、事故灾难、公共卫生事件和社会安全事件。按照引发突发事件的诱因，将突发事件分为自然灾害性突发事件和社会性突发事件，这两种事件在发展过程中可能会相互转化。在《国家突发公共事件总体应急预案》中，根据突发公共事件的发生过程、性质和机理，突发公共事件主要分为以下四类：

（1）自然灾害。主要包括水旱灾害、气象灾害、地震灾害、地质灾害、海洋灾害、生物灾害和森林草原火灾等。如 2008 年 5 月 12 日，四川省汶川县发生的 8 级大地震，强烈的震感波及大半个中国乃至东南亚诸国，造成 6.9 万余人遇难，3.7万余人受伤，1.7万余人失踪。

（2）事故灾难。主要包括工矿商贸等企业的各类安全事故、交通运输事故、公共设施和设备事故、环境污染和生态破坏事件等。如2003年11月3日，湖南衡阳发生特大火灾坍塌事故，在成功疏散492名群众，灭火两个多小时后，建筑物发生坍塌，在现场进行灭火的20名消防官兵牺牲。

（3）公共卫生事件。主要包括传染病疫情、群体性不明原因疾病、食品安全和职业危害、动物疫情，以及其他严重影响公众健康和生命安全的事件。如2003年上半年，我国24个省区市先后发生传染性非典型肺炎疫情（SARS），共波及266个县和市（区），累计报告非典病例5327例，死亡349例。突如其来的非典灾害，严重威胁人民健康和生命安全，危害中国的社会经济发展和对外交往。据亚洲开发银行（ADB）统计，因受SARS影响，全球在此期间经济损失总额达590亿美元，其中中国内地经济的损失总额为179亿，占中国GDP的1.3％。

（4）社会安全事件。主要包括恐怖袭击事件、经济安全事件和涉外突发事件等。如1996年7月27日，在美国亚特兰大奥林匹克运动会期间，一名恐怖分子将一个铁管式土制炸弹安放在奥运百年公园内，在一场音乐会进行之中引发爆炸，在场观众上千人，炸死2人，100多人受伤，给奥运会蒙上了极大的恐怖阴影。

3. 特大突发事件、重大突发事件、较大突发事件和一般突发事件。按照突发事件发生的紧急程度、发展势态和可能造成的危害程度，将突发事件进一步划分为特别重大突发事件（Ⅰ级）、重大突发事件（Ⅱ级）、较大突发事件（Ⅲ级）和一般突发事件（Ⅳ级）。在突发事件的预警体系中，分别用红色、橙色、黄色和蓝色标示，Ⅰ级为最高级别。

第二节　现场处置概述

一、现场处置的含义

由于自然灾害及人为灾害存在的客观性，人类对安全问题的认识有着悠久的历史，但真正建立起科学管理体系，从管理学角度研究、认识、解决、处理公共安全问题，特别是对突发性公共事件的应急管理的研究，却只有几十年的历史。目前国内外关于突发性事件应急管理大体上有如下几种理论：危机管理理论、风险管理理论、灾害管理理论和公共安全管理理论。各种理论均对突发事件应急管理提出了自己的观点，但综合考察，危机管理理论更具代表性，因此，本书以此作为现场处置理论体系的逻辑起点。

目前国内外专家学者对危机管理的理论研究已日渐深入和成熟。我国有学者提出，所谓危机管理，是一种有组织、有计划、持续动态的管理过程，政府针对当前的或者潜在的危机，在危机发展的不同阶段采取一系列的控制行为，以期有效地预防、处置和消弭危机。[1] 国外学者对危机管理内容的表述有多种方式，并形成多种理论模式，[2] 但实质上只是将危机管理内容按照不同的阶段划分而已，其实质都是相同的。目前学者基本认同 PPRR 模型，即预防（prevention）、准备（preparation）、响应（response）、恢复（recovery）（见图 1—1）。这四个阶段在危机管理中所起的作用各不相同，而且彼此之间相辅相成、相互影响。

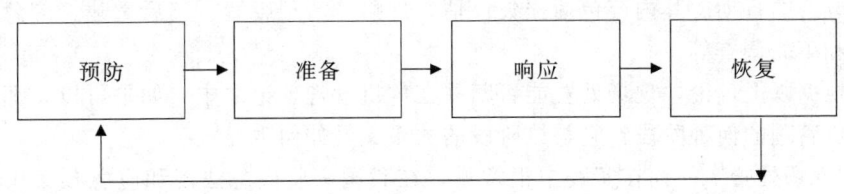

图 1-1　PPRR 模型

（一）危机的预防阶段

危机的预防是指为预防、控制和消除突发事件对人们生命、财产的长期危害所采取的防御性行动。在危机管理中，预防有两层含义：一是事件的预防工作，即通过安全管理和安全技术等手段，尽可能地防止事件的发生，实现本质安全；二是在假定事件必然发生的前提下，通过预先采取的预防措施，来降低或减缓事件的影响或后果的严重程度。其内容包括风险辨识、评价与控制、安全规划、安全研究、安全法规、标准制定、危险源监测监控、事故灾害保险、税收激励和强制性措施等。

（二）危机的准备阶段

危机的准备是指突发事件发生之前所采取的旨在提高突发事件应急能力的行动。其内容包括制定应急处置方针与原则、建立应急处置工作机制、编制应急处置预案、筹备应急处置物资装备、培训与演习应急处置、签订应急互助协议和建立应急处置信息库等。其目标是保证突发事件应急处置所需的应急能力。

---

〔1〕 张成福："公共危机管理：全面整合的模式与战略"，载《中国行政管理》2003 年第 7 期。

〔2〕 国外有关危机管理内容的理论模式如危机管理的"4R"模型，即缩减（reduction）、预备（readiness）、响应（response）和恢复（recovery）。参见［澳］罗伯特·希斯：《危机管理》，王成、宋炳辉、金瑛译，中信出版社 2001 年版，第 31 页。

（三）危机的响应阶段

危机的响应是指突发事件发生前、发生期间和发生后立即采取的旨在保护生命、减少财产损失、控制和消除突发事件的行动。其内容包括启动相应的应急系统和组织、报告有关政府机构、实施现场指挥和救援、控制事件、防止扩大并消除影响、人员疏散和避难、环境保护和监测、现场搜寻和营救等。危机的响应可划分为两个阶段，即初级响应和扩大应急。

（四）危机的恢复阶段

危机的恢复是指在突发事件发生后，使生产、生活恢复到正常状态或得到进一步改善的行动。其内容包括损失评估、理赔、清理废墟、灾后重建、应急预案复查和事故调查等。

根据以上理论，现场处置能否归并在危机管理理论之中？如果可以，那应该在危机管理的何种阶段？它与该阶段的关系又是如何呢？

"现场处置"一词在实践中很常见，在我国一些应急法规和应急预案中也有提及，但有关系统的理论体系以及其在应急管理中处于何种地位，学界尚未论述。细究起来，现场处置与临场处置、紧急处置等概念涵义相近。它突出处置的时空要素，体现了处置的起始性、紧急性、先行性和自行性。强调处置技术和措施，讲究处置的程序和规则。如在一起火灾事故中，作为第一反应者（受害个体、事发单位和当地政府）务必在火灾初期阶段启动相应的级别预案，在火灾现场紧急开展火场自救、互救和组织救援等应急行动。

如此看来，现场处置主要着眼于危机管理的战略、方法与技术，而并非公共危机所引发的特殊社会状态下的行政权的配置和运行。现场处置符合危机响应阶段的属性，具体包括初级响应阶段的前期处置，扩大响应阶段的救援行动。它仍以危机事件（本书定义为突发事件）为研究主题，以特定的时间、地点为研究视点。应急程序、应急决策、应急职责和应急行动等概念构成了现场处置的基本范畴。

现场处置虽然只反映了危机管理的部分环节，但没有与危机管理的其他环节决然断裂。事实上，危机管理四个阶段的内容是彼此相连、不容分开的。况且，"最好的救灾方法不如最好的防灾方法"。因而，危机准备阶段的应急预案、危机预警，危机恢复阶段的现场调查和恢复等内容，作为现场处置——这个危机响应阶段的核心内容——的必要延伸而加以链接。

二、现场处置的特点

（一）阶段性

从危机管理的理论体系出发，现场处置处于危机管理的核心环节——危机响应阶段，在此阶段强调应急资源的配置、应急措施的开展，以控制局面、减少伤亡。而在此之前的危机预防阶段和危机准备阶段，以及在此之后的危机恢复阶段，是危机响应必要的向前、向后延伸，在运行机制、组织体制上它们之间相互联系，因而本书也适当地加以研究。

（二）紧急性

从处置的全过程来看，现场处置中事发地当事人或相关人员自行开展的处置行为更能体现处置的应急性。因为事件的突发性，动用政府或专业的处置资源尚需时间，而受害人群自发开展的自救、互救行为无处不在、无时不在，这对于控制事态、减少损失更为及时和必要。所以，有时也将现场处置称为先期处置和自行处置。如一起尚未爆炸的涉爆案件现场，现场发现人或辖区警务人员对现场的警戒、疏散和秩序维护是非常必要的，而专业的排爆人员则履行搜索、排爆责任。

（三）多样性

这主要是就采用的处置手段而言的。从救援的角度来说，现场处置包含现场自救、互救和他救行为。从形态上看，现场处置包含现场控制、现场疏散、现场保护、现场急救、现场抢险、现场搜索，甚至包含现场逃生和避险的内容。

（四）保护性

若将一起事故处置看做一个整体，现场控制、抢险只是解决问题的一部分，而最终的事故调查是解决问题的关键，如查找事故责任人、认清事故责任。因而，现场的痕迹、物证对于事故真相的查明至关重要。这就要求采取处置措施时，务必时刻具有证据意识，尽量减少对痕迹、物证的破坏。

三、现场处置的原则[1]

（一）安全性原则

安全性原则，也称人本主义原则。突发事件的现场处置把保障公众健康和生命安全作为首要任务。凡是可能造成人员伤亡的突发事件发生前，要及时采取人员避险措施；突发事件发生后，要优先开展抢救人员的紧急行动；要加强参与处置突发事件的应急人员的安全防护，最大程度地避免和减少突发事件造成的人员伤亡和危害。同时，在保证人员生命安全的基础上，尽力保障国家和人民群众的财产安全。

（二）合法性原则

依法行使危机管理权是现代民主宪政原则的基本要求。突发事件属于非常规

---

〔1〕 此原则沿用了一般突发事件的处置原则，因其均突出了危机响应阶段的处置，符合现场处置的特性。

或非程序性决策问题，因此，在突发事件的处置过程中，政府危机管理权力运作的合法性就特别关键。在危机情景下，政府特别是警方虽然拥有了许多特殊权力，但不能误用、滥用。必须严格按照相关法律，合理把握非常措施的运用范围和实施力度，妥善处理应急措施与常规管理的关系，使应对突发事件的工作规范化、制度化、法制化。

（三）时间性原则

鉴于突发事件具有巨大的破坏性和危害性，突发事件一旦发生，时间因素最为关键，政府必须立即在事发现场采取一系列紧急处置手段，及时控制危机事态的发展。要做到及时应对突发事件，首先要求参加救援的人员以及相关的军队、警察等救援力量具有快速反应的能力。在接到报警或上级的派遣指令后，有关人员和行动小组能够及时赶到事发现场，并火速投入救援和处理工作中。基于此，世界大多数国家和地区都建立了自己的灾害应急特别行动小组和快速反应部队，我国《110报警服务工作规范化标准》要求110接警后，出警人员必须在限定的时间内（城市中心区5分钟，城乡结合区10分钟）赶到现场。

（四）效率性原则

突发事件处置的各环节都要坚持效率原则，建立健全快速反应机制，及时获取充分而准确的信息，跟踪研判，果断决策，迅速处置，最大程度地减少危害和影响。突发事件发生后，往往需要集中救助力量，利用短小精悍的精锐部队实现有效救助的目标，救援人员不宜过多，以免造成系统困难，忙中出乱。世界各国在应对危机特别是面对恐怖活动之类的危机事件时，都按照精干高效的原则，建立特种警察部队专门应付。这些队伍一般都是人员精干、通信手段先进、武器装备精良和专业化、高效能的特殊部队。

（五）协同性原则

建立和完善联动协调制度，推行城市统一接警、分级分类处置工作制度，加强部门之间、地区之间、军地之间的沟通协调，充分动员和发挥城乡社区、企事业单位、社会团体和志愿者队伍的作用，形成统一指挥、反应灵敏、功能齐全、协调有序、运转高效的应急管理机制。

由于参与突发事件处置的人员和力量来自各个方面，包括军队、警察、交通、通信、消防、信息、搜救、食品、公共设施、公众救护、物资支持、医疗服务和政府其他部门的人员等，有的时候还有志愿人员，因此，危机应对中协调一致运作特别重要。突发事件的不可回避性以及应急管理的紧迫性，要求政府在事件发生后，不同职能部门之间协调运作，明晰政府职能部门与机构的相关职能，优化整合各种社会资源，发挥整体功能，最大限度地减少损失。

（六）科学性原则

突发事件处置的时间性和效率性原则并不能取代处置工作的科学性要求，针对突然爆发的自然灾害或者技术性灾难事故，先进的处置技术和设备，科学的专家决策和指挥是成功处置事件的主要保障。因而，突发事件处置必须加强公共安全科学研究和技术开发，采用先进的预测、预警、预防和应急处置技术及设备，提高应对突发公共事件的科技水平和指挥能力；充分发挥专家在突发公共事件中信息研判、决策咨询、专业救援、应急抢险、事件评估等方面的作用。

（七）程序性原则

危机管理行为的实施，必须依据一定的评估标准和优先次序，确定现场控制及处理的工作程序。如果法律有明确规定，则首先要遵照法律的规定实施；对于社会性突发事件，迅速有力地恢复正常秩序是首要目标。因此，最先到达现场的警方人员，必须在现场调查和状况评估的基础上，迅速确立行动的优先顺序。在抢险救灾中，除了应首先抢救受害人生命、保证人们最基本的生存条件外，其余工作应该根据救援人员的实际救助能力，主要以经济为标准区分轻重缓急，确定先抢救什么后抢救什么。在处理群众骚乱事件中，一般情况下，警察人数不可能大于群众人数，常常处于人数上的劣势。指挥官应适当部署警力严阵以待，并根据现场情况的变化确定所需支援的性质及人数，拟定采取相应行动的优先顺序，切忌鲁莽行事，激化矛盾。需要指出的是，现场处置实施的程序性原则并不妨碍现场处置过程的非程序性决策。现场指挥官应对现场的一些特殊情况，在面临无法可依、无章可循、无先例可供参考的情景时，创造或施加一种新的方法来作出决策，这种模式不仅是可行的，也是必需的。

（八）适度性原则

处置突发事件应根据突发事件造成的社会危害的性质、程度、范围和阶段采取相适应的措施；有多种措施可供选择的，应选择对公众利益损害较小的措施；对公众权利与自由的限制不应超出控制和消除突发公共事件造成的危害所必要的限度，并应对公众的合法利益所造成的直接损失给予适当的补偿。尤其是对情况复杂的群体性事件的处理，应区分不同情况，严格把握政策界限，谨慎、适度地行使危机管理权，坚持慎用警力、慎用武器警械、慎用强制措施的原则，以期将这种破坏和利益损失降到最低程度。

（九）共享性原则

整合现有突发事件的监测、预测、预警等信息系统，建立网络互联、信息共享、科学有效的防范体系；整合现有突发事件应急指挥和组织网络，建立统一、科学、高效的指挥体系；整合现有突发事件应急处置资源，建立分工明确、责任落实、常备不懈的保障体系。

【思考讨论题】

1. 什么是现场？其构成要素有哪些？

2. 突发事件的含义和特征是什么？我国相关法律中对突发事件是如何分类的？

3. 现场处置的含义、特点是什么？在危机管理中现场处置处于何种地位？

第二章　现场处置的组织体系和运行机制

【学习内容】

现场处置的应急体系应由组织体系、运行机制、法制基础和应急保障系统四部分构成。本章介绍了现场处置的组织体系和运行机制等内容。其中现场处置的组织体系结构、现场协调机制和现场指挥机制是学习重点。

【学习目标】

通过本章的讲授及学生学习，学生应知道现场处置的组织体系和运行机制。

第一节　现场处置的组织体系

现场处置的组织体系是指突发事件处置中领导、指挥群体以及其他处置力量的组成结构状况。由于突发事件的不确定性和不可预见性，如何协调现场处置人员，如何调整适当的组织机构，是顺利完成应急处置的重要保障。突发事件现场处置的组织体系主要包括四个组成部分：管理机构、功能部门、应急指挥系统和人力资源。

一、现场处置的管理机构

突发事件现场处置的管理机构，一般是指由政府设立的突发事件应急委员会。其主要职责包括统筹协调和指挥处置对公众生命和财产安全造成重大影响以及对辖区政治、社会、经济构成重大威胁的突发性公共事件；研究制定辖区应对突发性公共事件的重大决策；批准辖区总体应急预案等重大应急规划；总结分析年度辖区突发性公共事件应对工作。

突发事件应急委员会下设办公室，负责主持应急管理的日常工作。中央、省级、市级和县级政府中设立政府应急管理办事机构，各重点乡镇、重要机构、重要的企事业单位、重要的生命线工程以及各社区应明确专（兼）职工作人员，协调办理应急管理日常事务。政府应急管理办公室承担本辖区突发性公共事件应急管理的日常工作，草拟突发性公共事件法规、规章和总体预案，整合各项应急资源，规范专项预案，汇总分析信息，提供应急决策服务，建立预警机制并统筹本辖区预警信息发布工作，组织综合应急演习，组织、协调相关部门参与应急处置工作。

二、现场处置的功能部门

突发事件现场处置的功能部门，也称现场处置的执行部门，是指应急活动中承担各种相应功能，如医疗、消防、抢险、疏散、警戒与治安、检测、通信等的部门。这些功能对应的以及与应急活动有关的各类组织机构，在应急活动中承担不同的应急救援任务，是应急响应的主要实施力量。就企业而言，不同的风险企业应急响应的各项活动也有所不同，但是无论是何种规模和风险的企业，都需要一些基本的应急功能，只是在响应和恢复中，某项功能可能因为其作用的变化而发生变化，有的功能可能因为某一事件发生会立即启动、扩大或转移。例如，在液氯罐车泄漏事故中，首先启动的是消防部门，当液氯罐不断地发生泄漏不能控制形势时，其消防的功能逐渐地转化为工程抢险，随之其指挥功能的成员和组成也发生变化。但无论在哪一阶段，进行响应的应急功能参与的时间、程度和所起的作用，一定要满足应急活动中最重要的救援和损失减少到最低限度的需求，这些变化需要应急指挥的协调和管理。

三、现场处置的应急指挥系统

（一）应急指挥中心

应急指挥中心是指各级政府或企业组织为及时、有效地指挥而建立的功能齐备、网络健全、平战转换的突发公共事件应急指挥平台，在应急管理日常办事机构的协调和指挥下，负责处置重大和特别重大突发公共事件以及战时应急。在应急处置过程中，应急指挥中心更多的是发挥应急协调、支援、监督的职能。如根据警情，迅速整合警力，集结现场实施救援；提供相关行动预案，信息保障，后续警力支援，为现场指挥服务。目前我国一些城市已经初步建立了应对一般和较大突发公共事件的应急指挥中心，如图 2—1 所示。如城市社会安全应急指挥中心（设在市公安局），集中处置全市公共安全类突发事件，临时承担市政府应急指挥中心的功能，作为全市应急指挥的总平台；市自然灾害应急指挥中心（设在市防汛抗旱指挥部），集中处置全市自然灾害类突发事件；市公共卫生应急指挥中心（设在市卫生局），集中处置全市公共卫生安全类突发事件；市生产安全事故应急指挥中心（设在市安全生产监管局），集中处置全市安全生产类突发事件；市城市应急救援指挥中心（设在市民防局），集中受理并处置城市基础设施类和城市建设、城市管理方面的突发事件。

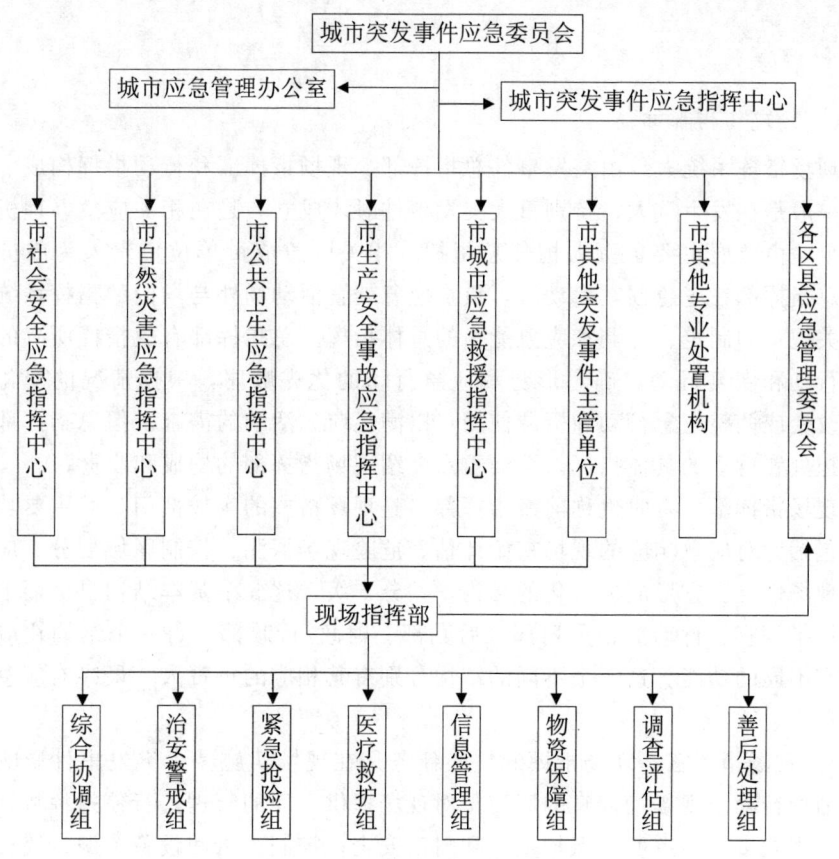

图 2-1　城市应急管理组织体系

【知识链接】我国公共应急信息平台建设

　　我国当前高度统一的应急信息平台尚未真正建立，实践中仍采取部门内部纵向的应急信息管理模式。如社会警情的"110报警服务电话"系统。因而，建立或整合统一的应急信息平台是应急管理工作发展的必然要求。当前一些地方政府或部门已经做了有益尝试。表现为三种模式：一是扩大110报警服务电话的受理范围。受理范围不局限于已经发生或正在发生的刑事案件、治安案件、火灾、道路交通事故等，还包括为群众提供紧急救助服务，但须以危及公共安全，且由公安机关处理的事件为限。二是整合警务应急信息平台，实现"三台合一"，即将原先公安系统的110、119、120等报警电话合并为一个报警电话，集中接警、分类处警。三是依托公安系统110报警服务平台，建立统一的政府应急联动中心，统辖警情、自然灾害、事故灾难、医疗突发事件、水、电、气等公共事业险情等多种应急领域。

（二）现场指挥部

现场指挥系统大致由突发事件总指挥部、现场指挥部和行动指挥构成。总指挥部一般是在发生重大、特别重大突发事件时才成立，是在相关应急办理机构的基础上，由政府主要负责人担任总指挥，相关应急成员单位负责人为成员而组成。总指挥部在应急预案启动后，负责应急处置活动场外与场内的指挥系统，促进有关规定的制定、协调和应急能力的总体指挥。总指挥部有权指挥所有的应急响应行动和恢复行动，确定形势和应急行动的优先顺序，根据情况的变化，启动、改变或调整应急行动和资源使用，以满足应急活动的需求。但总指挥部一般不承担处置行动的具体指挥。下面重点介绍现场指挥部的构成和职责。

现场指挥部，有时也称前线指挥部，是现场指挥的实战部门。其主要功能和程序包括针对应急响应的现场初始评估、危险现场探测、控制区域划分、应急行动和现场恢复。它形成模块化的结构，共分5级，这5个基本结构自上而下分别是现场指挥官、行动部、策划部、后勤部、财政/行政部。每一个结构在应急活动中有不同的功能。这5个不同的结构分别有其相应的负责人，最终对应急总指挥部负责。

1. 现场指挥官。现场指挥的核心任务是在现场实施减少突发事件影响和挽救生命的行动。现场指挥官的职责是对现场提供全面的管理，行使指挥权，如负责建立突发事件指挥所；保护生命和财产安全；控制人员和设备资源；履行对应对者和公共安全的管理责任，保证任务的完成；同外部各个组织，包括应急指挥中心，建立和保持有效的联系等。现场指挥体系还包括：

（1）安全官。其负责评估现场的危险，监督现场的行动，确保应急响应人员的安全。2004年在湖南省发生的一次大火中，数10名消防官兵殉职。如果能在火灾发生现场设1名安全官，负责监督现场响应人员的安全，就能及时发现现场楼房在燃烧了几个小时后可能有坍塌的危险，并将这些信息及时反馈给指挥人员，以便及时作出正确的撤离指令，达到减少伤亡的目的。安全官有权中止或避免现场不安全的行动；现场只能设立1名安全官，并保持与行动部主管和策划部的合作和协调。

（2）信息官。其负责联系公众与媒体以及其他需要事件相关信息的部门，行使重要的公共信息监督权。对有关突发事件的原因、规模、当前形势、调配的资源以及其他内外消息引起公众关切的事情，负责整理出准确而完善的信息。但突发事件相关信息的发布必须征得总指挥部的同意。无论指挥模式是单一的还是联合的，只能任命一个信息官。

（3）联络官。其是与其他政府部门、非政府组织以及私人企业代表沟通的联系人。无论在单一指挥模式还是联合指挥模式中，来自辅助和协作部门的代表都通过联络官协调。指派参加突发事件应对的各部门和组织的代表，在适当咨询本单位领导之后，有权在所有事情上代表本单位表态。来自其他部门和组织的人员可以出任联络官的助手，推进协调工作。以上这些人员，因其具有特殊的作用和能力，应直接对现场应急指挥部负责。

2. 行动部。其功能主要是负责事件现场的战术行动，并保证所有的应急战术行动按照行动计划来完成。例如，在应急中的消防、医疗救援、防泄漏、疏散等都属于该行动范围。这些行动功能可以是分别行动并分别负责，或是由一个统一的组织或部门负责，但无论是何种方式，都要最终对事件的统一指挥负责人负责。

3. 策划部。其功能主要是负责有关应急信息的收集、评价、发布和使用，对应急现场资源的使用和需求进行分析以及准备现场行动计划。上述职责中要特别关注现场行动计划的制定，它不仅要反映总指挥的突发事件管理的全部目标和战略，还要说明每一个管辖部门的任务和需要的政策，每一个行动阶段内的战术目标和需要的支持性活动。因而一个完整的策划部须由资源科、形势科、遣散科、文件编制科和专家科五个部门构成。策划部的责任人也要对事件的统一指挥负责人负责。

4. 后勤部。其主要负责提供设施、服务、人员和物资，并向事件的统一指挥负责人报告。其保障内容包括从突发事件发生地区之外订购资源，提供设备、运输、补给、装备养护以及燃料、食品服务、通讯和信息技术支持，提供紧急事件应对者的医疗服务等。

5. 财政/行政部。其主要负责跟踪事故所有费用、评估事故的资金事项及其他职能部门未涉及的行政职责，并确保对事件的统一指挥负责人负责和报告。在突发事件管理中，这是一个视需要设立的部门。换句话说，并非所有的突发事件管理中都须要设立。

四、现场处置的人力资源

突发事件现场处置的人力资源是指在紧急情况下可动员的，并能在应急反应中起到相应作用的人员。应急处置人员须经过相应的培训教育，其应急能力和培训水平应达到处置要求。应急处置人员既包括全职的，如消防部队，也包括兼职的，如企业的自建消防队；既包括政府、军队专业救援队伍，也包括企业、社区应急人员，甚至是公益团体和志愿者。从功能上看，包括现场指挥人员、医疗救护人员、抢险人员、指挥疏散人员、专业咨询人员等。从处置顺序上看，包括先期处置队伍、第二处置队伍和增援队伍。

我国《国家突发公共事件总体应急预案》规定，公安（消防）、医疗卫生、地震救援、海上搜救、矿山救护、森林消防、防洪抢险、核与辐射、环境监控、危险化学品事故救援、铁路事故、民航事故、基础信息网络和重要信息系统事故处置，以及水、电、油、气等工程的抢险救援队伍是应急救援的专业队伍和骨干力量。中国人民解放军和中国人民武装警察部队是处置突发公共事件的骨干和突击力量。

任何社会组织从本质而言，都是由人构成的统一整体。应急处置人员的能力如何，取决于人员素质的高低。因此，我国各级政府和有关部门、单位要加强应急救援队伍的业务培训和应急演练，尤其应当提高组织和单位的公众应急能力，发挥其在应对突发公共事件中的重要作用。

（一）消防部队

当前我国消防部队参与的应急处置范围已超越传统的扑救火灾，非火警的应急处置也逐渐成为其新的职能。这既是社会有效提高突发公共事件应急救援能力的需要，也是法律赋予公安消防部队的神圣职责。1998年《消防法》第27条规定："公安消防队除保证完成本法规定的火灾扑救工作外，还应当参加其他灾害或者事故的抢险救援工作"。[1] 这是我国历史上首次以法律条文形式规定了公安消防部队参加社会救援的职责。2005年1月国务院召开的全国应急管理会议明确提出，在我国应急救援力量体系建设中，要充分发挥公安消防队等专业救援力量的骨干作用。2006年5月10日国务院下发的《关于进一步加强消防工作的意见》（国发〔2006〕15号）中明确指出，要充分发挥公安消防队作为应急抢险救援专业力量的骨干作用。并对消防队参加社会抢险救援的范围加以规范，即公安消防队在地方各级人民政府统一领导下，除完成火灾扑救任务外，要积极参加以抢救人员生命为主的危险化学品泄漏、道路交通事故、地震及其次生灾害、建筑坍塌、重大安全生产事故、空难、爆炸及恐怖事件和群众遇险事件的救援工作，并参与配合处置水旱灾害、气象灾害、地质灾害、森林、草原火灾等自然灾害，矿山、水上事故，重大环境污染、核与辐射事故和突发公共卫生事件。

（二）公安警察[2]

公安机关人民警察的快速反应能力、训练有素的处置技能、高度统一的组织

---

〔1〕《消防法》已于2008年10月28日被修订，自2009年5月1日起施行。

〔2〕参见郭太生主编：《灾难性事故与事件应急处置》，中国人民公安大学出版社2006年版，第60页。

纪律，使得其在突发事件处置中具有不可替代的作用。《人民警察法》第 21 条规定："人民警察遇到公民人身、财产安全受到侵犯或者处于其他危难情形，应当立即救助……人民警察应当积极参加抢险救灾和社会公益工作。"根据此规定，人民警察参与应急处置不仅是政府责任的体现，同时也是其应尽的义务。

1. 公安机关参与突发事件处置的特点。

（1）强调先期准备与及时反应相结合。公安防控工作贯穿于突发事件的整个过程，具有阶段性和层次性。先期准备主要指针对危机的预警和防范工作。及时反应则包括突发事件爆发时的现场指挥处理和帮助灾后重建等几项工作。只有两方面有机结合才能全面实现危机的掌控和转化。

（2）警务执行的时效性。突发事件常常来势凶猛，整个事件的过程发展变化迅速，甚至无章可循和无先例可参考。公安机关作为先期临时指挥部门开展现场处置时，除了要尽量搜集现场的各种信息、确定事件性质、进行现场救援外，还要协调有关部门进行现场处置，以尽量控制局势。

（3）处置领域的广泛性。公安机关不仅是社会安全类突发事件处置的主体，还广泛参与自然灾害、事故灾难、公共卫生事件的处置工作，承担救援、警戒、现场保护、交通疏导、治安维护、信息搜集、恢复重建等工作，工作领域几乎涵盖所有的突发事件处置活动。

（4）防控措施具有强制性。由于警察的特殊身份，法律赋予其在处置突发事件中以特殊权力，比如，临时的交通管制，强行驱散骚乱人群。公安机关虽然拥有较大的现场处置强制权，但不能误用、滥用，处置行为不能超出法律框架。

（5）处置任务的复杂性。公安机关在突发事件防控中承担的任务复杂多样。在突发事件控制阶段，主要实施应急防控措施，包括实施救援、警戒、疏导交通、扑灭火灾、区域封锁、搜集情报、维护突发事件现场的秩序、组织保护现场、组织疏散群众、对新闻媒介的相关报道进行管理、对直接受害人作出处理、对引起的社会反应与造成的社会心理影响进行调查、评价与控制等。

2. 公安机关参与突发事件处置的主要职责。突发事件发生以后，警方应遵循"及时接警、迅速出警、妥善处警"的原则，及时到达现场，立即采取以下措施：组织在场人员抢救群众生命，迅速转移受害人或受灾民众脱离危险；火速封锁出事现场，驱散围观人员；在尽可能靠近事发现场的地方设立现场指挥中心；根据事态的发展向政府应急的相关职能部门寻求必要的援助；迅速恢复和重新建立通讯联络，保证信息畅通；组织收集突发事件的发生原因、性质及其发展趋势的相关信息，并及时向上级报告；负责对肇事者或恐怖分子的控制或拘捕工作；组织警方的防爆排爆、防化排毒等有关技术专业人员参与抢险救灾；执行上级关于实施强攻或偷袭的命令；依托政府危机管理信息中心，及时发布治安信息，妥善处理与新闻媒体的关系，做好和民众的公共沟通工作；参与事件善后处理工作，恢复正常的治安秩序；向上级作关于处置突发事件的报告。

（三）军队

军队参与突发事件应急处置是国际惯例，我国《国家突发公共事件总体应急预案》也有相关的规定。军队在突发事件应急处置过程中具有非常特殊的作用。它不仅为应急处置提供大量人力、重要物资和特殊技术保障，而且对于安抚灾民心理、增进军民感情都具有不可忽视的作用。2008年5月我国四川汶川发生的里氏8级的大地震，仅用一周时间，灾区就集结了包括救援、工程、防化、医疗防疫、侦察、通信、气防化等兵种在内的11.3万大军，各部队发挥各自的优势，广泛深入地开展各项救援工作。这不仅是武装力量在新的历史条件下，以非战争军事行动应对非传统安全威胁的重大实践，也是我国政府应对特大突发事件时开展军民一体化抗灾的伟大尝试。

（四）医疗组织

几乎每一次突发事件都与人员伤亡联系在一起，这就凸显了医疗机构在突发事件应急处置中的特殊地位。当前我国各医疗单位不仅担负突发公共卫生事件的主导处置任务，还对其他突发公共事件的应急处置起到应急救援的作用。根据我国《国家突发公共事件医疗卫生救援应急预案》的规定，各级医疗急救中心（站）、化学中毒和核辐射事故应急医疗救治专业机构承担突发公共事件现场的医疗卫生救援和伤员转送；医学专家组应对突发公共事件医疗卫生救援工作提供咨询建议、技术指导和支持。

（五）政府其他部门救援力量

一般情况下，一起突发事件的应急处置需要多个部门联合反应，这些部门有些是处置主导部门，有些是处置保障部门。如安全生产委员会的救援队在安全生产应急救援指挥中心的指挥下，派员了解情况，召集救援专家分析情况，组织专业救援队实施现场抢救。交通部门的应急救援队参与交通运输经营业户车辆发生的交通事故的现场处置，立即就近调集抢险所需的运输、挖掘等设备，保证抢险人员、物资的运输。并负责组织修复交通事故中毁坏的公路、安全设施和完善相关交通安全标志。电力、电信部门的应急抢修队负责事件现场电力输送、保持通讯畅通，保证救援工作不间断地展开。民政部门的应急救援队派员慰问灾民、了解灾情，调拨救灾款物，运输救灾物资，并根据事故情况，派出殡葬车辆。

（六）非政府组织

2006年国务院《关于全面加强应急管理工作的意见》中指出："全面加强应急管理工作，需要紧紧依靠群众，军地结合，动员社会各方面力量积极参与。"

从而形成全社会共同参与的应急管理工作格局。一些发达国家的非政府应急组织已经发展得相当成熟，并在突发事件处置中表现出及时、高效、灵活、创新的优势。非政府组织是指政府以外的所有组织，包括慈善机构、援助机构、青年团体、宗教组织、工会、合作协会、经营者协会等。

实践表明，由于非政府组织的志愿性、民间性、灵活性和适应性，其在突发事件应急处置中弥补政府资源的不足、协助并监督各级政府执行有关政策，以及保护受害人和弱势群体的基本权益等方面发挥了不可忽视的中介、桥梁的作用。但我国当前非政府组织参与应急处置工作还处于起步阶段，人们的志愿意识、政府的规范程度与国外相比还存在较大的差距。

（七）应急管理专家咨询组织

在突发事件处置的组织体系中，专家的地位显得尤为特殊和重要。他们并不是一个常设的应急机构逢事必到处置现场，但在处置突发事件中发挥着特殊的作用，时刻为防范、处置突发事件提供技术支持和决策参考。在突发公共事件发生前，专家咨询组织开展专业指导、专业防范；在突发公共事件处置中，开展专业支持、专业救援；在突发公共事件处置结束后，开展专业鉴定、专业评估，不断提高应急管理工作的科学性、针对性和时效性。

第二节　现场处置的运行机制

对于一起突如其来的突发事件，没有完备的运行机制，即使有再好的组织体系，也不能发挥处置功效。按照危机管理的过程和内容划分，可将应急运行机制分为识别与评估机制、预防机制、预警机制、应急处置机制、善后处理机制、调查和评价机制、应急保障机制、合作参与机制和信息管理机制。其中应急处置机制包含信息沟通机制、应急协调机制、现场指挥机制和分级响应机制。本节仅就应急协调机制、现场指挥机制和分级响应机制做一介绍。

一、应急协调机制

（一）应急协调的必要性

应急处置是一项多部门联合反应的工作，在处置过程中哪个部门最应当做什么工作，最适合做什么工作，如何保证每一个应急组织机构或个人都有适当的工作去做，机构之间出现矛盾时谁去解决，这些理论上看似简单的问题，在实践中却不是一件容易的事。如2008年春季我国南方部分省份发生的冰冻自然灾害，在应急处置中就出现了不同部门之间应急步伐不统一，目标不一致，甚至相互冲突的现象。如公安交警部门以安全为由实施道路交通管制，强制封道，而交通运输部门认为安全的前提是运输通畅。这些矛盾的解决均有赖于协调机制的建立和运行。应急协调机制的首要任务是协调应急管理各构成要素之间的相互关系,整合各种组织、人员、信息、物资等资源,以发挥最大的整体处置效果。良好的协调机制不仅可以解决应急处置中各平级应急机构的分工合作问题,还可以在不同级别的应急组织之间建立协作关系;不仅是现场处置过程中的行动协调,还可以是在突发事件发生前诸如预警、评估方面的协调。

(二)应急协调机构的建立

应急协调机制效用的发挥必须建立在有效的应急协调机构的基础上。应急协调机构主要分为两类:一类是常设性应急协调机构,类似于美国的联邦事务管理局(FEMA);另一类是临时性应急协调机构,如我国突发事件应急处置中临时成立的总指挥部。目前我国采用的是后者,但这种临时机构无法承担对日常突发公共事件的预警评估和协调。自我国《突发事件应对法》出台后,中央政府和部分地方政府相继建立了应急管理办公室、联合应急协调小组以及相应的应急指挥中心,这些部门实际上就是履行应急协调职能的机构,但在应急管理实践中发挥的实际效用以及建立的普及性还尚待加强。

(三)应急协调机构的职责

应急协调机构的职责是使整个应急工作系统的运转更加有效,使应急运行机制适应处置不同层次、不同规模的突发事件。具体而言,有以下几项职责[1]:①明确应急体系、组织机构及各自职责;②合理配置应急资源;③制定应急政策,向应急机构提供可操作性的规定;④获取并沟通各方信息,为应急决策和资源配置提供保障。

二、现场指挥机制

指挥是社会组织和有组织的群体为了协调一致达到某个目标,由领导者所实施的一种发令调度活动。指挥与协调的功能是紧密联系的,在突发公共事件的管理中具有相同的目标。但协调的对象一般是相互之间没有隶属关系的各部门,而指挥则带有更明显的强制性和现场性,必须建立等级有序的指挥关系,形成明确的指挥链。指挥通过指令的下达和信息的反馈来实现。在具体工作中,指挥和协调都是不可或缺的管理手段,相互之间的联系十分紧密,有时甚至很难准确地区分两者的界限。

(一)现场指挥的原则

2005年7月召开的全国应急管理工作会议强调,我国应急管理工作应健全

---

〔1〕 参见郭太生主编:《灾难性事故与事件应急处置》,中国人民公安大学出版社2006年版,第72页。

"分类管理、分级负责、条块结合、属地管理为主"的应急管理体制，形成"统一指挥、功能齐全、反应灵敏、运转高效"的应急机制。为实现统一指挥这一机制，必须坚持以下原则：

1. 分层指挥原则。就一般突发事件处置现场指挥而言，整个指挥系统可以分为三个指挥层次：宏观决策层、具体指挥层和组织执行层。

（1）宏观决策层主要由现场总指挥部成员组成，包括政府主要负责人、党委、军队领导人。他们负责现场处置政策的制定和发布，但一般不直接指挥具体行动，其指挥对象也限于具体指挥层，不对各处置功能群体实施指挥。

（2）具体指挥层是整个指挥活动的神经中枢，负责整个处置活动的实质性指挥工作。它一方面要贯彻执行宏观决策层的决定和要求，另一方面主要是根据事件发展的实际情况，提出处置战术和策略，参与具体的指挥。具体指挥层可由各具体功能部门委派的指挥员组成，但出任现场的指挥官只能是一个人。

（3）组织执行层由担负行动、策划、保障等任务的各个功能群体成员组成。其主要任务是在各自的处置群体中分别组织所辖处置人员，认真完成具体指挥层下达的各项处置任务。同时，根据实际情况，机动灵活地采取相应的紧急措施。每一个处置功能群体都必须有一个具体的负责人。

通过分层，最终可以形成一种上、下两个指挥层人员较多、中间指挥层人员特定的现场指挥体系。这种分层的上、下两个层面不发生直接联系，宏观决策层对组织执行层的指示、组织执行层向宏观决策层的请示，必须经由现场指挥员这一枢纽。这就可以避免越级指挥、多头指挥，特别是那种由低级别领导到高级别领导频繁更替进行接力指挥的混乱。有学者认为这是一种蜂腰式的现场指挥模式，这种模式是当前形势下一种相对科学的指挥模式，最理想的指挥模式是建立一种以现场指挥官为现场最高指挥的金字塔式的指挥体系[1]。

2. 属地指挥和专业指挥原则。实行属地指挥和专业指挥的目的，是优化突发事件处置指挥的外部环境。对于不涉及跨越一定行政区域、单一性的突发事件的现场处置，在明确指挥职责的前提下，必须廓清责任界限。纵向上减少指挥层级，实行属地指挥；横向上党政领导应避免介入实质性指挥活动，实行专业指挥。实行属地指挥可以充分发挥案发地指挥员人员熟、地形熟、情况熟的优势，确保处置活动的顺利进行。实行专业指挥可以发挥业务部门负责人处置技能和经验上的优势。当然，随着突发事件的升级，响应级别的提高，对现场的处置指挥权也随之上移，由更高级别的指挥人员来承担。一旦指挥的权力转移到上一层的

---

〔1〕 参见郝宏奎："论劫持人质案件处置指挥职责与体制"，载《公安研究》2006年第3期。

指挥人员手中，原有的指挥人员仅负责提供相应的支持。

3. 靠前指挥原则。处置突发事件必须实行靠前指挥。靠前指挥要通过指挥位置体现出来。现场指挥部是现场处置指挥的核心，其地点的选择直接关系到组织指挥能否有效、顺利地进行，能否随机应变赢得处置主动权的问题。一般来说，现场指挥部地点的选择以有利于观察现场全貌、便于靠前指挥以及隐蔽、安全为原则。宜选择在现场的制高点，如楼房、山头、汽车、船只等。同时，现场指挥部要根据事件主体和现场情况的变化适时转移，以保证指挥始终处于处置前沿的地位。这对于观察情况、提高处置效率和稳定军心都具有重要意义。

（二）现场指挥官人选

对于不涉及跨越行政区域、单一性的突发事件的现场处置，一般由主管该事件的业务部门负责人来担任现场指挥官，以发挥其人员熟、地形熟、业务精的优势。现场指挥官人选应事前在相关预案上予以明确，并设置后备人选。在处置实践中，若现场指挥官未能及时到达现场，应由先期到达现场的行政职务最高的人担任临时现场指挥官，切勿出现现场指挥真空的局面。现场指挥官的职责要求决定对其个人素质的要求也高，他不仅应具备扎实的专业知识和过硬的业务能力，同时还必须是果断的、善于决策的、客观的、冷静的和思维敏捷的人。现场指挥人员一定要科学地分析各种可能面临的不安全因素，准确地作出决策，在突发事件处置中，情况的多变性和指挥的时效性都不允许过多的考虑，因此指挥人员要善于随机应变，果断处置。

（三）现场指挥职责

为保证应急处置目标的实现，在应急处置过程中，现场指挥官应履行以下职责：识别紧急情况与潜在危险，并进行初期处置；启动和指挥、协调现场的应急力量；下达人员疏散的命令；向上级领导汇报情况；请求支援或其他帮助；作出紧急通告。

三、分级响应机制

按照我国现行法律与政策的要求，应急预案按照制定部门与组织的级别至少分为五个层级，即中央政府层级，省、自治区、直辖市政府层级，地、市政府层级，区、县政府层级和企事业单位层级。无论应急预案有多少级别，实行属地管理应是应急管理的基本原则之一，这一原则决定了突发事件发生后的应急响应也是按照分级管理、分级响应，自下而上的程序进行（见图2—2）。这种制度设计是由应急反应适度性决定的，因为如果对事件的严重程度估计不足、反应迟缓、第一救援力量不能满足应急需要，就可能造成更大范围的人员伤亡和物质损失。但是，对突发事件估计过重、反应过度不仅会占用大量的应急资源，影响到对其他突发事件的处置能力，而且也会造成大范围的社会恐慌和非理性行为。

应急响应过程包括接警、响应级别确定、预案启动、应急行动、应急恢复、应急结束等内容（见图 2－2）。突发事件的严重程度、可控性、所需动用的资源、影响区域的大小等因素决定了分级响应的范围。一般来说，应急响应可以分为基本响应和扩大响应两个级别。

（一）基本响应

当确认突发公共事件即将或已经发生时，事发地应立即作出响应，按照"统一指挥、属地为主、专业处置"的要求，启动相应级别的预案，成立现场指挥部，指挥协调公安、交通、消防和医疗急救等部门应急队伍开展救援行动。现场指挥部应随时跟踪事态的进展情况，一旦发现事态有进一步扩大的趋势，可能超出自身的控制能力，应立即向应急指挥中心发出请求，协助调配其他应急资源参与处置工作。同时向事件可能波及的地区通报有关情况，必要时可通过媒体向社会发出预警。

（二）扩大响应

预计将要发生或已经发生特别重大、重大突发公共事件时，由应急指挥中心决定启动相应的应急预案。如果突发公共事件的事态进一步扩大，已波及本行政区域大部分地区，造成的危害程度已十分严重，超出本级政府自身控制能力，需要上一级政府提供援助和支持时，应向上一级政府应急管理部门请求援助。这里需要特别注意的是，决定请求动用上一级政府的应急资源时要十分慎重，须对突发事件的规模、危害进行综合评估，一般要考虑以下因素：①突发事件的危害范围已经超出本级政府的管辖范围；②应急资源严重不足，不足以防止突发事件的蔓延扩大，如人力、技术、装备资源不足；③需要特殊专家与技术支援；④需要动用上一级政府的权力以作出特殊的决定；⑤需要动用上一级政府的主要的信息源；⑥本级政府没有相应级别的突发事件预案。请求启动上一级政府预案是本级政府的职责，上一级政府一般不主动启动，上一级政府经审查后决定是否启动。这是由分级响应的程序性决定的。

协调机制、指挥机制和分级响应机制无疑是突发事件现场处置过程中重要的运行机制，其核心问题是处理联合反应过程中各个组织机构之间的关系。

【思考讨论题】

1. 突发事件处置的组织体系是如何构成的？
2. 现场指挥系统如何发挥应急指挥、协调功能？
3. 结合案例谈谈应急协调机制在应急处置中的作用。

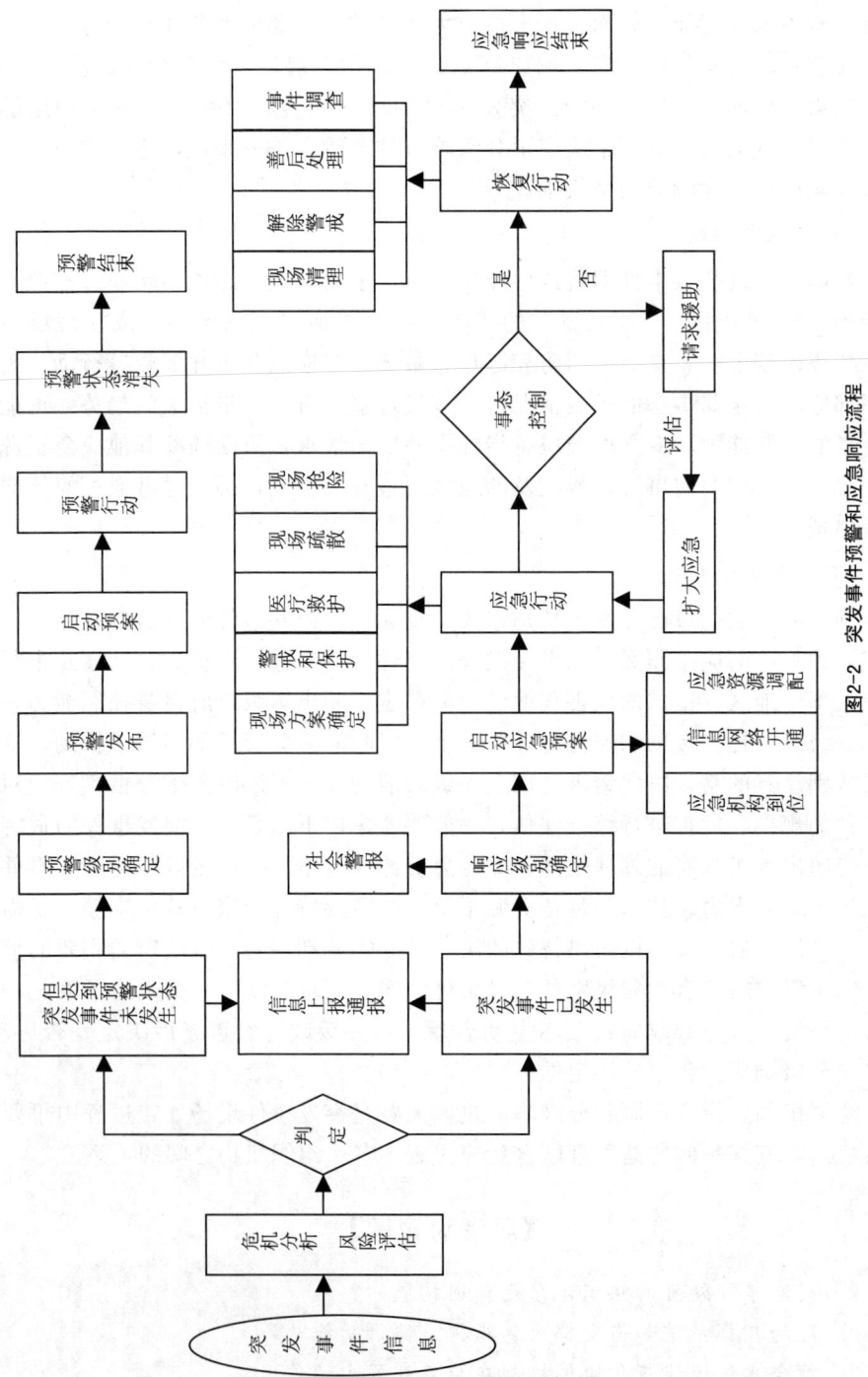

图2-2 突发事件预警和应急响应流程

第三章　现场处置的应急保障体系

【学习内容】

本章介绍了现场处置应急保障体系[1]的内容，如应急法律保障体系和应急财力物资保障体系等。其中应急法律保障体系是学习重点。

【学习目标】

通过本章的讲授及学生学习，学生应知道应急法律保障体系和应急财力物资保障体系。

第一节　我国应急法律保障体系

自上个世纪 90 年代以来，随着社会主义法治建设的进展，我国在应急管理领域的立法取得了重大进展。戒严法、国防法、防洪法、破坏性地震应急条例、台风灾害应急条例等一系列法律、法规相继出台，在各自领域确立了应急管理制度，并在处置实践中发挥了重要作用。但这种各自为体的应急法律制度，难以整合不同层级和不同功能群体之间的应急资源，无法形成应急合力和发挥整体优势，在应对当前复杂的特大、重大突发事件时显得力不从心。因而，直到 2007 年我国出台第一部系统应对突发事件管理的《突发事件应对法》，才基本上扭转了这种法律体系混乱的局面，并标志着我国应急法律体系的初步形成。

一、宪法

2004 年 3 月我国十届全国人大二次会议通过的宪法修正案，将我国 1982 年《宪法》中第 67、80 条和第 89 条有关全国人大常委会、国务院有权依据宪法决定戒严，国家主席有权依据宪法规定发布戒严令的规定，修改为全国人大常委会、国务院有权依据宪法决定进入紧急状态，国家主席有权依据宪法宣布进入紧急状态。如《宪法》第 67 条规定，全国人大常委会决定全国或者个别省、自治

---

〔1〕《国家突发公共事件总体应急预案》对应急保障体系概括为人力资源、财力保障，物资保障，基本生活保障，医疗卫生保障，交通运输保障，治安维护、人员防护、通信保障，公共设施和科技支撑等 11 项内容。本章把应急法律保障体系一节加进来，把人力资源放在应急组织体系一章中主要是基于章节编排便利的需要，同时也是出于对应急法律具备应急体系基础之特性的现实考虑。

区、直辖市进入紧急状态。第 89 条规定，国务院有权依照法律规定决定省、自治区、直辖市的范围内部分地区进入紧急状态。这对完善我国紧急状态制度具有非常重要的意义。它不仅是从戒严到紧急状态名称的更替，更重要的是确立了一项基本的宪法原则。也就是说，作为调整国家权力与公民权利之间关系的宪法，其规范作用不仅涉及平常时期的国家机关与公民之间的宪法关系，而且在紧急状态下，国家机关行使的紧急权力也要来自宪法，也要具有宪法上的依据。

二、基本法

2007 年 8 月 30 日，第十届全国人民代表大会常务委员会第二十九次会议通过了《突发事件应对法》。它对我国的自然灾害、事故灾难、公共卫生事件和社会安全事件等突发事件应对的运行机制、一般程序、保障系统和法律责任做了具体规定，共 7 章 70 条，内容包括总则、预防与应急准备、监测与预警、应急处置与救援、事后恢复与重建、法律责任、附则等。

该法具有鲜明的特点：首先，它兼顾了政府行政效率和保护相对人权益。既强调政府在应急管理中的自由裁量、非程序化决策的必要性，也重视对公民权益的保护和对行政权的监督和控制。其次，制度设计模式上采取了以突发事件的发生、发展过程中各种应急制度为设计主线，辅以应急管理的各种机制和体制的具体规定。具体而言，包含以下应急制度：

1. 突发事件的管理体制。建立统一领导、分级负责、综合协调的突发事件的管理体制，是提高快速反应能力、划分各级政府的应急职责、有效整合各种资源、及时高效地开展应急救援工作的关键环节。突发事件的应对通常涉及交通、通信、消防、信息、食品、医疗服务、物资支持等多个政府职能部门，为了提高政府处理突发事件的能力，必须建立有效的部门协调制度，并成立一个负责日常应急管理工作的专门机构。据此，该法建立了统一领导、分级负责的管理体制，明确了各级政府应对突发事件的责任，并规定了综合协调突发事件应对机制。

2. 突发事件的预防和应急准备制度。建立健全有效的突发事件预防和应急准备制度，是做好突发事件应急处置工作的基础。据此，该法从各方面作了详细规定，包括制定、适时修订应急预案，加强对本行政区域危险源的监控，建立健全公共危机事件应急保障体系，整合应急救援资源，组织开展应急知识的宣传普及和应急演练工作，建立健全重要应急物资的监管、生产、储备、调拨和紧急配送体系，鼓励公民、法人和其他组织为政府应对突发事件工作提供物资、资金、技术支持和捐赠，做好应对危机事件的经费和物资准备等。

3. 突发事件的监测和预警制度。突发事件的早发现、早报告、早预警，是及时做好应急准备、有效处置突发事件、减少人员伤亡和财产损失的前提。据此，该法对建立全国统一的突发事件信息系统和技术标准体系，建立健全有关突发事件的监测网络和预警制度，以及在预警期内可以采取的措施进行了具体规定。

4．突发事件的社会支持制度。这一制度主要是指国际间的合作组织、非政府组织以及社会公众的参与机制。这种参与不仅可以有效地降低政府应对危机的成本，还有助于政府更为及时和全面地收集信息，提高预测能力。据此，该法对有关企事业单位、公共场所经营者、各类社会组织以及社会公众的参与、配合义务作了规定。

5．突发事件的应急处置制度。突发事件发生后，政府必须第一时间组织各方面力量，依法及时采取有力措施控制事态发展，开展应急救援工作，避免其发展为特别严重的事件，努力减轻和消除其对人民生命财产造成的损害。据此，该法与现行有关突发事件应急的法律、行政法规作了衔接，同时根据应急处置工作的实际需要并参考借鉴国外一些应急法律的规定，制定了一些必要措施，如人员救助、事态控制、公共设施和公众基本生活保障等方面的措施，隔离、封锁有关场所和道路、加强警卫、使用必要的警械等强制性措施等。

6．突发事件的事后恢复与重建制度。突发事件的威胁和危害基本得到控制或者消除后，应当及时组织开展事后恢复与重建工作，减轻突发事件造成的损失和影响，尽快恢复生产、生活、工作和社会秩序，妥善解决处置突发事件过程中引发的矛盾和纠纷。据此，该法规定的事后恢复措施主要包括：提供食品、饮用水、被服、寝具等生活必需品；抢修受灾的住宅、提供医疗服务，并向当地学校提供必要的学习用品；抢修、重建被损坏的公共交通、通讯、供水、供电、供气、供暖等基础服务设施；封闭被污染的饮用水源、可能造成传染病扩散的场所；对疫区和与其毗邻的一定范围内的动物采取免疫接种、强制检疫、疾病防治等措施；对受灾地区人员提供心理咨询、抚慰等。

我国《突发事件应对法》着眼于整体应急框架的建立，着眼于基本法律原则和规则的实现，其独有的价值取向和全面的制度设计，奠定了它作为我国非常态行政法律体系中的基本法地位[1]。它的颁布实施标志着我国对突发事件的应对进入规范化、科学化、法制化的轨道，标志着我国以《突发事件应对法》为基本法，以各行业、各领域的单行应急法为补充的应急管理法律体系的初步形成。

三、部门法

《突发事件应对法》只是应急法制建设方面的一个基石。除此之外，我国已经制定了涉及自然灾害类的应急法律法规 20 部，其中法律 7 部，行政法规 13

---

〔1〕 参见于安："突发事件应对法：非常态行政法律秩序的基本法"，载《清华新闻网》，访问日期：2007年9月6日。

部；涉及事故灾难类的应急法律法规 43 部，其中法律 14 部，行政法规 29 部；涉及公共卫生事件类的应急法律法规 11 部，其中法律 5 部，行政法规 6 部；涉及社会安全事件类的应急法律法规 42 部，其中法律 22 部，行政法规 20 部[1]。虽然这些法律法规多在《突发事件应对法》之前出台，并存在一定的设计缺陷，但由于针对性强，使用灵活，在特定事件应急管理中的优势明显。从应急对象来划分，主要有以下几类：

（一）自然灾害类的应急法律法规

自然灾害类的法律法规主要有：水法、防洪法、防汛条例、水库大坝安全管理条例、气象法、防震减灾法、破坏性地震应急条例、防沙治沙法、公益事业捐赠法、蓄滞洪区运用补偿暂行办法、人工影响天气管理条例和军队参加抢险救灾条例。

（二）事故灾难类的应急法律法规

事故灾难类的法律法规主要有：安全生产法、劳动法、煤炭法、建筑法、消防法、矿山安全法实施条例、煤矿安全监察条例、放射性同位素与射线装置安全和防护条例、国务院关于预防煤矿生产安全事故的特别规定、国务院关于特大安全事故行政责任追究的规定、特别重大事故调查程序暂行规定、企业职工伤亡事故报告和处理规定。

（三）公共卫生事件类的应急法律法规

公共卫生事件类的法律法规主要有：重大动物疫情应急条例、传染病防治法、传染病防治法实施办法、突发公共卫生事件应急条例、食品卫生法、进出境动植物检疫法、动物防疫法、国境卫生检疫法、植物检疫条例和国境卫生检疫法实施细则等。

（四）社会安全事件类的应急法律法规

社会安全事件类的法律法规主要有：国家安全法、民族区域自治法、戒严法、人民警察法、集会游行示威法、监狱法、信访条例、企业劳动争议处理条例、行政区域边界争议处理条例、殡葬管理条例、营业性演出管理条例、中国人民银行法。这里重点介绍一下《中华人民共和国戒严法》（以下简称《戒严法》）。1996 年 3 月 1 日第八届全国人民代表大会常务委员会第十八次会议通过了《戒严法》，这是新中国第一部戒严法。根据《戒严法》第 2 条的规定，在发生严重危及国家的统一、安全或者社会公共安全的动乱、暴乱或者严重骚乱，不采取非常

---

[1] 该数据源自中央人民政府网站所载的"应急管理"中的"法律法规"统计而来，截至 2008 年 9 月 15 日。

措施不足以维护社会秩序、保护人民的生命和财产安全的紧急状态时，国家可以决定实行戒严。因此，《戒严法》是一部比较系统的在紧急状态下规范各种社会关系的法律。但戒严法只涉及紧急状态制度的部分内容，仅仅适用于"三乱"（动乱、暴乱和严重骚乱）社会安全事件引起的紧急状态，而没有确定其他形式的紧急状态制度。

此外，有关部门规章和文件对城市供水、城市燃气、水库大坝安全、铁路运输安全等技术事故方面的应急制度以及外汇电子数据备份与电子系统故障等方面的应急制度作了规定。这些应急管理的单项立法虽然在各自的领域发挥着主要作用，但都有一个共同的缺陷，即缺乏统一性和协调性，而且在应急措施的有效性、合法性及保障机制等方面相对不足。

综合观之，我国应急法律体系建设虽然取得一定的成绩，但与我国经济社会快速发展的客观要求相比，我国突发事件应急法制建设还存在一定不足，主要表现在：①紧急状态立法的缺失。有学者认为，当初我国出台《突发事件应对法》有现实迫切需求和节约立法资源的考虑，也就是说，紧急状态的出现在我国必定是极少数情况，但2008年我国南方雪灾和汶川大地震，又反映出现有的《突发事件应对法》级别不够，需要重新考虑紧急状态法的制定。[1] ②应急法律制度还不够完善。首先，《突发事件应对法》确立的一些应急制度过于原则，不易操作，须要制定相关配套制度，比如应急财产征收、征用补偿制度，应急物资储备保障制度，突发事件监测和预警制度。其次，一些急需建立的应急制度尚未建立。如灾害救助、灾害补偿、灾害保险制度迫切须要建立起来；在已经建立的突发事件应急制度中，有的是由部门规章或者规范性文件确立的，其规范性不强，效力不高。最后，突发事件应急体制还不够健全。如应急组织体系中常设机构与临时机构职责不清、关系不顺。这需要不断完善，并逐步建立起反应灵敏、指挥统一、责任明确的整体应对机制。

第二节　应急财力物资保障体系

《国家突发公共事件总体应急预案》在第四部分规定，各有关部门要按照职责分工和相关预案做好突发公共事件的应对工作，同时根据总体预案切实做好应对突发公共事件的人力、物力、财力、交通运输、医疗卫生及通信保障等工作，保证应急救援工作的需要和灾区群众的基本生活，以及恢复重建工作的顺利

---

〔1〕　参见于安："大地震能否催生中国的紧急状态法"，载《清华新闻网》，访问日期：2008年5月27日。

进行。

一、财力保障

应急处置经费是应急处置活动的重要保障，是应急处置保障系统不可或缺的重要组成部分。《国家突发公共事件总体应急预案》规定，政府要保证所需突发公共事件应急准备和救援工作资金。①突发事件的处置既属于政府提供的公共安全服务的范畴，又属于政府危机管理的内容，它的经费开支属于一种公共支出，必须通过公共预算来保障。处置突发公共事件需财政负担的经费，按照现行事权、财权划分原则，分级负担。②资金拨付要及时。各级财政安排处置突发公共事件的资金，按照"特事特办、急事急办"的原则拨款。③资金保障要落到实处，加强监督。各级财政部门应加强对突发公共事件财政应急保障资金的管理和监督，保证专款专用，提高资金的使用效益，并接受审计部门监督、检查。④资金保障也要形成专项预案。各级政府由财政部门牵头，制定辖区内的突发公共事件财政应急保障专项预案，对突发公共事件应急预案启动后的财政应急保障事项做出明确的规定。如对应急响应程序、预案启动标准、财政收入、支出政策、预算调整和资金拨付做出明文规定。

二、物资能源保障

物资能源是突发事件应急处置中重要的因素之一。各级政府要建立健全应急物资能源监测网络、预警体系和应急物资生产、储备、调拨及紧急配送体系，完善应急工作程序，确保应急所需物资和生活用品的及时供应，并加强对物资储备的监督管理，及时予以补充和更新。有关部门要按照职责分工，分别负责煤、电、油、气、水的供给，以及废水、废气、固体废弃物等有害物质的监测和处理。为此，须建立企业联系制度和物资能源商品储备制度。

物资能源包括抢险类物资和抗灾类物资。前者如危险品泄漏控制装置、营救设备、应急电力设备、重型设备、文件资料等。物资与能源不但要保证有充足的数量和合格的质量，而且还一定要实现快速、及时供应到位。另外，有些虽不属于装备，但也应作为保障体系的一部分，如现场地图和图表，有关材料储存区域、工艺区域、服务区域、路径、厂区规划等信息和资料。要了解相关的信息情况时，图纸常常可以给人们最直观的印象。

三、其他保障

（一）基本生活保障

在突发公共事件应对过程中，要做好受灾群众的基本生活保障工作，确保灾区群众有饭吃、有水喝、有衣穿、有住处、有病能得到及时医治，死亡遗体得到及时处理，确保社会稳定和安全。

（二）医疗卫生保障

卫生部门负责组建医疗卫生应急专业技术队伍，根据需要及时赴现场开展医疗救治、疾病预防控制等卫生应急工作。及时为受灾地区提供药品、器械等卫生和医疗设备。必要时，组织动员红十字会等社会卫生力量参与医疗卫生救助工作，最大程度地减少人员伤亡和健康危害，保障人民群众身心健康和生命安全，维护社会稳定。

（三）交通运输保障

交通和公安部门要保证紧急情况下应急交通工具的优先安排、优先调度、优先放行，确保运输安全畅通；要依法建立紧急情况下社会交通运输工具的征用程序，确保抢险救灾物资和人员能够及时、安全送达。根据应急处置需要，对现场及相关通道实行交通管制，开设应急救援"绿色通道"，保证应急救援工作的顺利开展，最大程度地减少突发公共事件造成的人员伤亡、财产损失和社会危害。

（四）治安维护保障

公安部门要加强对重点地区、重点场所、重点人群、重要物资和设备的安全保护，依法严厉打击违法犯罪活动。必要时，依法采取有效管制措施，控制事态，防止各类突发公共事件事态失控和恶化，维护正常的社会治安秩序，最大程度地保护公共安全和公众生命财产安全，确保社会稳定。

（五）人员防护保障

突发公共事件人员防护是指突发公共事件发生前、发生过程中及发生后，采取疏散、撤离、隐蔽、安置等行动和方法，对可能遭受突发公共事件伤害的人员实施防护。民防部门要指定或建立与人口密度、城市规模相适应的应急避险场所，完善紧急疏散管理办法和程序，明确各级责任人，确保在紧急情况下公众安全、有序地转移或疏散。要采取必要的防护措施，严格按照程序开展应急救援工作，确保人员安全。

（六）通信保障

建立健全应急通信、应急广播电视保障工作体系，完善公用通信网，建立有线和无线相结合、基础电信网络与机动通信系统相配套的应急通信系统，确保通信畅通。建立集中管理的信息通信平台是应急体系最重要的基础建设之一。事故发生时，所有预警、报警、警报、报告和指挥等活动的信息交流，都要通过应急信息通信系统的保障才能快速、顺畅、准确到达。另外，建立信息平台可以使宝贵的信息资源共享。但要防止一些国家重要的军事、国家或地区安全、地理以及一些重要的商业信息泄露。

（七）科技保障

科学技术保障是指在公共安全领域开展预测、预警、预防和应急处置等方面的技术研发和科技攻关，完善和改进技术装备，建立科技专家库，建立应对突发公共事件科技支撑体系，根据突发公共事件应急处置工作的需要，为应急处置提供科学技术保障。各级政府要积极开展公共安全领域的科学研究；加大公共安全监测、预测、预警、预防和应急处置技术研发的投入，不断改进技术装备，建立健全公共安全应急技术平台，提高我国公共安全科技水平；并要注意发挥企业在公共安全领域的研发作用和科技专家的作用，普及应对突发公共事件和灾害的自救、互救知识，最大限度地预防突发公共事件的发生。

【思考讨论题】

1. 我国应急法律保障体系是如何构成的？
2. 试分析突发事件应对法出台的背景和主要内容。
3. 我国其他应急保障体系包含哪些内容？

第四章　应急预案

【学习内容】

应急预案是现场处置准备阶段的核心内容。本章介绍了应急预案的基本知识和应急预案编制、管理等内容。其中应急预案编制是学习重点。

【学习目标】

通过本章的讲授及学生学习，学生应知道应急预案的基本知识，掌握应急预案编制的要求和程序，熟悉应急预案管理的内容，会编制一般基层组织的应急预案。

第一节　应急预案概述

应急预案，又称应急计划，是针对可能发生的突发事件，为保证迅速、有序、有效地开展应急与救援行动、减少伤亡、降低损失而预先制定的计划或方案。它是在辨识和评估潜在事件的类型、发生的可能性、发生过程、事故后果及影响严重程度的基础上，对应急机构与职责、人员、技术、装备、设施（备）、物资、救援行动及其指挥与协调等方面所做的预先具体安排。当前，国家应急预案编制工作基本完成。截至 2004 年底，我国国务院及相关部门编制了《国家突发公共事件总体应急预案》、25 件专项预案、80 件部门预案，共计 106 件。[1]各省市区也编制省级总体预案；各市、县政府大都也制定了总体应急预案。

一、应急预案的属性

1. 应急预案是应急工作的文件化过程。应急预案通过文字、图表的形式客观全面地记载了一个政府或机构针对具体预案项目的应急计划，成为各部门和机构应急准备、应急响应和应急恢复等工作的形式载体。

2. 应急预案是应急准备工作的核心内容。根据应急实践，应急准备阶段需要考虑的问题应当包括：应急计划和方案的制定，应急人力资源的储备，应急保障条件的支持和支持系统的确定，应急器材和装备。但其中最主要的是应急预案

---

〔1〕　资料来源：国务院原秘书长华建敏在十届人大会常务委员会第十四次会议上《关于突发公共事件应急预案编制工作和安全生产情况的报告》，2005 年 2 月 25 日。

的编制。

3. 应急预案的重点是应急响应的指挥协调。突发公共事件往往诱因复杂，形势多变，激化迅速，而且其时间和空间分布范围难以把握。从这个意义上讲，每一次应急响应都是一个复杂开放的大系统，使这个系统快速、高效运行的关键是多机构的联合指挥与协调。应急预案的主要功能就是建立统一、有序、高效的运行机制。

4. 应急预案是应急法律制度的具体化过程。应急法律所规定的应急法律制度过于原则和简单，需要通过一定的形式加以细化而使之具有可操作性。应急预案正好担当了这一角色。当然应急预案的细化均来自于这些法律的授权，编制过程和内容均不能高于应急法律效力或违背立法精神。

二、应急预案的体系

应急预案的分类方法有多种，按事件影响范围，可划分为国家级、省级、市级、县（区）级和社区企业应急预案；按时间，可划分为常备应急预案和临时应急预案（如偶尔组织的大型集会等）；按突发事件的类型，可划分为自然灾害、事故灾难、突发公共卫生事件和突发社会安全事件的应急预案；按应急预案的适用范围和功能，可划分为综合应急预案、专项和单项应急预案、现场应急预案。下面对最后一种分类做重点介绍：

（一）综合应急预案

综合应急预案是概括性的整体预案，从总体上阐述应急方针、政策，应急组织结构及相应职责，应急行动、措施和保障等基本要求和程序，是涵盖各类事件的综合性文件。通过综合应急预案可以很清晰地了解应急体系及预案的文件体系，更重要的是，其可以作为应急工作的基础和"底线"，即使对那些没有预料到的紧急情况也能起到一般的应急指导作用。需要说明的是，对于一些规模小、危险因素少的单位，可以把综合预案中的编制目的、依据以及应急工作原则等内容编写得简洁一些，不要拘泥于形式，要凸显预案的简洁和实用原则，甚至可以把综合预案与专项预案合并编写。

（二）专项应急预案

专项应急预案是针对某种具体的、特定类型的紧急情况，例如危险物质泄漏、火灾、某一自然灾害等的应急而制订的预案。专项应急预案是在综合应急预案的基础上，充分考虑了某特定危险的特点，对应急的形式、组织机构、应急活动等进行更具体的阐述，具有较强的针对性。专项应急预案一般只存在于应急处置阶段，通常不涉及事件的预防和准备以及事件的后期恢复阶段。但危险源和风险分析、应急组织机构和职责、应急报告和应急响应四个要素非常重要，无论在综合应急预案还是专项应急预案中都必不可少。专项应急预案是综合应急预案的组成部分，应按照综合应急预案的程序和要求制定，并以综合应急预案的附件形式来体现。需要指出的是，并非每一紧急情况都要编写一个应急预案，凡是引发事件的根源类似、应急组织体系和报告程序相同的，可以考虑合并编制一个应急预案。若应急程序或处置措施不同，可以在合并后的专项预案中分开来写或通过细化现场处置方案来弥补。

（三）现场应急预案

现场应急预案，也称现场处置方案，是在专项预案的基础上，根据具体情况而编制的针对特定场所（如工作岗位或场所），通常是风险较大场所或重要防护区域所制定的预案。例如，危险化学品事故专项预案下编制的某重大危险源的场内应急预案等。现场应急预案对现场具体救援活动具有更强的针对性和更具体的操作性。

（四）单项应急预案

单项应急预案是针对大型公众聚集活动（例如经济、文化、体育、民俗、娱乐、集会等活动）和高风险的建设施工活动（例如城市人口高密度区建筑物的定向爆破）而制定的临时性应急行动方案。预案内容主要是针对活动中可能出现的紧急情况，预先对相关应急机构的职责、任务和预防性措施作出的安排。

三、应急预案的基本结构

由于各类应急预案各自所处的行政层次和适用范围不同，其内容在详略程度和侧重点上也会有所差别，但都可以采用基于应急任务或功能的"1＋4"预案编制结构（见图4-1），即一个基本预案加上应急功能设置、特殊风险预案、标准操作程序和支持附件，以保证各种类型应急预案之间的协调性和一致性。

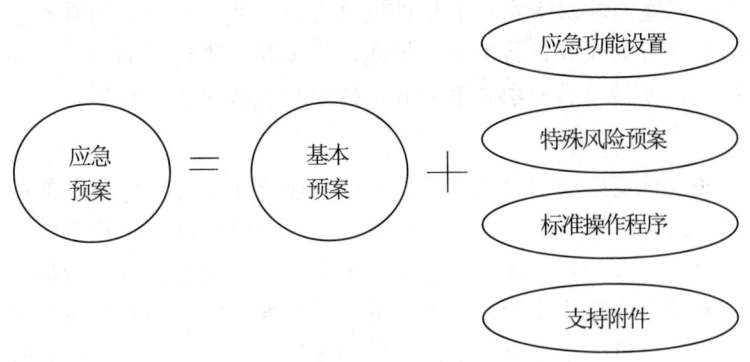

图4-1　应急预案的基本结构

（一）基本预案

基本预案是对应急预案的总体描述。主要阐述应急预案所要解决的紧急情况，应急的组织体系、方针，应急资源，应急的总体思路，并明确各应急组织在应急准备和应急行动中的职责，以及应急预案的演练和管理等。

基本预案的具体内容可以包括：预案启动条件；各应急机构的署名页；术语与定义；相关法律法规授权和依据；方针、原则与适用范围；危险分析与环境综述；应急资源的管理和综述；机构与职责；分级响应机制；教育、培训与演练规定；与其他应急预案的关系；有关互助协议的签订；预案的制定、更新、评审、发布等管理规定；其他，如分发记录和修改记录等。

（二）应急功能设置

应急功能是针对各类突发事件应急通常都要采取的一系列基本的应急行动和任务而编写的计划，如指挥和控制、警报、通讯、医疗等。它着眼于应急响应时所要实施的紧急任务和运用社会应急资源前的第一步处置。对于每一项应急功能，应明确其针对的形势、目标、负责机构和支持机构、任务要求、应急准备和操作程序等。由于应急功能是围绕应急行动的，因此它们的主要对象是那些任务执行机构。为直观地描述应急功能与相关应急机构的关系，可采用应急功能分配矩阵表。应急预案所包含的功能设置的数量和类型主要取决于所针对的潜在危险类型，以及相关应急组织方式和运行机制等情况。比较典型的应急功能包括：接警与通知、指挥与控制、警报和紧急公告、通讯、事故态监测与评估、警戒与治安、人群疏散、人群安置、医疗与卫生、公共关系、应急人员安全、消防与抢险、泄漏物控制、现场恢复等。

（三）特殊风险预案

特殊风险预案是在对潜在重大事件风险辨识、评价和分析的基础上，针对每一种类型的潜在重大风险进行基本的描述，明确其主要负责部门、有关支持部门及其相应职责，并为该类专项预案的制定提出有关特殊要求和指导。

（四）标准操作程序

按照在基本预案中的应急功能设置，各类应急功能的主要负责部门和支持部门须制定相应的标准操作程序，为组织或个人履行应急预案中规定的职责和任务提供详细指导。标准操作程序的描述应简单明了，一般包括目的与适用范围、职责、具体任务说明或操作步骤、负责人员等。标准操作程序本身应尽量采用活动检查表的形式，对每一活动留有记录，供逐项检查核对时使用。已做过核对标记的检查表成为应急活动记录的一部分。

标准操作程序可以保证在事件突然发生后，即使在没有接到上级指挥命令的情况下，也可在第一时间启动应急预案，提高应急响应的速度和质量。标准操作程序应保证与应急预案的协调和一致，其中重要的标准操作程序可作为应急预案的附件或以适当的方式引用。

（五）支持附件

主要包括应急救援支持保障系统的描述及有关附图表，具体包括：通讯系统、信息网络系统、警报系统分布及覆盖范围、技术参考（后果预测和评估模型及有关支持软件等）、专家名录、重大危险源登记表、分布图等。

四、应急预案的框架及内容

应急预案一般由 6 个核心要素和 23 个二级要素构成。这些要素既是编制预案的依据，也是评审预案的要点。重大突发事件应急预案可根据 2004 年国务院办公厅发布的《国务院有关部门和单位制定和修订突发公共事件应急预案框架指南》进行编制。应急预案的主要内容包括：

（1）总则：说明编制预案的目的、工作原则、编制依据和适用范围等内容。

（2）组织指挥体系及职责：明确各组织机构的职责、权利和义务；以突发事件应急响应全过程为主线，明确事件发生、报警、响应、结束、善后处理处置等环节的主管部门与协作部门；以应急准备及保障机构为支线，明确各参与部门的职责等内容。

（3）预警和预防机制：包括信息监测与报告、预警预防行动、预警支持系统和预警级别及发布（建议分为四级预警）等内容。

（4）应急响应：包括分级响应程序（原则上按一般、较大、重大、特别重大四级启动程序），信息共享和处理，指挥和协调，紧急处置，应急人员的安全防护，群众的安全防护，社会力量的动员与参与，事件调查分析、检测与后果评估，新闻报道，应急结束等 11 个要素。

（5）后期处置：包括善后处置、社会救助、保险、事故调查报告和经验教训总结及改进建议等内容。

（6）保障措施：包括通信与信息保障，应急支援与装备保障，技术储备与保障，宣传、培训和演习和监督检查等内容。

（7）附则：包括有关术语、定义，预案管理与更新，国际沟通与协作，奖励与责任，制定与解释部门，预案实施或生效时间等内容。

（8）附录：包括相关的应急预案、预案总体目录、分预案目录、各种规范化格式文本，相关机构和人员通讯录等内容。

第二节　应急预案的编制

一、应急预案的编制过程

应急预案的编制过程可分为下面五个步骤：成立应急预案编制小组，法律法规分析、危险分析和应急能力评估，编制应急预案，应急预案的评审与发布以及应急预案的实施。

（一）成立应急预案编制小组

应急行动涉及来自不同部门、不同专业领域的应急力量，需要应急各方在相互信任、相互了解的基础上密切配合和相互协调。因此，应急预案的成功编制需要各个有关职能部门和组织的积极参与，并达成一致意见。以政府应急预案编制为例，应急预案编制小组成员一般应包括：行政首长或其代表，应急管理部门，消防、公安、环保、卫生、市政、医院、医疗急救、卫生防疫、邮电、交通管理等有关部门，广播、电视等新闻媒体，法律顾问、有关企业代表、上级政府或应急机构代表和技术专家等。应急预案编制小组的成员确定后，须确定编制计划，明确职责分工，保证预案编制工作科学有序地进行。

（二）法律法规分析、危险分析和应急能力评估

1. 法律法规分析。包括：一是分析国家应急法律、地方政府法规与规章，如突发事件应对法、安全生产法、环境保护法律等。二是分析已有预案。包括地方政府预案、主管行业预案、本单位原有预案（疏散预案、消防预案、员工手册、资金投入方案、互助协议等）。通过分析可以防止预案之间以及预案与法律之间产生矛盾，保障预案与法律之间的一致。

2. 危险分析。危险分析是应急预案编制的基础。危险分析的结果不仅有助于确定应急工作的重点，提供划分预案编制优先级别的依据，而且也可以为应急准备和应急响应提供必要的信息和资料。危险分析包括危险识别、脆弱性分析和风险评估。

（1）危险识别。旨在识别可能存在的重大危险因素，通过分析本地区的地理、气象等自然条件、工业和运输、商贸、公共设施等具体情况，总结本地区历史上曾经发生的重大事件，识别出可能发生的自然灾害和重大事故等突发事件。

（2）脆弱性分析。旨在确定一旦发生危险事故，最容易受到冲击破坏的地区或单位，以及最可能出现波动或激变的环节。脆弱性分析结果应提供下列信息：受事故或灾害严重影响的区域，以及该区域的影响因素（如地形、交通、风向等）；预计位于脆弱带中的人口数量和类型（如居民、职员、敏感人群——医院、

学校、疗养院、托儿所）；可能遭受破坏的财产，包括基础设施和运输线路；可能的环境影响；最需要保护的地区、单位和人群。

（3）风险评估。根据脆弱性分析的结果，评估突发公共事件发生时，造成破坏（或伤害）的可能性，以及可能导致的实际破坏（或伤害）程度。通常可能选择对最严重的情况（顶级事件）进行分析。风险评估可以提供下列信息：发生事故和环境异常的可能性或同时发生多种紧急事件的可能性；对人造成的伤害类型（急性、延时或慢性的）和相关的高危人群；对财产造成的破坏类型（暂时、可修复或永久的）；对环境造成的破坏类型（可恢复或永久的）。

3. 应急能力评估。依据危险分析的结果，对已有的应急资源和应急能力进行评估，包括城市应急资源的评估和企业应急资源的评估，明确应急救援的需求和不足。应急资源包括应急人员、应急设施（备）、装备和物资等；应急能力包括人员的技术、经验和接受的培训等。应急资源和能力将直接影响应急行动的快速有效性。预案制定时应当在评价与潜在危险相适应的应急资源和能力的基础上，选择最现实、最有效的应急策略。

（三）编制应急预案

应急预案的编制必须基于重大事件风险的分析结果，应急资源的需求和现状以及有关法律法规的要求。此外，预案编制时应充分收集和参阅已有的应急预案，以最大限度的减少工作量、避免应急预案的重复和交叉，并确保与其他相关应急预案的协调和一致。

预案编制小组在设计应急预案编制格式时则应考虑：

（1）合理组织。应合理地组织预案的章节，以便每个不同的读者能快速地找到各自所需要的信息，避免从一堆不相关的信息中去查找所需要的信息。

（2）连续性。保证应急预案各个章节及其组成部分在内容上的相互衔接，避免内容出现明显的位置不当。

（3）一致性。保证应急预案的每个部分都采用相似的逻辑结构来组织内容。

（4）兼容性。应急预案的格式应尽量采取与上级机构一致的格式，以便各级应急预案能更好地协调和对应。

（四）应急预案的评审与发布

为保证应急预案的科学性、合理性以及与实际情况相符合，城市重大事故应急预案必须经过评审，包括组织内部评审和专家评审，必要时请上级应急机构进行评审。应急预案经评审通过和批准后，按有关程序正式发布和备案。

（五）应急预案的实施

应急预案的实施是应急管理的重要工作。应急预案的实施包括：开展预案宣传、进行预案培训，落实和检查各有关部门职责、程序和资源准备，组织预案演练，使应急预案有机地融入公共安全保障工作中，将应急预案所规定的要求真正落到实处。应急预案应及时修改、更新和升级，尤其在每一次演练和应急响应后，应认真评审和总结，针对实际情况的变化以及预案中所暴露出的缺陷，不断地更新、完善，持续改进应急预案文件体系。

二、应急预案编制的基本要求

(一) 针对性

制定应急预案的一个重要前提是假定事件肯定发生，应急管理可能涉及预防、应急响应和事后调查处理与整改，但应急预案的对象主要是应急响应阶段，即使应急准备工作也强调针对事件发生来准备。以一个企业为例，应急预案主要针对重大危险源、可能发生的各类事故、关键的岗位和地点、薄弱环节和主要工程。

(二) 科学性

编制应急预案是一项科学性很强的工作，须要以科学的态度，在全面调查和论证的基础上，开展科学分析和论证。具体而言，须要注意以下几个问题：制定的方案要科学、决策程序要科学、处置方法和实现手段要科学、要有模拟实验结果作支撑、要充分发挥专家的作用和吸取历史的经验和教训。

(三) 可操作性

应急预案与应急体系建设规划存在原则性区别。应急预案是应急活动的具体指导，应急活动必须是以现有能力和资源为基础。动员现有力量和整合存量资源成为应急预案编制与实施的基本原则。未来建设目标和规划内容不应列在应急预案中。要保证预案的可操作性，预案的编制要有总的原则，即只写能做到的。此外，还应注意以下几点：应急任务可分解落实；应急职责要明确；通讯信息要准确；应急程序要明晰；应急方法要可行；涉及外部内容要得到认可。

(四) 完整性

应急预案内容的完整性，要求其包含应急响应所需的所有应急信息。具体而言，完整性体现在：①预案要素要完整。满足预案编制框架指南的所有要素。②应急过程要完整。应急预案不仅要注重应急响应活动，还应包括应急准备和应急恢复这两部分内容，而且为了突出"第一反应"和"属地为主"的原则，应急响应活动须明确划分为初级响应和扩大应急两个阶段。③适用范围要完整。对一个企业来讲，应急预案不仅能应对企业内部发生的突发事件，而且当企业外部发生的突发事件波及企业时，也能启动企业预案。

（五）可读性

应急预案包含了应急响应的所有信息，这些信息如果组织不善，可能会影响应急预案的执行效力。因此，应急预案信息的组织应有利于查询和获悉，并具备相当的可读性。主要体现在四个方面，即易于查询、语言简洁、通俗易懂、层次清晰。

（六）衔接性

应急预案要相互衔接，使本预案与相关预案相互兼容，协调一致。对一个企业而言，这些预案主要有同级政府应急预案、上级主管部门应急预案、上级企业应急预案和相邻企业应急预案。

第三节　应急预案的管理

一、应急预案的培训

（一）应急预案培训的原则和范围

应急预案的培训是应急管理准备阶段的工作之一，是应急管理的一项重要的日常性工作。应急预案培训和演习是在加强基础、突出重点、边练边战、逐步提高原则的指导下进行的，旨在锻炼和提高队伍在突发事件情况下的快速抢险、及时营救伤员，正确指导和帮助群众防护或撤离，开展现场急救和伤员转送等应急救援技能和应急反应综合素质，以有效地降低危害，减少损失。

应急预案培训的范围应包括：①政府主管部门的培训；②社区居民的培训；③企业员工的培训；④专业应急救援队伍的培训。

（二）应急预案培训的内容和计划

应急预案培训的内容应根据应急者的层级不同而有所不同，每一种水平都有相应的培训要求。在具体培训中，通常将培训对象分为五种水平，即初级意识水平应急者、初级操作水平应急者、危险物质专业水平应急者、危险物质专家水平应急者、事件指挥者水平应急者。但应急能力，如了解和掌握如何识别危险，如何采取必要的应急措施，如何启动紧急情况警报系统，如何安全疏散人群等的培养，一般单位可参照表4-1制定本单位的应急预案培训与演练计划。

表 4－1　　应急预案培训与演练计划表

单位：　　　　　　　　　　年度：　　　年　　制订日期：　　　　年　　　月　　　日

应急培训与演练内容	月　份											
	1	2	3	4	5	6	7	8	9	10	11	12
应急知识培训	—											
事故预防措施		—	—									
自救、互救、防护用具使用				—								
现场布置、逃生路线、指挥信号识别					—							
火灾、危险品标志识别						—	—					
应急指挥与人员撤离演练								—				
应急准备使用、操作演练									—			
应急桌面演练										—		
应急功能演练											—	
应急全面演练												—

二、应急预案的演习

应急预案的演习是检验、评价和保持应急能力的一个重要手段，其最主要的目的是使应急机构及人员熟悉所编预案和发现预案存在的缺陷。其意义在于：①可在突发事件真正发生前暴露预案和程序的缺陷；②发现应急资源的不足（包括人力和设备等）；③提高应急人员的熟练程度和技术水平；④进一步明确各自的岗位与职责；⑤改善各应急部门、机构、人员之间的协调，提高整体应急反应能力；⑥增强应对突发重大事故救援的信心和提高社会应急意识。

（一）应急预案演习的类型

根据演习功能的不同，应急预案演习分为桌面演习、功能演习和全面演习。

1. 桌面演习。桌面演习是在没有时间限制的情况下，明确相互协作和职责划分，锻炼演习人员解决问题的能力，发现并解决预案和程序中的问题，最终取得一些有建设性意义的讨论结果的一种演习。桌面演习通常在会议室举行，由应急组织的代表或关键岗位人员参加，按照应急预案和标准行动程序，讨论所应采取的应急行动，采用口头评论的形式，并不受时间限制，最终形成书面总结和改进建议。桌面演习如同在头脑和口头上"过一遍、走一遍"应急响应的场景，成本较低。

2. 功能演习。功能演习是指针对某项应急响应功能或某些应急响应行动举行的演练活动，目的是熟练和检验某些基本操作或完成某些特定任务所需的技术和实战能力。功能演习一般需要调用有限的资源开展现场演习，一般在应急指挥中心进行，最终形成书面报告。它可分为单项演习和组合演习。前者如对应急通讯联络、现场疏散等专项应急功能开展的演练，后者是对具有较为紧密联系的多个应急功能或任务组合在一起的演习，以加强各应急救援组织之间的配合和协调，如对警报、紧急公告、公众疏散等功能相互配合的演习。

3. 全面演习。全面演习是针对应急预案中全部或大部分应急响应功能开展的演练。全面演习一般要求持续几个小时，采取交互的方式进行，演习过程要求尽量真实，调用更多的应急人员和资源来开展实战性演习，以检验相互协调的总体反应和应急能力。

应急演习过程应循环往复，为防止应急演习不到位或片面化，三种应急演习方法应在实际中交叉进行。

（二）应急预案演习的参演人员

1. 演习人员。具体要求是：根据模拟场景和紧急情况作出反应，尽可能按真实事件进行决策或响应，熟悉应急响应体系和所承担的任务及行动程序。其执行的具体应急任务包括：抢救伤员或被困人员、保护财产或公众健康、获取或管理资源、与其他应急人员共同控制事态。

2. 控制人员。控制人员是指根据演习情景，控制应急演习进展的人员。具体要求：确保演习任务得到充分演习；确保演习活动既具有一定的工作量，又富有一定的挑战性；确保演习的进度；解答演习人员的疑问，解决演习过程中出现的问题；保障演习过程的安全。

3. 模拟人员。具体要求是：模拟事故的发生过程，如释放烟雾、模拟气象条件、模拟泄漏等；扮演、替代某些未能参加演习的部门。

4. 评价人员。具体要求是：观察重点演习要素并收集资料；记录事件、时间、地点及详细演习经过；观察并记录行动人员的表现；在不干扰参演人员工作的情况下，协助控制人员；确保演练按计划进行；根据观察，总结演习结果并出具演习报告。

5. 观摩人员。其构成人员包括有关部门领导、外部机构人员和旁观演练过程的观众。

（三）应急预案演习的基本步骤和内容

1. 演习准备阶段。演习准备阶段的主要内容包括：

（1）成立演习策划小组。该小组主要负责确定演习的目的、类型、规模、场地，进行演习的总体设计；制订演习计划，设计演习情景；组织控制人员、评价人员培训；全面检查、指导和协调演习准备工作；提出演习通讯、技术、物质器材、生活保障等所需的项目及经费清单；演习结束后，组织各单位进行总结。

（2）确定演习日期。应急演习日期最好提前一年确定，但考虑到各部门、组织、人员的具体情况，该日期最迟也应提前6个月确定。已确定的应急演习日期应不与其他重大事件发生冲突。

（3）确定演习任务与范围。确定应急演习组的重点内容；确定参与部门范围，进行职责分配，并签订协议。

（4）编写演习方案。演习方案是指根据演习目的和目标，对演习性质、规模、参演单位和人员、假想事件、序列情景事件、气象条件、响应行动、评价准则、时间进程等制定的总体设计。形式要件包括：演习计划、情景说明书、评价计划、情景事件总清单、演习控制指南、演习人员手册和通讯录等。

（5）情景设计。情景设计是针对假想事件的发展过程，设计出一系列的情景事件，目的是通过引入这些需要应急组织作出相应响应行动的事件，保证演习不断进行，从而全面检验所确定的演习目标。演习方案的编写应以演习情景设计为基础。情景设计主要通过发布控制消息来通知演习人员。

（6）确定演习现场规则。所有对外消息应以"这是一次演习"作为开头语或结束语；不得采取超越安全保证的行动，不得进入禁止进入的区域，不得接触不必要的危险，如任意穿越高速公路、铁道或其他危险区域；事故模拟，事先必须考虑可能影响设施安全运行的所有问题；避免极端的气候条件；不应为了演习技巧需要而污染大气或造成类似危险；演习过程中对可能真正发生的紧急情况保持警惕，发现真正紧急事件时，按程序立即终止、取消演习，迅速转入真正应急。

（7）确定应急演习的目标。一般来说，对于企业内部的应急演习可以确立18项目标，它们是：应急动员（目标1），指挥和控制（目标2），事态评估（目标3），资源管理（目标4），通讯（目标5），设施、装备与显示方式（目标6），警报与紧急公告（目标7），公共信息（目标8），公众保护措施（目标9），应急人员安全（目标10），交通管制（目标11），人员登记、隔离与去污（目标12），人员安置（目标13），紧急医疗服务（目标14），24小时不间断应急（目标15），增援（目标16），事故控制与现场恢复（目标17），文件化与调查（目标18）。

A类目标：目标1～8，是演习核心目标，反映相关应急机构有效应对重大事件所必需的应急准备能力。根据预案规定，所有承担相应职责的组织都应参与一年一次的全面演习，并在演习中展示相应目标。

B类目标：目标9～14，反映相关应急机构重大事件的应急响应能力，一年一次的全面演习应有一些组织演习目标。B类与A类的不同点在于，所有应急组织都应在一年一次的演习中展示 A 类目标，而 B 类目标则只要求对其负责的应急组织可在稍长时间内演习一次即可。

C 类目标：目标 15～18，反映相关应急机构应对重大突发事件的应急准备能力。承担相应职责的应急组织可在稍长时间内演习一次即可。

2. 演习实施阶段。演习实施阶段是指从宣布初始事件起到演习结束的整个过程。虽然应急演习的类型、规模、持续时间、演习情景、演习目标等有所不同，但演习过程中的基本内容大致相同。

演习过程中参演应急组织和人员应尽可能按实际紧急事件发生时的响应要求进行演习，由参演应急组织和人员根据自己的理解，拿出最佳解决办法，对情景事件作出响应行动。策划小组或演习活动负责人的作用主要是宣布演习开始和结束，以及解决演习过程中的矛盾。并向演习人员传递消息，提醒演习人员采取必要行动以正确展示所有演习目标，终止演习人员不安全的行为。

演习过程中参演应急组织和人员应遵守当地相关的法律法规和演习方案，确保演习安全进行。另外对于演习过程中的情况应以多种形式予以记录。

3. 演习总结阶段。应急演习结束后应对演习的效果作出评价，并提交演练报告，详细说明演练过程中发现的问题，包括不足项、整改项和改进项。演习总结可以通过访谈、汇报、协商、自我评价、公开会议和通报等形式完成。

演习报告是策划小组负责人及参演人员在演习后对演习情况的详细说明和对该次演习的评价。演习报告应包括如下内容：演习背景信息（事故、地点、时间、气象条件等）；演习任务；参与演习的应急组织；演习情景与演习方案；应急情况的全面评价，包含对前次演习不足项在本次演习中表现的描述；演习发现与纠正措施建议；对应急预案和有关程序的改进建议；对应急设施、设备维护与更新方面的建议和对应急组织、应急响应人员能力与培训方面的建议。

【思考讨论题】

1. 应急预案的属性是什么？
2. 我国应急预案的体系是什么？
3. 应急预案的框架及内容包含哪些内容？
4. 编制应急预案要注意哪些问题？

技 术 篇

古人云："不谋全局者，不足谋一域；不谋一世者，不足谋一时。"这句话很好地诠释了"着眼宏观，着手微观"的辩证统一关系。现场处置研究在注重应急组织体系、应急运行机制、应急保障体系和应急预案建设的基础上，还应解决在应急行动中什么人，做什么事，如何做的问题。这属于一个微观的研究领域。本篇精选七项应急措施介绍突发事件发生后采取应对行动的程序和方法。

第五章　接警与报告

【学习内容】
现场处置作为应急响应阶段的核心内容往往发端于突发事件的报警和报告。本章介绍了报警和报告制度在应急管理体制中的地位，重点介绍了报警的方式和方法，接处警的程序和方法。

【学习目标】
通过本章的讲授及学生的案例分析、思考讨论和实务操作等学习活动，学生应知道报警、接处警的基本知识，掌握报警和接处警的基本要求，会熟练地报警，能操作接处警系统。

接警与报告是应急管理体制中的重要制度，它不仅是应急响应的开端，也是现场处置中一项重要的应急技能。在应急管理中，接处警活动是由"接警——处警——出警——现场处置——信息反馈——后续支援"等一系列行为构成的，其实质是突发事件信息在不同层级组织之间流转、传递，如向上级政府或主管部门的信息报告，向毗邻地区同级政府或组织的信息通告，向公众发布的公告，向相关人员发出的警报等。在我国各级各类应急预案中都明确规定了突发事件的信息报告、发布制度，并采取属地管理、分级报送的原则。如道路交通事故的信息，一般或较大道路交通事故信息应报事发当地政府，重大、特别重大道路交通事故信息应立即上报省政府。当然，信息的传递不是仅存在于应急响应的开端，而是贯穿整个应急响应过程。

第一节　报　警

一、报警的含义

根据应急管理的基本理论，报警有狭义和广义之分。狭义的报警是指突发事件现场的目击者向当地政府或有关应急机构报告险情，请求处置的行为。如我国《突发事件应对法》第 38 条规定，获悉突发事件信息的公民、法人或者其他组织，应当立即向所在地人民政府、有关主管部门或者指定的专业机构报告。这里需要特别提醒的是，报警者不仅要在突发事件发生的第一时间向本单位、社区报警，还要向距离事发地最近的地方政府或有关应急机构报警。而广义的报警除包含上述报警情形外，还包括有关政府或应急机构在接警后，向上级政府或有关应急机构报告的行为。如我国《突发事件应对法》第 39 条规定，地方各级人民政府应当按照国家有关规定向上级人民政府报送突发事件信息。县级以上人民政府有关主管部门应当向本级人民政府相关部门通报突发事件信息。

同时，我国《突发事件应对法》还对报警的及时性和客观性做了原则规定。如《突发事件应对法》第 39 条规定，有关单位和人员报送、报告突发事件信息，应当做到及时、客观、真实，不得迟报、谎报、瞒报、漏报。《上海市突发公共事件总体应急预案》规定，一旦发生重大突发公共事件，必须在接报后一小时内分别向市委、市政府值班室口头报告，在两小时内分别向市委、市政府值班室书面报告。本节仅探讨狭义报警，并基于本书侧重对应急技能的研究，将以公安 110 报警为例重点介绍报警程序和要领。

二、报警的方式

依据不同的标准，可以把报警分成不同的种类。就报警主体而言，有个人报警和相关组织报警，有被害人报警、目击者报警和事发单位报警；就报警事项而言，有刑事、治安案件报警，火灾报警，交通事故报警或其他突发事件报警；就报警对象而言，有向公安机关、消防机构和政府其他部门甚至单位组织内部的报警。报警的方式有书面报警、口头报警和网络报警。

（一）电话报警

电话报警是一种传统的报警方式，具有方便快捷、迅速出警等优点，是广泛采用的一种报警方式。电话报警可以直接使用普通电话、投币电话、磁卡电话、移动电话拨打 110、119 和 120 等号码，拨打这三个号码是免费的，投币、磁卡电话不用投币或插卡，并且不用拨区号，直接拿起话筒即可拨打报警电话。电话报警应优先选用有线电话报警，其次选用移动电话报警。因为报警服务台系统可以显示有线报警电话的准确位置、机主姓名，以便接警员、处警员可根据相关信息及时下达紧急救助命令。

（二）上门报警

上门报警是指报案人主动到公安机关驻地或路面执勤民警跟前反映案情的情形。它具有反映情况真实、便于问清事实等优点。

（三）短信报警

短信报警是一种新兴的报警形式，近年来越来越受到警方的重视和群众的推崇。与传统的电话报警相比，短信报警的优势明显。首先，短信报警隐蔽性强。如在受到不法侵害的现场，电话报警容易引起侵害者的注意，报警者易受打击和报复，而短信报警在不惊动侵害者的情况下，可以隐蔽、快速、安全、准确地表述事件和地点而完成报警，有利于保护受害人的人身安全。其次，短信报警适应的群体更广。对于聋哑人、只会讲方言的外地人、只会讲本国语言的外国人，短信报警具有电话报警不可替代的优势。最后，短信报警可以提高报警质量。短信报警不受报警电话线路繁忙的限制，只要发送成功，报警台便可直接处警，大大缩短了报警时间。同时，也可以使报警服务电话分流，减轻人工电话接听的压力，避免因线路忙而报警者打不进电话的情况。当前，我国的短信报警还没有统一路径，报警人要根据各地警方和当地网络信息运营商协商后确定的特服号码发送报警短信，110 报警台收到报警短信，向报警人回"您的报警信息已收到"的短信，短信报警即被视为成功。因而，储存和记忆当地的报警特服号码是非常必要的。

（四）网络报警

网络报警分为两种：一种是通过警方提供的报警网站或报警邮箱，发送电子邮件来报警，它具有反映事情准确、详尽的优点，但这种报警邮箱也是各地警方自行提供的，报警人平时要留意此类信息的发布。另一种是网络监控系统，也称联网报警，一旦发生突发事件，前端监控系统自动将信息传送给后方的警方接收系统，接收系统以声音、图像的形式提醒监控人员警情的到达。

【知识链接】其他简易求救信号

在遇到突发事件时，被害人一时没有先进的通讯工具或不具备上门报警的条件时，可以采取一些相对原始的办法，就地取材，发出求救信号。下面介绍几种国际应急处置中通行的求救信号。

1. 声响求救信号。用哨子先吹三声短音，再吹三声长音，最后吹三声短音。间隔一分钟后再重复。或直接大声喊叫、猛击脸盆等，尽可能利用身边的物品，发出比较大的响声，获得救援。

2. 光线求救信号。使用手电筒，镜子发射太阳光等方法，引起救援人员的注意。具体做法是光线每分钟闪照 6 次，停顿 1 分钟再重复。

3. 火光求救信号。选择在开阔地带，燃放三堆烟火，火堆摆成三角形，每堆之间间隔相等，保持燃料干燥，一旦飞机经过，尽快点燃火堆求救。

4. 浓烟求救信号。在野外遇到危险，在白天点燃新鲜的树枝、青草等植物，发出烟雾，晚上可以点燃干柴，发出明亮耀眼的红色火光，向周围发出求救信号。

5. 字样求救信号。同树枝、石块或衣物等物在空地上砌出"SOS"或其他求救字样，字尽可能大，每个字至少长 6 米，相当于 3 个半人的身高长度。

6. 旗语求救信号。将一面旗子和色彩鲜亮的布条绑在木棍上，按照左侧长画，右侧短画做"8"字形挥动。

7. 抛掷软物求救信号。当在高楼遇到危险时，可用枕头、塑料空瓶、掷软物向地面发出求救信号，但这些抛掷物质地要柔软，防止砸伤地面行人

总之，无论用何种方式发送求救信号，信号一定要鲜明，声音要大，颜色要明亮，字要醒目，让施救者准确地知道你的方位，及时救助你脱离险境。

三、报警的程序和方法

报警是相关应急机构获取突发事件信息，进而汇总分析、迅速处置的重要方式。报警越及时，语言越简洁，越能赢得处警时间上的主动。而掌握报警知识和要领是争取时间的必备条件。

（一）公安 110 接警的受理范围

我国公安 110 接警工作实行"一级接警"，即统一由城市或县（旗）公安局 110 报警服务台接警。公安 110 报警服务台的受理范围包括三个方面：一是接受报警，二是接受求助，三是接受投诉。下面主要介绍前两者。

1. 110 报警服务台受理报警的范围。包括刑事案件，治安案（事）件，危及人身、财产安全或者社会治安秩序的群体性事件，自然灾害、治安灾害事故，其他需要公安机关处置的与违法犯罪有关的报警。

2. 110 报警服务台受理求助的范围。包括发生溺水、坠楼、自杀等状况，需要公安机关紧急救助的；老人、儿童以及智障人员、精神疾病患者等人员走失，需要公安机关在一定范围内帮助查找的；公众遇到危难，处于孤立无援状

况，需要立即救助的；涉及水、电、气、热等公共设施出现险情，威胁公共安全、人身或者财产安全以及工作、学习、生活秩序，需要公安机关先期紧急处置的；需要公安机关处理的其他紧急求助事项。

（二）报警的程序

1. 拨通110（119、120）号码。无论什么电话，只要处于待机状态，直接拨打110，就能接入当地的110报警服务台。在接线员接通电话，并说："您好，这里是……110报警服务台，请讲"后，再报告事由。有时110电话处于占线状态，要耐心等待。

2. 简要说明事由。一般来说，首先告诉事发的确切地点、时间和事件种类，再说明事件的状况及危害情况，最后把自己的姓名和联系方式告诉接警员。

这里以时间和地点最为关键，说清这两点以便接警员在短时间内迅速分清事件性质，针对不同情况派不同警力去处理。如对案发地不熟悉，可提供现场附近具有明显标志的建筑物、大型场所、公交车站、单位名称等。

叙述事件状况时，如果是刑事案件，应说明歹徒的人数、交通工具和作案工具；如果是火灾，应讲清什么东西着火、火势情况、是平房还是高层建筑，最好能讲清起火部位、燃烧物质和燃烧情况、火灾现场有无人员被困；如果是求助，要说明因什么事情求助；如果是灾害事故，应说清事故的性质、范围和损害等情况；如果是交通事故，要准确报出车辆伤损情况、人员伤亡和被困情况，遇到肇事车逃逸，要报告车牌号码、车型、颜色及其他特征；如果是疾病求助，尽可能说明病人典型的病情，如肚子疼、意识不清、吐血、呕吐、呼吸困难等；如果是意外伤害，要说明伤害的性质，如触电、爆炸、塌方、溺水、火灾、中毒、交通事故等，报告受害人受伤的身体部位等有关情况。

3. 报警后的处理。报警后尽量在原地等待，适时到交通要口，引导警车、消防车、救护车进入现场，并及时表明身份，说明事由。同时，保持联系方式的通畅，以便随时与报警台取得联系，并适时保护现场。在此过程中，一定要注意自身的安全。

（三）报警的注意事项

1. 熟悉报警事项的范围。公安部《110接处警工作规则》对110报警服务台的受理范围做了明确的规定。但对于一般人来说，很难把其中罗列的报警事项记住。但无论从政府合理配置应急资源，提高应急效率的角度，还是从受害个体受救的可能性和及时性来说，知晓报警事项的范围还是必要的。对于一般公民可以参照一条简易的原则去报警，即急、难、险、重的事件发生时可以报警。但不能无故拨打110或报假案，这是一种违法行为。

2．尽量在事发地附近报警。这样做的好处在于报警者可以引导应急人员找到现场，也方便报警者实行监控现场，随时与报警服务台联络。

3．确定事发地点。应急实践表明，报警者对事发地点的说明花费的时间较长，尤其是一个陌生人。确定事发地点的方法很多，一般借助周围的建筑物，尽量是醒目的、标志性的建筑，还可留意周围的一些标示，如公交站牌、路灯柱编号等。

4．报警内容要客观真实。报警内容要实事求是，切忌不夸大事实。因为处警人员将根据报警内容的性质和程度调动不同地区、不同警种的警力出警，如果报警内容与实际情况有出入，势必影响警情的处理。

5．在接线员的提示下报警。一般的报警者都有心理紧张、恐惧的反应，报警时语无伦次，抓不住重点。而接警员训练有素，随时处于应急状态，可以依据接警操作规程和经验，向报警者提问，报警者跟从接警员冷静地作答即可完成报警。在接警员把报警情况传送给处警员派警处理时，中间可能会有接警员与处警员短暂的交接处理时间，此时报警者不要挂断电话，耐心等待处警员的询问。

第二节　接处警

一、接警的操作规程与技巧

接警，简单地说就是接受公众电话报警，是指接警员与报警者进行警情信息交流并将相关信息完整记录的过程，是突发事件响应过程中诸多环节的首要环节。它同报警、指令发送、执行人员准备、赶往现场和事件处置等环节一起组成突发事件响应的全过程。从管理者的角度来看，接警信息是应急管理者发现突发事件并对其作出反应的起点。下面以公安110接警为例介绍接警程序和要领。

（一）接警的规范化操作

我国公安部《110报警服务工作规范化标准》对110报警服务台在接受群众报警、求助时的程序和内容做了明确规定（见图5—1）：

第一步：接通报警、求助电话时主动说："您好，这里是……110报警服务台。"

第二步：在受理报警、求助信息时，抓住几个要素问明情况。一般要询问报警、求助人的姓名、职业、工作单位或住址；报警求助事项的基本情况，如时间、地点、案由或事由、当时所在的位置等，如系重大报警案件，应重点询问发案（发现）涉案人数，涉案人的体态特征、去向等。

第三步：受理报警、求助结束时，应区别不同情况给予当事人答复和必要的抚慰。

这里最重要的是第二步，俗称接警五要素，即时间、地点、人、警情性质、联系方式等。

每个接警员都应熟知这五要素，做到实际操作无一遗漏，并学会分析这五要素，如时间要素可分为报警时间和警情发生时间；地点要素可分为报警地点和警情发生地点；报警者（即人）包括当事人报警和代人报警；联系方式是报警电话还是其他电话；警情性质的确定依据什么内容，如何引导陈述。

在实践中可以借助智能报警系统来保证警情信息的完整性、准确性。例如，接警员一拿起报警电话，接警界面上立即弹出报警电话的"三字段"（电话号码、机主、装机地址）信息，地理信息界面显示报警者所在位置。同时，系统自动弹出接警单，接警员即可进行相应报警内容的填写。若是二级接处警模式，本系统则分别提供接警单和处警单。接处警完毕后系统对接处警单进行保存。在与报警者的信息交流过程中，接警员可以判断警情发生时间与报警时间是否相同，是被害人自己报警还是代人报警。对于地点和联系方式接警员可以采取复述的方式取得对方的确认。以上情况接警员可以在接警界面选择"是"或默认加以记录，而警情性质则需要接警员追问方可取得。

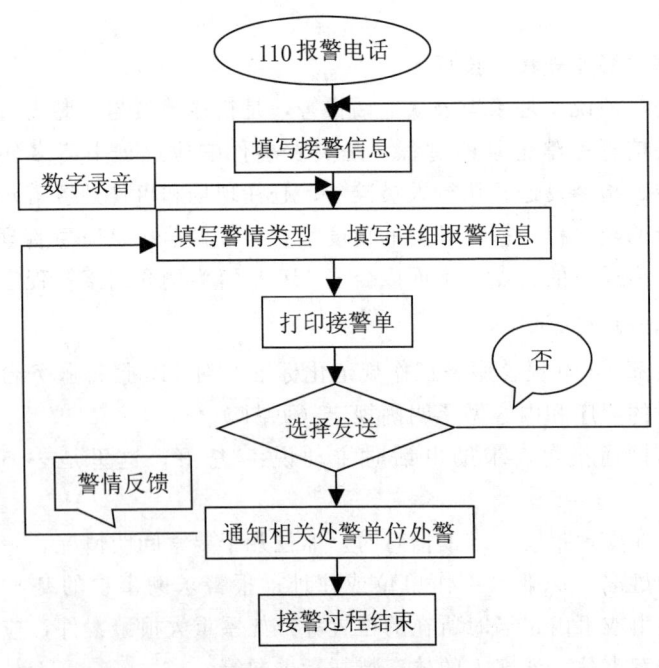

图5-1 接处警系统流程

【知识链接】110 接处警系统

110 接处警系统是以综合通信技术（网络、有线、无线）为纽带，以警用地理信息系统为基础，以接处警应用为目标，集信息获取、信息传输、信息利用、信息发布于一体的综合信息平台。它可实现 110 报警的快速反应，提供动态警用信息。系统功能模块包括调度模块、接警模块、处警模块、电子地图模块、录放音模块、监督模块、查询模块、110 接处警系统集成、通信及计算机网络支持层。

（二）接警技巧及注意事项

1. 态度诚恳，稳定对方情绪。报警者最普遍的反应是无助、恐惧、脑子一片空白等，报警时恨不得一下子把警情全部说完，希望接警员一下子把警情全部记录下来并马上派人前往救助。甚至有的粗暴蛮横，有的急躁不安，有的忧闷痛苦，所有这些异常的心理状态，都不利于接警过程中的语言交流。因此，接警员首先要稳定对方的情绪，说些必要的定心话，表明 110 报警台愿意帮助报警者。比如说："既然我们接到了你的电话，是公安机关职责范围的事，就肯定会帮你处理好，不是公安机关职责范围的事，我们也会为你想办法，请你静下心来慢慢说，听我讲。"报警人在得到安慰后，情绪会得以稳定，为下一步的语言交流奠定良好的心理基础。

2. 理解处境，引导陈述。接警员的"接"并非被动地接听，而要采取必要的插话、连续追问、引导陈述等手段，以问为主导的问答模式是接警活动的重要的外在表现形式。在接警过程中，接警员不能苛求报警者也按照五要素的形式来报警，也不能要求对方懂得多少法律专业知识，如对抢夺和抢劫案件的定性，应通过对报警者的追问，了解犯罪的手段、侵害后果等方面来综合判断。

3. 抓住主要矛盾，适时转移话题。接警员如果不能抓住报警事件的主要矛盾，容易造成报警者与接警员在次要问题上的纠缠，进而可能产生与接警员对立的情绪，在这种情况下，接警员应抓住报警人所报事件的主要矛盾，将话题引至主要矛盾上。比如，常见的反映不属于公安机关管辖的事件，在告知其向相关部门反映后，报警者认为相关部门可能会不及时处理而要求公安机关处理时，矛盾核心是担心相关部门执行不力，这时应引导报警人请相关部门的上级单位监督执行，而不是反复解释公安机关无管辖权。

（三）接警员的素质与技能

1. 必需的知识储备。接警员不仅须具备一定的文化素质，还要具备一定的法律知识和应急管理知识。如掌握刑法、治安管理法、刑事诉讼法、行政诉讼法和人民警察法等常用法律法规，熟知接警流程、各种应急预案和常用的电话号码。

2. 优越的心理品质。接警员应热情、积极，声音亲切，富有同情心，乐于与人沟通，反应敏捷。

3. 高超的专业技能。首先，有良好的询问和记录技能。善于从语无伦次的报警者的话语里抓住重点，并准确地记录下来，打字速度一定要达到规定的级别。熟练掌握普通话，能够运用当地的主流方言，对于涉外案件还要具备良好的外语表达能力。其次，有常用设备操作能力。熟练掌握和运用各种日常工作设备，包括计算机、110 报警服务台、各种电话、视频指挥系统、内部网络系统、要情报告系统等的具体操作。最后，有与报警者进行信息交流的技巧。接报警信息的交流是通过有声语言来实现的，具有间接性（非面对面）、紧急性的特点。不善于调节自己的音调高低、语气轻重，不掌握必要的引导、追问、安抚等问话技巧，很难取得好的接警效果。

当然，优秀的接警员也不是天生的，需要专业的培训才能形成。日常管理中还要加强交流和学习，通过与接线员召开座谈会、反复听以往接警录音、观察接线员实际接警过程等方式提高接警技能。

二、处警的协调与要求

接受公民个人或相关组织的报警后，相关应急机构应当及时汇总分析突发事件信息，若该信息是一种预警信息，突发事件尚未发生，当前社会处于一种危险状态，则分析、评估突发事件发生的可能性及其可能造成的影响。当可以预警的突发事件即将发生或者发生的可能性增大时，地方政府要向公众发布相应级别的警报，决定并宣布有关地区进入预警期，启动响应级别应急预案并采取预警行动。若该信息表明突发事件已经发生，当地政府和相关单位必须第一时间进行即时应急处置。

这一过程在公安领域则被称为处警。110 处警工作实行"一级处警"、"就近处警"和"分类处警"相结合的处警原则，特大城市也可以根据实际情况采取适当的处警机制。

（一）派警与报告

公安部《110 接处警工作规则》规定，110 报警服务台在接到紧急报警时，应当先期处置，对公安机关各单位和担负处警任务的民警直接指挥，并可调用装备，对处警情况监督指导。实践中，在下达处警指令的同时，还要向相关部门和个人报告或通告，具体的工作模式又分四种：

1. 先派警后报（通）告。此类情形有：①对危及公共安全、人身或者财产安全的紧急案（事）件，应当在派警处置的同时，立即向分管负责人报告，并向业务主管部门通报；②对接报的自然灾害事故，应当根据灾害的种类、程度派警处置，同时报告分管负责人；③对于公安机关职责范围以外的可能危及公共安全、人身或者财产安全的紧急求助，110报警服务台应当派警进行先期处置，同时通报相关部门或者单位派员到现场处置。在相关部门或者单位进行处置时，公安机关处警人员可以予以必要的协助；④对接报的跨区域的重大案件，需要布控查缉的，110报警服务台在指挥本地警力处置的同时，可视情况报告上级公安机关或者通报有关地区公安机关。

2. 先报告后派警。此类情形有：①对接报的重大案（事）件，应当根据警情性质、事态规模、紧急程度，及时报告分管负责人，并按照工作预案和分管负责人的指示，迅速派警处置；②对接报的规模较大、行为方式激烈的群体性事件，应当立即报告分管负责人，并按照工作预案和分管负责人的指示，派警赶赴现场，控制事态，协助有关部门做好缓解、化解矛盾的工作，尽快平息事态。

3. 先通报后酌情派警。此类情形主要是对接报的规模较小、影响不大的一般性群体性事件，应当迅速将情况通报业务主管部门，同时酌情派警维持现场秩序，协助有关部门疏导劝阻，防止事态扩大。

4. 先派警后移交。此类情形主要是对接报的管辖暂不明确的地区发生的案（事）件，应当先指定处警人员先期处置，必要时再移交属地公安机关有关部门处理。

需要说明的是，这里的"先后"之分，实践中并无多长的时间间隔，理论上强调的是同时进行，规则的安排只是根据不同的警情而作出不同的工作体制而已。

（二）处警

处警指的是处警人员在接到报警服务台的直接指令赶赴现场进行的紧急处置。处警人员到达现场后，应迅速核实报警内容，分情况予以妥善处置。处警结束后，应当及时将处警情况向110报警服务台反馈，并做好处警记录。处警结果需要制作法律文书的，按有关规定办理。

1. 处警中的协调机制。处警中的协调机制在此特指报警服务台与现场处置的配合、协调情况。主要有：

（1）处警与反馈。现场处置人员可就自己发现的案情或需要请示的事项，以及因监控盲点而不能发现的情况及时向报警服务台反馈。监控人员接到信息后，应及时请示领导，快速作出反应，根据已有预案，指挥路面巡逻人员。如对正在发生的案（事）件，最先到达现场的处警民警不足以制止或者控制局面的，应当立即将案（事）件情况报告 110 报警服务台。110 报警服务台应当按照工作预案，迅速调集、指挥有关警种、部门赶赴现场增援或者布控查缉。

（2）处警与跟踪。当处警人员到达现场处置后，报警服务台应继续跟踪监控，并将发现的最新情况及时地告知路面的处警人员。跟踪监控时还应判断案情的发展动向、犯罪分子的危险程度、实施犯罪的时机等信息并及时地向处警人员报告。若是团伙作案，应发挥监控多点布防的优势，将全方位、多角度的犯罪信息传递给现场处警人员。

（3）处警与取证。对于处置的场景，报警服务台应充分发挥监控实时、录像的功能，做好处置人员行动的向导和助手。如对公共场所的扒窃行为，务必观察到扒窃分子的犯罪的预备、实施和逃跑等作案全过程，并对相关重要情节予以录像，作为事后处置的事实依据。

2．处警的工作要求。

（1）快速反应。处警民警在接到指令后，不管是哪一类警情，不管是白天还是黑夜，都要立即出动，以最快的速度赶到现场，决不能慢慢吞吞、不急不躁。如有的城市规定凡危及公民人身、财产安全的重大、紧急报警、求助，在市区，必须 5 分钟内到达现场；在郊区，必须 10 分钟内到达现场。

（2）迅速判明案情，采取合理措施。处警民警到现场后，要迅速熟悉现场情况，通过询问、观察，初步判明警情性质，针对不同性质的警情，采取相应的恰当行动。比如，若判明是一般纠纷，就不能采取强制措施、动用警械。

（3）合理分工，配合处置。两人处警时，相互间要有分工，有主有辅，互相呼应。如同伴考虑不周到，同行民警要及时提醒；如同伴被指责，同行民警应及时解围；如同伴正在采取行动时，同行民警应密切观察周围环境，保障其安全等。

（4）增强主动意识，积极开展处置。根据现场需要，积极采取措施，主要包括及时制止违法犯罪行为、组织抢救伤员、追查捕获嫌疑人、保护现场、及时提取可能流失的证据、提供及时有效的帮助等。对正在发生的人身安全和重大财产安全的威胁，要采取应急措施，排除危险或施以救援。

（5）增强现场取证意识，记录处警过程。现场处警人员不仅要对案件本身取证，还要养成对处警过程取证的意识。这不仅是对自身业务的监督，也是应对行政诉讼的必需。

（6）增强现场安全意识，加强自身防范。处置带有暴力性行为的警情时，要特别注意自身安全。在采取行动时，不仅要防止来自制服对象本身的威胁，更要防止来自其在场亲属、朋友的威胁。

（7）妥善收尾，手续齐全。一般来说，一起警情就是一件事，做事要有头有尾、善始善终。处警结束后，要及时报告反馈情况，及时登记备案、将信息录入警务平台，相关材料要及时送交存档。有的警情暂时不能了结的，也要向当事人说明情况，告知下一步处理的时间、方法、步骤、依据和要求。

【案例】5—1　报警者与接警员紧密配合擒劫匪

2001年9月的一个晚上8时左右，N市城市应急联动中心接警员邓某突然接到一男子的报警电话，称其摩托车被人抢了，声音十分急促慌张。

邓某立即劝慰该男子保持冷静，准确回答他的问题。随后，通过邓某简单迅速的询问，在短时间内得知该事件的几个关键点：该男子的摩托车于N市清川大桥南被抢，两名犯罪嫌疑人正往大学路方向开去，并了解到被抢车辆的颜色、车牌号和劫匪的衣着特征。他目前搭乘一辆"摩的"跟在后面追赶。邓某当即电话通知西乡塘派出所值班民警在西乡塘收费站设卡拦截，其间，邓某与报警男子及西乡塘派出所民警一直保持着电话联系，又过了3分钟，西乡塘派出所民警反馈称被抢车辆及嫌疑人均被截下。整个过程从报警到破案，只用了短短10分钟时间。

【案例】5—2　美国女接警员的接警技巧[1]

2001年11月，美国亚利桑那大学中国留学生杨某、陈某夫妇在当地家中遇害。案发后，中国警方与美国警方开展了执法合作，接触了大量的法律文件和证据材料。在美国亚利桑那州皮马县检察长移交给中国警方的一大批涉案证据材料中，有一份"911"接警电话录音记录档案至今令人记忆犹新。那位美国女接警员的工作表现，令人感动和久久难忘。那天深夜，杨某、陈某夫妇一个6岁的小女孩醒来，走出二楼的卧室，突然看到父亲赤裸着上身，只穿一条短裤，倒在底楼至二楼的楼梯上，身下一大片鲜血。孩子急忙拼命呼唤母亲，可是也没有回应。她的母亲已经在底楼的厨房里被杀死了。处于极度恐惧中的小女孩拨通了"911"电话报警。下面是根据电话录音整理的通话过程：

接警员：这里是"911"紧急中心。

孩　子：对不起……（哭声）

接警员：你在哪儿？

孩　子：……（哭声）

接警员：（迅速根据来电显示系统找到登记的地址）你是在北郊俱乐部2575

---

〔1〕　资料来源：孔宪明等编：《中国警官走进美利坚》，上海人民出版社2004年版。

号吗?

孩　子:……(哭声)

接警员:好,平静些,我能给你一些帮助吗?

孩　子:我想他已经被打死了。

接警员:发生了什么事?

孩　子:我看见他倒在楼梯上。

接警员:现在你在哪儿?告诉我你家的地址好吗?

孩　子:我在家里。

接警员:你是在北郊俱乐部2575号吗?是,还是不是?

孩　子:我不知道。

接警员:你不知道?你几岁了?

孩　子:6岁。

接警员:好,你的爸妈在吗?

孩　子:爸爸……(哭声)死了。

接警员:你镇静一些。你看爸爸还在呼吸吗?

孩　子:我不知道。

接警员:我马上派人来,你不要挂电话,好吗?

孩　子:……

接警员:你叫什么名字?

孩　子:艾丽。

接警员:你看你周围有信件吗?上面有地址。

孩　子:G4。

接警员:你知道你的公寓门牌号吗?

孩　子:不知道。

接警员:你爸爸发生什么事?

孩　子:他全身都是血。

接警员:他在什么地方?

孩　子:在楼梯中间。

接警员:楼梯在屋里还是在屋外?

孩　子:在屋里。

接警员:有没有其他人和你在一起?

孩　子:我不知道妈妈在不在楼下,我想喊一下。

接警员:好。

孩　子:妈妈!妈妈!

接警员：有回答吗？

孩　子：没有。

接警员：好。你能做两次深呼吸吗？……好……做得很好。你能为了父亲勇敢些吗？你看看他醒着吗？

孩　子：没有。

接警员：你知道妈妈在哪里吗？

孩　子：不知道。

接警员：好。艾丽，你不要挂断电话。你能看看你家门锁住了吗？你能为我打开门锁吗？

孩　子：我害怕去楼下。

接警员：好，那你等在楼上。你能听到警报声吗？

孩　子：我没有听到。

接警员：你做得很好。救援人员马上就要到了，他们是来帮助你父亲的。不要害怕，好吗？

孩　子：好的。

接警员：你听到有人敲门吗？

孩　子：我听到了。

接警员：如果你听到很响的撞门声，不要害怕，好吗？

孩　子：好的。

接警员：他们来帮助你爸爸了，他们是救援人员。

孩　子：我听到他们在底下开门。

接警员：他们想打开门进来，如果你听到很响的"嘭"的声音，不要害怕，是他们在撞门。

孩　子：好的。……他们进来了！

接警员：不要害怕，他们来帮助你的。

孩　子：我知道了。

陌生人：我们是消防队员。

孩　子：好的。

接警员：艾丽，你做得好棒，你怎么学会打"911"的？

孩　子：我妈妈教的。

接警员：艾丽，你做得真好，我真为你骄傲。你是个聪明的女孩。你受过伤害吗？

孩　子：没有。

接警员：现在有人和你在一起了。

孩　子：是的。

接警员：他们是消防队员吗？

孩　子：是的。

接警员：你做得真好。任何时候你看见有人受伤害或者遇到危险，你就给我们打"911"电话，好吗？

孩　子：好的。

消防队员：警察到了！让警察和你讲话吧。

警　察：我是警官哈利根。

接警员：这里是"911"紧急中心。

警　察：我已经到达现场。

接警员：好了，谢谢。

警　察：再见。

【案例分析题】

1. 通过案例5—1，试分析影响该案成功处置的关键性因素。

2. 案例5—2中，美国接警员在接警中运用了哪些接警技巧？接处警是如何协调配合的？

3. 如果你是报警人，案例5—2给你什么启发？

【思考讨论题】

1. 报警的基本操作程序和要领是什么？
2. 接警的五要素是什么？
3. 接警员应具备的素质有哪些？
4. 接警与报告在应急管理体系中处于何种地位，其实质是什么？

【实务操作题】

请设计一个突发事件的情景，进行报接警程序和要领的模拟训练。

第六章　现场警戒和保护

【学习内容】

现场警戒和保护是现场处置过程中常见的应急行动。本章介绍了现场警戒、现场保护的含义、方法和要求等内容。其中现场警戒的职责和方法，确定现场警戒的范围，现场保护的职责、方法和要求是学习重点。

【学习目标】

通过本章的讲授及学生的案例分析、思考讨论和实务操作等学习活动，学生应知道现场警戒和保护的含义、特点及作用，掌握现场警戒和保护的方法和要求，会实施突发事件的现场警戒和保护。

第一节　现场警戒和保护概述

一、现场警戒和保护的含义及特点

现场警戒和保护是突发事件前期处置活动中一项保障性措施，目的是控制现场，便于应急行动的开展。它们与现场营救、现场疏散、现场排险、应急抢修等措施一起构成了应急处置的全部内容。对于应急处置人员来说，现场警戒和保护是一项必备的应急处置技能。

现场警戒与现场保护彼此相对独立又相互关联。具体而言，现场警戒是指在突发事件发生后，现场处置人员对事发现场建立警戒区域，实施警戒，维护现场治安秩序的一项专门活动。现场保护是指对突发事件的现场在警戒封锁的前提下，及时采取措施保护现场的痕迹物证，使现场保持发现时的原始状态的一项专门活动。从理论上说，现场警戒是现场保护的组成部分，是现场保护的前提和保障，但在实践中，现场警戒和现场保护几乎同时开展，都贯穿应急行动的整个过程，二者在工作领域、程序上没有截然的区分，只是工作重点有所不同。需要说明的是，现场保护并不是任何突发事件现场均要采用的，对多数人为破坏、蓄意制造的现场均要实施现场保护，如对突发刑事案件现场实施现场保护是应急处置的必经环节。

现场警戒和保护的主体，可以是政府应急处置体系的专职人员，也可以是社会组织的应急处置人员，甚至是事发现场的事主或其他人，实践中往往是企业的保安、派出所民警、消防队员等突发事件的第一反应者。我国法律对现场保护的要求做了明文规定，《刑事诉讼法》第 102 条规定："任何单位和个人，都有义务保护犯罪现场，并且立即通知公安机关派员勘验。"现场警戒和保护的客体是事发现场，确切地说，是指事发现场上的人、事、物。其目的是为突发事件现场处置的顺利开展创造有利的条件和固定必要的证据。现场警戒和保护的时间，通常是从事件发生或现场被发现时开始到现场应急处置工作结束为止。具体而言，现场警戒和保护有以下特点：

1. 保障性。从整个现场应急处置工作流程上看，现场警戒和保护是为现场处置发挥保障功能的，现场警戒为现场处置提供了必要的操作区域和治安秩序保障，使处置人员在心理上有一种安全感，同时也避免现场可能存在的各种危险危及周围无关人员的安全。现场保护为事件调查提供了原始现场面貌。但这不是说现场警戒和保护工作是辅助性的，它是现场应急处置的必需环节。

2. 始终性。现场警戒和保护要紧紧围绕现场应急救援过程开展，随着现场处置工作的进行而持续下去，现场处置工作不停，现场警戒和保护工作就不止，实践中往往最先开展此项工作，最后撤离现场。这既是工作技能问题，又是工作理念问题。那种认为现场保护工作止于现场应急的后期人员到达现场时的观点是错误的。现场警戒和保护人员应善始善终，坚守岗位，明确职责，全力保障现场处置的顺利开展。

3. 复杂性。首先，现场的多样性、复杂性决定了现场警戒和保护的复杂性。面对种类繁多、性质各异的突发事件，要完整地保障现场治安秩序和保全证据，其难度可想而知。其次，工作内容的复杂性。现场警戒和保护不仅包括维护治安秩序和保护证据，还包括适时参与、积极协助现场救援工作。

4. 科学性。现场警戒和保护也是一项严肃的专业工作。它要求警戒人员科学合理地划定警戒范围，有理有节地开展现场说服工作；要求保护人员具备保护现场的知识，根据现场及各种痕迹物证的特点，采取合理、科学的方法保护。

二、现场警戒和保护的作用

1. 实施现场警戒是现场处置顺利开展的前提和基础。一般来说，突发事件现场局势比较混乱，情况比较复杂。不仅有参与处置的救援人员，还有大量的围观人员和新闻媒体记者，还会涉及现场救援物资的运输、现场被困人群的疏散。因而，在突发事件现场周围建立警戒区域，实施现场警戒，加强治安秩序的维护是十分必要的。

2. 实施现场保护为现场调查提供了有力的原始资料。在应急管理机制中，对事件的评估和调查是现场恢复的主要内容之一。而对事件原因的查找，相关证据的保存是事件调查的重中之重。但这项工作并非在事件处置结束后开展，而应在应急处置过程中适时介入。需要说明的是，在应急处置过程中，特别是对现场控制的安排上，一定要考虑到对现场的保护，现场指挥者须在及时处置和有效保护上取得平衡。在实践中容易出现的问题是，应急人员的注意力都集中在救助伤亡人员，或防止灾难的蔓延扩大上，而忽略了对现场与证据的保护，结果在事后发现需要收集证据时，现场已遭到破坏，使调查工作处于被动。

3. 实施现场警戒和保护有利于保守现场的秘密。对于一些人为蓄意引发的突发事件，保护现场，一方面有利于保守现场中能够证实事件的一些关键性情节的秘密。这些情节，非犯罪分子或肇事者是不可能知道的。保守这些秘密对于甄别犯罪嫌疑人或肇事者的口供，准确地认定犯罪分子，有着重要意义。另一方面有利于保守现场处置的秘密。如侦查人员在犯罪现场是否获取有价值的痕迹物品，究竟获取了哪些证据材料。在一定的时间和范围内，保守这些秘密对于办案人员掌握侦破案件的主动权非常有利。

第二节　现场警戒和保护的方法和要求

一、现场警戒的职责和方法

（一）现场警戒的职责

现场警戒的职责，总的来说，是维护现场的治安秩序，严格控制进出现场的人、物、车和信息，避免再次出现人员伤亡、财产损失或引起现场的混乱。具体而言，应有以下几项职责：

（1）在警戒区（危险区）外围实施交通管制，对危险区的交通路口实施定向、定时封锁，严格控制进出现场的人员和车辆。

（2）在警戒区内实施人员的撤离、保障车辆的顺利通行，指引应急救援车辆进入现场，及时疏通交通堵塞。

（3）在撤离区和人员安置区加强治安巡逻工作，保卫撤离区内和各封锁路口附近的重要目标和财产安全，打击各种犯罪分子。

（4）除上述职责以外，警戒人员还应该积极协助发出警报、现场紧急疏散、人员清点、传达紧急信息、应对媒体以及事故调查等现场处置工作。

（二）确定现场警戒的范围

确定现场警戒的范围是现场处置中一项重要工作，这个区域是应急指挥人员、处置专家和救援人员开展应急处置工作的阵地，无关人员一律不得进入。而确定警戒范围的大小是这项工作的难点。理论上说，应将现场危险区域和现场处置区域都包括进去，坚持宜大不宜小，保留必要的警戒冗余度以阻止现场内外人、物、信息大规模无序的流动。如化学品泄漏事故发生后，应根据化学品泄漏的扩散情况或火焰辐射热所涉及的范围建立警戒区。按照国内外现场处置的通行做法，多将现场警戒划分为三个区域[1]，分层管理，有限开放。具体包括：（见图6-1）

第一层为外围警戒区。该区域是对现场最外围的警戒和保护，主要为了限制公众进入，限制车辆通过现场和阻止不必要的人员进入现场。在这一层警戒区域内可以为新闻媒体划出一个特定的区域。

第二层为缓冲区。该区域是二线处置力量的集结区域和现场指挥部所在地，设置在现场中心附近的一定区域。只有警察、专业处置人员、救援人员和应急车辆可以进入。在第二层警戒区域内，应为高级别现场处置指挥人员和专家划定部分活动区域。

第三层为内层警戒区。该区域是现场最危险的核心区域以及处置人员操作区。该区域警戒范围的确定要考虑两个因素：现场危险源的威胁范围和与事件原因调查的相关证据散落的范围。对该区域应实行最为严格的控制，一般只允许医疗救护人员、警察、消防人员、应急专家或专业的应急人员进入。

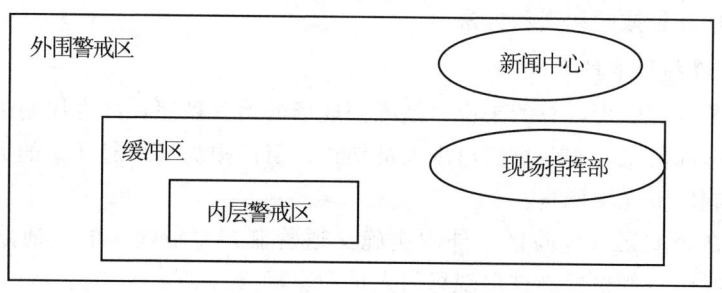

图6-1　现场警戒区域

（三）现场警戒的方法

突发事件现场所处的环境和条件不同，现场的状态也显得错综复杂，所以掌握一定的警戒方法，加上合理、适当的运用是现场处置开展的前提。常见的警戒措施有：

---

〔1〕 关于现场警戒和安排的划分，国内学者有不同意见。有学者认为现场警戒分为两层，即外围控制警戒区和内层控制警戒区，新闻中心设在外围控制警戒线之外。参见郝宏奎："处置劫持人质案件有关问题研究"，载《山东警察学院学报》2005年第2期。也有学者认为分为三个区域，即中心工作区、对应活动区和警戒禁行区。参见高峰2007年在昆明"中国本土暴力抗法事件处置与新闻应对"的讲座。本书主要借鉴了郭太生教授在《灾难性事件与事故应急处置》（中国人民公安大学出版社2006年版）一书中的提法，参见该书第112页。

1. 设置"人墙"。在未及时用障碍物设置现场警戒线之前，对险情十分重大的现场，以及对那些发生在闹市区的现场，现场警戒人员应组织群众或利用自己的身体组成"人墙"，临时划定警戒现场。

2. 设置障碍物，划定警戒线。利用绳索、铁丝或其他专业器械，在保护区外道路上摆放障碍物，设置警戒线。还可在现场周围绕以绳索或撒白灰作为标记。同时，在现场线外设置岗哨看守，防止他人翻越障碍物出入现场。

3. 封锁交通道口，指挥现场交通。如果现场范围较大，或者现场存在险情须要排除，而现场周围来往的车辆、行人又很频繁时，应根据实际情况，封锁通往现场的有关交通道口，禁止车辆、行人通过。同时，派专人指挥现场交通，让车辆、行人绕道通行。

4. 张贴布告，划出通道。对于室内、院内的现场，可暂时将大门关闭，张贴布告，禁止无关人员进入，同时为不影响室内、院内住户的正常出入，应根据现场具体情况，划出供居民出入的通道。

二、现场保护的职责和方法

（一）现场保护的职责

现场保护的职责，总的说来，就是在突发事件应急处置中根据现场的实际情况和周围环境，划定保护区范围，布置警戒，采取有效保护措施等，把由于种种原因造成的现场变动减到最小程度。

1. 划定保护范围，实施警戒。突发事件现场的第一批处置人员，无论是本来就在现场执勤的一线保卫人员，还是接到处警命令赶赴现场的处置人员，都应当从保护现场的角度出发，在观察、巡视现场后，迅速划定警戒、保护范围，适时封锁现场，维护治安秩序。

保护范围应根据现场的不同情况和现场的具体环境来划定，事实上保护范围与警戒范围是大体统一的，原则上应把突发事件现场的中心部位和外围的一些重要部位严密地看守和保护起来。但划定现场保护范围更突出对事发起因的人、事、物的保护，强调对现场证据的搜集和保护，如刑事案件现场中的犯罪分子来去现场的路线、现场出入口、遗留有痕迹物证的场所、火灾事故现场的最初起火部位等。在划定保护范围后，现场处置人员要组织力量，如企事业单位的保卫人员、街道治保人员等在保护区周围设岗警戒，把犯罪现场封锁起来，禁止无关人员进入或滞留在现场。

2. 采取措施保护现场物证。在划定保护范围和布置警戒后，应禁止一切无关人员进入现场，现场保护人员也不能无故进入，不得触摸、乱动现场任何物品，更不能擅自勘查。但如果遇到特殊原因，如恶劣天气，险情蔓延等，直接导致现场痕迹物证的毁损或灭失时，应积极采取措施保护痕迹物证，如用苇席遮掩烈日暴晒下的尸体。同时，若非要进入现场不可时，要选择不破坏现场的适当路线进出，不能因为采取具体保护措施而破坏现场的原始状态。

3. 及时了解有关情况。现场保护人员在做好警戒工作的同时，要抓紧时间，充分利用案件知情群众、报案人、现场发现人对事发记忆犹新的有利条件进行询问，收集现场被发现后至保护前的各种情况、犯罪嫌疑人的情况，还要对所有在场的证人逐一进行登记，有条件的还应将围观人用照相的方法拍摄下来。突发事件的现场证人，有些不大愿意主动讲述现场情况的，现场处置人员应依靠现场的实际情况努力寻找和确认一些关键证人。对于一些现场不便、不愿陈述的证人，也要弄清他们的姓名、单位、地址等情况，以便求得他们的协助，使事件的后期调查工作得以顺利进行。

4. 介绍、报告现场情况。当领导或后期救援队伍到达现场后，现场保护人员应当将先期了解到的有关突发事件的情况以及对现场进行保护的情况，向他们如实作详细的汇报。同时，现场保护人员还要将在保护现场中发现的痕迹物品指点给相关技术人员过目，将收集到的有关物品和形成的各种记录移交给相关人员。

5. 适时采取紧急措施。值得注意的是，对现场保护的认识，不能仅仅局限于对现场痕迹物证的保护。在布置警戒、保护物证的同时，还要对现场中出现的伤员病危、火灾爆炸或犯罪嫌疑人逃跑等意外情况进行紧急处置。一般来说，现场保护阶段所采取的紧急措施主要包括：抢救人命、排除险情、排除交通障碍、监视控制，甚至追缉堵截现场犯罪嫌疑人和肇事者等。

（二）现场保护的基本方法

1. 现场痕迹、物品的保护方法。根据现场痕迹、物品的特点，应采用不同的保护方法，常用的几种保护方法有：

（1）警戒法。它是指不进入现场内部，而在现场周围设岗，警戒看守痕迹、物品的保护方法。这种方法适用于一般的室内现场，只要在现场出入口派人警戒看守，现场及其痕迹、物品即得到保护。另外，某些室外现场，如地处偏僻的现场或者现场不具备用其他方法进行保护的条件，也可以用警戒法进行保护。运用警戒法要注意看守时不仅要防止人为因素的变动、破坏，而且还要注意避免非人为因素对现场的变动，防止意外事件的发生。

（2）标记法。它是指在现场痕迹、物品周围用一些醒目的物品作标记，以提醒或告诫人们注意的一种方法。这种方法主要用于两种现场：①遇有某种紧急情况的室内外现场，如须急救、抢救财物，排除险情等，必须进入现场或必须移动现场上的某些物品时，对在行走路线上已发现的痕迹、物品，可用粉笔等物品在痕迹、物品周围作标记进行保护，以免有人不注意进入现场而使之变动；②范围较大，痕迹、物品较分散，保护人员已经发现且随时有被人为因素变动可能的室外现场，遇到这种情况，除采用警戒法保护外，还必须对已发现的痕迹、物品设法进行标记，以便引起他人注意。在进行物证标记时，保护人员应注意尽量减少对客体物的变动。

（3）遮盖法。它是指在现场痕迹、物品上用一定的物品进行遮盖保护的方法。这种方法主要适用于室外现场痕迹、物品的保护，特别是遇到刮风、下雨或下雪等情况时，则要设法用盆、塑料布等不透风雨的物品进行遮盖保护。运用遮盖法时应当注意：①忌用带有浓烈气味的器物遮盖，以免污染嗅源，妨碍警犬追踪鉴别；②如遇下雨且雨水较大时，还应当在痕迹、物品周围挖一道排水沟，让积水顺沟流走，以免损坏痕迹、物品。

（4）记录法。它是指对现场痕迹、物品在搬动前的原始位置、形状进行记录保护的方法。这种方法主要适用于在现场保护过程中，出于抢救人命、扑灭火险的需要，而必须移动现场物品的保护。记录的方法有现场模拟绘图、现场照相和现场录像。在记录时应注意对物品、痕迹的相对位置、局部位置和全局位置进行全面、客观地记录，必要时可让现场的第三人做见证人。

（5）转移法。它是指转移现场上带有物证的物体，以适当方式保存保护的一种方法。这种方法主要适用于两种现场：①存在某种特殊紧急情况的室内现场，如纵火案现场，为了避免痕迹、物品被烧毁、破坏，或避免因房屋倒塌等而毁坏，则必须及时转移保护；②地处特殊位置的室外现场，如发生在铁路或公路干线上的现场，在过往车辆频繁、附近又无岔道可绕的现场，为了避免造成大规模的交通堵塞，则应将影响车辆通行的有关物体从轨道或路面上搬走，并妥善保存。运用转移法时应当注意：①在搬动或转移有关物体前，必须先标明或记录有关物体的原始状态；②在搬动或转移有关物体时应当选择适当的部位和动作，以免改变、损坏原有的痕迹，或者留下保护人员自己的痕迹。

（6）提取法。它是指在保护现场过程中，用适当的方法提取特定的痕迹物品的一种方法。这种方法适用于现场存在细小物品和贵重物品，如不提取就可能使其遭受变动、破坏的情况。运用提取法时应当注意：①在提取痕迹物品前应先固定记录；②此法应尽量少用，只在特定的情况下，即现场存在细小物品和贵重物品，如不提取就会使痕迹物品遭受变动、破坏时才使用。

在现场痕迹、物品的保护过程中，上述几种方法既可单个运用，也可综合运用。在现场保护过程中，要善于根据现场的具体情况，有针对性地采取相应的保护措施。

2. 现场尸体的保护方法。

（1）对室内或不易受客观环境影响而变化的尸体的保护方法。一定要保持原状不能变动，包括尸身上附着的衣物等，不要随便触摸、挪动尸体和尸身及周围的物品，因为从尸体的姿势、衣着等可以分析判断案情。

（2）室外暴露在空气中的尸体（尸块）的保护方法。在阳光直晒的情况下，尸体的腐烂速度很快。因此如天气炎热，可用洁净的物品加以遮盖，以防尸体加速腐败。如遇下雨、下雪等天气，应用塑料布等洁净的防雨材料加以遮盖，以防尸体上附着的毛发、血迹、精斑等痕迹物证散失、被污染或破坏。

（3）山林、旷野等处的尸体（尸块）的保护方法。对这类尸体的保护，除了上述要求外，主要是现场保护人员加强值班看守，以防止尸体受到兽食鸟啄而发生变化。在冬季野外冻僵的尸体，一般情况下不要将其移入室内，应就地进行保护，以避免冻僵的尸体随着环境温度的升高而解冻融化，导致尸体上的伤口变形，给以后的尸体检验工作带来困难。

（4）水中尸体（尸块）的保护方法。发现水中尸体后要用一定的方法将其固定使不再继续漂流，一般不必打捞上岸。因为尸体暴露在空气中较之浸泡在水中更容易腐烂，而且打捞时，极易损伤尸体上的附着物，从而增加尸体检验的难度。但如果水流过急、无法固定，应设法将尸体打捞上岸。但在打捞过程中要十分小心，不能直接抓握尸体的四肢拖拉，也不能用铁钩等硬物去打捞，而应用干净的布匹从水下将尸体托住，然后再将尸体从水中捞出，放在安全的处所进行保护。

（5）火场中尸体的保护方法。对于火场中尸体，如不能制止火势蔓延或者建筑物即将坍塌，尸体有被烧毁或被倒塌的砖石覆盖的危险时，应设法将尸体移出火场保存。但在移动搬运尸体时，应当尽可能使用担架、门类的工具，避免因搬动不当造成新的伤痕，沾染新的物质或者导致原来附着的物质脱落。对于搬运出的尸体，如无特殊原因，仍按搬动前尸体的姿势存放，以便后期的检验。

（6）吊挂着的尸体保护方法。吊挂着的尸体包括上吊自杀和他杀后伪装自杀两种情况。如发现人体尚未死亡，须急救人命时，可在颈部未打结处剪断绳索（切忌解绳），并注意将绳索及绳结完整保存，因为绳结的系法正是确定犯罪性质的依据之一。在摘卸吊挂者时应注意方法，即由一人或几人托住吊挂者，另一人将绳索剪断，然后将吊挂者轻放在适当地点进行抢救和保护，以免吊挂者被摔坏形成新的痕迹。如吊挂者确已死亡则不必将尸体卸下，只要将现场保护好即可。另外，对于任何现场尸体，都应当特别注意尸体粘附物的保护，因为在认定尸体身份的过程中，它们将起到举足轻重的作用。

（三）刑事案件现场的保护方法

1. 室内现场的保护方法。室内现场，是指在非露天的建筑物内发生的各类刑事犯罪案件的地点和留有痕迹、物证的场所。对室内现场的保护，通常采取的措施如下：

（1）封锁现场的出入口和通道。封锁出入口，重点是现场中心所在的出入口；在门口、窗口和重要通道布置专人看守，如是双向通道须全部封锁，禁止一切无关人员进入现场。

（2）封锁现场周围地带。在现场周围划出一定的警戒范围，布置警戒，禁止围观群众靠近现场，以防群众破坏现场外围的犯罪痕迹物证。

（3）在实施封闭措施时，不能随便移动门窗，并要特别注意门窗、门锁、窗户插销上的痕迹是否遭到破坏。

（4）对发生在宿舍、办公楼、营业单位等地的案件现场，应劝事主暂时离开。

2. 露天现场的保护方法。对于露天现场，通常是划出一定的范围布置警戒。保护范围的大小原则上应包括犯罪分子实施侵害行为的地点和遗留与侵害行为有关的痕迹物证的一切场所。实践中通常的做法是先把范围划得略大一些，待勘查人员到达现场后根据情况进行调整。具体方法是：

（1）对于范围不大的露天现场，可以在周围绕以绳索或撒白灰等作警示标记，防止他人入内。

（2）对通过现场的道路，必要时可临时中断交通，指挥行人或车辆绕道而行。

（3）对现场的重要部位及进出口，应当设岗看守或者设置屏障遮挡。

（4）对大院内空地上的现场，可将大门关闭，如院内有其他住户，可以划出通道方便住户出入。

（5）当环境发生改变时（如天气），要对现场易变的痕迹物证采取适当的保护措施；野外现场要防止牲畜进入现场破坏痕迹物证。

三、现场警戒和保护的要求

现场警戒和保护是一项具有很强的政策性、法律性、技术性的业务工作，现场处置人员在现场处置时，要具有高度负责的精神和科学严谨的态度。具体地说，有以下几点：

1. 要依法文明处置。现场警戒和保护人员在突发事件应急处置中往往是第一批赶到现场的人员，面对大量的围观群众和不明的事件性质，如何做好群众工作对于力争稳定事态、控制局面的前期处置效果是至关重要的。在处置中，首先，要依法行事。必须做到处置程序合法，工作方法合法，形成的材料合法。如对于刑事案件现场中的犯罪嫌疑人，要严加监视和控制，防止逃跑，但不能非法搜身、强扣票证、非法拘禁。其次，要文明执勤。对于现场的围观群众要以说服教育为主，讲明政策，晓以利弊，劝服他们撤离现场，尤其对于事发的事主、失去亲人的家属、新闻媒体记者，要理解他们的心情和职责，说服时态度要和蔼，切忌动粗。最后，要讲究策略。如果现场有围观群众起哄的苗头，必须马上向其宣传有关法律和政策规定，通过批评、规劝、命令、调解等多种教育疏导方法，及时缓解矛盾，打消对立情绪。如果现场的围观群众已经形成一种很强的对立情绪，为避免事态进一步激化，可将部分人员隔离起来，或将为首人员带出现场单独教育。对于少数一意孤行、严重扰乱处置秩序的人员要在加强宣传的同时果断制服，依法处罚。

2. 要树立高度的组织纪律观念。现场警戒和保护人员要坚守自己的岗位，牢记自己的职责，严格按照分工去实施自己所承担的任务。在现场处置时，不得随意进入现场，不准触摸、移动、拿用现场的任何物品，未经允许不得随意离开自己的岗位，听从指挥，服从命令，高标准、高质量地完成现场保护的任务。

3. 严格保守现场秘密。现场警戒和保护人员在现场保护过程中及处置工作结束后，都不能把现场秘密向无关人员泄露。不能随意地与无关人员谈论现场的情况，不能把自己在现场听到的或看到的及通过其他感官所感知的情况向无关人员陈述。

4. 要有强烈的证据保全意识。现场警戒和保护工作主要是为事件的处置和事后的调查提供良好的秩序保障和有力的证据支持。因而对于参与前期处置的警戒和保护人员来说，要始终保持一个清醒的头脑，思想要谨慎，行动要仔细，原则上不要翻动、触摸现场上的任何物品。同时，保护人员要具备一定的专业知识。如应知道哪些痕迹、物品对寻找线索和证实事件真相有利，应知道不同的环境、不同的物品痕迹采用不同的保护方法等。

5. 要积极参与现场救援行动。如前所述，现场警戒和保护人员的首要职责是维护现场的治安秩序，保全现场的证据，但对于现场的险情也不能视而不见。面对生命垂危的伤员、正被大火吞噬的财产，现场警戒和保护人员在做好本职工作的同时要积极参与抢险救人。在实践中，第一批到达现场的警戒和保护人员往往也是抢险处置的重要力量。

6. 注意自身安全。现场警戒和保护人员处于突发事件现场一线，事件性质不清，灾情不明，自身常处于十分危险的境地。在没有防护设备或缺乏专业知识时不要贸然进入事件中心区域，以免引起不必要的自身伤亡，这既是应急处置的原则要求，也符合当代以人为本的理念。

【案例】6－1　一起煤气泄漏事故的现场警戒和处置

2006 年 3 月 19 日下午 17 时 30 分左右，辽宁省 B 市公安局 110 指挥中心接到市民金先生报警，称在本市紫金路上的紫金通讯公司对面的荒草丛中，传出尖锐的煤气井气体泄漏的声音。该煤气泄漏点处在一栋居民楼前，而且附近居民区密集，在离煤气井约 20 米远的地方为紫金市场。当时，正值市民上下班的高峰，如果遇到明火，随时都可能引发爆炸和市民煤气中毒。情况十分危急。

接警后，巡警支队四大队副大队长李某仅用 2 分钟就赶到了现场，并在距现场 50 米的地方将车停在路中央，迅速拉起警戒带，同时，通知巡长李春明从紫金路另一端切断过往人流和车辆。5 分钟后，紫金路 100 米的范围内所有车辆停止了行进，所有过往群众被紧急疏散。

接到通知后，百江燃气有限公司和明山分公司抢修人员先后赶到现场，经检查发现，煤气井中阀门裸露在地表的铁楔被人拔掉，大量煤气正从漏口处向外喷发。紧急情况下，抢修人员临时用木楔代替堵住漏点。据现场一名目击群众反映，晚 5 点多钟看见有一名拾荒人员在这里用石块砸东西，没想到是在盗窃煤气设施。

10 分钟后，紫金路恢复通车。在煤气漏点被堵住后，警察并没有马上撤离现场，而是在附近居民区进行走访，调查有无群众发生煤气中毒事件。由于警察及时赶到现场，采取措施得当，附近居民区没有一人煤气中毒。

【案例】6－2　一起刑事案件的现场保护

2006 年 10 月 19 日中午 11 时许，北京市 F 区 Y 大厦保安部接到报警，6 楼电梯内一名中年女子被刺死。接警后，保安部立即向公安 110 报警，并派人上楼查看。发现在 6 楼电梯口处躺着一名中年女子，颈部有一道伤口，鲜血不断从伤口涌出，地面鲜血一片。周围有不少人在观看，其中一名女士神情恍惚，突然蹲在一旁呕吐。经询问得知，该女士是命案的目击者，因场面过于血腥而惊吓过度。保安立即拨打了 120，并派人把守大厦入口处，禁止所有人进出。8 分钟后，急救车和警车先后到达现场。经初步检查，该女子已经死亡。警方随即展开现场勘查。下午 2 时许，现场一名刑警向记者透露，死者是一名中年女性，是大厦内一家公司的员工，中午时分在大厦电梯内被刺身亡，凶手逃逸。死者遗体目前还在 6 层电梯口命案现场处，法医和取证人员正在现场勘查。该刑警称，由于大厦内没有安装闭路监视器，对凶手形象没有准确的资料，而赶来救援的医护人员又不慎破坏了现场足印，目前取证比较困难。下午 5 时许，死者遗体被抬出运走，大厦入口开放。大厦 6 层的案发现场只有一摊血迹，仍有警察在楼内调查取证。

【案例分析题】

1. 案例 6—1 中，警察是如何划定现场警戒范围的？前期现场处置的措施有哪些？

2. 案例 6—2 中，大厦保安部是如何开展现场保护工作的？有哪些不足之处？

3. 案例 6—2 中，警方是如何开展现场处置工作的？他们与大厦保安部的处置工作是如何衔接的？

【思考讨论题】

1. 现场警戒的职责和方法是什么？
2. 如何确定现场警戒的范围？
3. 现场保护的职责有哪些？
4. 如何保护现场的尸体？

【实务操作题】

请设计一个突发事件的情景，实施现场警戒和保护。

第七章　现场疏散

【学习内容】

现场疏散是突发事件现场处置常见的应急行动。本章介绍了现场疏散的含义、原理和实施方法。其中现场疏散预案的基本要素和现场疏散的实施是学习重点。

【学习目标】

通过本章的讲授及学生的案例分析、思考讨论和实务操作等学习活动，学生应知道现场疏散的含义、种类及原理，熟悉现场疏散的基本原则，掌握现场疏散实施的方法和要求，会在突发事件现场引导疏散和紧急逃生，会编制简易的现场疏散预案。

第一节　现场疏散概述

一、现场疏散的含义及种类

现场疏散是指发生重大突发事件，严重威胁现场及周围人民群众生命健康安全，在迫不得已的情况下，组织人员迅速有序地撤离现场的活动。依据应急管理理论分析，现场疏散是减少人员伤亡的关键，也是最彻底的应急响应。作为一项应急处置功能，现场疏散常见于自然灾害事故现场、火灾爆炸事故现场、危险品事故现场、大型活动事件现场和群体性事件现场中的应急处置。

根据不同的标准，可以将突发事件现场疏散分为不同的种类。

1. 以疏散人员的数量为依据，分为全部疏散和部分疏散。全部疏散是指对事件现场所有的人都要疏散，部分疏散是指仅对危险核心区的受困人员疏散。此种划分是基于对突发事件的波及范围、危害程度以及公众心理反应的考虑的。也就是说，并不是所有的现场疏散都要实行全员撤离。现场疏散的数量须经指挥人员现场评估、判断后慎重确定。有时候，在事件的初期阶段，先使用部分疏散，到扩大应急时再实施全员疏散。

2. 以疏散的区域范围为依据，分为内部疏散和外部疏散。内部疏散是指事发单位或组织内部人员撤离危险区的活动，外部疏散是指在事态扩大、响应升级时，在事发单位或组织外部同时开展人员疏散。因而，做好现场评估和内外协调是现场疏散指挥的重要职能。

3. 以疏散的对象为依据，分为人员疏散和财产疏散。人员疏散，是指以人为对象在现场展开抢救、撤离和转移行动。财产疏散，又称财产转移，是指对现场主要的物质、装备等生产、生活物品在人员转移的同时开展抢救和转移。但现场疏散的首要原则是生命至上，当二者发生矛盾时，优先选择抢救生命，万万不能因为顾及财产而延误抢救生命。

4. 以疏散的性质为依据，分为临时疏散和永久疏散。临时疏散是指当现场的危险解除之后，即可考虑让人员返回现场的疏散，常见于火灾、爆炸、有毒物质泄漏等事件。永久疏散，有时也称远距离疏散，常见有毒物质的大面积泄漏与扩散、放射性物质，特别是发生核泄漏事件、自然灾害等情况。由于现场的有害因素可能存在的时间较长，因而疏散的距离不仅较远，而且人员离开现场的时间较长，可能长达数天甚至数年，有的甚至没有重新返回的可能。

二、紧急情况下人群的心理反应

面对突如其来的危险，人会有多种应急反应，这些反应是人类长期进化获得的保护自身安全的本能。这些本能在人类应对自然界的各种危险中确实发挥了很好的作用。但是，当今社会是一个充满风险的社会，面对各种自然灾害和技术灾难，人的这些本能不仅无法发挥其应有的作用，甚至会成为造成人员伤亡的罪魁祸首。因此，在临时紧急疏散方案的设计和实施中，应充分了解人在紧急情况下的心理反应。

（一）逃避或战斗

当人处于危险之中时，绝大多数人的第一反应是逃避，体现在行为上就是尽可能以最快的速度、最短的路径逃离危险的场所。在此过程中，有的人可能会作出不理智的，甚至是错误的选择而丧失生命。而一些意志较强的人则可能会选择勇敢面对。

（二）负面恐慌

面对危险，恐慌心理的出现会导致一系列生理上的反应，如心跳加快、浑身颤抖、血压升高等。适当的恐慌可以保护人的安全，但是，超过限压的恐慌可能会造成人的思维停滞、反应能力下降，严重影响人的正常疏散行为。具有负面恐慌心理的人表面看起来比较冷静，但这是一种假象，实际上已经由于恐慌过度而变得不知所措。

（三）从众心理

从众心理本是人类相互学习、不断进步的一种潜质。特别是在难以抉择的情况下，选择跟随别人被认为是最安全的。无论在临时性的紧急疏散过程中，还是在其他类型的紧急疏散过程中，从众是一种常见的心理反应。人群中某个人的恐慌可能会成为所有人的恐慌，某个人的避难行为可能被更多的人模仿，某个人的镇静情绪也可能缓解其他人过度恐惧与紧张的心理。

（四）趋熟

趋熟是人的大脑对某一刺激不断重复记忆的结果，趋熟也是人在紧急情况下的本能反应。最常见的就是在疏散时大多数人会沿原路返回，而不管原路是否存在危险。

（五）趋光

当灾难性事故与事件发生的时间是在夜里，或发生的地点处于地下（如矿难），或某种特殊的场合时，往往会因为停电或者其他原因而使被疏散的人群处于一片黑暗之中。在这种情况下，如果前方出现一点亮光，被困人员马上就会向着亮光跑去。在安全疏散中设置足够的应急照明设备和疏散指示灯，就可以充分利用人们的这种心理进行及时疏散。

（六）回救反应

当被困人员从危险区域逃出后，随着对自身生命安全担忧的解除，开始对仍处在危险区域的亲友、物质财产表现出严重的担忧，进而会奋不顾身地冲回危险区去抢救亲友或自己的财物。因此，在安全疏散组织中，一定要注意防止已经脱离危险的人员重新返回危险区域。这种现象在 2003 年 12 月重庆开县井喷事故的人员疏散过程中体现得最为明显，一些群众在已经脱离危险区域的情况下又出于各种利益的驱使，返回到危险区域，结果中毒身亡。

三、紧急疏散中群集行为的控制[1]

所谓群集行为，就是指人员的成群聚集行为。当处于危险区的人数较多时，必须将注意力放在避免由于群集行为而导致出现人员踩踏伤亡现象上。人员的疏散过程是一个移动的过程。研究表明，人群在移动过程中的行进速度并不取决于个体的平均行进速度，而是取决于人群的密度。人群密度越大，群体的行进速度越低，当人群密度达到一定极限时，就会由于拥挤过度而不能前进，速度接近于零。常见的群集现象有以下几种：

（一）成拱现象

当人群从宽敞的空间拥向较狭窄的出入口或楼梯口时，除了正常的正向人流之外，处于危急之中的人由于逃避心理的作用，会从两侧挤入，从而妨碍正常的人群流动。由于群集密度增加而在出入口处形成拱形的人群，会因为所有人挤在

---

〔1〕 参见郭太生：《灾难性事件与事故应急处置》，中国人民公安大学出版社 2006 年版，第 116 页。

一起而无法通过。这种情况与在锥形瓶实验中发生的情况相类似。如将带线的小球放在锥形瓶内，如果依次拉出，由于小球的直径小于瓶口的直径，每个小球都可以被顺利拉出，但如果同时向外拉，所有的小球都会挤在瓶口无法出来。群集现象中的成拱与锥形瓶实验的最大不同之处在于，人群拥挤所形成的这种成拱现象是一种不稳定的平衡，构成拱形的各个方向的人的力量相互推挤，在短时间内会出现平衡现象，但这种暂时的平衡现象很快就会被打破，发生"拱崩溃"，此时大部分人由于突然失去平衡而被挤倒，并被急于出去或者不明真相的后来者踩踏。如果没有良好的疏散引导，出入口处会反复出现成拱或"拱崩溃"的现象，从而导致更多的人员伤亡。我国在一些人员密集的公共场所之所以经常发生大量人员伤亡的事故，其中发生群集现象是主要的原因。

（二）异向群集

异向群集是指来自不同方向的人群相遇并产生对抗时出现的群集现象。紧急情况下，人群总是选择最短路径达到自己认为最安全的目标，当疏散人群的行进路线发生交叉或冲突时，来自不同方向的人群相互冲突、相互拥挤，与阻塞严重时相对行进的两股人流狭路相逢，互不相让，形成对抗，很容易由于拥挤和践踏而造成大量伤亡。这种现象无论在室内还是在室外都有可能发生，而且往往是由于人群疏散的路线设计不当造成的。例如，我国华山多次发生的群体性挤踏事件就是由于在狭窄的山路上，来自上山与下山两个不同方向的人流发生异向群集现象引起的。

（三）异质群集

人群中每个个体的行进速度和承受拥挤的能力并不相同。紧急情况下，人们都希望以最快的速度、最短的路径到达自己认为安全的地方，因此都急于超过那些在自己前面走得太慢，而且阻挡自己行进的人。行进速度明显低于群体平均行进速度的人就成为群体中的"异质"。在人群密度不太大的情况下，行进速度较慢的人的周围会由于停滞形成一个漩涡，后面的人从两侧赶超绕行；随着人群密度的增大，走得慢的人就有可能被后面的人推倒或绊倒，进而产生连锁反应，造成严重后果。在临时紧急疏散过程中，成为人群异质的多为老人、小孩和妇女，以及那些由于物品失落，停下来弯腰拾物的人。

群集是造成人员大量伤亡的主要原因，因此在人员的疏散过程中必须加以控制。在组织人员疏散时，特别是在建筑物内组织人员疏散时，起码应采取以下措施：有正确的疏散路线，并有明确的疏散路线标志；安排专门人员对疏散人员进行引导，并负责疏散秩序的维护，避免出现拥挤现象；为人群及时提供准确的信息，避免不准确的消息在人群中传播，使人群的心理保持稳定；如果人群进入恐慌状态，要尽量缩短恐慌状态的时间，使人群的情绪恢复到正常状态。

第二节 现场疏散的准备与实施

一、现场疏散的基本原则

1. 安全疏散原则。安全第一、生命至上是任何突发事件现场处置的基本原则，现场疏散也不例外。安全不仅体现在疏散目的的安全性，也体现在疏散程序的安全性，后者往往是前者的保证，如火场疏散时不使用电梯；不仅体现在疏散对象的安全，也体现在疏导员自身安全的防护。

2. 反应快捷原则。一般来说，突发事件现场临时疏散的可用时间非常有限，这就要求处置人员出警迅速，措施得力。如初期火灾的现场，最佳的疏散时间是火灾开始前 7 分钟。

3. 劝说为主原则。现场疏散效率的高低不仅取决于疏散方式、路线的选择等技术性问题，也取决于处置人员的现场管理。现场人群的慌乱、无序是疏散现场常见的现象，而动辄采用强硬、甚至粗鲁的方式会直接导致人群的愤慨，虽然处置目的具有正当性，但不利于疏散。现场处置人员应尽量采取劝导、说服的态度对待现场人群，这也是现代危机处置理念的要求。

4. 主动求救原则。主动求救原则主要是针对现场受害个人而言的，但疏散到暂时安全区域时，要主动发出求救信号，以便处置人员及时发现和施救。

二、现场疏散预案的基本要素

现场疏散的准备集中体现在现场疏散预案编制过程中，对现场疏散的应急组织与指挥、疏散路线、疏散方式、应急响应程序、应急保障等一系列内容一并规定进去。就应急预案的体系而言，现场疏散预案属于现场应急预案（子预案），是一种配套预案，它强调预案的针对性、操作性和协作性。

突发事件的大小、强度、爆发速度、持续时间及后果严重程度，是实施人群疏散应予重点考虑的因素，它决定着撤退人群的数量、疏散的可用时间及确保安全的疏散距离。具体而言，制定现场疏散预案时应重点考虑以下几点：

（一）疏散情形的估计

1. 设定需要疏散的紧急情况，如火灾、地震、危险物品泄漏、恐怖袭击警报等，确定预案的启动方式（条件触发启动还是决策命令启动）。

2. 预计需要疏散区域的范围，根据不同危险划定危险区，并了解危险区的环境条件，包括地理条件、交通条件、疏散辅助设备情况（如疏散引导人员安排、人员车辆集结位置、疏散照明、疏散通讯等），最后要绘制平面图。

3. 预计需要疏散的人员数量（对于人员流动性较大的区域应以最大人员数量为设定依据）。

（二）疏散时间的确定

疏散时间的确定取决于现场疏散能力与疏散可用时间的综合平衡。前者如安排可用于现场疏散的交通工具，以及在单位时间内的最大疏散量；后者应评估事件爆发时的烈度与扩展蔓延的速度，掌握疏散可用时间。如国家体育场鸟巢经评估和实验后确定8分钟内能疏散2万人。

（三）疏散人力、物力的保障

确定现场疏散命令发布的人选；安排执行疏散预案的应急人员（现场警戒、疏散引导、医疗救护、危机评估等）与机构（重大决策机构、车辆管理机构、治安保卫机构、物资管理机构等），制作任务对应表、通讯联络表；安排现场应急电源、照明、通讯及疏散所需车辆等。

（四）疏散路线、集中点的选择

以生命至上作为疏散路线、集中点选择的核心原则，以就近、安全作为疏散路线选择的首要要素。尽量避免对面人流和交叉人流，充分利用备用的疏散通道。以合理的安全距离以及交通、生活的便利作为疏散集中点选择的首要要素。疏散集中点的安全距离应达到危险区辐射的最大半径。

（五）特殊风险的设计

这是出于对需要特殊援助的群体的考虑，如学校、幼儿园、医院、养老院、监管所，以及老人、残疾人等。必要时应制定扩大疏散预案、返回程序与其他关联预案。

三、现场疏散的实施

（一）现场疏散预案的启动

突发事件发生后，相关人员要立即赶赴现场，对危险进行评估，将评估结果汇报相关领导，由其决定是否启动现场疏散预案。一般来说，现场疏散主要适用于重大突发事件发生后，严重影响群众生命、健康、安全，非疏散不可的紧急情况。在决定是否疏散人员时需考虑的因素有：①是否可能对群众的生命和健康造成危害，特别要考虑到是否具有潜在危险性；②灾难性事件的危害范围是否会扩大或者蔓延；③是否会对环境造成破坏性的影响。

（二）现场疏散组织与指挥

现场疏散指挥通常要由人员集中场所的领导或者安全保卫部门负责人担任，消防队到场时参与指挥。现场疏散组织应包括疏散广播组、疏散照明组、内部疏散引导组、外部疏散引导组和警戒救护组。

（三）现场疏散引导

现场疏散引导按照所处的环境和工作任务，分为内部疏散引导和外部疏散引导。实施现场疏散引导，首先要确定引导员，一般是由单位负责安全保卫工作的人员，或者危险区内的部门负责人担任，其在疏散过程中应佩戴明显的身份标志。其次，要明确疏散的区域与路线。疏散要按照预案进行，在快速巡查本危险区的遗留人员后，组织人群迅速向最近的出入口或逃生门有序转移，尤其要防止不同危险区域的人流交叉、拥堵和逆向人流现象发生。引导员在做好自身安全防护的基础上，要协助疏散人员实施防护措施和应用设备。

（四）人员疏散与返回的优先顺序

无论发生何种灾难性的事故与事件，人员疏散与紧急救助均属于保护性的措施，只要有人员的疏散，特别是在需要全体撤离的情况下，就必须考虑人员疏散与返回的优先顺序。根据国外的经验与研究成果，在全体疏散撤离的情况下，其优先顺序是：

1. 疏散顺序。在禁止无关人员进入即将疏散撤离的地区与场所的前提下，按下列顺序疏散：①居民与群众；②工作人员中的非关键人员（包括媒体人员）；③应急关键人员之外的所有人员；④全部撤离。

2. 返回顺序。当突发事件造成的危险状态结束、对人员的安全威胁解除后，须要安排被疏散的居民或群众返回社区或单位。返回也应当和疏散一样，严格遵循先后顺序：①应急处置的参与人员；②现场评估人员与由应急员陪伴的媒体人员；③公共设施的维修人员；④居民、财产的主人以及其他有关人员；⑤无限制返回。

（五）人群疏散的基本方法

1. 隔离法。现场指挥到达现场后，要进行必要的现场评估，划分警戒区（危险区），以便现场处置和防止脱离危险的人再次进入危险区。隔离可采取警戒带、绳索，必要时直接用人墙实施现场隔离。

2. 截流法，又称人数控制法。当现场某一区域的人数达到容量极限，不利于疏导和疏散时，可以进行人群控制，防止不必要的拥堵、踩踏事故发生。

3. 多路疏散法。现场疏导如同水库开闸泄洪，应开通所有通向安全区域的道口，保证人群能够疏散。

4. 分区疏散法。当人群聚集在一起时，由于应急反应的慌乱和信息传递的不完全，很容易造成现场混乱，疏导无序。现场疏导人员要及时强制地分割人群，分成不同的区域，减少人群对冲、异动现象，以有利于疏散。

5. 人流引导法。现场疏散要采用引导人员现场引导的方式进行，引导时要注意单向行进，防止交叉和逆行现象。

6. 强制疏散法。必要时，现场疏导要实施强制疏导，尤其对顾及财产而不愿离开危险区的人员，适时采用人墙推进、抬、抱、拖，甚至驱散器的方式强制疏散。但要注意，根据现代应急处置理念，务必要慎用警力和武力处置。

（六）其他应急注意的问题

1. 就近疏散。事件发生起初，疏散组织者应先通知出口附近或最不利区域内的人员就近向出口疏散，不要往人多的出口拥挤疏散。

2. 应向上风方向转移。明确专人引导和护送疏散人员到安全区，并在疏散或撤离的路线上设立哨位，指明方向。

3. 避免设置袋形走道。袋形走道的致命弱点是只有一个疏散路线（或出口）。发生火灾时，一旦这个出口被火封住，处在这一区域的人员就会陷入"死胡同"而难以脱险。因此，高层建筑应尽量不设置袋形走道。

4. 要清点人数。对救出人员要清点人数，查看是否全部救出。

5. 在出口处设立警戒。在出口处设立警戒，防止已被疏散出的人员及寻找亲人的家属又进入危险区。

6. 疏散人员要搞好个人防护。处置人员在进入有毒物质事故现场时，要佩戴个体防护用品，并有相应的监护措施。条件允许时，还应考虑携带部分用于被困人员的安全防护装备，对中毒危险者进行必要的保护，以保证最大限度地营救生命。

【案例】7－1　圣城麦加的踩踏惨案[1]

2006 年 1 月 12 日，圣城麦加正在举行的朝觐活动即将达到高潮之际，灾难再次降临 280 多万来自全世界的朝觐者头上。一场突如其来的踩踏事故，造成 362 人死亡，数百人受伤。造成事故的直接原因是行进队伍中的行李车上的大量行李翻落到道路上，造成通往投石驱邪桥狭窄的道路被堵，而后面人群仍在向前涌动，人群不断被绊倒，前面倒下的人又绊倒了后面的人，根本爬不起来，这样，踩踏事故的发生就不可避免了。但根本原因是朝觐者人数众多，而根据传统，所有的朝觐者必须在这一天的日出和日落之间举行射石的仪式，才可以驱除邪魔。但是，要成功地用石头扔中这根柱子并不容易，因为每个朝觐者只有一次靠近它的机会。因此，可以想象，为了在 200 多万朝圣者中艰难地挤到石柱前

---

[1] 资料来源：《新浪网》，访问日期：2006 年 1 月 18 日。

面，又准确地击中它该付出多少努力。为了使自己在日落前完成这个神圣之举，很多虔诚的信徒不顾一切地向前冲。而数十万人一起冲挤，就很容易造成惊跑和踩踏事故。

【案例】7—2　桑枣中学在汶川大地震中的紧急疏散[1]

在 2008 年汶川大地震发生时，震区学校正处于上课时间，致使人员集中的学校成为受灾最重的场所之一。但紧临重灾区北川的安县桑枣中学却无一人伤亡，2300 名师生用不到 2 分钟的时间，安全疏散到学校操场。这创造了地震史上的奇迹，校长叶志平被网友们称为"史上最牛校长"。这一奇迹的得来并非偶然，它源于学校对建筑安全的高度重视，更源于学校持之以恒的安全教育，比如紧急疏散演习。以下摘录资料记载了该校的日常安全教育和震时师生表现的情况。

从 2005 年开始，每学期要在全校组织一次紧急疏散演习。事先会告知学生，本周有演习，但娃娃们不知道具体是哪一天。等到特定的一天，课间操或者学生休息时，学校会突然用高音喇叭喊：全校紧急疏散！

每个班的疏散路线都是固定的，学校早已规划好。两个班疏散时合用一个楼梯，每班必须排成单行。每个班级疏散到操场上的位置也是固定的，每次各班级都站在自己的地方，不会错。

教室里面一般是 9 列 8 行，前 4 行从前门撤离，后 4 行从后门撤离，每列走哪条通道，娃娃们早已事先被告知。孩子们事先还被告知的有：在 2 楼、3 楼的学生要跑得快些，以免堵塞逃生通道；在 4 楼、5 楼的学生要跑得慢些，否则会在楼道中造成人流积压。

学校日常管理和疏散演习中对老师的站位都有要求。老师不是上完课甩手就走，而是在适当的时候要站在适当的位置。适当的时候是下课后、课间操、午饭晚饭、放晚自习和紧急疏散时——都是教学楼中人流量最大的时候；适当的位置是各层的楼梯拐弯处。老师之所以被要求站在那里，原因在于拐弯处最容易摔倒，孩子如果在这里摔倒了，老师毕竟是成人，力气大些，可以一把把孩子从人流中抓住提起来，不至于让别人踩到娃娃。

那天地震发生时，学生们正是按着平时学校要求的、他们已练熟了的方式疏散的。地震波一来，老师喊："所有人趴在桌子下！"学生们立即趴下去。老师们把教室的前后门都打开了，怕地震扭曲了房门。震波一过，学生们立即冲出了教

---

[1]　资料来源："新华视点：一个灾区农村中学校长的避险意识"，载《新华网》，访问日期：2008 年 5 月 24 日。

室，老师站在楼梯上喊："快一点，慢一点！"老师们说，喊出的话自己事后想想，都觉得矛盾和可笑。但当时的心情，既怕学生跑得太慢再遇到地震，又怕学生跑得太快摔倒了——关键时候的摔倒，可不是玩的。

那天，连怀孕的老师都按照平时的学校要求行事。强烈地震使得挺着大肚子的女老师站不住，抓紧黑板跪在讲台上，但也没有先于学生跑走。唯一不合学校要求的是，几个男生护送着怀孕的老师同时下了楼。

由于平时的多次演习，地震发生后，全校 2200 多名学生，上百名老师，全部从不同的教学楼和不同的教室中冲到操场，以班级为组织站好，用时 1 分 36 秒。

【案例分析题】

1. 案例 7—1 中，人群拥挤属于何种群集行为？组织方应加强哪些现场控制措施？

2. 案例 7—2 中，疏散演习涉及到了哪些因素？地震当天的紧急疏散，你认为有哪些成功之处？哪些不足之处？

【思考讨论题】

1. 紧急情况下人群的心理反应和群集行为表现形式有哪些？它们对紧急疏散有何影响？

2. 编制现场疏散预案要考虑哪些要素？

3. 如何开展现场疏散？

【实务操作题】

设计某种情景，为你所在的社区或学校编制一个现场疏散方案，并根据预案适时开展现场疏散演习。

第八章　现场访问

【学习内容】

现场访问是突发事件现场后期处置的重要内容。本章介绍了现场访问的基本知识、实施方法以及制作现场访问笔录等内容。其中现场访问对象的确定,现场访问的准备、步骤和要求以及现场访问笔录的制作是学习重点。

【学习目标】

通过本章的讲授及学生的案例分析、思考讨论和实务操作等学习活动,学生应知道现场访问的含义、特点,熟悉现场访问的对象和内容,掌握现场访问的步骤和要求,会开展现场访问,会制作现场访问笔录。

第一节　现场访问概述

从应急处置的环节来看,突发事件现场调查是现场后期处置过程中必不可少的内容。而现场访问是突发事件现场调查的主要手段之一,它是指在突发事件应急处置过程中,为了了解事件起因、过程和损失等情况,而对现场有关人员进行当面问询的谈话活动。现场访问在事故灾难现场、公共卫生事故现场和社会安全事件现场经常采用。如在刑事案件现场、火灾事故现场中对现场目击者的访问,在集体食物中毒事故现场中对食物来源的调查等。由于突发刑事案件现场访问使用的经常性和操作的复杂性,本章仅以刑事案件现场访问为例说明现场访问的基本知识和技能。

一、现场访问的含义及特点

犯罪现场访问是指现场处置人员在现场处置过程中,对现场的目击人、报案人或被害人进行正面查询的一项调查活动。现场访问是发现、收集犯罪线索和证据的重要途径。现场上的犯罪线索不仅存在于特定的痕迹物品中,也存在于了解犯罪情况的人员大脑印象中。它以了解情况的人为对象,通过查访、询问等方式发现、收集储存在人们大脑中的与犯罪有关的信息。归纳起来,现场访问的特点有:

1. 独立性。从整个刑事案件现场处置来看,现场访问和现场保护、现场勘查、现场分析共同组成了刑事案件现场处置的全部内容,是现场调查的重要组成部分。这些环节相互支持但彼此相对独立。而从处置技能来说，现场访问的访谈技巧又与其他技能大相径庭，所以那些认为现场访问是现场保护的组成部分的观点是不恰当的。

2. 迅速性。迅速性不仅是现场访问的工作要求，也是访问活动的要求。刑事案件要求快侦快破，被访问者记忆容易消失，这些均要求现场访问工作要做到迅速及时。据科学测验，人的遗忘规律是先快后慢，而且最短的时间内遗忘的事物最多。如果访问者不在离事发最短的时间内访问目击者，那么大部分记忆的事实将在最短时间内以最快的速度遗忘，这是侦查工作所不允许的。

3. 灵活性。对于一般的调查询问，可以拟定一个访问提纲，还可以组建一个访问团队，做到有备无患，心中有数。但现场访问不行，访问者面对突发的案情、不确定的访问对象，要灵活地采用访问策略，适时地调整访问方案，所以一名合格的现场访问者不仅要具备相关的专业知识和技能，还要有超强的现场应变能力。

二、现场访问的对象

（一）现场访问对象的种类

根据我国《刑事诉讼法》的规定，一切与犯罪有关或者了解案情的公民，都有向公安机关提供情况的义务。在实践中现场访问的对象包括：①现场发现人、报案人；②事主、被害人；③被害人的亲属；④直接或间接了解案件情况的人；⑤现场周围的群众。以上对象，学理上可以归纳为两类，即被害人和证人。被害人作为犯罪行为的直接侵害者，对犯罪情况的了解一般比较清楚和具体，及时对被害人进行访问可以获得一些对侦破工作有价值的情况。因此，被害人是现场访问的重点对象。证人是指除当事人以外的，直接或间接了解犯罪情况的人。作证既是公民的权利，也是公民的义务。证人有义务接受公安机关的询问，故意隐匿罪证或者作伪证，要负法律责任。但法律规定以下几种人不能充当证人：①生理上、精神上有缺陷或者年幼不能辨别是非，不能正确表达的人；②法人代表（如果需要其充当证人，其应当以个人名义提供证言）；③承办本案的侦查人员、鉴定人员、辩护人和翻译人员等。

（二）现场访问对象的寻找和确定

1. 他人指引法。现场访问人员到达现场后，可由现场保护人员、警戒人员、事发单位领导、治保人员、知情人等第一批到达现场的人员带领、指认那些掌握第一手资料的人。

2. 格局分析法。现场访问人员依据现场的地理方位、周边环境和人员流动情况，推测哪些人员应该知晓现场情况，然后有目的地寻找。例如，发生在居民楼内搏斗场面激烈的室内凶杀现场，隔壁邻居一般会听到一些动静；发生在道路旁边的案件，附近的全日固定营业的水果摊位的营业员理应看到一些情况。

3. 关系分析法。访问人员根据被害人的关系人，如被害人的同学、同事、亲友、邻居等的情况，不仅可以了解到被害人的一些情况，而且还可能寻找到直接知道案件有关情况的访问对象，获得更有价值的材料。根据现场反映出的犯罪分子与被害人的关系，犯罪分子作案特点，现场上遗留的物品及其赃物情况进行分析判断，确定访问对象可能居住、生活、工作的范围，从中发现访问对象。

4. 借助媒体法。首批到达案发现场的人员，不仅有现场的紧急处置人员，还有新闻记者。由于观察的角度不同以及被采访者心态的差异，他们往往能寻找到某些知晓案情的关键人员。访问人员及时与新闻记者联络，通过回放镜头或访谈，能在他们的材料、资料中找到一些访问对象。

5. 察言观色法。这也是最实用有效的方法，尤其对于那些现场无人主动汇报案情而一时无法判断谁是知情人的情况。现场访问人员要注意观察围观群众的神情，那些欲言又止、想接近访问人的往往是案件的知情人。这类人有的是不敢说，有的是不便当场说，有的是不愿说，因此在处置的方式上要区别对待，充分考虑他们的实际情况，不可强行询问，必要时可以留下他们的联系方式，以便场外询问。

（三）现场访问顺序的选择和确定

对于确定的诸多访问对象，应根据案件性质及需要查明问题的轻重缓急和被访问对象对案件的知情情况，确定访问顺序。访问的一般顺序是报案人、发现人、事主、被害人及其家属和其他知道案件情况的人。

三、现场访问的内容

（一）现场访问的主要内容

由于现场访问的及时性和复杂性，访问人员必须明确访问的大体框架和访问重点。对于访问初学者可借鉴新闻采访的六要素去现场访问，即熟记六个"W"（when、where、what、who、how、why）。但一般来说，现场访问主要围绕以下几点开展：

（1）案件发生、发现的情况。

（2）犯罪分子的情况。如犯罪分子的人数和体貌特征及其在现场的活动情况。

（3）被害人的情况。如被害人的基本情况、生活习惯、受害经过及其社会关系。

（4）现场遗留物的情况。在查明现场遗留物是犯罪分子所留的基础上，向周围群众和有关专业人员查清物品的相关信息。

（5）被侵犯财物的情况。如被侵犯财物的占有、使用和保管情况，被侵犯财物的一般特征和个别特征，犯罪分子对财物的选择情况等。

（6）案发前后的疑人疑事。

（二）不同访问对象的访问重点

（1）针对现场发现人、报案人，主要询问发现案件的时间、地点及发现经过，发现时现场的原始状态，发现后是否接触现场物品、尸体等，接触的详细部位、接触原因，报案时间及报案细节等。

（2）针对事主、被害人，主要询问案件发生、发现的时间、地点、详细经过，案发前现场的原始状态，案发后现场的物品变动、损失和破坏情况，作案人的情况和作案过程，家庭成员及接触关系，对案件的看法以及能否提供线索。

（3）针对被害人亲属，主要询问被害人的个人、家庭情况及其社会关系，案发前被害人的活动情况及生活规律，被害人携带物品及损失情况以及对案件的看法以及最近是否有可疑现象。

（4）针对知情人，主要询问事主、被害人的情况，作案人的情况，案件发生的经过，案件是否有内情、内情是什么以及本人与案件的关系。

（5）针对现场周围群众，主要询问案发前后听到、看到的可疑情况及可疑人员，有关事主、被害人及其家庭、单位的情况和常接触人群，核查与案件有关的人、事、物及其对案件的看法和对当地敌情、社情的反映。

第二节　现场访问的准备与实施

一、现场访问的准备

（一）访问者保持自身的镇定

访问与在公众场合演说有许多相似之处。在这两种情况下，访问者都必须面对至少一个观众，访问者的表现正在受到别人的评价。所以访问成功的前提是镇定。尽管访问者可能会有些紧张，但仍然需要保持平静，不要将自己的紧张情绪表现出来，不要使自己的注意力从事先的计划中转移。切记一次成功会谈的最大障碍不在访问对象，而在于访问者本身。

（二）访问者应事先实地查看现场

访问者巡视现场后形成初步的现场印象，这样不但有助于熟悉与目击人访谈中提出的问题，也不至于使少数不愿配合的证人有机会误导访问者的思维。

（三）选择合适的访问地点

现场访问地点的选择和确定，应根据案件性质、犯罪危害后果、现场所处环境和访问对象的人数及心理特点，以方便对方陈述、有利于查明犯罪事实为原则，以不影响现场勘查工作正常进行，不变动现场，不影响访问对象情绪及便于联络和保密为前提。

1. 访问地点与现场的距离要适当。现场访问的地点若离现场太远，不便于访问人员与现场指挥员进行联络，不便于及时汇集访问获得的信息。若离现场太近，又易引起访问对象触景生情，情绪再度激动，同时也影响现场勘验工作的正常进行。

2. 访问地点有利于保守秘密。现场访问时，访问内容以及访问对象的身份都要保密，以免影响侦查工作进程和访问对象人身安全。因此在选择地点时要选择环境静谧，不易被他人听到、看到的场所，避开公共场所，尽量减轻访问对象的心理压力和精神负担。但一般不宜选择办公室、会议室或餐厅这些场所，因为那些地方容易给人造成居高临下的胁迫感而且容易受到干扰。

3. 注意整理、布置访问居所。在访问之前，应对房间内一些容易转移注意力的物品、设备进行转移，如清理掉案头的物品，拿走安全宣传画、照片以及办公用品等可能会影响访问的东西。需要注意的是转移这些物品一定要在会谈之前，如果试图在谈话中拿走这些物品反而会产生负面效果。另外，拔掉电话，在门口挂上请勿打扰的指示牌，别让任何事情影响与证人的交谈。

（四）访问者可以列出访问条目

要想从证人处了解到有用的信息就一定要防止证人思维被人"污染"。[1] 尽管事件发生后尽快安排对证人的访问非常重要，但绝不能为此而放弃访问前的精心准备工作。花些时间深入事件现场，与现场安保人员和其他人员进行一些交流，列出要向每个证人提出的问题等，这些事先的准备工作实际上反而会节省时间。

（五）在访问前可尝试让对方写下所看到的东西

为了降低证人思维被"污染"的可能，可以制造机会让他们把自己曾经看到的东西记下来。当第一次在现场见到证人时，可以给他们每个人一支笔和一些纸，让他们把自己所能回想起来的事故细节都写出来，并勾勒出当时的场景。要让这些证人明白他们此时所做的并不是一个正式的证明，而只是他们在以后正式面谈时的一个有助于回忆的概要。

---

[1] 李罡："与事故证人沟通的技巧"，载《安防科技》2004年第3期。

（六）准备必要的提问答复

与证人建立相互间融洽的信任关系非常重要。所以在与证人的面谈之前，最好尝试着了解一点他的相关背景资料。与证人所建立起来的某种程度的友谊将会使他在任何情况下均能放松，这将有助于访问者获得对事件细节的了解。同时应该估计一下证人可能提出的问题并给出相应的解答，以备不时之需。比如"我或者我的同事会为此受到惩罚吗？"，"我向你提供情况后果会怎么样？"。

二、现场访问的步骤

（一）提起访问

提起访问阶段也可称之为导入阶段，是指访问人员利用各种语言技巧稳定访问对象的情绪，使其思想集中到案件的陈述上来的阶段。访问者针对访问对象刚刚遭遇犯罪分子的袭击而带来的紧张、愤怒、悲伤、恐惧、担忧等各种情绪，要抱着同情、关心的心情，耐心细致地做好思想工作，消除他们的愤怒、恐惧和担忧等思想顾虑，把他们的注意力转移到为侦查机关提供线索，尽快抓获犯罪分子这方面来。访问者在表明自己身份的同时，也要巧妙地说明调查工作的意图和目的。

（二）自由陈述

自由陈述阶段是指访问对象按照其感知的事实形成过程，自然地陈述有关案件的情况。访问者让访问对象按照访问内容的要求，先陈述具体的时间、地点、人物及其身份，再陈述事情的经过、结果，把自己所知道的情况自由地、充分地陈述出来。在对象自由陈述的过程中，一般情况下访问人员不要随意中途打断对方的陈述。访问时，访问者首先以开放式的提问，把所要询问的内容提出一个整体梗概，要求对方在自己知道的范围内如实进行陈述。然后就静静地听对方讲述，注意别打断他。此外，还应该通过肢体语言向证人表示你在认真地倾听他的每句话。在倾听中将身体倾向证人的方向、微微点头等这些动作都被证人认为是你在仔细聆听他的每句话。

（三）重点提问

重点提问阶段是指访问者在访问对象的自由陈述后，就案件主要事实、关键细节以及陈述的矛盾要求对方核查、补充陈述的过程。这一阶段是了解案情真相、达到访问目的的主要环节，也是考察访问者访谈水平的环节。访问者听完对方的自由陈述后，要明白陈述中有哪些矛盾，哪些应该访问的情节没有陈述，哪些情节虽然点到但没有深入，然后有针对地去提问。重点提问常用的方法有：①广泛式提问。它适用于访问者要求对方更大范围、更深层次陈述案情的情况。②检查式提问。它适用于访问者对访问对象某些陈述情节进行追根溯源地询问的情况。③质证式提问。它适用于访问者要求访问对象巩固陈述内容的情况。

在重点提问阶段应注意，许多答案本身已经存在于证人开始的谈话中了，所以完全没有必要再把每个罗列的问题都提一遍；不要逐字逐句地读你的问题，因为那样会显得非常做作；不要兜着圈子向证人问他已经回答过的问题，那样会显得你心不在焉。访问中一定要在证人首先回答了案件如何发生、什么时候发生、什么地点发生、发生了什么以及案件涉及的人员等问题之后，访问即将结束之前询问案件为什么会发生，因为过早地问事件的原因，证人往往会以为谈话马上就要结束了。

（四）结束访问

结束访问是指访问者保持访问气氛和履行法律手续的阶段。在重点提问后，就应当及时结束访问。访问者首先要在访问对象补充陈述完毕的情况下，对其表现做出中肯的评价，然后让其核实陈述内容的真实性，签署姓名。访问者应自始至终保持与对方合作的访问气氛，说明继续访问的可能，考虑对方眼下的实际困难，并尽力予以解决，以此建立良好的心理接触，为再次访问奠定良好的心理基础。

三、现场访问的方法

（一）创造良好的气氛，讲究问话艺术

现场访问中，访问人员与访问对象之间是通过语言交流来完成各自行为的。要达到访问的最佳效果，就要求访问人员艺术地运用语言。

一般情况下，访问人员对妇女、儿童的用语要亲切和蔼，对长辈用语要尊重，对工人、农民、服务人员用语要通俗易懂，对故意歪曲事实、不予合作的访问对象用语要威严。特别是严重暴力犯罪案件的访问对象，有的亲眼目睹了案发时的凶残情景，有的就是受害者，有的是受害者的家属，在这种情况下，他们的精神受到刺激，悲伤、愤怒等多种情感复杂地交织在一起。如果这时访问人员不采用一些富有同情性、安慰性的语言使他们的情绪稳定下来，就难以达到访问的目的。在访问中，访问人员除了要注意上述言语艺术外，还要注意在访问中适时地、艺术地运用简短语言、模糊语言、肢体语言（无声语言）等。

（二）根据访问对象的心理特点，做好心理转化工作

1. 根据被害人的心理特点进行访问。被害人是犯罪行为的直接侵害对象，其心理特点主要表现为：内心十分痛苦，情绪高度激愤，怀有迅速破案、追回财物、严惩罪犯的强烈愿望，有的还会有恐惧感和羞辱感。当然不同刑事案件中被害人的心理特点也有所不同。如强奸案中有的被害人怕影响自己的名誉，怕影响其工作、家庭等而不愿陈述其受害情况；盗窃案和诈骗案的被害人往往要求迅速

追回被盗或被骗的财物等，这些人的心理特点可能在访问中反映出来。有的人可能隐瞒对自己不利的事实；有的人可能夸大某些事实；有的人可能在感知、回忆和叙述时出现错误和混乱等。

访问人员对被害人的访问最好采用走访的方式，对一些被害人还可以在征求他（她）的意见后，再选择访问的时间和地点。访问被害人时首先安定其情绪，做好心理疏导工作。对他们的不幸遭遇表示同情，对犯罪分子所造成的危害表示愤恨，并表示一定要严惩犯罪分子，从而使其极其悲愤、紧张的心理得到缓解。待其心情平静下来后，再进行访问。对于因遭受暴力侵害而不知所措、对时间的前后顺序记忆模糊或头脑中一片空白，甚至出现错觉或幻觉的对象，应首先缓解其高度紧张的情绪，用比较亲切的谈话方式问一些与案件有关但又不直接的边缘性问题，逐渐唤起其回忆。对于受到犯罪行为的侵害，带有强烈的报复心理的被害人，则应及时宣传有关法律政策，指出夸大事实、编造情节的危害和应负的法律责任，消除其报复心理，使其实事求是地陈述有关情况。对于由于种种原因不愿说出被侵害的真实情况的被害人，访问人员应针对其心理障碍进行疏导，打消其顾虑。

在访问被害人过程中，访问人员的态度既要严肃认真，又要和蔼可亲，应表示对被害人遭遇的同情并对其情感反应表示理解；语言要诚恳，切不可使被害人产生被审问的感觉。被害人陈述的过程中，访问人员不要随意打断其谈话，即使发现陈述中问题没有讲清楚或自相矛盾，也要待其讲完后再进行提问。涉及个人隐私的问题，访问中以查明案情为限，同时要表明访问人员替其保密的态度。对于垂危的被害人，在设法抢救的同时，应当争取时间，在医护人员的配合下，抓紧访问。对未成年的被害人进行访问时，可以通知其法定代理人到场。

2. 根据证人的心理特点进行访问。证人是指直接或间接知道案件情况的人，其心理特点比较复杂。与案件有利害关系的证人和与案件没有利害关系的证人的心理特点也不一样。证人的一般心理特点主要包括主动作证心理、被动作证心理、拒绝作证心理、作伪证心理或推翻前证心理。

证人主动作证是指证人主动向访问人员提供证言。有的是出于正义感和社会责任感；有的是因为与案件当事人有深厚的友谊；有的是出于个人的私利；有的是案件当事人的亲友。证人主动作证的心理是积极主动的，其陈述的案件情况有可能实事求是，也有可能夸大事实。访问人员在访问时要认真分析对方的心理特点。

证人被动作证是指证人在访问人员的要求下才作证的，因而情况比较复杂。被动作证的证人，有的是慑于法律的威力或当事人的再三请求才作证；有的是不愿多管闲事或敷衍了事；还有的是为了避免受到牵连而不愿作证。

拒绝作证的心理有以下几种情况：证人本身缺乏正义感、社会责任感；为了包庇他人或对他人表示同情；因为恐惧或怕被追究责任；被当事人收买等。

证人作伪证或是为了包庇他人；或是出于报复、陷害；或是被他人收买、威胁；或是为了其他个人私利。还有的证人作证后又因种种原因否定前面的陈述。

访问人员在访问证人前，应当了解清楚访问对象是否与案件有利害关系。①与案件无利害关系的证人，一般能比较客观地陈述自己知道的情况。但是也有人对访问采取消极、被动、甚至拒绝的态度。对于与案件无利害关系的证人，访问人员在访问时要帮助其消除内心的紧张感，应该尽量用自然随便的谈话方式引出所要访问的问题。在访问过程中，访问人员说话的态度要谦恭诚恳，努力获得对方的信任；要尽量让访问对象自由陈述有关情况，只有当谈话离题太远时才适当加以引导；要善于发现其思想顾虑，并通过耐心和具体地解释来消除它。②与案件有利害关系的证人，一般都倾向于对自己有利的一方。访问人员应当做好思想教育和法律教育工作，促使其如实提供证言。若被害人的亲友作为证人时，要注意考查被害人的亲友与被害人的关系密切程度，掌握被害人亲友的不同心理活动特点。访问人员对与案件有利害关系的证人既要耐心细致地做好思想教育工作，又要表现出对他们的理解、关心和尊重，以取得他们的合作。

访问人员要积极设法保护证人，对证人的姓名、身份要保密，防止犯罪分子对证人打击报复。对证人因作证支出的费用，应予以补偿。

（三）访问特殊对象，要因人而异地采取对策

1. 对未成年人的访问。一般来说，未成年人的判断能力、思维能力和语言表达能力较差，对语言的理解力和记忆能力也较差，因此他们的思维以形象思维为主；未成年人独立性较差，对长辈有较强的依赖性，他们容易接受别人的暗示，也容易产生幻想；但未成年人比较诚实，一般不会说谎。

访问人员在访问未成年证人、被害人时要注意：①应尽量选择未成年人所熟悉的地点进行访问。访问时，访问人员不宜过多，可以让其家长、老师在场。②访问时访问人员应使用对方所熟悉的语言以免其难以理解提问或对提问作出随意理解而答非所问或难以回答。③尽量让未成年人自由地主动陈述，不能使用暗示性或引诱性的语言。④访问人员态度要和蔼可亲，应尽量避免对同一问题进行反复的和进一步的追问提示。⑤访问人员听对方陈述时，不要随意打断其陈述或插话，要注意观察其表情；访问人员在记录对方陈述的内容时，应注意儿童语言的特色，不可按自己的理解记录，对手势表情也应做记录。另外，访问人员应与未成年证人、被害人的家长、监护人或其他法定代理人进行思想上的沟通，让法定代理人配合访问人员做好访问工作。

2. 对老年人的访问。老年人社会经验丰富、社会阅历较深、理解问题透彻。他们因生理上的原因感知迟钝、记忆力减退、表达能力降低。自尊心强烈、顾虑重重乃是他们典型的心理特征。老年人精力有限，反应较慢，对节奏较快的访问感到不适应。

在访问老年人时访问人员应注意：①要持尊重的态度，以晚辈或同辈的口气和态度，避免语言不当伤害其自尊心，以取得其合作；②要放慢访问时问话的节奏，不要操之过急，让其有足够的时间去回忆和陈述；③提问应简单明了，避免作过多的解释和说明，以减少老年人过多的思考和顾虑；④老年人陈述中出现错误或离题太远，访问人员只需提醒，不要与之争论或打断其陈述，以免伤害其自尊心而使其不愿陈述下去，有些问题必须进行追问时，应当采取委婉的方式和平缓的言词进行；⑤访问老年人的时间不宜太长并注意让其休息。另外，访问人员在访问老年证人、被害人时，态度自始至终要做到对其尊重、热情、诚恳，作风要耐心、细致。

3. 对女性的访问。女性是现场访问经常遇到的对象，她们由于生理、心理的差异，有许多不同于一般对象的特点。访问时，访问人员要注意：①提供良好的谈话环境，营造平和的谈话氛围，让对方感到安全、宁静、值得信赖；②访问时，最好要有女访问人员参加，如果一时无女访问人员时，可邀请女干部或老年女同志陪同，这是由于女性之间感情容易沟通、相互之间更容易建立信任关系。特别是访问女被害人时，谈话内容涉及到个人隐私或其他难以启齿的问题时，有女性在场，可以在一定程度上消除她们的顾虑，有助于访问的顺利进行。在访问前要动其感情、消其顾虑，使其认识到作证的意义和作用。提问时，要站在女同志的立场上设身处地的提出问题。对那些确知案件事实，但思想顾虑特别大的女访问对象，不愿公开自己作证行为的，在做好思想工作后，可离开当地，到适合的场所或地点进行访问，以便收到更好的效果。

4. 对聋哑人的访问。聋哑人不能用听觉去感知与案件有关的谈话或其他声音，他不能用口头语言表达其了解的情况。但聋哑人可利用视觉、触觉、嗅觉去感知案件事实。聋哑人多有较强的自卑心理，对访问者的态度极为敏感；聋哑人也较固执，容易产生误解并形成仇恨心理。

访问聋哑人，访问人员应注意：访问前，应了解其属于先天聋哑还是后天聋哑；对于受过教育的聋哑人可用笔谈的方式进行访问，对于未受过教育无法以文字表达意思的聋哑人则只能通过通晓哑语的人与其通过手势交谈，可以聘请聋哑学校的教师做翻译；若聋哑人的手势只有其父母、近亲属和邻居等人知晓时，可请他们做翻译，但对访问结果要持慎重态度。访问时访问人员的态度要诚恳、真诚，要表现出对聋哑人的尊重，要耐心听取其"陈述"，要仔细观察其"陈述"

的表情和动作，以便准确理解其所要表达的意思。

5. 对盲人的访问。盲人虽然不能用视觉器官感知案件事实，但是他们的听觉、触觉和嗅觉往往比正常人灵敏。盲人的记忆力较强，回忆较为严密、准确，多数能复述与案件有关的内容。他们一般有较强的正义感，也有一定的自卑感。访问人员在访问盲人之前应了解其是先天失明还是后天失明，了解其智力发育情况以及听觉、触觉和嗅觉的灵敏程度，特别是要注意其有无习惯性感知误差。访问盲人时要特别注意语言和语气，要表现出诚恳的态度和对盲人的尊重，要努力打消对方心中的疑虑，取得其信任；要耐心听取其陈述，不要干扰其回忆过程，要注意发挥盲人的感知优势，对于其感知能力较强的那些方面的情况可以要求其详细描述，对于其感知不清的情况不要反复追问，以免引起其反感或为了证明自己的能力而随口编造谎言。

6. 对生命垂危的被害人或证人，在抢救的同时要紧急询问与案件有关的关键性问题。特别是暴力犯罪如杀人、抢劫犯罪等案件，要想方设法从生命垂危的人口中获取有关犯罪嫌疑人的线索。对于受伤的犯罪嫌疑人也要设法抢救，留下活口，便于澄清案情和扩大线索，同时要严密监视，防止意外事件的发生。对于仍不能回答问题的人，则要对其衣着和随身用品进行必要的检查，以发现能够证明其身份的票证、信函。

四、现场访问的要求

（一）现场访问必须遵循的法定程序

现场访问根据其法律性质可分为正式访问和非正式访问。正式访问是一项正规的侦查措施，必须严格按照我国《刑事诉讼法》和《公安机关办理刑事案件程序规定》等法律、法规规定的程序进行。具体有：

（1）正式的现场访问只能由侦查人员进行，参加访问的侦查人员不得少于两人。

（2）访问人员在进行访问时，必须首先向访问对象出示公安机关的证明文件和访问人员的工作票证。这主要是为了证明访问人员的身份，防止滥用调查权，更好地保护公民的合法利益。

（3）现场访问应当个别进行。为了保证访问材料的真实性和可靠性，不允许把几个访问对象集中在一起进行访问，更不允许以开会讨论的方式进行访问。

（4）告知访问对象应当如实提供证据、证言，若有意作伪证或隐匿罪证应当负法律责任。

（5）现场访问禁止暗示、引诱、侮辱人格、泄露案情或表达对案件的看法等行为。

（6）访问中，对未成年证人、被害人可以通知其法定代理人到场。

（7）对每一个访问对象进行正式访问时要制作笔录。

（二）访问对象的权利和义务

1. 访问对象的权利。访问对象在接受访问人员的询问时，享有如下诉讼权利：①访问对象有权用本民族的语言陈述。②访问对象请求亲自书写证词时，访问人员应当为其提供书写的机会和条件。③访问结束后，访问对象有权要求阅览访问笔录。如果访问对象认为笔录不够完全、明确，或者不同意访问人员的某些措词，有权要求补充或修改笔录中的记载。对于访问对象的这种要求必须准许，以保证所取得的证言准确、可靠。④访问对象对于访问人员侵犯或者限制其权利以及对其人身侮辱的行为，有权提出控告；对于不管是来自何人、用何种方式提出的歪曲事实真相、弄虚作假的要求，有权拒绝并进行控告。

2. 访问对象的义务。任何访问对象在接受访问人员的询问时，都须履行下列义务：①如实提供证据、证言，据实陈述和准确回答访问人员提问的义务；②对访问人员询问的情况和自己陈述的内容有保守秘密的义务；③在接到公安机关的通知后，有按时到达指定地点接受询问的义务。

（三）现场访问应注意的问题

1. 应当注意自己的衣着和礼节。访问人员要注意衣着整洁大方，遵守一般的社交礼仪，尊重访问对象，切不可以执法者自居，以免引起访问对象的反感而影响访问。

2. 要注意访问用语和掌握谈话气氛。访问人员在访问时，应注意用语要严肃、通俗、准确、讲究策略。访问人员要想取得访问的最佳效果，应当掌握一些谈话技巧，其中之一就是适当地控制谈话的气氛，最好是轻松又严肃，也就是说既要使访问对象感到没有拘束，又要使其意识到必须认真对待。在访问过程中，访问人员要善于根据对象的具体情况用自己的语言和表情来适当地调节谈话气氛。

3. 要善于帮助或推动访问对象回忆，同时还要注意防止谈话出现僵局。

4. 应当掌握访问时间。一般来说，每次访问所持续的时间不宜太长，以免造成访问对象的疲劳和反感。如果需要访问的内容较多，可以让访问对象在中途以某种方式休息一两次，也可以用放慢问话节奏和改变谈话气氛的方式来减轻访问对象的紧张感和疲劳感。

第三节　现场访问笔录

现场访问笔录是访问人员在进行现场访问时，依法制作的如实记载访问人员的提问和访问对象的陈述的文字记录。笔录经调查核实后，不仅能成为调查破案的线索，而且可以成为刑事诉讼证据的一部分。

现场访问笔录的形式有两种，即访问人员根据访问对象的陈述所制作的笔录，访问对象在叙述完案件的有关情况后本人申请自行书写或访问人员要求其亲笔书写的证词。

一、现场访问笔录的内容及格式

1. 访问笔录的内容。访问笔录由首部、正文和尾部三部分组成。

（1）首部。包括文书的名称，即首先印好文字的标题"现场访问笔录"，依次按规定写明访问开始和结束的具体时间（要具体到某时某分），访问地点，调查员姓名，记录员姓名，访问对象姓名、性别、年龄、民族、工作单位及职业、现住址。另外，还要写明访问对象与案件所涉及的某些特定的人或事件的关系（如系本案犯罪嫌疑人或被害人的亲属、邻居、同事或某事件的见证人等）。

（2）正文。这是现场访问笔录的核心。一般采用问答的形式，根据访问人员的访问和访问对象的回答，把访问的内容全面、准确、客观地记录下来。对访问对象陈述的每一个问题，都要记清楚人物、时间、地点、经过、结果，以及访问对象是如何得知上述情况的，还有无其他人知道等。应当注意笔录要真实地反映整个访问的情况，决不能主观臆断，随意取舍。证明犯罪嫌疑人有罪、罪重的证言要记录，证明犯罪嫌疑人无罪、罪轻的证言也要记录。对访问对象陈述的情况，要写明是亲眼所见，亲耳所闻，还是自己猜测或听别人传说的。对访问对象提供的物证、书证等证据材料，在笔录中也要反映出来，并说明其来源和证明的问题。

（3）尾部。现场访问笔录经访问对象核对后，由访问对象写明对笔录的意见，并让其签名（盖章）、捺指印。如果访问对象拒绝签名（盖章）、捺指印，记录员应在笔录中注明。

最后，访问人员和翻译人员也应当在笔录上签名或者盖章。

2. 现场访问笔录的基本格式：

现场访问笔录

时　　间：＿＿＿年＿＿＿月＿＿＿日＿＿＿时＿＿＿分＿＿＿至＿＿＿日＿＿＿时＿＿＿分

地　　点：＿＿＿＿＿＿＿＿＿＿＿＿＿＿＿＿＿＿＿＿＿＿＿＿＿＿＿＿＿

调 查 员：＿＿＿＿＿＿＿＿＿＿＿＿＿记录员：＿＿＿＿＿＿＿＿＿＿＿＿＿

访问对象：＿＿＿＿＿＿＿＿＿＿＿性别＿＿＿＿＿年龄＿＿＿＿＿民族＿＿＿＿＿

工作单位及职业：＿＿＿＿＿＿＿＿＿＿＿＿＿＿＿＿＿＿＿＿＿＿＿＿＿＿＿＿

现 住 址：_____

问：_____

_____

二、亲笔证词的内容与格式

亲笔证词是在调查办案过程中，应访问人员的要求或访问对象的申请，由访问对象自行书写的有关案件情况的文字材料。访问对象的亲笔证词经过查证属实后，是认定案件事实的证据之一。因此，亲笔证词应当包含一定的内容，符合一定的要求。

1. 亲笔证词的内容。亲笔证词包括首部、正文和尾部三部分。

（1）首部。包括文书名称，即"亲笔证词"，证人或者被害人的基本情况，在何种情况下书写的，即写明是自行请求书写，还是应访问人员的要求书写的。

（2）正文。是文书的主要部分。证人或者被害人应如实地写清时间、地点、人物及身份，事情的经过和结果，访问对象的感受、判断及依据等。

（3）尾部。证人或被害人应当在末页紧接最后一行证词下面签名（盖章）、搓指印，并写明时间。

2. 亲笔证词的文书格式：

亲笔证词

我叫×××，汉族，××年××月××日出生，××省××市人，××文化程度，××公司职工，现住××市××路××号。应访问人员要求（经我自行请求），我向公安机关提供如下情况（或我的受害经过如下）：

（时间、地点、人物及其身份，事情的经过、结果）

_____

_____

_____

以上情况是我亲眼所见（或亲耳所闻）（以上情况我是听某某说的。某某，男，现住××市××区××路×号），请公安机关查证。

证人（被害人）

年　　月　　日

三、制作笔录的要求

1. 现场访问笔录一般要按问与答的形式写，同时要反映出问与答的语气、态度，必要时还可以把问答双方的动作和表情记入笔录。

2. 笔录记完后应当交给访问对象核对或向其宣读。如果访问对象提出补充或修改，应当允许他们的要求，并让其捺指印。

3. 笔录经访问对象核对无误后，应当由访问对象在笔录上签名（盖章）、捺指印，并在笔录上写明"以上笔录经我看过（或向我宣读过）和我说的相符"；拒绝签名（盖章）、捺指印的应当在笔录上注明。访问人员、翻译人员应当在访问笔录上签名或者盖章。

4. 对访问对象陈述的每一个问题，都要记清楚人物、时间、地点、经过、结果及其是如何得知上述情况的，还有没有其他人知道等。

5. 笔录要尽量做到准确、客观、全面，要真实地反映整个访问的情况，决不能主观臆断，随意取舍。

6. 对访问对象陈述的情况，要写明是亲眼所见，亲耳所闻的，还是自己猜测或听别人传说的。

7. 对访问对象提供的物证、书证等证据材料，在笔录中也要反映出来，并说明其来源和证明的问题。

8. 笔录的书写不能用铅笔、圆珠笔，只能用钢笔、书写笔；字迹必须清晰、工整，凡有空行、空页的必须由调查员划线填满。

【案例】8—1　民警在突发事件现场的机智调查

2007年9月4日上午9时58分，山东省D市公安局指挥中心接群众报警，称在本市东城某在建小区内有人坠楼身亡。指挥中心随即指派特勤大队巡逻民警赵军、刘伟刚等六人前往案发地点进行先期处置。到达案发现场后，民警发现并无受伤人员及现场痕迹，起初民警以为是有人报假警，但经过对现场人员问话，民警们发现所有人都态度奇怪，说话支支吾吾。根据这一情况，特勤民警认为事情并不简单，他们立即将现场封闭并控制住所有人员。经过对现场人员一一说教后，终于有人说出了事情的真相。目击者称坠楼者是此工地的一名女工，她在四楼作业时被对面一台因操作失控的塔吊机触碰坠楼死亡，事后工地的管理人员怕承担责任将现场破坏。特勤民警在了解这一情况后立即将操作塔吊机的肇事者及破坏现场的人员控制起来，并向指挥中心反馈信息。

【案例】8-2　现场访问笔录实例

现场访问笔录

询问地点：迎春餐馆

询问时间：××年5月21日自14时40分开始至15时50分结束。

询问人：某某市公安局某某分局刑警队：刘某、张某。

被询问人：李某，男，36岁，汉族，北京市人；文化程度：大学；职业：干部；工作单位：某某大学工会；住址：某某大学东中楼3-102号。

问：你能谈一下当时看到的情况吗？

答：当时丁某去找座位，我就排队买饺子。正排着，一个小伙子在前边"加塞儿"，前边一中年人不让他加，他俩吵了几句，后来就动手打了起来。这时候一个穿风衣的小伙子跑过来也帮着打，正打着就听中年人"哎呦"一声躺在地上了，原来他被刀扎了。

问：谁扎的？

答：好像是那个穿风衣的小伙子扎的，可问问丁某，他当时也在场。

问：是吗？（问丁某）

答：当时很乱，我也没看清。（丁某答）

问：后来呢？

答：后来那俩小伙子就跑了，一些人到餐馆外边拦了辆车，把那中年人送医院了，其他我就不知道了。

问：那中年人穿什么衣服？

答：上身穿驼色夹克衫，下身穿蓝裤子。

问：你以上讲的是事实吗？

答：是事实。

李某（指纹）

1999年5月21日

【案例分析题】

1. 案例8-1中，该警察是如何发现并确定访问对象的？

2. 案例8-2中，存在哪些访问方法和要求上的不足？

【思考讨论题】

1. 现场访问对象如何确定？
2. 如何开展现场访问？现场访问应注意哪些问题？
3. 通过一个具体案例（视频），分析如何实施现场访问？

【实务操作题】

设计一个犯罪模拟现场，开展现场访问技能训练并制作现场访问笔录。

第九章 现场新闻管理

【学习内容】

突发事件新闻管理是突发事件现场处置中不可或缺的问题。本章介绍了突发事件新闻报道的作用及规则，现场新闻管理措施以及应急信息管理应注意的问题等内容。其中现场新闻协调机构的设立、现场新闻发布会的召开等现场新闻管理的措施等内容是学习重点。

【学习目标】

通过本章的讲授及学生的案例分析、思考讨论和实务操作等学习活动，学生应知道突发事件新闻报道的规则，熟悉突发事件新闻报道的作用，掌握现场新闻管理的主要措施，会协助开展现场新闻管理活动，能分析现场媒体管理对于应急管理的意义。

第一节 突发事件新闻报道的作用及规则

在我国应急管理中，突发事件信息的发布是一项重要的制度。《突发公共事件应对法》第 53 条规定，履行统一领导职责或者组织处置突发事件的人民政府，应当按照有关规定统一、准确、及时发布有关突发事件事态发展和应急处置工作的信息。可见，我国应急管理不仅重视突发事件信息发布的主体责任，更强调突发事件信息发布的管理。这是满足非常态下公众知情权的必然体现。同时，在突发事件信息向公众流转的过程中，新闻媒体起到了重要作用。官方信息发布是它们获取突发事件信息的一个有效途径，但不是唯一渠道。随着现代媒体的商业化运作，它们之间的竞争日趋激烈。有些媒体更热衷于突发事件的流言、小道消息的传播，以满足公众的猎奇心理。这无疑加大了突发事件的危害程度。媒体介于政府与公众之间，既迎合公众，又引导公众；既制约影响政府，又受政府影响制约。因此有学者认为，危机管理的核心是传播，了解大众传播的基本规律和媒体传播的特点，建立政府和传媒的良性互动，是危机管理的关键内容之一。[1]

---

〔1〕 参见卢涛：《危机管理》，人民出版社 2008 年版，第 135 页。

一、突发事件新闻报道的作用

（一）舆论监督作用

在我国，新闻是对党和政府的管理工作进行监督的重要途径之一。《中共中央关于加强社会主义精神文明建设若干重要问题的决议》中指出："新闻宣传必须坚持党性原则，坚持实事求是，坚持团结稳定鼓劲、正面宣传为主，牢牢把握正确的舆论导向。党报、党刊、国家通讯社和电台、电视台要发挥主导作用，要加强热点问题引导与舆论监督，帮助党和政府改进工作，密切党和政府同人民群众的联系，增强人民群众建设社会主义现代化的信心和热情。"这是党从政治的高度给我国新闻媒体的定位。

突发事件的发生从形式上看带有突发性，但从事件内容上看有一个较长的形成过程。在这个时段事件之所以没有被揭露或引起重视，正是因为缺乏来自外部的社会监督，使问题得不到暴露而酿成了隐患。事件发生后，涉案的部门、单位和领导又竭力阻止向社会曝光，有的甚至采取隐瞒、掩盖事实真相等手段来逃避责任，对事件的应急处置造成障碍。因此，媒体介入有利于应急处置工作的进行，有利于公共突发事件的顺利解决，有利于政府树立公正、诚信的形象。

（二）警示教育作用

突发公共事件的形式是多种多样的，但它们都具有突发性、灾难性、不确定性、连带性和信息披露不充分性的共同特点，都会造成惨重的人员伤亡和巨大的经济损失。媒体向社会公众传播，就是要将事件的性质、成因、特点、表现形式及造成的损失后果传递给公众，引起公众对此类事件的高度重视、警惕、分析识别与预防，从而为普及相关安全知识，培育安全文化氛围，培养公众的自救能力创造了社会氛围，对避免因无知而引发不必要的损失具有重要的现实意义。同时，在一定程度上满足了公众的知情权，并对公众健康和安全也起到了保护作用。

（三）社会沟通作用

沟通是理解的前提，是达成共识的基础，是缓解压力的有效方法。在突发公共事件应急处置过程中，新闻媒体的沟通应当从三个方面表现出来：①对突发公共事件观念态度上的沟通；②对应急处置目标期望值的沟通；③对善后或恢复过程中有关政策、措施的沟通。事件发生后，一方面社会公众会有不同的责备，有正确的也有错误的。错误的责备，如果得不到及时沟通引导，将会对应急处置工作造成阻碍，影响处置工作的顺利进行。另一方面政府应对处置的态度、尽力程度及采取的措施、专家的态度和意见等，也需要得到社会的认可，并得到公众的理解、支持或参与。因此，通过媒体在政府与公众之间、专家与公众之间建立沟通渠道并交换各种信息，不仅可以增进双方的相互理解，而且可以减少或避免由于认识冲突引起的社会冲突。

（四）引导激励作用

在应急处置过程中，新闻媒体的作用就是要发挥正确的舆论导向作用，以新闻舆论来影响与支配公众舆论，使社会舆论向着有利于社会稳定、有利于社会秩序的恢复、有利于应急处置的方向发展，避免各种不确切的信息、观念在社会公众中流传。这不仅是新闻媒体的重要职责，也是一项重要任务。突发公共事件发生后，事件情景中的人们，甚至包括社会公众，都可能被一种强烈的情绪所笼罩，产生悲伤、恐惧、紧张、愤怒等不同心理障碍问题，如果这时候启动媒体特有的引导功能，可以使人们较快走出情感漩涡，恢复理智，可以激励受灾难影响的社会公众、受害人及应急处置过程中的工作人员，团结一致、万众一心战胜灾难。

（五）信息传播作用

"突发公共事件的信息发布应当及时、准确、客观、全面。事件发生的第一时间要向社会发布简要信息，随后发布初步核实情况、政府应对措施和公众防范措施等，并根据事件处置情况做好后续发布工作。信息发布形式主要包括授权发布、散发新闻稿、组织报道、接受记者采访、举行新闻发布会等。"《国家突发公共事件总体应急预案》中的这一规定，对突发公共事件的信息传播在方式、时间、顺序等方面做了严格的规定，而且具体详细，具有可操作性。这说明国家对公共媒体在应急处置中的信息传播作用是高度重视的。突发公共事件的轰动效应，使得社会对事件自觉不自觉地高度关注，社会公众迫切了解事件的原因、性质以及政府采取的措施、态度、应急处置的目标等。如果政府排斥媒体，使新闻媒体在应急处置中缺位，事件信息不能及时、准确地得到传播，谣言就会四处传播，给社会带来不稳定，甚至损害党和政府的形象。因此，政府有关部门的职责不仅在于加强对相关行业的监管，更要及时主动地与媒体联系，在区分新闻与情报的前提下，有针对性地、适时地迅速发布事件信息，使公共信息的公布速度快于谣言传播。任何谣言，只要公共信息及时到位，都会不攻自破。

二、突发事件新闻报道的规则

突发事件应急处置过程对新闻媒体的管理是否成功，一方面取决于管理者本身，另一方面也取决于新闻媒体工作人员是否积极配合。一般来说，突发事件新闻媒体与信息管理应该遵循以下规则。

（一）如实报道，具有社会责任感

如实报道，就是事实准确，不隐瞒负面因素，满足公众的知情权。任何夸大和缩小的报道都会导致信息的失真和扭曲,同时将不可避免地促使社会恐慌心理的加剧,使社会承受震荡更剧烈的恶果,甚至导致政府开展应急处置决策的失误,酿成更大的危机。同时,任何一个理性的媒体和记者都应知道,在满足公众的知情权的同时,要协助突发事件的处置,激励应急参与人员乃至社会公众的士气,引导舆论向有利于突发事件有效解决的方向发展,而不是只知道所谓的轰动效应。

(二)要有人文关怀

1. 避免刺激公众的心理。突发事件后果的惨烈会对社会公众产生强烈的刺激。特别是受害人的家属、亲友,其心理状态已非常脆弱,容易受到刺激,很可能由于新闻传播中一句敏感的话、一个敏感的画面而引起强烈的心理反应,进而在心理上留下终生难以抹去的阴影。这就需要在突发事件报道过程中,在尊重客观事实的前提下,尽量不要使用刺激公众、特别是受害人心理的语言和画面,以公众可以接受的最佳方式来整理与形成传播的内容。

2. 保护受害人的隐私。在对突发事件的新闻报道过程中,如果记者一味地追求满足公众寻求刺激、猎奇的心理,则可能会或多或少地侵害受害人的隐私,或把受害人复杂的感情问题简单化。一个合格新闻报道者应在服从于新闻的真实性,对灾难所具有的同情心以及受害人的个人隐私不受侵犯等三个方面求得平衡。在灾难发生的情况下,受害人的感情本来就非常脆弱,如果媒体的报道不注意保护受害人的隐私,会不利于受害人精神方面的恢复。

第二节　现场新闻管理措施

媒体管理是应急管理的基本要素,管理者一方面要主动地寻求媒体的帮助,发挥媒体在舆论引导、信息提供和稳定社会方面的积极作用,同时也要采取有效措施对新闻媒体进行必要的管理与控制,以避免由于管理缺位或管理措施不当而带来的消极影响。那么突发事件现场媒体管理到底管理什么,如何管理呢?在《关于〈国务院有关部门和单位制定和修订突发公共事件应急预案框架指南〉的说明》中做了原则规定,即按照及时主动、准确把握、正确引导、讲究方式、注重效果、遵守纪律、严格把关的原则进行。国务院《关于全面加强应急管理工作的意见》还具体提到了应建立现场新闻发言人制度。

一、现场新闻管理的主要措施

(一)现场新闻协调机构的设立

突发事件的第一反应者往往是社区、单位和当地政府。随着现场应急响应启动，负责现场新闻管理的人员应在第一时间抵达现场，并尽早设置现场新闻协调机构，同其他现场应急机构一起开展应急处置工作。现场新闻协调机构的组成人员应包括政府部门负有宣传职责的官员、警务人员和其他应急救援人员。其负责人一般由当地党委或政府的宣传部门的人员来担任，其主要职责是处理应急组织与媒体之间的关系，在应急处置的不同阶段安排新闻采访，监督新闻媒体的采访过程，确定被采访对象，安排新闻发布会等事宜。现场新闻协调机构的主要分支机构和职责是：

1. 新闻联络点。设立新闻联络点是现场新闻协调机构的主要任务。根据国际通行的做法，现场新闻联络点应设在警戒线以外的区域，以保障处置的顺利开展。联络点的作用有：①确认来到现场的媒体人员，即对参与应急处置工作的媒体采访与报道的记者、编辑的身份、资格、来源和数量进行核实；②接待新闻人员，防止众多媒体人员涌入现场造成干扰；③保护新闻采访人员的安全，防止不明情况的记者进入危险区造成不必要的伤害。

2. 信息汇集处理中心。设立这一中心是加强新闻媒体与信息管理的一个不可忽视的内容，对重特大突发公共事件来说更为重要。信息中心的位置应当设在新闻媒体较集中的地方。信息中心作为发布公共信息的首要权力拥有者，在协调公共信息，收集来自各方应急处置的信息，向决策管理机构提供准确的信息，向个人、家庭、企业和直接或间接受突发事件影响的部门、单位以及新闻发言人提供媒体所需要的各种有关反应与恢复的信息，纠正在新闻媒体的报道中出现的错误信息等方面发挥主导作用。当然，做好以上职责的首要前提是保障信息进出管道的双向通畅，准确无误。因而，信息中心应加强与应急组织和其他应急机构的合作和交流。

3. 新闻发言人。新闻发言人的推荐和确定以及他所发挥的作用，在现场新闻管理过程以及应急处置过程中都是非常重要的。通过新闻发言人，可以在应急管理组织机构与新闻采访人员之间建立起沟通信息的渠道，把危机事件的最新情况通报给社会公众。新闻发言人应自始至终由一个人来承担，以避免出现不同的观点和口径。作为一名突发事件新闻发言人，既要熟悉相关政治性和政策性要求，了解突发事件处置应对的相关信息，又需要具备一定的专业知识和技巧，尤其要有较强沟通能力和语言表达能力，一般需要经过专门的培养和训练。

（二）举行新闻发布会

《国家突发公共事件总体应急预案》中明确规定，突发公共事件的信息发布应当及时、准确、客观、全面。信息发布形式主要包括授权发布、散发新闻稿、组织报道、接受记者采访、举行新闻发布会等。这说明举行新闻发布会是信息发布的一种法定形式。在重特大突发事件发生后，事件信息往往不足，及时地举行新闻发布会，把准确的、最新的信息传递给新闻媒体，可以最大程度地避免社会公众的各种猜测，避免各种未经证实的小道消息的传播，有效地掌握正确的舆论导向。实践中无论是举行现场新闻发布会，还是新闻发言人以其他的方式向媒体、社会公众公开事件的信息，都须注意以下问题：

1. 首次新闻发布的及时性。突发事件发生后，政府或相关应急机构要在第一时间作原则表态，告诉媒体现在情况如何，不要等到一切搞清楚后再说。前美国白宫新闻发言人弗莱彻对此做了形象的比喻：这就好像很多饥饿的人在等着一只正在烤制的火鸡，如果鸡翅已经烤熟了，那么就应该先把那部分切下来，让人们填饱肚子再说，再继续烤其他的部分，不要让人们饿着肚子等到火鸡全部烤熟。况且首次新闻发布中的"尚无可靠结论"或者"据初步了解"等表态，本身也就是一条重要新闻。[1] 信息发布不及时就极易导致错误、虚假信息的出现和蔓延。例如，在 2008 年我国南方雨雪冰冻灾害事件处置中，广州等地的火车站出现旅客大规模滞留现象，恶劣天气造成的交通中断固然是主要原因，信息沟通不健全也是重要诱导因素：铁道部门在一段时间内没有向媒体、公众完全、清楚、明白地发布信息。另外，广东地区的大多数电视台、电台等媒体大量使用粤语进行播音也人为地加剧了外来务工人员掌握天气出行信息的障碍。[2] 这种第一时间的表态一般是在事发后的 24 小时内进行。

2. 发布信息内容的取舍性。发布信息的及时性不等于不顾及信息性质及后果影响而任意发布。突发事件信息的发布是面向公众的，在满足公众知情权的同时，还要考虑事件处置本身的需要，如为保证事件后期调查、取证，就必须对一些情况特别是证据加以保密，但这往往是现场媒体与应急管理机构相互冲突的地方，因此现场处置人员须加强沟通，协调好与媒体之间的合作关系。

3. 信息发布的组织性。新闻信息的发布作为应急管理的一个重要组成部分，应当根据应急处置的总体部署，选择合适的时间、地点与人员进行发布，不得随意进行。一般来说，新闻发布会的时间选择应避免与社会重大节庆活动和纪念日冲突，以保证参会人数和宣传效果。一般的新闻发布会，首先由新闻发言人发布准备好的新闻内容，时间一般不超过一个小时；然后留出一定的时间回答记者提问。有时要安排主要媒体记者的专访。新闻发布会的选址应遵循正规、便利的原则，要与发布新闻的性质、风格相协调，一般应在新闻中心或正规的宾馆举行。

---

〔1〕 参见叶皓："政府在突发事件处置中的舆论引导"，载《现代传播》2007 年第 4 期。
〔2〕 参见朱建明："以雨雪冰冻灾情为鉴完善国家公共危机管理的思考"，载《中国民主同盟江苏省委网》，访问日期：2008 年 3 月 20 日。

会场服务人员应衣着严谨、举止得体。

（三）组织新闻通稿

新闻通稿是突发事件新闻处置中政府与媒体进行接触的最有效的渠道之一。它可以以一篇或多篇文章的方式，对外正式发布各种资讯。可供发布的范围可以是具体的，也可以是宏观的；可以是对突发性事件的说明，也可以是对不良舆论的回应。新闻通稿一般包括突发事件信息、组织立场及处置措施等内容。新闻通稿应短小精悍，言之有物，注意措词，应把公共利益放在第一位，坚持以人为本。

（四）签发采访许可证

如果在突发事件的应急处置过程中现场从事新闻采访的人员过多，或现场的条件不允许过多的采访人员存在，或为了避免对应急处置工作带来影响，或需要权威媒体进入应急处置的核心区域，就需要考虑以签发采访许可证的方式来加以控制，这一管理措施在发达国家也是普遍采取的，我国在应急处置实践中也在使用类似的措施。

（五）开设公众咨询电话

开设公众咨询电话的目的在于满足受害人的家属、亲友、同事以及其他由于各种原因关注灾难性事故与事件情况的人对事件情况的了解与咨询。我国《突发公共事件应对法》第44条规定，地方政府应及时按照有关规定向社会发布可能受到突发事件危害的警告，宣传避免、减轻危害的常识，公布咨询电话。新闻媒介是社会公众了解事件情况的一条重要的渠道，但不是唯一的渠道，而且在应急处置过程中新闻媒介不可能对任何事件的细节都进行报道，有时受害人的家属需要与应急处理管理部门直接进行单独沟通。新闻媒体有时也通过电话采访事故发生的单位或应急管理部门。特别是在灾难性事件发生的最初阶段，许多情况还来不及通过新闻媒体向社会公布，或能够提供的信息非常有限，而受害人家属与亲友又急于了解事件的情况，特别是人员伤亡的情况，这就需要有一个沟通的渠道，开设咨询电话、向社会公开咨询电话号码应该是最好的途径之一。

二、应急信息管理应注意的问题

（一）加强突发事件网络信息的管理

互联网是信息全球流通的最为恰当快捷的工具。近年来，互联网在我国得到了迅速发展，已成为继报纸、广播、电视之后极具自身发展特点的第四媒体。互联网因其具有超过传统媒体的时效性、超时空和互动性等特点，使得包括突发事件在内的发生在全球范围内任何角落的大小事，都可以通过网络媒体以最快地速度向全球传播。这给突发事件应急处置的信息管理提出了新的挑战。为此，首先，要建立快速反应机制，实行 24 小时网上监控，及时进行网上发布，开展网上评论，确保网上舆论引导高效迅捷、准确到位。其次，要建立健全网上舆情分析处置机制。建立网上舆情联席会议制度，加强分析和研判，及时捕捉倾向性问题对涉及不同部门、不同地区的重大舆情，要尽早提请相关部门和地方注意，做到早发现、早报告、早处置，努力把问题解决在萌芽状态。

（二）关注第二现场信息管理

突发事件有第一现场，也有第二、第三现场，比如突发的重大安全事故，救治伤员的医院则是第二现场，伤亡人员的家则有可能成为第三现场。这些地方都是记者关注的地方，很多新闻信息包括不实信息往往出自那里。因此，除了控制好第一现场的记者采访报道外，决不能忽视其他现场的管理工作。

（三）注重信息公布的阶段性

突发事件信息的发布应实行滚动式发布，如最初的信息发布、中期不间断的信息发布和事件处置结束时的通报。还要注意掌握不同阶段信息公布的重点。在应急处置的初始阶段，要用最简洁的语言公布核心信息，如发生了什么事情，对事件的情况了解到什么程度，已经采取了什么措施，对现场情况的客观评价。在应急处置的中期阶段，随着突发事件应急处置进程发展，有了进一步的信息继续发布，如对过去由于情况不清晰而发布的不准确、不全面的信息给予纠正和补充，及时通告事件处理的最新情况。而在突发事件的处置后期，一般为善后或恢复阶段。在这个阶段主要应公布现场恢复的进程、社会公众对事件应急过程的评价以及恢复阶段遇到的困难，以获得社会的支持。

（四）妥善处理负面信息

中国有一句古话叫做"众口铄金，积毁销骨"，谣言之所以能广泛传播并造成极大社会恐慌，就在于信息传递的不充分性和突发公共事件的高度关注性。因此，在突发事件处置过程中，应当畅通信息渠道，使公众充分了解事实真相，防止谣言和流言可能造成的社会危害。

1. 积极沟通。新闻媒体有关突发事件的负面炒作出现后，政府或应急机构应主动与媒体就事件进行沟通，澄清事件真相，指出媒体报道的错误，要求媒体停止继续炒作的行为。

2. 冷处理。有关突发事件负面炒作出现后，适当采取冷处理较为妥当，避免激发媒体进一步炒作的热情。

3. 正面宣传。新闻媒体有关突发事件负面炒作出现时，相关部门既要及时表明自己的态度与立场，做好沟通。更重要的是选择时机开展各种有利于塑造正面形象的活动，将媒体的"注意力"吸引到正面活动中，而且一定要让正面声音传出去，使原来不利的负面影响变为正面效应。

4. 严肃惩处。对媒体在突发事件报道中出现情况不实，并对危机处置产生不良影响的，有关部门应该根据相关法律，对违纪单位和个人进行必要的处理。如我国《突发公共卫生事件应急条例》中规定："在突发事件发生期间，散布谣言、哄抬物价、欺骗消费者，扰乱社会秩序、市场秩序的，由公安机关或者工商行政管理部门依法给予行政处罚；构成犯罪的，依法追究刑事责任。"

【案例】9—1　南丹"7·17"特大矿难事故的媒体披露[1]

2001 年 7 月 17 日凌晨 3 时 40 分，广西南丹龙泉矿业总厂所属拉甲坡矿，发生了特大透水事故，大量涌入的水在瞬间淹没了相邻 7 个矿井和正在工作面上采矿的矿工，酿成了震惊全国的 81 名矿工遇难的南丹"7·17"特大矿难事故。

此次事故的传闻首先出现于最具现代传播手段的互联网上。网上最早的简单报道称：据传南丹拉甲坡矿和龙山矿发生重大透水事故，有大量矿工死难！这是 7 月 27 日前后的事情。此时，后来被证实确属"惊天大案"的这个特大事故已被掩捂了整整 10 天之久！而按照国家规定，凡特大安全事故必须在 24 小时内上报国务院。但最早获知信息的不是权力机关而是新闻媒体。在网上传播的前两天，南宁市多家新闻单位就接到了同一内容的电话举报。很快，一批富有责任感、正义感而又具有职业敏感的新闻记者——包括中央驻桂和南宁一些地方传媒的记者——以最快的速度赶赴远在南宁 480 公里外的南丹展开实地查证。正是记者们深入、艰辛甚至不避凶险的查证，揭开了"7·17"特大事故的黑幕盖子。

8 月 2 日，人民日报关于南丹"7·17"特大事故的紧急报告以"信息专报"的形式上送中央，国务院总理朱镕基阅后当即严厉批示：如此重大事故必须查个水落石出！

8 月 8 日，以国务院安全生产委员会副主任、国家安全生产监督管理局局长张宝明率领的国务院调查组一行 40 多人飞抵南宁。调查组副组长由国家公安部副部长罗锋和监察部副部长陈昌智担任，中央 8 个部委派员参加。9 日，调查组抵达南丹，由此展开对南丹"7·17"特大透水事故的全面调查。20 日，随着矿难井下水抽干，查明死难矿工 81 人。后来，一批涉案矿老板、党政责任人被依法严惩。

据国家安全生产监督管理局负责人证实，人民日报记者揭露的南丹特大矿

---

[1]　资料来源：根据任桂瞻："南丹特大矿难及其警示"（《人民网》，访问日期：2002 年 1 月 9 日）和郑盛丰："《人民日报》揭露广西南丹矿难留给人们的启示"（《新闻战线》2003 年第 9 期）等资料改编。

难，是我国第一例首先由新闻记者揭露的重大灾难事故。然而，记者们查证的历程异常艰难，因为在传闻发生了特大矿难的矿井入口处，出奇的平静，难以看出事故痕迹。另外发生地的官方、事故矿主以及矿上人员都是一个腔调：没有听说发生过重大事故，或者不清楚。事情的真相从事故中死里逃生的矿工及死难者家属中得到突破。原来当地主要党政官员竟然敢于与"7·17"事故矿主相互庇护，运用权力、财力、武力等多种力量和手段，对这一特大事故实行"攻守同盟"，从事故发生的 7 月 17 日凌晨 3 时 40 分，到中央领导从媒体的揭露和报告中获悉并作出严厉批示的 8 月 2 日，相距整整 17 天！

【案例】9—2　汶川大地震报道中部分媒体的道德失位[1]

在 2008 年四川汶川大地震处置过程中，当抢险人员正在现场紧张施救时，个别记者却为了所谓的报道效果而不停地向救援人员提问、过多地让幸存者讲话，从而严重干扰了正常的救援行动、耗费了幸存者有限的体力。向受害者提问时，经常提出一些很不恰当的问题，深深地刺痛了受害人的情感伤口，使受害人不得不一次次承受不应有的痛苦。这是缺乏最起码的采访常识甚至是做人的良知，显露出严重的职业缺陷，丧失了基本的职业伦理道德。

【案例】9—3　汶川大地震新闻发布的权威性和及时性[2]

汶川 5·12 特大地震发生后的第二天下午 4 点，国务院新闻办就汶川地震灾害和抗震救灾进展情况举行首次新闻发布会，中国地震局新闻发言人张宏卫、民政部副部长罗平飞将地震灾情和政府行动在第一时间告诉世界。截至 6 月 23 日，国务院新闻办先后就汶川地震灾害和抗震救灾情况举行了 28 次新闻发布会，国务院新闻办举办的新闻发布会，把抗震救灾工作中的政府声音传向全世界。此外，各部委的例行新闻发布会也成为灾情发布的重要平台。而地震发生后至 5 月末，四川省人民政府新闻办公室几乎每天举行一次新闻发布会，将全省地震受灾累计遇难人数、安葬人数、累计受伤人数、从废墟中救出人数、临时安置人数、失踪人数一一公之于众，并就财政收拨救灾资金情况、伤员救治情况、卫生防疫情况、物资保障及受灾群众安置情况、防止次生灾害、工业生产救灾情况、畜牧业生产救灾情况、堰塞湖险情处置情况、生产自救情况、中小学生复课情况逐日

---

〔1〕　参见"关注四川汶川大地震报道中的新闻职业道德"，载《中国新闻传播学评论网》（http://www. cjr.com.cn)，访问日期：2008 年 6 月 15 日。

〔2〕　资料来源：贾宝余："汶川大地震的信息公开与新闻报道机制"，载《科学网》，访问日期：2008 年 7 月 24 日。

进行详细介绍。

【案例分析题】

1. 通过案例9—1，分析媒体在这起矿难事故应急处置中起到了什么样的作用？

2. 案例9—2中，现场记者如此采访的危害性是什么？

3. 案例9—3中，地震信息发布的权威性和及时性的意义何在？

【思考讨论题】

1. 应急管理中新闻媒体的作用是什么？政府应如何对待媒体？

2. 突发事件新闻媒体与信息管理应该遵循哪些规则？

3. 现场新闻发布会怎样开展？如何理解突发事件信息发布的及时性？

【实务操作题】

根据一个模拟案例，设计一份现场新闻管理的方案。

第十章 现场安检

【学习内容】

现场安检是应急预防阶段的重要内容。本章介绍了现场安检的基本知识和操作方法等内容。其中对证件、人身、物品、场所的检查方法以及现场安检的特殊情况处置是学习重点。

【学习目标】

通过本章的讲授及学生的案例分析、思考讨论和实务操作等学习活动，学生应知道现场安检的特点、种类，掌握证件、人身、物品、场所检查的程序和方法，会开展证件、人身、物品的安全检查，会处置安检过程中的特殊情况。

第一节 现场安检概述

现场安检是指为确保某类活动或事项的顺利进行，在活动现场对人、物、车、场所进行核对、查验、搜索和处置的一项专门性活动。从应急处置的理论体系来看，现场安检只是一项防御性措施，是应急预防的内容之一。这里可以将现场安检看成是现场处置的向前延伸。受当前社会治安环境的影响，现场安检越来越受到活动组织者和官方的重视，当前它已广泛运用于机场、地铁、法院、大型活动现场等场所，我国相关的安检法律法规建设也日趋成熟。

一、现场安检的特点

1. 业务技术性。安全检查勤务是一项专业性、技术性很强的工作，各种安全检查设备的操作、维修，对限制物品、管制物品、易燃易爆物品和强腐蚀性物品等危险物品的检查、识别和排除，都需要具备一定的业务知识、专业安检技能。

2. 情况不明确性。进入安检场所的人员成份复杂、身份不同、地位不同、个人修养不同，工作环节多，易发生矛盾，也给安全检查工作提出了更高的要求。同时，安检人员还要对进入安检场所的物品进行安全检查。

3. 程序规范性。安检内容的强制性，决定了安检程序的规范性。这不仅是相关法律的硬性规定，也是保障安检顺利进行的必然要求。我国相关的安检法规都对安检勤务规程作了详细规定，如《中国民用航空安全检查规则》、《人民法院司法警察安全检查规则》等。

4. 职业风险性。安全检查工作是安检人员同隐蔽的、以各种身份进入安检场所的违法犯罪分子进行的一场特殊斗争。对于图谋不轨的人来说，携带危险品或违禁品混进安检口，是其实施违法犯罪行为的第一步，因而在藏匿物品时绞尽脑汁，手段不断翻新，企图蒙混过关，而一旦被查出则表现出强烈的对抗心理，甚至当场攻击现场安检人员，对安检人员人身安全构成了极大的威胁。

二、现场安检的种类

（一）按照安检方法的不同，可分为一般安检、器材安检和动物安检

1. 一般安检。也叫感官检查法，是指安全检查人员不借助任何安检专用器材设备，只凭个人生理感官和经验来搜寻检查目标（人、物、场所、车辆）。具体地说，有眼看、手摸、耳听、鼻嗅、称量（手掂）等五种方法。

（1）眼看：由表及里、由近而远、由上到下无一遗漏地观察。如观察会议室的沙发垫有无新拆过的痕迹，电器设施上有无多余电线连接，客房里的床铺是否凹凸不平。

（2）手摸：通过手感判断，可疑重点部位是否暗藏爆炸物，必要时可借助棍棒来间接感觉。如对体育场上万个座椅安检时，检查人员用棍子扫摸座椅底部，感觉是否有异物。

（3）鼻闻：闻从被检物品中散发出来的气味，是否与该物品应该有的气味相符，也是遴选可疑物的方法。有些炸药，特别是纯度不高的自制炸药有气味，如黑火药有臭鸡蛋味等。

（4）耳听：在寂静的环境中，用耳倾听，听被检物或被检场所内是否有异常声响，特别是有无钟表和定时器走动声，因为这些钟表很可能被定（延）时型爆炸装置采用。

（5）称量（手掂）：一般的有标准安装的物品，在其外包装上都有各自重量的文字标识（如鱼罐头、铁盒巧克力）。一旦在安检中用手掂量或称量与标识明显不符，也可以作为可疑物挑选出来重点检查。

2. 器材安检。器材安检主要是借助安检科技产品，安检人员对现场的物品、人进行检查、探测。目前使用的安检器材有：

（1）安检门。安检门一般采用双侧对射红外线扫描，迅速捕捉感应信号，达到准确判定金属物品的位置的目的。一旦识别金属物品安检门便发出声光报警，安检人员即可察觉。并可通过预留的通讯接口与计算机、摄像头相连，监控、统计探测情况。

（2）手持金属探测器。手持金属探测器也是用来探测人或物体携带金属物的，通过操作可以探测出人体携带或包裹、行李、信件、织物等内藏武器、炸药或小块金属物品。其形状小巧，适用灵活，便于操作。

（3）X射线安全检查设备。又称X光货检机，它利用X射线穿射受检物品，然后将物品成像于远端的系统界面，安检人员通过观察来判断被检物品的属性。其优点是便于安检人员辨识危险物品又远离照射的危险。

（4）爆炸物探测器。爆炸物探测器如同嗅爆犬一样可以嗅出爆炸物的气味，它的灵敏度非常高，10万亿个空气分子中有1个TNT炸药分子它也能分辨得出。

3．动物安检。目前适用于安检领域的主要是防爆安检犬，它的良好嗅觉弥补了器材安检的不足。

（二）按照安检对象的不同，可分为人身安检、证件安检、物品安检、场所安检和车辆安检

人身安检是通过器材或手工安检的方法，对受检者全身进行探测和检查，它免去了搜身的繁琐和不便。证件安检是对持证人表明其身份和意图的票证进行查验，主要是对票证真伪、人证是否一致等内容进行检查。物品安检是现场安检的主要内容，它将所有物品分为违禁物品和限制物品两大类。违禁物品一般包括危险物品、管制物品和违法物品，限制物品是根据某次活动的情况，对受检人携带物品的种类或数量进行限制的物品。如法庭安检时禁止照相器材进入现场。场所安检一般是针对大型活动或主要会议为确保活动或会议顺利进行而开展的事先现场搜索和检查。它主要是对现场情形或设施的安全状态进行现场检查和评估。车辆安检主要是对车辆的安全状态和携带物品的安全检查。如《北京市大型社会性活动安全检查办法》第14条规定，车辆接受安全检查时应当熄火，驾驶员和乘车人应当下车接受安全检查。

（三）按照安检适用领域的不同，可分为交通安检、机关单位安检和大型活动安检

交通安检主要包括机场安检、地铁安检，机关单位安检主要有法庭安检、监狱安检，大型活动安检主要有大型文体活动安检、大型商贸活动安检等。

第二节　现场安检的实施

对于需要安检的出入口或场所，相关的组织者必须提供安全检查场所和通道，配备安检设备、仪器和专业人员，制定安检方案和操作规范。不同的行业在具体的安检程序和方法上有所不同，下文所述是常规性、通用性的安检程序和方法，其可以适用于机场、法院和大型活动现场等场合。

一、对证件的检查

对证件进行检查，要清楚受检证件的范围。在我国，不同行业对证件受检范围的规定有所不同，如民航安检要求乘客出示有效乘机身份证件、客票和登机牌，法庭安检则依据身份不同要求进入法庭者出示律师证、旁听证、采访证和身份证等，在大型活动安检口要求入场者出示票证和有效身份证件。但证件查验的标准在不同场合是大致相同的。主要是查验证件的以下方面：①是否超过有效期；②身份证件所载照片、姓名、年龄、性别等要素是否与持证人相符；③票证是否与本次活动相符。如乘客的客票是否与本次航班相符，法庭准予旁听的证件是否与旁听的案件和法庭相符。

证件检查是安全技术检查中政策性、专业性较强的工作之一，在实践中一般采用认证与认人相结合的方法进行。当前主要是采用人工观察的方法识别证件真伪，如安检员在检查证件时，就要注意观察持证人的"五官"特征，再看证件上的照片与持证人"五官"是否相符。在有些领域也采用证件鉴别仪器加以辅助识别。查验证件时还应采取检查、观察和询问相结合的方法，具体分为"一看"、"二对"、"三问"。一看：就是对证件进行检查，对单页塑封证件注意甄别证件的真伪、认真查验证件的外观式样、规格、塑封、暗记、照片、印章、颜色、字体、印刷以及编号、有效期限等主要识别特征是否与规定相符，有无变造、伪造的疑点。对贴有照片的证件，要注意甄别证件的外观、式样、规格、塑封、纸张、印刷以及印章防伪标记、暗记等有无变造、伪造的疑点，有关项目是否齐全，有无涂改痕迹。注意查验证件有效期限是否过期失效。二对：就是将证件置于二人之间，利用眼睛的余光进一步观察、核对持证人与证件照片的性别、年龄、相貌特征等相关要素是否吻合，有无揭换照片和冒名顶替的疑点。三问：就是对有疑点的证件，通过简单询问其"姓名、年龄、出身日期、生肖、单位、住址"等，进一步加以核实。

二、对人身的安全检查

对人身进行安全检查时，首先由安检引导员提示受检者取下随身携带物品，放置于设在安检门边的工作台上，并在安检员的引导下逐个通过安检门接受检查。对通过安检门时报警的受检者，检测员应当令其重新过门检查或采用人工安全检查的方法进行复检。采用人工检查时，对女性受检者的人身安全检查应由女性安检员执行。

人工检查分手持探测器检查和手工检查两种方式。人工检查的具体顺序是：由上到下、由里到外、由前到后。即从受检查者前领起，至双肩外侧、双手手掌、双肩内侧、腋下、背部、后腰部、裆部、双腿、脚部。进行手持探测器检查时，手持金属探测器移动要平稳、均速。其具体操作方法如下：首先安检人员站在受检者前右侧，按头部——右手——左手——胸部——腹部及躯两侧——右腿——左腿的顺序检查。然后请受检者转身，对受检者后身从上至下进行检查。进行手工检查时，应以"触压"为主，手的用力要适当、均匀；对有疑点的受检者，应进行询问；检查完毕后，应提示受检者取走自己的物品。

三、对物品的安全检查

安检法律规定受检者的所有物品都应经过安全检查仪器检查。发现可疑物品时应当开箱（包）检查，必要时也可以随时抽查。

开箱（包）检查时，受检者应当在场，并与携带物品保持一定的距离，防止受检人趁机抢夺或使用装在包内的物品。其方法主要包括：看、听、摸、拆、掂、捏、闻、探、摇、敲、尝、开等。开箱（包）检查时应注意箱包的底部、角部和外侧小兜，注意有无夹层；检查箱（包）时，要分工明确，一人检查，其他人员警戒，特别要加强对受检者的警觉。对包（袋）等物品检查时应轻拿轻放，防止损坏或弄脏，涉及个人隐私的物品应注意妥善放置；检查完毕后，应协助整理箱包，并提示受检者取走自己随身携带的物品。对有疑点的物品，要进行询问，对管制物品和危险物品应先行控制再询问。

四、对场地的安全检查

场地安检是指在大型活动开始前对活动场地及其附属建筑以及相关水、电、气、热等重点要害设施、机动车集中停放区域、官员及外宾等参加活动的重要人员涉足地点等区域进行的专项检查活动。一般由活动组织者或公安机关实施。对场地及相关设施安检要以一般检查为主，辅之以仪器检查，如果条件允许，还要尽可能使用搜爆犬检查。下面仅以大型文体活动现场防爆安检为例说明。

（一）场地检查的前期准备

场地检查的前期准备工作主要有：受领任务，实地考察，场地检查的组织、协调与分工和场地检查的器材配备。

（二）场地检查的程序

1. 确定目标。在安全检查之前，安检指挥人员要详细查看活动的场所及其环境，做到"一知"、"一预"：即知道场所内部和外部的结构，及其环境的特点；预测犯罪分子可能攻击的部位，以便在实施安全检查时重点检查。

2. 制定计划。对活动场所的情况和易受攻击目标的情况了解清楚之后，负责安全检查的指挥人员要结合敌情、社情等具体情况，制定详细的安检计划，其中包括划分各个安检单位的检查目标和范围，规定参加安检的各个单位的人数和使用的器材以及进行检查的时间等详细方案；同时要特别明确安检过程中须由一个排爆小组跟随，负责处置安检过程中发现的爆炸物和可疑物，必要时还要拟定处置和运输转移爆炸物方案。

3. 实施检查。计划一旦确定，就要严格遵循场所安全检查原则，遵照计划规定的时间和方式组织安检人员实施。实施安全检查时，要在安检现场设立一个现场指挥部，以便安检工作能统一指挥、协调一致。首先，要清理安检现场中的无关人员；然后，安检人员携器材、驯犬员携警犬进入现场进行检查。在检查的全过程中，排爆小组要携带排爆技术器材在现场待命，如果安检时发现了爆炸物或爆炸可疑物要通知排爆小组就地作技术处理；对一些重要的技术性较强的部位（如电工房、电梯间、热力管道等），活动场所的管理者事先要留下足够的熟悉该部位的专门人员（如电工、电梯工、水暖工等），以配合安检人员实施安检。

4. 封闭控制。在安检结束之后，安检指挥人员要与受检场所的保卫人员签订交接责任书，将检查后的场所交给现场保卫人员，由他们对现场进行封闭控制：对室内场所可采取贴封条，并派人值守的措施；对室外场所，可布置保安人员采取拉警戒线封闭，如凭证进入的方法对安检完的目标进行控制，只有这样才能确保安检结果。

（三）室外场地安检的方法

1. 顺序检查法。

（1）方法：根据工作目标确定人数，按从远至近（或从近至远）、从上至下（或从下至上）、从左至右（或从右至左）的顺序推进。

（2）适用范围：地域小、情况不复杂的检查目标。如广场、足球场等空旷场所的检查，可采用扫雷器从一边推进至另一边扫雷的办法；对体育馆看台上万个座椅的检查，可采用从上至下逐个翻看座椅的方法。

2. 分片包干检查法。

（1）方法：根据工作目标确定人数，分组分片，定人定位，责任到人，有组织地进行检查。

（2）适用范围：地域大、情况较复杂的目标，而检查工作相对较多的情况。如广场摆花现场。这其中，既有花丛草木，又有假山溪流，还有喷泉巨雕，对这种场所的检查要根据各个不同的地形地物，将检查人员分成若干个小组，使用不同的安检专用器材，在各自划定的责任区内检查。

3. 重点检查法。

（1）方法：对大型集会等大规模活动的场所，无法对会场进行全面的检查，只能对犯罪分子可能攻击的目标进行检查。

（2）适用范围：范围地域大，但目标集中，且检查人员少的情况。如奥运火炬传递路线从起点到终点，点多、线长、面广，没有能力对所有的点、面、线都进行检查,只能择其重要的、犯罪分子可能攻击的场所进行检查。

五、现场安检的特殊情况处置

从我国现行的安检法规来看,不同行业对安检情况的处置存在较大的差异,但对于受检查人拒绝接受安全检查的情况都统一规定了不予放行的处置措施。具体来说,有以下几种情况。

(一)法庭安检特殊情况处置

(1)对限制物品实行寄存制。对限制物品的物主证件和限制物品的件数、型号进行登记,经受检者签字确认后,发给其寄存号牌。限制物品暂时寄存于物品柜内,待庭审结束后,凭本人证件和号牌,在确认物品齐全、完好并签字后取回寄存物。保管人员对寄存物品应妥善保管,防止损坏或遗失。

(2)对不许私人携带的枪支、刀具等管制物品予以收缴,由司法警察部门统一处理。

(3)对查出的易燃、易爆物品、强腐蚀性物品等危险物品和其他不得带入法庭的物品,在确保没有危险的情况下,按限制物品寄存方式处理或按有关规定予以收缴。

(二)民航安检特殊情况处置

1. 不予登机。对于拒绝接受安全检查的人员,不准登机或进入隔离区,损失自行承担;对持居民身份证复印件、伪造或变造证件、冒用他人证件者不予放行登机。

2. 隔离教育。如果乘客逃避安全检查,或妨碍安检人员执行公务,或携带危险品、违禁品又无任何证明,或扰乱安检现场工作秩序,应将其带至安检值班室进行教育;情节严重的,交由民航公安机关处理。

3. 交警方查处。这主要针对具有以下情形的乘客:携带枪支、弹药、管制刀具及其仿制品进入安检现场的;强行进入候机隔离区不听劝阻的;伪造、冒用、涂改身份证件乘机的;隐匿携带危险品、违禁品企图通过安全检查的;在托运货物时伪报品名,弄虚作假或夹带危险物品的;或其他威胁航空安全的行为或已经威胁航空安全的,交由民航公安机关查处。

4. 对违禁物品的处置。①对禁止随身携带或者托运的物品,安检部门应当及时交由民航公安机关处理。②对禁止随身携带但可作为行李托运的物品,应当告诉旅客可作为行李托运或交给送行人员;如来不及办理托运,安检部门按规定办理手续后移交机组带到目的地后交还。不能按上述办法办理的,由安检部门代为保管。安检部门应当登记造册,妥善保管;对超过 30 天无人领取的,及时交由民航公安机关处理。③对限量携带物品,对超量部分可退给旅客自行处理或暂存于安检部门。安检部门对旅客暂存的物品，应当为物主开具收据，并进行登记。旅客凭收据在 30 天内领回；逾期未领的，视为无人认领物品按月交由民航公安机关处理。

【案例】10—1　大意律师携带匕首进法庭

2008 年 4 月 4 日，一名律师欲进 L 市中级人民法院进行辩护时被法警拦下，原因是他随身携带了一把长度超过 8 厘米的管制刀具。据该律师解释，匕首是他用来防身的，由于时间紧迫未来得及处理就装到包里带到了法院。该律师在事发后已经认识到自己的错误并向法警道歉，法警依法对该律师的匕首予以没收。据了解，L 市中级人民法院使用安检系统 3 个多月以来，先后发现 71 件危险物品（包括白酒、三截棍、匕首、菜刀等），其中不乏律师携带这些违禁物品。

【案例】10—2　机场安检演习

为保障北京奥运会期间 Y 市 S 机场的运行安全，提高对突发事件的处置能力，2008 年 8 月 8 日，S 机场在二楼会议室进行了安检现场爆炸物应急处置的桌面演练。此次演练按照公司的统一部署，由指挥中心牵头组织，机场公安分局、安全检查站为演练主体，各保障部门参加。上午 11 时，一名旅客所携带的行李经炸药探测器采样检测后发生报警，安检站检查人员经重新采样检测后，炸探仪仍然报警，经 X 光机检查后怀疑为爆炸物品，立即通知了机场公安分局，并关闭了所有安检通道。机场公安分局的 3 名干警立即赶赴安检现场，对嫌疑人进行了控制，用警戒隔离带将现场进行了隔离，配合安检员将爆炸物按操作程序放入到防爆罐中，并将其缓缓推出候机楼，放置到候机楼广场隔离区域，并用隔离带隔离，等待防爆专家处理。机场公安分局迅速封锁交通要道、候机楼，机场空防治安大队接到信息后，立即赶到候机楼对嫌疑人进行了审问。随后，业发部、地服部分别就旅客信息进行了识别，安检站和公安分局对候机楼进行清场，11 点 25 分，机场恢复正常。

【案例分析题】

1. 通过案例 10—1，分析该案中安检系统的操作程序以及安检的作用。

2. 案例 10—2 中，针对安检的突发情况采取哪些紧急措施？成功之处何在？

【思考讨论题】

1. 如何实施现场证件（人身、物品）的安检？
2. 场地安检的程序和方法是什么？
3. 安检过程中对违禁品如何处置？

【实务操作题】

设计一个场景，模拟开展证件安全检查。

第十一章　现场急救

现场急救是现场处置中常见的应急行动。本章介绍了现场急救的概念、主要任务、实施步骤、处置原则和现场急救五项基本技术等内容。其中现场急救五项基本技术是学习重点。

【学习目标】

通过本章的讲授、案例分析及实务操作等学习活动，学生应了解现场急救的含义，熟悉主要任务及实施步骤，掌握现场急救技术包括止血法、包扎术、固定术、搬运术和心肺脑复苏术的要领及方法。

第一节　现场急救概述

一、现场急救的概念

现场急救，也叫现场抢救或入院前急救，是指一些意外伤害、急重病人在到达医院前得到的及时、有效的急救措施。现场急救的目的是挽救生命、减少伤残和痛苦，为进一步救治奠定良好的基础。及时的、合理的急救，不仅能使伤员转危为安，减少痛苦，减少失血；而且能改善病情，防止和减少并发症，为后续医院治疗赢得宝贵时间。

人们在社会生活中，经常由于各种原因导致机体的伤害。常见的有机械性原因，如钝器、锐器的切割、碾压、撞击、勒扼等；理化因素，如高温、低温、化学物品、声波等；自然灾害，地震、海啸、火山爆发、雷电等；意外事件，如车祸、空难、沉船等；以及疾病因素，如心、脑血管意外、传染病、代谢疾病等，往往对人体造成严重的伤害，需要立即实施急救处理。

现场急救按照施救人员身份的不同，可分为警务现场急救和非警务现场急救。人民警察（包括协警和单位保卫人员）在出警过程中，对现场伤员、病人实施的紧急救护称为警务现场急救。在发生各种意外伤害、交通事故以及危重疾病后，人们往往立即想到人民警察，打 110 电话求助。遇到各种求助，人民警察有着义不容辞的责任和使命，《人民警察法》第 21 条规定："人民警察遇到公民人身、财产安全受到侵犯或者处于其他危难情形，应当立即救助；对公民提出解决纠纷的要求，应当给予帮助；对公民的报警案件，应当及时查处。人民警察应当积极参加抢险救灾和社会公益工作。"所以，现场急救是人民警察的法定义务。但是，由于教育体系存在的某些不足，大部分人民警察没有经过医学知识的系统教育，缺乏必要的急救技能，面对伤者、病者常常束手无策，只能将伤病员转移到安全的地方或者医院。伤病员在被送到医院治疗前的时间得不到及时有效的救助，成为一段医疗空白期，而这段时间往往是急救的关键时间，如外伤大出血者，若能得到及时的止血包扎处理，就可能避免失血性休克甚至死亡事件的发生。尤其是心跳、呼吸停止的伤病员，能否在最初的 4 分钟内开展心肺脑复苏是急救是否成功的关键，医学上将伤病员心跳、呼吸停止的最初 4 分钟称为急救的黄金时间。警务现场急救的对象大部分是伤者，少数是病人，对不同的伤病人处理的方法不同，但基本的原则是一致的。因而，基层民警学习急救技能、实施急救处理，是挽救生命和履行义务的必然要求。

【知识链接】挽救生命的"黄金时间"

据统计，在我国患有心脏病的人群中有87％的人心脏病突发是在医院以外的地方。急性心梗死亡的病人中，有一半甚至是 2/3 死在家中或送往医院的途中。如果患者在疾病突发的 4 分钟～5 分钟内，能够得到有效的急救，复苏率在50％以上，如果超过 10 分钟，复苏就没有什么希望。所以，心跳呼吸停止之后的这 4 分钟被称作挽救生命的"黄金时间"。

二、现场急救的任务

现场急救的主要任务是围绕现场急救的目的而开展的一系列紧急救助。现场施救人员或者施救人员到达现场后，首先判断现场类型，就近访问目击者，简要了解现场状况，估算现场伤亡人数，按照现场急救的任务和处置原则开展工作。

施救人员应根据不同的现场类型和人员伤病程度，立即救助伤员、及时控制局势、稳定事态发展状况。

1. 镇定有序的指挥。一旦灾祸突然降临，不要惊慌失措，要镇定指挥。如果现场人员较多，要马上进行分组：由专业医务人员负责对伤病员进行必要的急救处理，现场没有医务人员的可以请有经验的人员进行处理；由 1～2 人迅速利用手机、电话拨打 120、110 进行求救，呼叫医务人员前来现场；对于犯罪现场、交通意外现场还应指挥人员进行现场警戒和交通指挥，防止现场破坏、交通堵塞和再次发生交通意外；对于伤员的位置和物品散落的区域进行标示和记录（如拍照、画图），对重要物件进行保护；对目击者开展访问等。

2. 迅速排除致命和致伤因素。现场有继续发生危害可能的，应设法迅速排除各种致命和致伤因素，防止再次危及人员生命安全。如搬开压在身上的重物，迅速撤离中毒现场；如果是触电意外，应立即切断电源；伤员有意识模糊、甚至意识丧失的，应及时清除伤病员口鼻内的泥沙、呕吐物、血块或其他异物，保持呼吸道通畅等。

3. 检查伤员的生命体征。接近伤员首先检查伤病员意识、呼吸、心跳（脉搏）、瞳孔情况。有意识丧失、舌后坠者，应将舌头拉出或用针线穿刺固定在口外，防止窒息。

4. 有呼吸、心跳停止者，应立刻进行心肺脑复苏，以保证生命重要器官的供血、供氧，防止组织细胞坏死，为进一步救治赢得宝贵时间。

5. 实施止血术、包扎术。有创伤出血者，按照出血部位和出血量选择合适的止血方法如直接压迫止血法、上止血带止血法或指压动脉止血法等进行止血。然后，就地取材，利用手边能找到的干净毛巾、衣服、手帕等织物，迅速包扎，也可用加压包包扎，然后尽快送往医院进一步治疗。

6. 保护膨出脏器。若有腹腔脏器脱出或颅脑组织膨出，切忌直接将脱出脏器还纳回腹腔、颅腔，因为直接还纳不但会将污染物带进腹腔、颅腔，更危险的是由于非专业的操作可能损伤脏器，尤其是脆弱的脑组织，严重者危及生命。正确的做法是先用干净的盆、碗扣住膨出组织，并用布带绑住盆、碗固定在躯干或头部，现场没有盆、碗的，用干净毛巾、软布料等简单包裹加以保护。

7. 实施固定术。有骨折或关节脱位者，用小夹板、木板等临时固定。

8. 迅速而正确地转运。按不同的伤情和病情，按轻重缓急选择适当的工具进行转运。运送途中随时注意伤、病员情况的变化。

总之，现场急救要在保证维持伤病员生命的前提下，抓主要矛盾，分清主次，有条不紊地进行，切忌忙乱，以免延误和丧失有利时机。

三、现场急救的步骤

对于工作中可能遇到的意外伤害和各种犯罪现场的伤病员急救情况，预设方案，遇事不慌。在急救中切忌手忙脚乱，不知从何处下手，抓不住主要矛盾，失去宝贵的抢救时机，甚至危及生命。以下是一般事件中常用的现场急救处理方案，可以为大家提供一定的参考：

1. 进入现场先对现场进行现场评估。判断现场是否仍有危险存在，伤员是否随时有生命危险，现场是否有可供利用的急救资源，旁人是否能够协助救助。如现场仍然有危险，应先想办法排除；有生命危险的伤病员应先于急救；尽可能向周围人员求助，尤其是向专业的医务人员求助，以获得专业的急救。

2. 接近伤病员后，立即开展现场急救。按照伤员伤势的不同实施不同的急救，表11—1详细说明了施救者接近伤病员后应做的检查和施救步骤，可作为制定和实施现场急救方案的参考。

表 11—1　急救方案

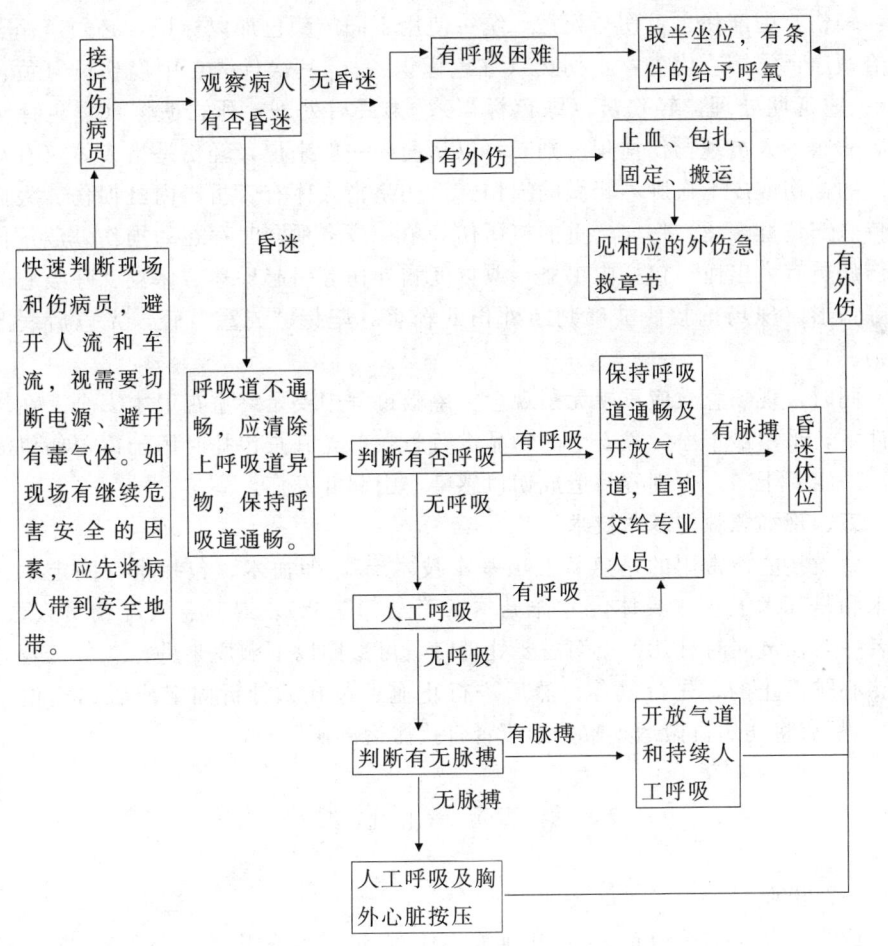

四、现场急救的原则

现场急救中还应该遵守先抢后救、先重后轻、先急后缓、先伤后病的原则。这四项原则简称"四先四后"原则。"先抢后救"是指遇到紧急情况，尤其是在有危险因素尚未排除的情况下，应先将伤员从事发场所抢救出来再进行急救处理。同时有多名伤病员需要急救处理的，现场的检伤分类显得尤为重要。创伤的检伤分类是灾害医学的重要组成部分，是灾害现场医疗急救的首要环节。当医疗救护人员面对现场大批伤员时，第一步救援措施必然是快速检伤分类，将重伤员尽快从伤亡人群中筛选出来；然后再分别按照伤情的轻重，依先后顺序给予医疗急救和转运送院。轻伤一般是指表皮挫裂伤、皮下溢血、轻度脑震荡经医生诊断需休息1至3天的情况。按照国际公认的标准，灾害现场的检伤分类分为四个等级：轻伤、中度伤、重伤与死亡，统一使用不同的颜色加以标识，必须遵循下列救治顺序：①第一优先：重伤员（红色标识）；②其次优先：中度伤员（黄色标识）；③延期处理：轻伤员（绿色标识）；④最后处理：死亡遗体（黑色标识）。对于非医务人员现场伤情程度判断可以从简，一般来说，轻伤是指人体仅有局部组织的擦伤或皮下血肿等轻微的损伤。重伤是指人体有骨折、内脏损伤、大面积或特殊部位烧（烫）伤、严重的挤压伤等单一或多项同时存在的损伤。危重伤是指伤病员有大出血（包括内出血）或重度脑外伤等引起昏迷、休克、呼吸心跳骤停等情形。现场抢救要准确判断外伤的轻重，坚持"先重后轻，先急后缓"的原则。

同时，现场急救应重视无菌观念。急救过程中要始终重视卫生安全。在当时条件下，采用最干净、最安全的物品进行急救，尤其是包扎时用于覆盖伤口的敷料，一定要干净，否则容易造成伤口感染，引起并发症。

五、现场急救的基本技术

急救技能最常用的是急救五项基本技术[1]，即血术、包扎术、固定术、搬运术和复苏术五项（具体内容详见本章第二、三节）。遇紧急情况伤员人数多，或者一名伤员同时有几种损伤需要处理时，可参照以下顺序来进行急救：若有呼吸、心跳停止的，先行复苏，然后进行止血、包扎、骨折固定或脱臼复位（固定），最后将伤病员搬运到救护车或者直接搬运到医院。

第二节　止血术

一、出血

成人每公斤体重约有80毫升血液，体重60公斤的人，全身约有4800毫升血液。任何原因引起的血液丢失，均可使机体组织缺血缺氧；如果丢失的血液过多，就会引起失血性休克，甚至死亡。

出血的类型按损伤的血管性质分为：

（1）动脉出血：血色鲜红，血液由伤口向体外喷射，危险性大。

（2）静脉出血：血色暗红，血液不停地流出。

---

[1] 急救基本技术的归类在学界还有不同意见，有些教材中提出急救的四项基本技术，即止血、包扎、固定、搬运。

（3）毛细血管出血：血色鲜红，血液从整个伤面渗出，危险性小。

根据出血部位的不同分为：

（1）外出血：由皮肤损伤处向体外流出血液，能够看见出血情况。

（2）内出血：深部组织和内脏损伤，血液由破裂的血管流入组织或脏器、体腔内，从体表看不见血。

二、失血的表现

失血后的代偿作用需要一定时间，所以临床表现除个体状态外，决定于失血的量和速度、有无并发症以及患者的心理状况、体位、年龄、营养状态、心血管功能等。大多数年轻健康者，失血量在 500 毫升以下，特别是几小时以上的逐渐失血，很少引起症状，事后也不致发生贫血。约 5％的患者特别是精神紧张、内心恐惧或突然起坐时，可有血管迷走神经反应，表现为软弱、脸色苍白、口唇青紫、出汗、恶心、心律缓慢、脉搏细弱或摸不到及血压下降；随后有头晕，甚至短暂的昏厥。若失血量达 1000 毫升（约占总血量的 20％），休息时可无症状，但稍事活动有轻度心脏血管症状。大量失血引起休克称为失血性休克（hemorrhagic shock），常见于外伤引起的出血、消化性溃疡出血、食管曲张静脉破裂、妇产科疾病（如宫外孕破裂）所引起的出血等。失血后是否发生休克不仅取决于失血的量，还取决于失血的速度。休克往往是在快速、大量（超过总血量的 30％～35％）失血而又得不到及时补充的情况下发生的。

当出血量增加至 1500 毫升～2000 毫升（约占总血量的 40％）时，患者即使出血前很健康，出血后卧床休息，仍不免会出现口渴、恶心、气促、极度头晕甚至短暂意志丧失。由于血液循环的重新分布，患者表情淡漠，反应迟钝，手足厥冷，面色苍白，尿量减少。血压、心输出量及中心静脉压均降低，脉搏快而无力，患者主诉头痛，逐渐出现休克症状，如烦躁不安、呼吸困难、脉搏细弱、皮肤湿冷、恶心呕吐，最后昏迷。如果没有采取有效的抢救措施，因缺氧明显，肾小管坏死、心肌梗死，可以导致死亡。原有慢性疾病、感染、营养不良、失水或本来已有贫血的病人，即使失血比上述量少，也可导致休克或死亡。急救方法除输血外，现场急救止血更为重要。

三、止血术

各种意外伤害导致的外出血常用的止血方法有：直接压迫止血法、止血点压迫止血法、填塞法、加垫屈肢止血和止血带止血法，每种方法都有其特点和适用范围，可根据实际情况选用。急救时尽量将出血伤口部位抬高，超过心脏水平，以减少出血。

（一）直接压迫止血法

是指直接用敷料压迫出血部位的方法。现场急救可用消毒纱布或清洁的织物敷在伤口上，稍加压迫，然后将受伤的肢体抬高超过心脏水平（见图11-1）。也可用绷带或三角巾将覆盖辅料扎好固定，但不能过紧，以防止组织坏死。此法操作简单，适用范围广，多用于出血面积小、出血慢、出血量少的创口。

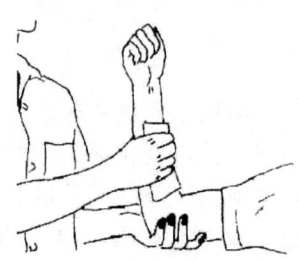

图11-1　前臂出血直接压迫止血法

（二）止血点压迫止血法（指压动脉止血法）

是用手指压迫出血伤口的供血动脉的止血方法。操作方法是用手指在伤口上方（近心端）的动脉压迫点上，用力将动脉血管压在骨骼上，中断血液流通达到止血目的。止血点压迫止血法是较迅速有效的一种临时止血方法，常用于中等以上血管的出血，止住出血后，一般需换用其他止血方法。不同部位出血常用止血点压迫止血法（见表11-2）。

表11-2　止血点压迫止血法

出血部位		压迫位置	所压迫的动脉
颜面部出血	（见图11-2）	下颌骨下缘与咬肌前缘交接处	面动脉
颞部出血	（见图11-3）	外耳门前方，颧弓根部	颞浅动脉
前臂大出血	（见图11-4）	上臂肱二头肌内侧（肘关节上方）	肱动脉
手部出血	（见图11-5）	腕横纹上方两侧同时压迫	桡动脉、尺动脉
手指出血	（见图11-6）	手指两侧同时压迫	桡、尺动脉分支
下肢出血	（见图11-7）	腹股沟韧带中点稍下方	股动脉

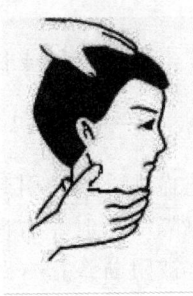 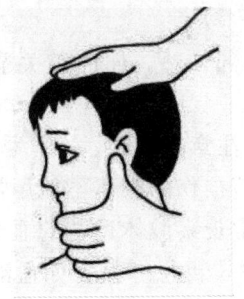 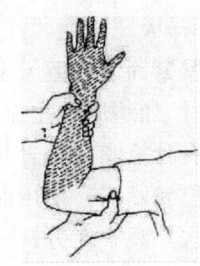

图 11-2 面动脉压迫止血　图 11-3 颞浅动脉压迫止血　图 11-4 肱动脉压迫止血

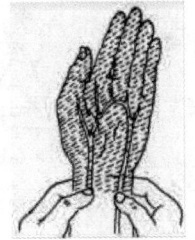 

图 11-5 桡、尺动脉压迫止血　图 11-6 桡、尺动脉分支压迫止血

图 11-7 股动脉压迫止血

（三）填塞法

对于大而深、出血量较多的伤口，用直接压迫法效果不好，可用镊子等工具将无菌纱布塞入伤口，现场没有无菌纱布的，可用干净织物填塞并压紧，然后用绷带或三角巾包扎（见图 11-8）。适用于颈部、臀部大而深的伤口。

（四）加垫屈肢止血法

在出血伤口近端关节的屈侧放布卷，强力弯曲肢体，再用绷带绑扎的止血方法（见图 11-9）。适用于四肢较大伤口出血，而且近端关节、骨骼无损伤者。

1. 前臂或小腿出血，可在肘窝或腘窝放纱布垫、棉花团、毛巾或衣服等物，屈曲肘关节或膝关节，用三角巾或绷带将屈曲的肢体紧紧缠绑起来。

2. 上臂出血，在腋窝加垫，使前臂屈曲于胸前，用三角巾或绷带把上臂紧紧固定在胸前。

3. 大腿出血，在大腿根部加垫，屈曲髋关节和膝关节，用三角巾或长带子将腿紧紧固定在躯干上。

4. 加垫屈肢止血法操作注意事项：

有骨折和怀疑骨折或关节损伤的肢体不能用加垫屈肢止血法，以免引起骨折端错位和剧痛。使用时要经常观察肢体远端的血液循环，每隔一小时左右慢慢松开一次，观察 3 分钟～5 分钟，再行绑扎，如血液循环完全被阻断致指（趾）端发紫，要及时松开，防止肢体坏死。

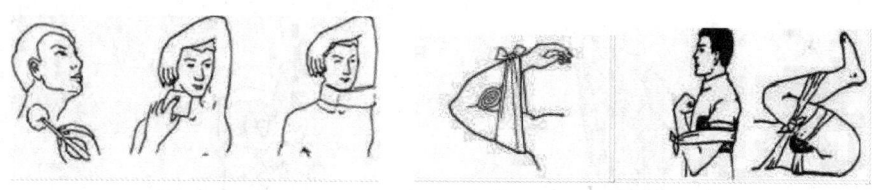

图 11—8　颈部填塞止血法　　　　　图 11—9　加垫曲肢止血法

（五）止血带止血法

四肢较大动脉出血用其他方法不能止血或伤肢损伤无法再复原时，才可用止血带止血。因止血带易造成肢体残疾，故使用时要特别小心。方法是用布带、橡皮管或胶管止血带绑扎致血管压瘪而达到止血的目的。这种止血方法较牢固、效果可靠，但只能用于四肢动脉大出血。

1. 操作方法：

（1）布类止血带止血法：在没有止血带的情况下，可用手边现成的材料，如三角巾、绷带、手绢、布条等布类，折叠成条带状缠绕在伤口的上方（近心端）：上肢出血绑在上臂的上 1/3 段，下肢出血应绑在大腿中、下 1/3 段。缠绕部位先用纱布、毛巾或受伤者的衣服等软布衬垫垫好，然后止血带在其上绑扎打结（活结）。在结内或结下穿一短棒，旋转此棒使带绞紧，至不流血为止，用止血带的多余部分或其他绳子将棒固定在肢体上（见图 11—10）。

（2）橡皮止血带止血法：先在缠止血带的部位（伤口的近心端，见布类止血带止血的绑扎部位），用纱布、毛巾或受伤者的衣服垫好，然后以左手拇、食、中指拿止血带头端，另一手拉紧止血带绕肢体缠两圈，并将止血带末端放入左手食指、中指之间拉回固定，使之成活结，外观呈 A 字形（见图 11—11）。

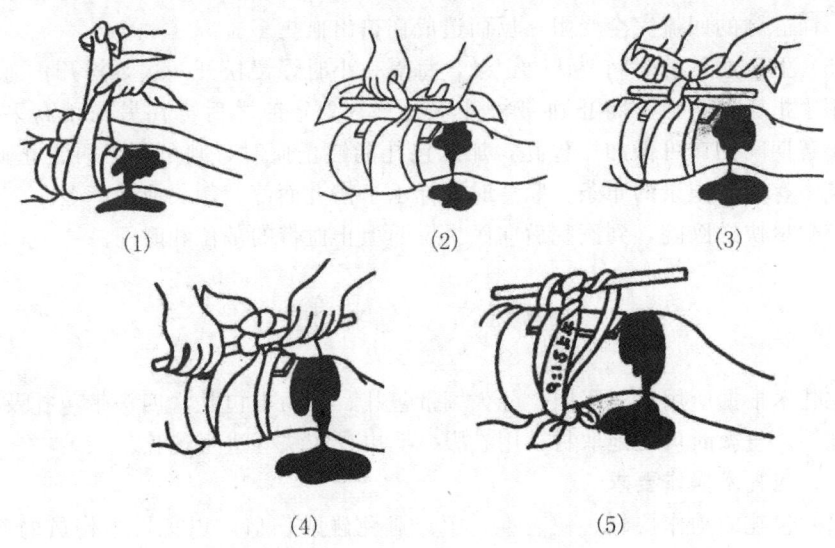

图 11-10　布类止血带止血法

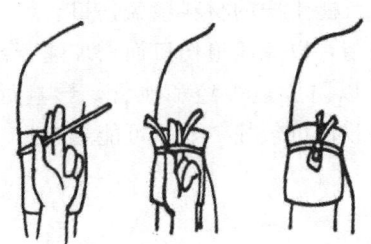

图 11-11　橡皮条止血

2.上止血带止血法操作注意事项：

（1）选用材料：橡皮条、止血带、大三角巾、绷带、手帕、布带等。禁止使用电线、细绳等。

（2）上止血带部位：创口上方近心端，避开肢体神经、血管走行表浅的部位，上肢出血绑在上臂上 1/3 处，下肢出血绑在大腿中、下 1/3 处，防止损伤神经、血管。

（3）上止血带前抬高出血肢体超过心脏水平，绑扎部位应先衬垫布块或绑在衣服外面，以免损伤肌皮神经。

（4）绑时松紧适度，以动脉血不能通过为原则，一般以不能摸到远端动脉搏动或出血停止为度。若扎得过紧或时间过长，则可能引起软组织压迫坏死，肢体远端血运障碍，肌肉萎缩，甚至产生挤压综合症。如果扎得不紧，动脉远端仍有血流，而静脉的回流完全受阻，反而造成伤口出血更多。

（5）上止血带的时间要认真记录，每隔一小时慢慢松开一次，松开止血带之前应用手指压迫止血，将止血带松开 1 分钟～2 分钟之后再在另一稍高平面绑扎。松解期间伤口可做加压包扎，加压包扎能够止血时，则可不必再上止血带。急救包中有用于记录的布条，紧急时可标示于伤者面部、额头或手背上。

（6）尽快送医院，到医院后向医生说明上止血带的部位和时间。

第三节　包扎术

包扎术根据所用材料不同，分为绷带包扎、三角巾包扎、四头带包扎及多头带包扎等。急救时可就地取材，用衣服、毛巾、布块等进行包扎。

一、包扎术操作要求

（1）包扎的动作要轻、快、准、牢。避免碰触伤口，以免增加伤员的疼痛、出血和感染。

（2）对充分暴露的伤口，要尽可能先用无菌敷料覆盖，再进行包扎。现场没有无菌敷料的，应选择尽可能干净的材料覆盖伤口。

（3）不要在伤口上打结，以免压迫伤口而增加痛苦。

（4）包扎不可过紧，以防压迫神经和血管，影响远端血液循环；也不能过松，以免滑脱。如果是四肢伤口包扎，要尽可能露出指（趾）末端，以便随时观察肢体末梢血液循环情况。

二、绷带包扎法

绷带包扎法是用医用纱布绷带或弹性绷带进行缠绕包扎伤口的方法。它能达到固定敷料、压迫伤口、保护伤口的目的。肢体绷带包扎方向一般从远端向近端缠绕，起始端绷带头必须反折压住，并在原处环绕两周，防止绷带随着缠绕转动移位。绷带包扎方式有环行包扎、螺旋包扎、螺旋反折包扎、八字形包扎及蛇形包扎等，可根据受伤部位、伤口长度选择合适的包扎方法。

1. 环形包扎法。此法多用于肢体粗细相等的部位的伤口包扎，如头颈部、手腕部。方法是将绑带作环形重叠缠绕即可（见图 11—12）。此方法可用于加压包扎。

2. 螺旋包扎法。此法多用于肢体粗细相差不多的部位的伤口包扎，如上臂、大腿、躯干。方法是先按环形绕法缠绕数圈后，再呈螺旋形向上缠绕，后一圈绷带压住前一圈绷带的 1/3 到 2/3，直至将伤口完全覆盖。

3. 螺旋反折包扎法。此法适用于肢体粗细相差较大部位的伤口包扎，如前臂、小腿。方法是先作螺旋状缠绕，待到渐粗的地方就把每圈绷带反折一下，盖住前圈的 1/3 至 2/3，由下而上缠绕（见图 11—13）。

4. 八字包扎法。此法多用于肩、髋、膝、踝等关节部位的伤口包扎。一般将受伤关节固定成功能位，上肢关节功能位为弯曲位，下肢关节功能位为伸直位。操作方法是先使关节处于功能位，然后在伤口远端缠绕固定绷带头，接着将绷带由远端向近端缠绕，再由近端向远端呈八字形来回缠绕，每圈在正面和前一圈相交叉，并压盖前一圈的 1/2，直至覆盖整个伤口（见图 11—14）。

5. 蛇形包扎法。此法蛇形包扎一般是在用绷带固定纱布、棉花或夹板时使用的一种方法。方法是用绷带斜形缠绕，每周之间保持一定距离而不重叠。

用以上方法进行绷带包扎时，绷带不能缠得太紧或太松，除加压包扎外，绷带紧贴伤肢滚动包扎形成的松紧即可。一般包扎绷带不要在受伤口上面打结，结尽可能打在躯干的前面，特别是伤员需要躺下时，更不能在后面打结。

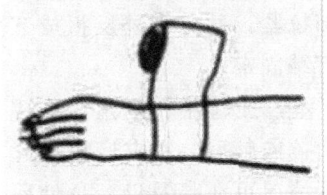　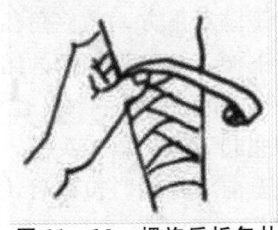　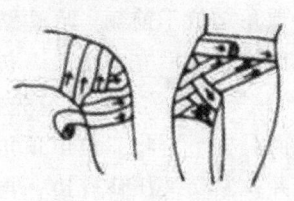

图 11—12　环形包扎　　　图 11—13　螺旋反折包扎　　　图 11—14　八字形包扎

三、三角巾包扎法

根据受伤部位不同，有三角巾头部帽式包扎法、三角巾单眼包扎法、三角巾双眼包扎法、三角巾单肩包扎法、三角巾双肩包扎法、三角巾悬臂法、三角巾上肢固定法等。

1. 头顶帽式包扎。用于头顶部位的伤口包扎。将三角巾的底边折叠约二指宽，放于前额齐眉处，顶角向后盖头上，三角巾的两底角经两耳上方拉向后头部交叉并压住顶角再绕回前额，在额前打结。后方顶角拉紧掖入枕部的交叉处内（见图 11—15）。

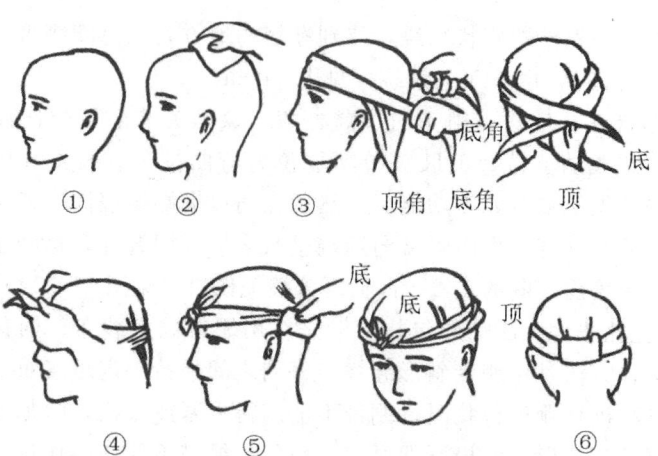

① ② ③ 顶角 底角 底 顶 底角 顶

④ ⑤ 底 底 顶 ⑥

图 11-15　头顶帽式包扎

2. 头部风帽式包扎。先在三角巾顶角和底边中央各打一结，形似风帽。把顶角结放于前额，底边结放于脑后下方，两底角往面部拉紧，并分别外反折成三四横指宽后左右交叉，包绕下颌，再拉到脑后的结上打结固定。

3. 面具式包扎。先在三角巾顶角打一结，结头下垂，提起左右两角，形成面具样。再将三角巾顶角结兜起下颌，罩于头面，底边拉向脑后，左右底角提起并拉紧交叉压住底边，再绕至前额打结。包好后，根据情况可在眼及口、鼻处剪小洞。

4. 单眼包扎。将三角巾折叠成约四横指宽的带形，以 2/3 向下斜放于伤侧眼部，此端从伤侧耳下绕脑后经健侧耳上至前额，压另一端绕行，然后另一端于健侧眉上向外反折后于耳上拉向脑后，两端相遇时打结。

5. 双眼包扎。将三角巾折叠成约四横指宽的带形，以中点放于枕部下方，两端从耳下绕至面部，在两眼处交叉并遮住双眼，两端再经两耳上方拉向脑后打结。

6. 单肩包扎。将三角巾折叠成燕尾式，燕尾夹角约 90 度（大片压小片，大片放背后，小片在胸前）放于肩上，燕尾夹角对准颈部，燕尾底边两角包绕上臂上部并打结，再拉紧两燕尾角，分别经胸、背部，拉到对侧腋下打结。

7. 双肩包扎。使两燕尾角等大，燕尾夹角约 120 度，夹角朝上对准颈后正中，燕尾披在双肩上，两燕尾角过肩由前往后包肩到腋下与燕尾底边相遇打结。

8. 胸（背）部包扎。把燕尾巾放在胸前，夹角约 100 度对准胸骨上凹，两燕尾角过肩于背后，再将燕尾底边角系带，围胸在背后相遇时打结。然后将一燕尾角系带拉紧绕横带后上提，与另一燕尾角打结。背部包扎时，把燕尾巾调换到背部即可（见图 11-16）。

136

9. 侧胸包扎。将三角巾盖在伤侧，顶角绕过伤侧肩到背部，底边围胸到背后，两底边角相遇打结，再与顶角相结（见图11-16）。

背部包扎法与此法相同。

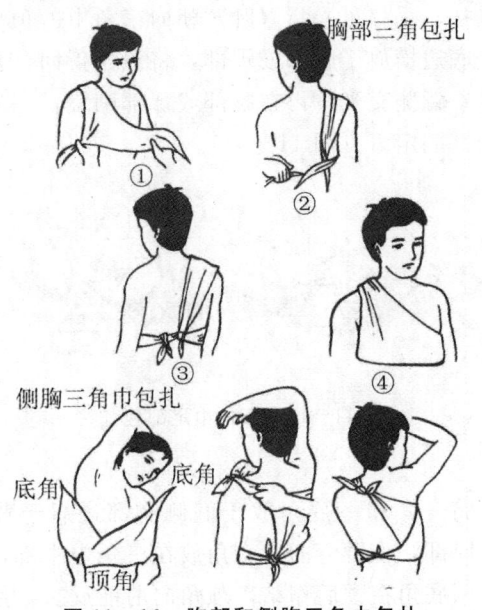

图11-16　胸部和侧胸三角巾包扎

10. 腹部包扎。把三角巾叠成燕尾式，夹角约60度朝下对准外侧裤线，大片在前压住向后的小片，并盖于腹部，底边围腰相遇时打结，两燕尾角包绕大腿根打结。

发现腹部有内脏脱出时，不要马上送回腹腔，以免引起腹腔感染，可将脱出的内脏先用急救包或大块敷料覆盖，然后用饭碗、茶缸等扣住，再用三角巾包扎固定。把三角巾顶角向下横放在腹部，底边齐腰，两底角围绕到腰后作结。顶角由两腿间拉向后面和另两端作结。

11. 臀部包扎。将燕尾巾的夹角约60度朝上，盖伤侧臀部的后片要大于并压着向前的小片，两角分别过腹腰部到对侧打结，两底边角包绕伤侧大腿根打结。

12. 四肢包扎。对于已上止血带的残肢，在其表面必须明确注明止血时间。

（1）上肢包扎。把三角巾一底角打结后套在伤手上，另一底角过伤肩背后拉到对侧肩的后上方，顶角朝上，由外向里依次包绕伤肢，然后再将前臂屈至胸前，两底角相遇打结。

（2）小腿、脚包扎。将足趾朝向底边，把足放在近一底角侧，提起顶角与另一底角包绕小腿打结,再将足下底角折到足背,绕脚腕打结固定。

(3)膝、肘部带式包扎。根据伤情将三角巾折叠成适当宽度的带状,将带的中段斜放于伤部,两端分别压住上下两边,包绕肢体一周打结。

(4)手、足部包扎。手(足)指(趾)朝向三角巾的顶角,将手(足)掌平放于三角巾的中央,底边横放于腕部或踝部,将顶角折回,盖于手(足)背两底角分别围绕到手(足)背侧交叉,再在腕部或踝部围绕一周后,在手(足)背侧作结,顶角折回用别针固定(见图11-17)。

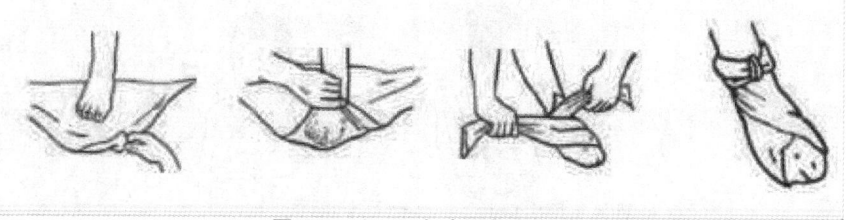

图11-17　三角巾足部包扎

13.悬臂带。

(1)大悬臂带。将三角巾一底角放于健侧胸部过肩于背后,底边和身体平行,顶角对着受伤的肘部,伤臂弯曲成直角放在三角巾中部,另一底角包绕伤臂反折越过伤侧肩部,两底角在颈后作结,顶角向肘前反折,用别针固定,顶角有带的将顶角带从肘后绕过上提在颈后与底角打结,将前臂悬吊于胸前。此法用于前臂伤或前臂骨折及肘关节伤。肱骨骨折禁止使用此方法。

(2)小悬臂带。将三角巾折叠成适当宽度带状,中央放在伤侧前臂的下三分之一(手腕)处,两底角分别经健和伤侧肩上在颈后打结,将前臂悬吊于胸前。此法用于锁骨和肱骨骨折、上臂损伤、肩关节损伤。

四、四角带的制作及使用

现场急救中可用大手绢或手巾临时做成四角带用于伤处的包扎固定。用剪刀在中间剪开,剪开的部分在根部打结,使手巾中部形成袋型。四角带可用于包扎固定下巴、鼻子、眼、肘关节、膝关节、足根等部位。

第四节　固定术

固定术可分为骨折固定术(上臂骨折固定、前臂骨折固定、大腿骨折固定、小腿骨折固定等)和关节脱臼固定术。骨折固定术是学习重点。

当各种意外伤害导致患处剧烈疼痛、肿胀、功能障碍、局部畸形、异常活动、骨摩擦音(感)时考虑为骨折。怀疑骨折(或脱位)时,按骨折或脱位治疗。

一、骨折固定的目的

急救中对伤员及时实施骨折肢体的固定术，可以减轻伤员的疼痛从而减少休克的发生；还可避免骨折断端的活动刺伤皮肤、肌肉、脏器及周围血管和神经，降低了出血和感染的可能；固定后使伤员安静，便于伤员的运送，避免在搬运途中肢体扭曲增加受伤者的痛苦，防止并发症的发生。

二、骨折固定材料

1. 夹板。骨折外固定通常选用小夹板固定，制式木夹板最为常用，有各种宽度和长度，以适合不同部位伤肢的固定。急救现场可以就地取材，用木板、竹片、书本、纸板、手杖、雨伞等代替夹板。实在找不到固定器材时，还可将受伤的下肢固定在健侧肢体上或将上肢绑在胸前固定，这种方法称为自体健肢固定。

2. 敷料。有两种，一种是作衬垫用的，可用棉花、衣服、布片；另一种是用来绑夹板的，可用三角巾、绷带、腰带等。绝对禁止使用铁丝、电线之类的东西，防止损伤肌体。

三、各部位骨折固定方法

1. 锁骨骨折固定。

（1）无夹板固定。先在两腋下各垫上一块棉垫，将三角巾折叠成四横指宽条带，以横"8"字形缠绕两肩，使两肩尽量往后张，胸往前挺，在背部交叉处打结固定。两肘关节屈曲，两腕在胸前交叉，再用一条三角巾，从上臂肱骨下端处绕过胸阔，在两端相遇处打结。

（2）T字形夹板固定。预先做好 T 形夹板（直板长 50 厘米，横板长 55 厘米）。用"T"字形夹板贴于背后，在两腋下与肩胛部位垫上棉垫，再将腰部扎牢，然后固定两肩部。

2. 前臂骨折固定。固定时，必须做到肘关节屈曲成直角，腕关节稍向背屈，掌心朝向胸部或向下。

（1）夹板固定。取两块长短适当的木板（由肘至手心），垫以柔软衬物，将两块夹板分别放在前臂掌侧与背侧（只有一块夹板时放在前臂背侧），并在手心放棉花等柔软物，让伤员握住，使腕节稍向背屈，然后，上下两端扎牢固定，再屈肘 90 度，用大悬臂带吊起。

（2）衣襟、躯干固定。利用伤员所穿的上衣固定。将伤臂屈曲贴于胸前，把手放在第三、四纽扣间的前衣襟内，再将伤侧衣襟向外翻，反折上提，托起前臂衣襟角系带，拉到健肢肩上，绕到伤肢肩前与上衣的衣襟打结。无带时可在衣襟角剪一小孔，挂在第一、二纽扣上，再用腰带或三角巾经肘关节上方绕胸部一周打结固定。

3. 肱骨骨折固定。固定时，要达到肘关节屈成直角，肩关节不能移动。

(1) 夹板固定法。用两块木夹板置于上臂内、外侧（如果有一块夹板时则放在上臂外侧），用绷带或三角巾将上下两端扎牢固定，肘关节屈曲90度，前臂用小悬臂带吊起（见图11—18）。

 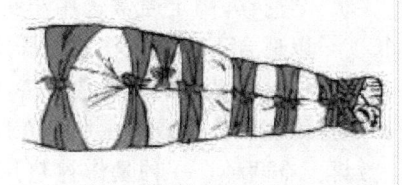

图11—18 肱骨骨折固定　　　　　图11—19 下肢骨折健肢固定

(2) 躯干固定法。现场无夹板时，可用三角巾固定躯干。把三角巾折成10厘米～15厘米宽（将三角巾叠成三折的宽带，其中央要正对骨折处）的带子，将上臂固定在躯干上，屈肘90度，再用小悬臂带将前臂悬吊胸前。

4. 股骨（大腿）骨折固定。

(1) 夹板固定。伤员仰卧，伤腿伸直，用两块夹板放于大腿内、外侧。外侧由腋窝到足跟，内侧由腹股沟到足跟（只有一块夹板则放到外侧），将健肢靠向伤肢，使两下肢并列，两脚对齐。关节及空隙部位加垫，用五至七条三角巾或布带将骨折上下两端固定，然后分别在腋下、腰部及膝、踝关节等处扎牢固定（见图11—20）。此外，固定时，必须使脚掌与小腿垂直，用"8"字形包扎固定。同时，应脱去伤肢的鞋袜，以便随时观察血液循环。

(2) 健肢固定。无夹板时，可用三角巾、腰带、布带等把两下肢固定在一起，两膝和两踝之间要垫上软性物品（见图11—19）。

5. 小腿骨折固定。

(1) 夹板固定。用两块由大腿中段到脚跟长的木板加垫后，放在小腿的内侧和外侧（只有一块木板时，则放在外侧），关节处垫置软物后，用五条三角巾或布带分段扎牢固定。首先固定小腿骨折的上下两端，然后依次固定大腿中部、膝关节、踝关节并使小腿与脚掌呈垂直，用"8"字形固定（见图11—21）。

(2) 健肢固定方法与股骨（大腿）骨折固定法相同。

图 11—20　股骨骨折固定　　　　　　图 11—21　小腿骨折固定

6. 肋骨骨折固定。因肋骨长而细，很容易折断，可采用宽带固定法或多头带固定法进行固定。先在胸部骨折处垫些棉花，在受伤者呼气状态下用宽绷带围绕胸部紧紧地包扎起来，固定胸壁。用大悬臂带扶托伤侧上肢。

7. 脊柱骨折固定。脊柱骨折后，不能轻易移动伤员，应依照他伤后的姿势作固定。俯卧时，以"工"字方式将竖板紧贴脊柱，将两横板压住竖板分别横放于两肩上和腰骶部，在脊柱的凹凸部加上软物品，先固定两肩并将三角巾的末端打结于胸前。然后，再固定腰骶部（见图 11—22）。伤员仰卧时，如不须搬动，可在腰下、膝下、足踝下及身旁放置软垫固定身体位置。

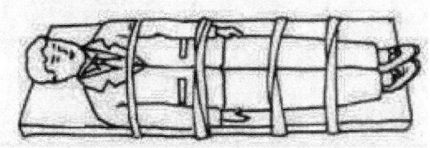

图 11—22　脊柱骨折固定

四、实施骨折固定术的注意事项

（1）有伤口出血的先止血、包扎伤口，然后固定。在对骨折肢体进行固定时，尽量使肢体处于功能位上。例如，上肢骨折固定时，应该屈肘 90 度，前臂旋转成中立位；下肢骨折固定时，下肢应该在伸直中立位，屈膝大约 5 度。

（2）使用固定物绑扎时要注意松紧适度，过紧妨碍血液循环，过松则容易脱落。上夹板等固定材料前，在骨的突出部位要垫上柔软的织物，以免因局部受压而发生组织的缺血坏死。

（3）夹板长度应超过上、下两个关节，上、下两关节予以固定，这样才能对骨折固定牢固。下肢骨折选用甲板最好超过上、下三个关节，例如，在固定股骨干骨折时夹板的长度要从脚跟到腋下，同时固定膝关节和髋关节。

（4）临时固定以制动，应急转送医院进一步治疗。

（5）对畸形不整复。如果遇到骨折的部位弯曲变形较严重，不要强行拉直骨折部位，防止疼痛性休克的发生和骨折断端对血管神经的损伤，要按照弯曲的原状进行固定。对于开放性骨折，外露骨质严禁未经处理就送回伤口内，以防加重感染和损伤，处置时将伤口连同外露骨质用无菌敷料或干净纱布包扎好后再行固定。

（6）四肢骨折要露出指（趾）末端，以便观察血供情况。

第五节　搬运术

对病人采取正确的搬运方法，是抢救病人的重要措施之一。错误的搬运方法，会造成增加病人痛苦、加重损伤甚至危及生命等严重后果。对于抢救人员来说，进入灾害现场发现伤员后，如果危险未解除，应该立即用正确的方法将伤员搬离充满毒气的房间、失火的楼房或即将倒塌的建筑物等危险现场。在搬运过程中，掌握正确的救护方法既可保证救护人员的生命安全，也可避免因搬运造成伤员伤势加重。搬运术按照有无器械分为徒手搬运和器械搬运。下面介绍几种常用的伤员搬运术。

一、徒手搬运

按照参与搬运的施救人员数量分单人搬运、双人搬运、三人搬运及多人搬运。

（一）单人搬运术

常用的单人搬运法有扶持、抱持、背负和拖拉搬运等（见图11－23）。

1. 扶持法。适用于清醒伤患者，即没有骨折、伤势不重、能自己行走的伤患者。救护者站在伤者身旁，将其一侧上肢绕过救护者颈部，用手抓住伤员的手；另一只手绕到伤员背后，搀扶其行走。

2. 背负法。多用于伤员不能自行行走，而救护人员只有一人时。对于失去意识、神志不清的伤员可采用交叉双臂紧握手腕的背负法。这样可以使伤员紧贴救护者，减少行走时摇动带来的损伤。对于神志清醒的伤员可采用普通背负法，只要抓紧伤员的手腕时不要左右摇晃即可。当救护者需要借助其他物体才能保持平衡脱离险境时，可将伤员横扛肩上，用一只手臂固定伤员，另一只手臂用于攀附。

3. 抱持法。救护者一手抱其背部，一手托其大腿将伤员抱起。若伤员还有意识，可让其一手抱着救护者的颈部。

以上三种方法不适用于脊柱骨折、股骨干骨折和胸部损伤的伤员。

扶持法　　　　　　抱持法　　　　　　背负法

图 11—23　单人搬运法

4. 拖拉法。如果伤员较重，一人无法背负或抱持，救护者可从后面抱住伤员将其拖出，也可用床单、大毛巾将伤员包好，然后拉住毛巾的一角将伤员拉走。

5. 爬行法。适用于清醒或昏迷伤者。用于在狭窄空间或浓烟的环境下，可减少有毒气体吸入。急救者以俯卧姿势将伤者背着向前爬行。

（二）双人搬运法

常用的双人搬运法有椅托式、轿（扛）式、拉车式（见图 11—24）。

1. 轿（扛）式。适用于清醒而且能用一臂或双臂抓紧救护员的伤患者。两名救护者面对面各自用右手握住自己的左手腕，再用左手握住对方的右手手腕，然后，蹲下让伤员将两上肢分别放到两名救护者的颈后，再坐到相互握紧的手上。两名救护者同时站起，行走时同时迈出外侧的腿，保持步调一致。

2. 椅托式。适用于体弱而清醒的伤患者。两名救护者面对面蹲在伤员的两侧，分别将靠近伤员一侧的手伸到伤员背后握住对方的手腕，各自将另一只手伸到伤员的大腿中部（腘窝处），握住对方的手腕。同时站起，行走时同时迈出外侧的腿，保持步调一致。

3. 拉车式。适用于意识不清的伤患者，将其移上椅子、担架或在狭窄地方搬运。两名救护者，一人站在伤员的背后将两手从伤员腋下插入，把伤员两前臂交叉于胸前，再抓住伤员的手腕，把伤员抱在怀里，另一人反身站在伤员两腿中间将伤员两腿抬起。两名救护者一前一后地行走。

4. 双人扶腋法。适用于清醒而双足受伤的伤患者（由于此法简便省力，在运动会上常被采用）。

椅托式　　　　　　轿（扛）式　　　　　　拉车式

图 11-24　双人搬运法

（三）三人或四人徒手搬运

3人或4人徒手搬运是由3人或4人平托式搬运，适用于脊柱骨折的伤者。

1．3人同侧运送。3名（或4名）救护者站在伤员未受伤的一侧，分别站立在肩、臀和膝部侧方。同时单膝跪在地上，分别抱住伤员的头、颈、肩、后背、臀部、膝部及踝部。救护者同时站立，抬起伤员，齐步前进，以保持伤员躯干不被扭转或弯曲。

2．3人异侧运送。两名救护者站在伤员的一侧，分别负责肩、腰和大腿部、膝部，第三名救护者可站在对面、伤员的臀部，3名救护员同时单膝跪地，两臂伸向伤员身下，握住对方救护员的手腕，分别抱住伤员肩、后背、臀、膝部，然后同时站立抬起伤员。

二、器械搬运法

器械搬运法可采用担架、床板、梯子或用床单现制担架进行搬运。

担架搬运既省力又方便，是常用的搬运方法，适用于病情较重，不宜徒手搬运，或需要转送远路途的伤员。常用的担架有帆布折叠式担架，此担架可适于一般伤员的搬运，但不宜运送脊柱损伤的伤员，若有脊柱骨折伤员需要搬运使用，必须在帆布中加一块木板。目前推广使用的是较为先进的组合式（铲式）担架，适用于不宜翻动的危重伤员。

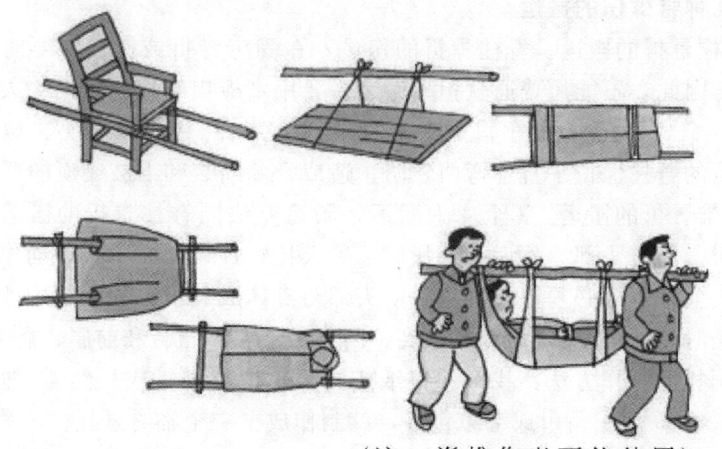

（注：脊椎伤者不能使用）

图 11-25 自制担架

（一）自制简易担架

可就地选用合适器材自制担架，如用木板、木棍、绳子、竹竿、被单、梯子、衣服等（见图 11-25）。两件上衣自制担架：用两根可负重的木棍或竹竿当架子，用两件上衣构成担架面；也可用毛毯（被单、棉被）自制担架，竹竿、绳子自制担架，木棍、门板自制担架。上述四种自制简易担架，均不宜用来转运脊柱损伤的伤员。

（二）上担架的方法（见图 11-26）

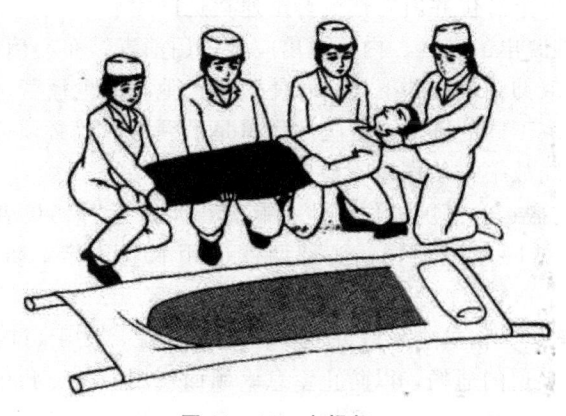

图 11-26 上担架

三、几种特殊伤的搬运

1. 脊柱骨折的搬运。脊柱骨折的伤员，在固定骨折或搬运时要防止脊椎弯曲或扭转。因此，不能用普通软担架搬运，要用木板担架，严禁用一人抬胸、一人抬腿的拉车式搬运（见图11－24）。搬运时必须托住伤员的头、肩、臀和下肢，使伤员的脊柱保持平直不弯曲，防止造成脊髓断裂和下肢瘫痪的严重后果。

2. 颈椎骨折的搬运。3至4人搬运，搬运方法同脊柱骨折的搬运。首先要有专人牵引、固定头部，然后一人托肩，一人托臀，一人托下肢，动作一致抬放到硬板担架上，颈下必须垫一小垫，使头部与身体成直线。颈两侧用沙袋或用颈托固定（临时颈托也可），肩部略垫高，防止头部左右扭转和前屈、后伸。

临时颈托的制作方法：找一些报纸或画报，把它们折成长约40厘米，宽约10厘米的形状，用三角巾或毛巾包好，就制作成了一个临时颈托。

3. 胸、腰椎骨折的搬运。先将一块木板（长度和宽度可容伤员俯卧）平放在伤员一侧，然后由3到4人，分别扶托伤员的头、肩、臀和下肢，动作一致，把伤员抬到或翻到硬木板上，使伤员俯卧，胸上部应稍垫高，并要取出伤员口袋内的硬东西。然后，用3至4根布带（三角巾），把伤员固定在木板上。

4. 骨盆骨折搬运。应使伤员仰卧，两腿髋、膝关节半屈，膝下垫好衣卷，两大腿略向外展，用1到2条三角巾折成宽带，围绕臀部和骨盆，在下腹部前面的中间打结。用另一条三角巾折成宽条带围绕膝关节固定。最后由3到4人平托伤员放在木板担架上搬运。

5. 开放性气胸搬运。首先应严密地堵塞胸部伤口（即外伤后胸膜腔于外界的开口），用三角巾悬吊固定伤侧手臂，再用另一条三角巾围绕胸部加以固定。搬运时伤员应采取半卧位并斜向伤侧，迅速运送医院。

6. 腹部内脏脱出的搬运。内脏脱出应首先用消毒纱布与碗固定脱出的内脏，搬运时伤员应采取仰卧位，膝下垫高，使腹壁松弛，减少痛苦，同时还应根据伤口的纵横形状采取不同的卧位：若腹部伤口是横裂的，就必须把两腿屈曲；若是直裂伤口就应把腿放平，使伤口不易裂开。

7. 颅脑损伤搬运。颅脑损伤（包括脑膨出）搬运时伤员应向健侧卧位或稳定侧卧位，以保持呼吸道通畅，头部两侧应用衣卷固定，防止摇动并迅速送医院。

8. 颌面伤搬运。伤员应采取健侧卧位或俯卧位，便于口内血液和分泌液向外流出，保持呼吸道的通畅，以防止窒息。颌面伤用一条三角巾折成带状，包下颌绕头上，在头顶打结，若伴有颈椎伤时，应按颈椎伤处理。

四、搬运注意事项

1. 在运送伤患者前，应先迅速检查患者头、颈、胸、腹、背及四肢的伤势并加以必要的急救处理。在意外事故现场的伤患者，如果其安全还继续受火、水、危房或有毒气体的危害，应迅速移离现场再给予急救。

2. 根据伤情，灵活地选用不同的搬运方法和工具。除使用常备担架运送伤患者外，应及时就地取材，用坐椅、门板、毛毯、衬衣、竹竿等制作临时担架。担架要牢固，伤患者的运送必须是安全而稳定的，避免伤患者跌落造成再损伤。凡是头部，大、小腿，手臂或骨盆发生骨折或是背部受伤的伤患者，均不得让其坐着运送。

3. 无论何时，尽量找担架来接送伤患者，而非搬运伤患者再去找担架。若需要将伤患者拖至安全地带，应将其身体以长轴方向直向拖行，不可从侧面横向拖行。搬运动作轻而迅速，避免震动，争取在短时间内将伤患者送往医院。

4. 在整个运送过程中，病人脚朝前，头朝后，便于继续观察与细心救护。担架员应边走边观察伤员情况，如神志、呼吸、脉搏。病情如有变化，应立即停下抢救。

5. 夏天要注意防暑，冬季要预防冻伤。

第六节　心肺脑复苏

一、心肺脑复苏概述

一切为了挽救生命而采取的医疗措施，都属于复苏的范畴。心肺复苏是针对呼吸、心跳停止所采用的抢救措施，即在开放气道前提下，以人工呼吸代替患者的自主呼吸，以心脏挤压形成暂时人工循环并诱发心脏的自主搏动。从心跳停止到细胞坏死的时间以脑神经细胞最短。人体大脑是高度分化和耗氧最多的组织，因此，其对缺氧最为敏感。脑组织的重量虽然只占自身体重的 2%，其血流量却占心输出量的 15%（每分钟约 800 毫升），而耗氧量更是占到全身耗氧量的 20%，儿童和婴儿的脑耗氧量比例更高达全身耗氧量的 50%。在正常温度时，如果心跳骤停 3 秒钟，人就会感到头晕；10 秒～20 秒时即可发生昏厥或抽搐；30 秒～45 秒时可出现昏迷、瞳孔散大；60 秒后呼吸停止、大小便失禁；4 分钟～6 分钟后脑细胞开始发生不可逆转的损害；10 分钟后脑细胞开始死亡。因此，维持脑组织的灌流（血液供应）是心肺复苏的重点，一开始就应积极防治脑神经细胞的损害，力争脑功能的完全恢复。故现已将心肺复苏扩展为心肺脑复苏（CPCR）。由此看出，复苏的首要问题是争取时间，时间是成功与否的关键。据医学临床统计显示，在心跳停止后 4 分钟内即开始初期复苏，8 分钟内开始后期复苏者的恢复出院率最高。复苏的成功不仅在于使心跳、呼吸恢复，更重要的是保证大脑的正常功能。复苏术开始的越早，复苏的成功率会越高。2003 年上海市急救中心针对呼吸心跳骤停患者的现场急救统计数据显示：呼吸、心跳停止后4分钟内开展心肺脑复苏的存活率大于50％，4分钟～6分钟开展心肺脑复苏的存活率约10％，6分钟～10分钟开展的存活率约4％，10分钟以后开展的伤者存活可能性就很小了。因此，早期开始复苏是提高成活率和脑功能完全恢复率的基础。有效复苏开始时间的分秒之差，常可严重地影响复苏效果。事故发生的时间和地点一般都无从预知，如果只靠医疗机构的力量来处理，则很难做到及时。因此，动员和组织全社会的力量进行急救、互救，普及复苏基本知识和操作技能，对于各类意外事故现场急救具有重要意义。现今，一般将CPCR分为初期复苏、后期复苏和复苏后处理。作为普及知识，大家只要学习初期复苏就可以了。基层医务人员、医疗辅助人员、消防人员、警察、司机及事故易发生单位（地）的工作人员等，都适于培训。

初期复苏是呼吸、心跳停止时的现场应急措施，一般在缺乏专业复苏设备和技术条件的情况下采取，主要任务是迅速有效地恢复生命器官（特别是脑和心脏）的氧合血液灌流。初期复苏的任务和步骤按照操作步骤英文单词的首字母归纳为A、B、C三步：A（air way）开放气道，即保持呼吸道通畅；B（breath）进行人工呼吸；C（circulation）建立人工循环。

呼吸和心跳是人体生命存在的征象。触电、溺水、外伤、煤气中毒等原因引起病人突然意识丧失、呼吸停止和心跳骤停，均是生命垂危的重症。呼吸停止与心跳骤停互相影响、互为因果。呼吸一旦停止，会使病人血中氧含量顿时降低，很快使心脏及大脑等重要器官因缺氧而发生不可逆行的损伤，最终导致病人死亡。所以，心肺复苏的初期必须强调迅速和有效。在最短时间内判断出呼吸、心跳停止，并立即实施人工呼吸和胸外心脏按压，这样才能达到迅速及时的要求；人工呼吸和心脏按摩的技术操作正确无误，方能认为有效。

患者呼吸、心跳停止时的表现：①意识突然丧失，患者昏倒于各种场合；②面色苍白或很快转为紫绀；③瞳孔散大；④颈动脉等大动脉搏动消失，心音消失；⑤呼吸呈现叹气样或抽气样甚至转而停止。可有短暂抽搐，伴头眼偏斜，随即全身肌肉松弛。

二、复苏前检查

经过现场评估认为没有生命危险后接近患者。

（一）判断患者有无意识

（1）轻拍患者面颊或肩部，高声喊叫："喂！你怎么啦?"，若认识可直喊其名。

（2）若无反应，立即用指甲掐压人中穴、合谷穴约5秒。

注意：拍打患者肩部时不可用力过重，更不可摇动患者，以防加重骨折等损伤，尤其是脑外伤、脑出血伤员，防止过度摇晃加重脑部出血；掐压时间不可太长，应在 10 秒之内，患者出现眼球活动、四肢活动或疼痛感后应立即停止掐压穴位。

（二）检查患者有无呼吸

在保持气道通畅的情况下，抢救者用耳贴近患者的口鼻，采取"一看、二听、三感觉"的方法，来判定患者有无自主呼吸。

看：观看患者胸部（或上腹部）有无起伏。

听：聆听患者口、鼻有无呼吸的气流声。

感觉：抢救者用面颊有无气流的吹拂感，或者用一丝餐巾纸放在病人的鼻腔或口腔前，看看餐巾纸是否晃动。

如果患者有自主呼吸，则继续保持气道通畅；如果无自主呼吸，则应检查有无异物阻塞气道，若有异物阻塞，迅速清除。待清除异物后，再继续观察。若患者在打开气道和清理口腔异物后仍无呼吸，要立即采取人工呼吸进行急救。

（三）检查患者有无心跳、脉搏

判断患者心跳是否停止，可以触摸心前区搏动来判断心脏是否跳动。正常成年人心率为 60～100 次/分，大多数为 60～80 次/分，女性稍快。日常生活中常用触摸颈动脉来确定，因为颈动脉不但粗而且离心脏近，搏动宏大有力，位置暴露，便于触摸。颈动脉位于颈部气管与颈部肌肉（胸锁乳突肌）之间的凹陷处。在进行人工呼吸两次后，若患者意识没有恢复，在保持气道开放的前提下，抢救者用一只手置于病人前额，使头部保持后仰，另一直手食指和中指尖并拢，置于患者的气管正中部位，男性患者可先触及喉结，然后向靠近抢救者的一侧滑移 2 厘米～3 厘米至胸锁乳突肌内侧缘的凹陷处，轻轻触摸颈动脉有无搏动。急救时也可触摸肱动脉、桡动脉、股动脉等是否有搏动来判断心跳是否停止。

触摸颈动脉时须注意：

（1）触摸颈动脉不能用力过大，以免颈动脉受压，妨碍头部血供，另外，位于颈动脉的颈动脉窦受压可以反射性地引起血压下降，遇有颈动脉过敏或双侧同时用力按压可引起血压急剧下降甚至心跳停止；

（2）因脉搏可能缓慢、不规则或微弱、细速，当不能确定是否停止时，可适当多触摸一会，但一般不应超过 10 秒，以免影响抢救；

（3）当对自己的判断有怀疑时，可先后触摸两侧颈动脉，但切记不可双侧同时触摸；

（4）触摸不到颈动脉搏动，说明心跳已经停止，但是要注意排除感觉错误，不要把自己手指的动脉搏动感觉为颈动脉搏动。

确定心跳、呼吸停止后，要迅速进行胸外心脏按压，直到专业救护人员的到来。

（四）检查患者瞳孔

眼睛中的虹膜呈圆盘状，中间有一个小圆孔，它就是我们所说的瞳孔，也叫"瞳仁"。正常人两眼的瞳孔等大等圆，瞳孔的大小可以控制进入眼内的光量。它在亮光处缩小，在暗光处散大。一般人瞳孔的直径可变动于 1.5mm～8.0mm 之间。一般来说，老年人瞳孔较小，而幼儿至成年人的瞳孔较大，尤其在青春期时瞳孔最大。近视眼患者的瞳孔大于远视眼患者。情绪紧张、激动或者兴奋的时候瞳孔会开大，深呼吸、脑力劳动、睡眠时瞳孔就缩小。此外，当有某些疾病，或使用了某些药物时，瞳孔也会开大或缩小，如颅内血肿、颅脑外伤、大脑炎、煤气中毒、青光眼等，或使用了阿托品、新福林、肾上腺素等药物时，都可使瞳孔开大；脑桥出血、肿瘤、有机磷中毒、虹膜睫状体炎等，或使用了匹罗卡品、吗啡、海洛因等药物、毒物时，都可使瞳孔缩小。瞳孔在光照下，引起孔径变小，这称为直接对光反射。若光线照射一只眼，非光照眼的瞳孔会缩小，这称为间接对光反射。这个过程受脑干支配，因而医学上用失去瞳孔反射来判定死亡。对于有颅脑损伤或危重病情的伤员，两侧瞳孔可呈现一大一小或散大的状况，并对光线刺激无反应或反应迟钝。

（五）呼救

一旦初步确定患者为呼吸、心跳骤停，应立即招呼周围的人前来协助救助，可大叫"来人哪！救命啊！"。因为一个人做心肺脑复苏很难坚持较长时间，而且劳累后动作不准确，影响复苏效果。周围的人除协助做心肺脑复苏外，还应立即打 120 急救电话和 110 处警电话求救。

（六）将患者放置适当体位

1. 进行心肺复苏时，正确的抢救体位是仰卧位。患者头、颈、躯干平直无扭曲，双手放于躯干两侧。

如患者倒下时面部朝下，应在呼救的同时使患者全身各部成一个整体翻转成仰卧位。翻转方法是抢救者跪于患者肩颈侧，将患者手臂举过头，拉直双腿，要注意保护患者颈部。可以一手托住头颈部，另一手扶肩，使患者平稳地转动至仰卧位（见图 11—26）。复苏操作时患者必须躺在平整而坚实的地面或床板上。

图 11-26　翻转

2. 昏迷体位：患者有脉搏、呼吸，但仍然处于昏迷状态，其气道有被舌根堵塞和吸入黏液以及呕吐物的危险。在排除脊柱外伤的前提下，应将患者置于侧卧位（侧卧，头偏向一侧，便于呕吐物排除，防止误吸），这样可避免舌根后坠引起窒息，并可使黏液等液体从口角流出。

三、成人心肺脑复苏术

开始正式的心肺复苏前，可先作胸前叩击，这有可能使刚发生停搏的心脏复跳。具体方法是：施救者跪于或立于病人的右侧，握紧右拳，用手掌尺侧（小拇指侧）小鱼际肌敏捷而有力地向其胸骨中下部捶击二三次，然后立即触摸颈动脉。如果出现搏动，说明心跳已恢复，否则就尽快开展心肺复苏，不再继续捶击。

按照心肺脑复苏三个主要步骤的英文缩写把其分为 A、B、C 三步：

（一）A 保持呼吸道通畅

1. 人吸气时空气从鼻（口）、咽、气管、支气管（由粗到细逐级分支）进入肺泡，呼气时经换气后的废气从相反的方向排出体外。各种原因引起气道不完全或完全性阻塞均可致呼吸困难甚至窒息（见图 11-27）。引起呼吸道阻塞的常见原因有：

（1）病人昏迷肌肉松弛，舌根后坠，阻塞气道（见图 11-28）。

（2）外伤后血块、误吸入异物及病人分泌物阻塞气道。

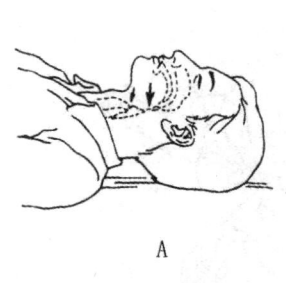
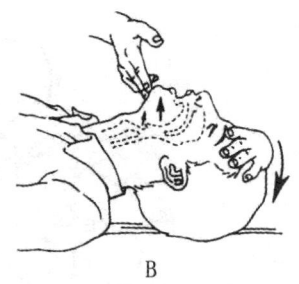

A
气道闭塞

B
开放气道

图 11-27　呼吸道阻塞与畅通

所以，保持呼吸道通畅首先要做的是：

（1）松开病人的领口，内衣及裤带，使胸扩运动不受外界阻力的影响，肺脏伸缩自如。

（2）清除呼吸道异物、分泌物并取出活动假牙。

（3）用敷料包裹舌尖，轻轻将舌牵出，松手后舌又后坠的，需用消毒针线穿舌尖将舌拉出，线缝于衣服上固定（见图11-29）。

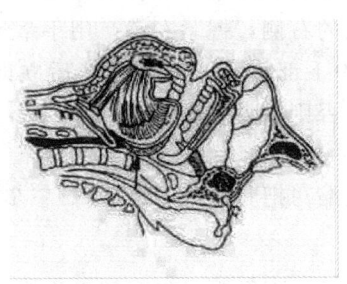

图 11-28　舌后坠

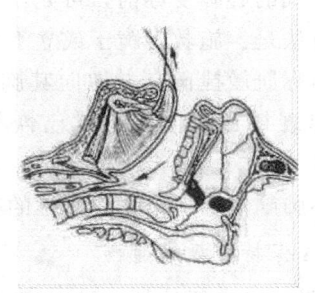

图 11-29　穿线拉舌，开放气道

2. 开放气道的方法有：

（1）头后仰下颌上提法，又称举头仰颏法：一只手放在病人额头，使头后仰，另一只手的手指将下颌骨上提，或抓紧下巴前方的组织或同时提起下颌和牙齿将下颌提起（见图11-30），无颈部外伤可用此法。根据2005国际心肺复苏指南，此法简单、有效、易于掌握，故推荐使用。

（2）头后仰颈部上提法：一只手放在病人额头，使头后仰，另一只手托颈部，将颈上抬（见图11-31），无颈部外伤可用此法。

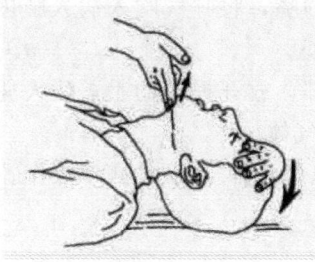 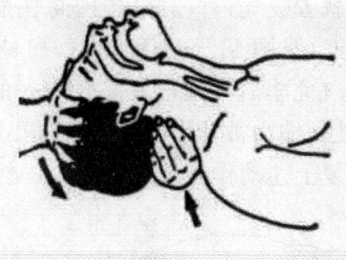

图 11—30　头后仰下颌上提法　　　　　　　　图 11—31　头后仰颈部上提法

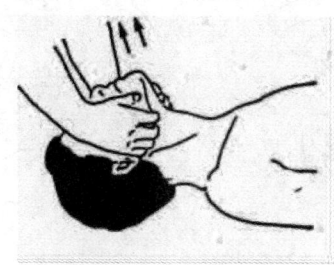

图 11—32　双下颌上提法

（二）B 人工呼吸

1. 人工呼吸的原理：维持人的呼吸功能和保持新陈代谢的正常进行，需要充足的氧气（新陈代谢）和适量的二氧化碳（刺激呼吸中枢产生自主呼吸）。正常人吸入的空气中，含氧 20.94%，含二氧化碳 0.04%；呼出的气体中，含氧 16%（肺脏只吸收氧含量的 20%，其余的 80% 原样呼出），含二氧化碳 4%。心肺脑复苏做人工呼吸时，施救者因用力吸气（加倍呼吸），呼出的气体中，氧的含量可达到 18%，二氧化碳的含量则为 2%。在一般情况下，施救者仅需用其通气量的 20%，就足以使伤病员保持适度的通气，保证生命重要器官脑、心、肾的氧气供应。

2. 人工呼吸的方法：人工呼吸有口对口人工呼吸、口对鼻人工呼吸和口对口鼻人工呼吸三种方式。

（1）口对口人工呼吸的方法：

a. 病人平卧，经开放气道后，救助者一手托起病人的下颌使其头尽量后仰，并施力将口张开，防止舌后坠，保持呼吸道通畅；另一手的拇指、食指将病人鼻孔捏紧以免吹气时气体从鼻孔溢出漏气。

b. 为了卫生，口对口吹气时可在病人口上先垫上一层薄的织物，其厚度以不妨碍气流通过为宜。急救包中有人工呼吸面膜的用呼吸面膜。

c. 施救者吸气，口对口严密封住病人的嘴，将呼气吹入病人肺内，并确保其胸廓隆起（见图11-33和图11-34）。

d. 吹气完毕后，施救者离开病人的嘴部，放开捏鼻的手，病人凭借其胸廓和肺的弹性回缩力被动回缩，自行排出肺内气体。

e. 重复上述动作连续吹气2次，然后以每分钟10次的频率操作。

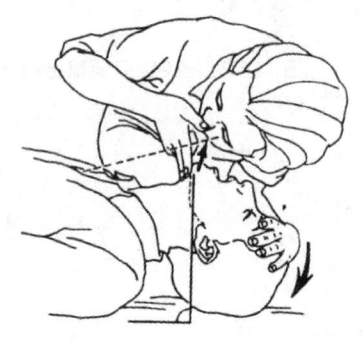 

图11-33　准备吹气　　　　　　　　　　　图11-34　吹气

（2）口对鼻人工呼吸的方法：当病人牙关紧闭难以打开时，应当机立断进行口对鼻吹气。其操作方法是：首先开放患者气道，使其头后仰，用手托住患者下颌使其口闭住。吸一口气，用口包住患者鼻部，向患者鼻孔内吹气，直到胸部抬起，吹气后将患者口唇张开，让气体呼出（见图4-11）。

3. 人工呼吸操作时注意事项：

（1）每次吹气量500毫升～600毫升，避免吹气量过大（超过1000毫升），造成胃大量充气，引起食物反流，甚至堵塞气道；

（2）吹气持续时间1秒钟以上，吹气时应暂停胸外按压；

（3）儿童吹气量要根据年龄、身高、体重而定，以胸廓上抬为准；

（4）仅呼吸停止而心跳尚存的，吹气可按10～12次/分的频率进行；

（5）如身边有急救器材，可用口对口呼吸专用面罩或简易呼吸器代替口对口吹气。

【知识链接】俯卧压背法

以往此法应用较普遍，其在人工呼吸中是一种较古老的方法。由于病人采取俯卧位，舌头能略向外坠出，不会堵塞呼吸道，救护人不必专门来处理舌头，节省了时间（在极短时间内将舌头拉出并固定好并非易事），能及早进行人工呼吸。气体交换量小于口对口吹气法，抢救成功率低于上面提到的几种人工呼吸法。目前，在抢救触电、溺水导致的呼吸、心跳停止时，现场有时还在使用此法。但对于孕妇、胸背部有骨折者不宜采用此法。

操作方法：

（1）伤病人采取俯卧位，即胸腹贴地，腹部可微微垫高，头偏向一侧，两臂伸过头，一臂枕于头下，另一臂向外伸开，以使胸廓扩张。

（2）施救者面向其头，两腿屈膝跪地于伤病人大腿两旁，把两手平放在其背部肩胛骨下角（大约相当于第七对肋骨处）、脊柱骨左右，大拇指靠近脊柱，其余四指微弯向外稍展开。

（3）施救者俯身向前，慢慢用力向下压缩，用力的方向是向下、稍向前推压。当施救者的肩膀与病人肩膀将成一直线时，不再用力。在这个向下、向前推压的过程中，即将肺内的空气压出，形成呼气。然后慢慢放松回身，使外界空气进入肺内，形成吸气。

（4）按上述动作，反复有节律地进行，每分钟12~16次。

（三）C人工循环（胸外心脏按压）

1. 胸外心脏按压的原理。人体胸廓有一定的弹性，肋软骨和胸骨交接处可因受压而下陷。因此，按压胸骨下段即可间接压迫心脏，使心脏内的血液排空。这种压力可以使血液射向肺动脉、主动脉，流到两肺和全身各脏器，部分经颈动脉流入脑。放松压力时，胸骨由于两侧肋骨及肋软骨的支持又回复原位。由于胸腔的扩张，胸内负压增加，静脉血回流到心脏，心室又得到血液的充盈，这样有规律地按压和松弛，从而建立起人工的血液循环（全身血液循环模型见附录）。这就是传统的"心泵学说"理论。

胸外心脏按压的目的是通过人工的方法促使血液在血管内流动，从而使人工呼吸后带有充足氧气的血液从肺部血管流向心脏，经动脉输送到全身，维持重要生命器官的血氧供应。赢得这一段时间，便有可能争取到更完善的复苏条件，显著提高病人成活的可能性。但是，对于心包填塞、张力性气胸、新鲜的肋骨骨折以及心瓣膜置换的病人，不能采用胸外心脏按压。经人工呼吸后病人仍未清醒的，应高度怀疑心跳停止，因病人心跳停止后，脉搏亦消失，所以可通过触摸动脉搏动来进行判断。如经判断患者心跳已经停止，应立即进行胸外心脏按压。

2. 心外按压的具体步骤。

（1）病人体位。去枕平卧位，应在地上或硬板床上。施救者立于或跪于病人一侧。不能在弹簧床（席梦思床）、软垫上实施心外按压，这样会导致挤压床垫，减弱按压胸廓的效果。

（2）定位。按压位置在病人剑突上两横指处。先在胸骨下端、两侧肋弓交界处找到剑突，然后施救者向上（往头部方向）量出两指宽度（2厘米～3厘米），放一手掌（以掌跟接触胸骨即可），另一手掌交叉叠于前一手背上，手指上翘，两臂伸直（见图11－35）。

确定按压部位的具体方法时患者须仍处于水平仰卧体位。抢救者一手的食指和中指，沿患者靠近抢救者一侧的肋弓下缘，向上滑行到两侧肋弓的汇合点。将中指定位于胸骨下切迹处，食指与中指并拢；另一手的掌根平放并紧靠在食指旁，即胸骨的中 1/3 与下 1/3 段的交界处。使手掌根的长轴与胸骨的长轴重合，以保证按压的力量在胸骨上，避免造成肋骨骨折。然后，再将定位的手掌根放在前手的手背上，使两手掌根重叠，十指相扣，手心翘起离开胸壁，保持下压力量集中于胸骨上。

（3）施救者凭借上半身的重力，垂直下按，使胸骨下陷 4 厘米～5 厘米，压后迅速放开，但手掌不能离开胸壁，借助胸骨自身的弹性自行复位（见图11－36）。

（4）按压频率：成人 100 次/分。

胸外心脏按压较常见的并发症是肋骨骨折，尤其是老年人，骨质较脆而胸廓又缺乏弹性，更易发生肋骨骨折，操作时应加倍小心。

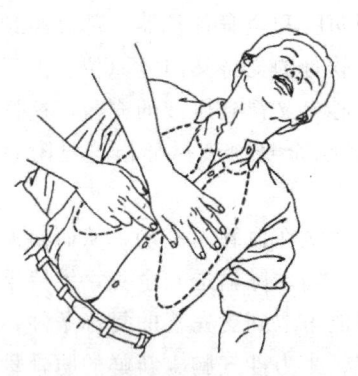
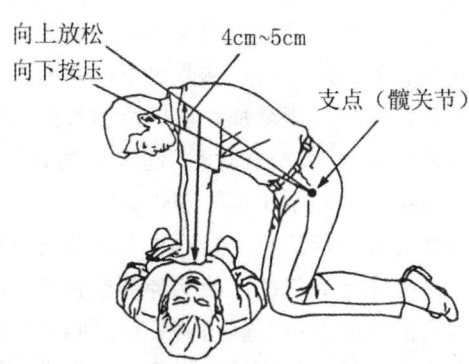

图 11－35　胸外心脏按压定位　　　　图 11－36　胸外按压

3．胸外心脏按压有效标志。

（1）在快速按压时，颈动脉处可触及搏动。

（2）按压后病人面色、口唇、甲床及皮肤等色泽变红润。

（3）按压后病人扩大的瞳孔变小，并对光有反射者，预后良好。如无药物影响而瞳孔始终完全扩大且角膜呈灰暗者，预后一般不良。

（4）按压后病人能够自主呼吸。

4. 胸外心脏按压常见错误。

（1）双手手指和手掌都紧贴胸壁，使力的作用点不在胸骨上，而引起肋骨骨折。

（2）定位不准确或虽定位准确，但抬起时，手掌根部离开胸骨，使按压点移位而引起剑突受压导致肝破裂等损伤，还可能顶压充盈的胃而引起呕吐物误吸入肺等。

（3）按压时呈俯冲式（骤然猛压）、揉面式、摇摆式、搓板式等，致效果差，易损伤。

（4）按压时施力不垂直，导致压力分散。

（5）按压节律忽快忽慢，频率太快或太慢。

以上是按压时容易出现的错误，应在按压时注意避免。

（四）人工呼吸和心脏按压比例

无论单人操作还是双人操作，在第一次人工呼吸时均须连续吹气 2 次，再按以下比例进行操作：每吹气 2 次，按压胸廓 30 次，即 2：30。

双人按压：实施按压者进行连续的频率为 100 次/分的胸外按压，而且不因通气而暂停；实施通气者进行每分钟 10～12 次的通气。二者每两分钟交换操作一次，以防止实施按压者疲劳，导致胸外按压的质量和频率降低。

复苏训练中以完成 5 轮操作即吹气 12 次、按压 150 次为一个周期。

（五）单人操作心肺脑复苏术的时间要求：

第 0～5 秒：判断意识；

第 5～10 秒：呼救，同时放好仰卧体位；

第 10～15 秒：开放气道，并观察呼吸是否存在；

第 15～20 秒：做人工呼吸 2 次；

第 20～25 秒：判断脉搏；

第 25～40 秒：进行胸外心脏按压 30 次，并做人工呼吸 2 次，以后连续反复进行。

四、婴儿和儿童复苏术

在医学上将 1 周岁以内的小儿称为婴儿，将 1 岁～8 岁之间的小儿称为儿童。其心肺脑复苏原理基本同成年人，但操作上有一些特殊之处（见表 11-2）。

（一）判断意识

如果婴儿对言语不能反应，可以用手拍击其足跟部或捏其合谷穴，若能哭泣，则有意识。

（二）人工呼吸

（1）婴儿口鼻开口均较小，位置又很靠近，抢救者可用口贴紧婴儿口鼻开口处，施行口对口鼻人工呼吸（见图11—37）。

（2）婴幼儿呼吸频率较成人快，行人工呼吸时应适当加快，儿童15次/分，婴儿可达20次/分。

（三）检查动脉

婴幼儿因颈部肥胖，颈动脉不易触及，可检查肱动脉或桡动脉。

（四）心脏按压

（1）婴儿胸外按摩的部位在胸骨中部，两乳头之间的连线上，儿童的按摩部位较婴儿低，成人则更低。

（2）按压力量相应减小。儿童用单手掌按压，下压距离为2厘米～3厘米。婴儿用食、中两指即可，双人操作时以环绕胸部双手的拇指按压，下压距离为1厘米～2厘米（见11—56）。

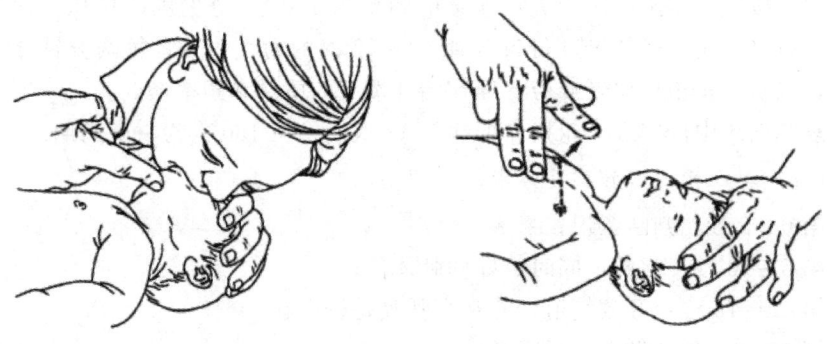

图11—37　口对口鼻人工呼吸　　　　　图11—38　婴儿心外按压

（3）按压频率：100次/分。婴幼儿呼吸心跳频率均较快，故两者比例与成人相近，只是均加快。

表11—2　2005年国际心肺复苏（CPR）指南标准比例表

	成人	1岁～8岁儿童	婴儿
开放气道	仰头举颏法		
人工呼吸	2次有效呼吸（每次持续1秒钟以上）		

呼吸频率	10～12 次/分钟（约 5 秒钟～6 秒钟吹气一次）	10～20 次/分钟（约 3 秒钟～5 秒钟吹气一次）	
检查动脉	颈动脉	股动脉	肱动脉
按压位置	胸部胸骨下切迹（胸口剑突处）上两指，胸骨正中部位或胸部正中乳头连线水平		乳头连线下一横指
按压方式	两只手掌根重叠	两只手掌根重叠/一只手掌根	2 指
按压深度	4cm～5cm	2cm～3cm	1cm～2cm
按压频率	100 次/分		
通气按压比	2：30（单人或双人）	2：30/单人或 2：15/双人	2：30/单人或 2：15/双人
潮气量	500ml～600ml	每公斤/8ml（约 150ml～200ml）	30ml～50ml
CPCR 周期	2 次有效吹气，再按压与通气五个循环周期 CPCR		
AED	在有 AED 设备的情况下，请先使用 AED 除颤一次，然后进行 5 个周期 CPCR		不推荐使用

【知识链接】AED 是什么？

AED 是体外自动除颤器的简称，主要安置于公共场所，供公众抢救猝死者时使用。它具有自动分析、自动诊断和自动除颤功能，启动后，根据每一步的提示内容，即可完成除颤的治疗过程。与医院里使用的手动除颤器相比，其具有操作简便，对使用者的专业技能要求不高的特点，所以，它的适用范围更广泛，在国外有一定的普及率，并且，可由普通公众操作使用，从而为恶性心率失常的患者赢得了挽救生命的宝贵时间。AED 是目前国际上发展最快的一种除颤技术，同时也是公众获益最大的一种除颤技术。

五、现场心肺复苏的开始和终止

（一）现场心肺复苏的开始

一旦遇到伤病者，确认其呼吸、心跳已停止，就应立即开始实施现场心肺复苏术。施救者一定要牢记时间就是生命。

（1）抢救者应充满自信，不要犹豫和等待专业人员到场指导。

（2）不要把时间耗费在推算心跳、呼吸停止的时间上。

（3）不要做不必要的繁琐检查。

（4）在病情稳定前，不要随意搬动病人。

（二）现场心肺复苏的终止条件

（1）伤病者已恢复自主呼吸和脉搏。

（2）有他人或专业医护人员接替抢救，或伤病者已转送医院。

（3）医务人员确认伤病者已死亡。死亡的指征是：

a. 深度昏迷、无意识。

b. 心肺复苏抢救持续 1 小时以后，始终无自主呼吸、自主脉搏（心电活动不恢复）。

c. 瞳孔固定性散大 30 分钟以上。

（三）坚持再坚持

对于儿童以及在特殊情况下：如在低温下心跳停止的，应坚持较长时间的复苏努力，不要轻易终止。

【案例】11－1　不懂自救的司机

2008 年"五一"黄金周期间，开了一天车的司机刘某驾驶小客车独自返家，车经过一处岔道口时撞上了路边的石头堆，车翻倒后无人抢救，他的双腿膝部以下被卡住血流不止，当时幸好手还能动，他急忙摸出上衣口袋里的手机拨打了 120 急救电话，然后在驾驶室里坐等救援。17 分钟后，救护车急速赶到出事地点，这时刘某因失血过多已经昏迷。这段时间他至少流了 2500 毫升血。刘某经急救输血后在医院醒来，非常惭愧地说"我真的不懂急救"。

【案例】11－2　错误搬运的后果

1976 年唐山大地震中，一位女医生腰椎被楼板砸伤，当时几个群众救援人员过来后，直接将她从楼板、瓦砾堆中拖了出来。女医生当时虽处于浅昏迷，但她仍能意识到自己的伤势，她知道此时千万不能随意搬动，但嘴里已说不出话来。后来经过抢救，女医生虽保住了性命，但变成了高位截瘫的病人。

【案例】11－3　拯救生命之吻

事情发生在美国佛罗里达州。7 月 17 日早晨，电线工人兰度·赞比安到杰克逊维尔市进行例行检查时，碰到了一根活的高压线，立刻被电击得不省人事。在附近工作的工人马上跑过来对其进行抢救。

画面上是最先跑过来爬上电线杆的工人汤普逊。他发现赞比安已经窒息，马上用口对口的方法进行人工呼吸抢救。随后的工人上来一起把赞比安救落到地面，送往医院，终于从死神手里夺回了赞比安的生命。

这是拯救生命的一吻，这是伟大的一吻。

作者洛高·莫洛比托是一名有经验的记者，当他走在路上时，听到人们惊慌的叫喊，便马上跟着跑了过去，观察事态的发展，最终拍摄到这张感人至深的照片。

让世界充满爱，这个镜头让人们看到人间深深的爱。

第二年，这幅作品获得了美国普利策大奖。

【案例分析题】

1. 通过案例11—1，分析案例中刘某该如何自救？

2. 通过案例11—2，分析案例中急救方式的错误之处，并给出正确的急救方法。

3. 通过案例11—3，分析心肺脑复苏急救的重要性，并谈谈此案例的成功之处。

【思考讨论题】

1. 现场急救的目的、主要任务是什么？

2. 构成人体上臂、前臂、大腿、小腿的骨骼是各种意外伤害中最容易受伤的骨骼，它们的各自名称是什么？发生骨折会出现哪些症状和体征？如何进行现场急救？

3. 急救五项基本技能是什么？一般现场急救应遵循哪些原则？

4. 常见外伤有哪些类型？如何确定？

5. 常用的止血方法有几种？各适用于哪种情况？谈谈止血带止血法的适用范围和操作注意事项。

6. 搬运的方法有哪几种？搬运时需注意哪些事项？

7. 复苏前应检查哪些项目？

8. 儿童和婴幼儿复苏有哪些特点？

9. 发现心跳、呼吸骤停的伤者如何进行急救？

【实务操作题】

设计一个意外伤害场景，模拟开展急救基本技能训练。

实 务 篇

我们每个人，无论是谁，都会在生活中至少遭遇一次紧急情境。一幢房屋，会受到大风的袭击、地震的摇撼，也会遭至大火或水淹。汽车也罢，飞机也罢，轮船也罢，都会发生不测事故，让人难以预料。开展经营吧，又会遭到自然灾害、蓄意破坏、意外事件、商务变动，等等，各种情况让人应接不暇，猝不及防。社会之中，火灾、风暴、地震、洪水等自然灾害虎视眈眈，威胁人身安全。天灾之外，更有人祸：突发事件、恐怖事件、疾病传播、环境恶化……可谓此起彼伏。更甚者，我们无论在家里、社区里、在大街上或其他公共场所，都有可能遭到不法之徒的伤害和侵袭。对于个人而言，生老病死和盛衰沉浮，人皆有之，无一可免。所有这些，都会使得我们危机四伏。因此，我们需要学会必要的技能以应对各种紧急事件。

第十二章　犯罪现场处置

【学习内容】

本章介绍了犯罪现场[1]、犯罪现场处置的基本概念，犯罪现场处置的机制，犯罪现场处置的程序和方法，涉爆案件、计算机犯罪案件现场处置等内容。其中犯罪现场处置的含义及原则，犯罪现场处置的机制以及犯罪现场处置的程序和方法是学习重点。

【学习目标】

通过本章的讲授及学生的案例分析、思考讨论和实务操作等学习活动，学生

---

[1] 犯罪现场属性的确定，主要取决于该事件的复杂程度和处置人员的判断力。一般而言，确定现场的属性是不难的，处置人员到达现场一看便知；但有的现场，是属于治安案件现场，还是犯罪现场，甚至是意外事件现场，还需经过进一步调查和专业人员的推断后才能确定，但这一般不影响前期现场处置措施的采取。

应知道犯罪现场的含义及种类，犯罪现场处置机制，掌握犯罪现场处置的程序和方法，会实施一般刑事案件现场的处置工作。

第一节　犯罪现场处置概述

一、犯罪现场的含义及种类

（一）犯罪现场的含义

犯罪现场通常称为刑事案件现场，是指犯罪行为发生的场所以及与此相关的一切场所。具体地说，犯罪现场包括犯罪分子实施犯罪的地点和其他留有与犯罪有关的痕迹物品的场所，以及与犯罪有关的各种现象、状况。

（二）犯罪现场的特点

1. 留痕性。犯罪分子一旦实施了某种犯罪行为，必然使犯罪现场的物质形态发生变化，留下种种反映、证实其犯罪活动的犯罪痕迹。这里的犯罪痕迹是广义的犯罪痕迹，既包括以实物形式存在的痕迹、物品及整个现场现象，也包括保留在有关人员大脑中的反映印象或印象痕迹。前者如工具痕迹、遗留凶器；后者如火光、烟雾等现场视觉印象，被害人呼救声等听觉印象，食品甜、酸等味觉印象，现场气温等触觉印象，农药味等嗅觉印象等。

2. 反映性。无论是以实物形式存在的痕迹、物品及现场现象，还是存在于有关人员大脑中的印象痕迹，都储存着有关犯罪活动的各种信息，能直接或间接地反映犯罪分子实施犯罪活动的时间、地点、作案过程及犯罪分子的个体特点等情况，可以为侦查破案提供线索和证据。

3. 复杂性。由于各种人为因素和自然因素的影响，犯罪现场中遗留的痕迹、物品和现场现象，以及有关人员大脑中的反映印象多寡不同、真伪并存，使犯罪现场呈现出明显的复杂性。如现场极易发生变动，现场痕迹众多，有关人员记忆错误等因素，使得现场的形态千变万化、纷繁复杂。

4. 易变性。犯罪现场形成后，由于犯罪行为造成的物质形态及物质形态的反映都会发生变化，呈现出犯罪现场的易变性。

（三）犯罪现场的分类

1. 根据犯罪的性质不同，可分为盗窃犯罪现场、杀人犯罪现场、抢劫犯罪现场、爆炸犯罪现场、投毒犯罪现场、放火犯罪现场、强奸犯罪现场、计算机犯罪现场等。这种分类从各种类型犯罪的特点和规律出发，有利于确定现场处置的重点。

2. 根据犯罪现场形成后有无重大变化，可分为原始现场和变动现场。原始现场，又称原貌现场，是指现场形成之后到现场勘查之前，其原始状态基本上没有因人为的或自然的因素而改变的现场。变动现场，是指现场形成之后，由于人为的或自然的因素，现场的原始状态遭到改变的现场。从造成现场的原始状态遭到改变的原因看，一是人为因素引起的改变，二是自然因素引起的改变。人为因素引起的改变，主要是人为非故意改变，即犯罪现场形成后，人们不是出于有意变动现场的目的而部分或全部改变了现场的原始状态；但也有可能是人为故意改变，这种人为故意改变现场可能形成新的犯罪或共同犯罪。自然因素引起的改变，是指犯罪现场形成后，由于自然而非人为的原因，现场的原始状态遭到部分或全部的改变。

3. 根据多个现场形成的先后次序和主要犯罪行为发生的地点，可分为第一现场、第二现场、第三现场等以及犯罪主体现场和犯罪关联现场。主体现场是指实施了主要犯罪行为的现场，关联现场是指实施其他犯罪行为的现场，主体现场和关联现场不是同一现场的两个部分，而是两个或几个既相对独立、又联系紧密的不同现场，一般是在出现多个犯罪现场时，才这样进行分类和称谓。

4. 根据同一现场的不同部位在该现场中的地位，可分为现场中心部位和现场外围部位。现场中心部位，是指犯罪分子实施犯罪活动的主要地点，也往往是实施主要犯罪行为的地点，如杀人犯罪现场中行凶杀人的地点，盗窃犯罪现场中撬盗的地点。现场中心部位往往留有比较多的痕迹物品，是现场处置的重点。现场外围部位，是指在现场中心部位周围或附近犯罪分子活动过的地点，如杀人犯罪现场中犯罪分子窥视、跟踪被害人的路线，盗窃犯罪现场中犯罪分子得手后逃离现场途中扔掉作案工具的处所。需要说明的是，现场中心部位和现场外围部位不是两个相互独立的犯罪现场，而是同一个犯罪现场的紧密联系的两个部分。

5. 根据现场所处的空间位置，可把犯罪现场分为室外现场和室内现场。室外现场，也称为露天现场，是指犯罪分子在敞开的、空旷的空间实施犯罪行为形成的现场，如在森林中、街道上、田野里形成的犯罪现场。室内现场，是指犯罪分子在封闭空间实施犯罪行为形成的现场，如在住宅、办公室、山洞、隧道、汽车、飞机内形成的犯罪现场。室内现场范围相对小，痕迹物品较集中，便于保护和勘查。当一个犯罪现场既有室内现场又有室外现场时，那么"室内现场"和"室外现场"就不再是两个独立的现场，而是同一个犯罪现场的联系紧密的两个部分，应称为现场的室内部分和室外部分。

6. 根据对现场有无伪装破坏，可把犯罪现场分为无伪装破坏现场、伪装现场和破坏现场。无伪装破坏现场，是指犯罪分子在实施犯罪过程中或实施犯罪后，对现场没有进行任何破坏或故意摆布的现场。伪装现场，是指犯罪分子在实施犯罪过程中或实施犯罪后，为了转移侦查视线、逃避打击，故意对现场进行某些摆布、改变的现场，如把内盗伪装成外盗，把他杀伪装成自杀，把放火伪装成失火等。为逃避法律的惩罚，一些犯罪分子还通过设置假案现场（伪造现场）来伪装现场，如为了贪污公款而虚构盗窃或抢劫犯罪行为，设置所谓的"盗窃犯罪现场"或"抢劫犯罪现场"，以掩盖其贪污公款的犯罪行为。破坏现场，是指犯罪分子在实施犯罪过程中或实施犯罪后，对现场实施各种毁痕灭迹行为的现场，如在现场泼水、拖地、抹桌子等。

二、犯罪现场处置含义及原则

所谓犯罪现场处置是指在特定的犯罪现场中，现场处置人员对现场的人、物、信息进行现场保护、现场急救、现场抢险、现场访问等活动的总称。从政府应急管理的角度看，重特大刑事案件属于社会公共安全突发事件，由公安机关来主导这类事件的应急处置。作为事件的第一反应者，事发社区、单位和当地政府（公安机关）负有刑事案件的先期处置职责。从处置的效果来看，先期到达现场的社区保安、派出所民警甚至被害人自身往往起到关键性作用，他们能够及时掌握案情、迅速控制事态和应对紧急情况。而刑事案件现场的勘验、谈判属于扩大应急的范畴，也是现场处置的一部分。

刑事案件现场的处置与其他事件现场处置相比，有鲜明的特点，即警察应急权（强制权）的集中体现和使用。因为在此类事件现场，警方不仅仅是维护现场秩序的保障者，更是应急处置的主导力量，大量诸如强制疏散、交通管制、武力解决等警察应急措施会更多地使用。但根据应急管理理论的比例原则，要求合理使用行政强制权，保障相对人的合法权益，所以，现场处置应遵循以下原则。

1. 合法性原则。在犯罪现场处置过程中必须符合法律规定，坚持依法办事，认真遵守处置程序上的法律规定，做到不符合法律规定的行为不做、不符合法律规定的事情不办，不得以处置行为的正当性来掩盖、忽视处置手段的非法性。

2. 安全性原则。确保安全是现场处置的最终目的和意义所在，消除现场危险因素是现场处置人员的至高职责。同时，安全性原则还休现为处置人员自身安全的防范和保护。在提倡以人为本的现代社会，这点显得尤为重要。

3. 保全证据原则。犯罪现场处置除了确保现场的安全外，还要对案件的真相、证据予以证实和查找。这就要求任何一个进入现场的人员务必有保全证据的意识，尽量减少对痕迹、物证的破坏，注意自己的手、脚和口，不要随意乱动和泄密。

4. 抢救伤亡原则。在处置紧急情况时，如果遇到有人受伤或有生命危险，应及时抢救。若以保护现场为由而拒绝搬动现场的伤员，不仅违背人道主义原则和现场处置的宗旨，而且对犯罪的后期调查极为不利。因为现场的受伤者很可能目睹事情的全过程，了解的情况最全面、最客观。

5. 减少损失原则。在处置突发情况时，造成一定的财产损失是不可避免的，但应尽量减少损失。一切处置措施以必需、够用为限，力求将处置中的人员伤亡和财产损失降低至最低限度。

第二节　犯罪现场处置机制

一、犯罪现场处置的组织机构及人员

犯罪现场处置须坚持高度集中统一、分层次实施的原则。对于一般的刑事案件，由案发地公安机关负责现场处置的组织与协调工作；对于重特大刑事案件，由案发地政府建立突发重特大刑事案件专项指挥部，在当地应急管理委员会领导下，统一指挥突发重特大刑事案件的应对工作。专项指挥部的总指挥由当地公安厅（局）长担任，副总指挥由分管刑侦工作的副厅（局）长担任，公安厅（局）刑侦、治安、防暴、消防、通信等部门负责人为成员。专项指挥部办公室设在公安厅（局）刑侦总（大）队，分管刑侦工作的厅（局）领导兼办公室主任，专项指挥部办公室负责日常管理工作。处置突发重特大刑事案件专项指挥部的指挥平台设在公安厅（局）指挥中心。专项指挥部下设专家咨询组、现场控制组、紧急行动组、案件调查组、情报信息组、新闻宣传组和通信后勤保障组，形成上下贯通、反应灵敏、权威高效的指挥体系。

（一）现场指挥组

现场指挥组是在启动专项指挥部之后临时设立的，全权负责现场应急行动的指挥机构。现场总指挥一般应由主管刑侦工作的公安领导担任。现场指挥组成员由110指挥中心、刑侦总（大）队等单位主要负责人参加，按照指挥长、副指挥长的要求，下达指令，组织指挥案件的侦破、处置工作，并负责上情下达以及情报信息的收集反馈等工作。现场总指挥的主要职责有：①核实案情，迅速组织力量赶赴现场；②制定现场处置方案；③及时上报案情；④对人员进行组织分工；⑤适情采取紧急措施；⑥做好现场协调工作；⑦向有关人员汇报现场情况；⑧决定撤离和办理交接手续。

（二）专家咨询组

专家咨询组由生物、化学、核辐射、计算机、爆炸、谈判等领域的专家组成，负责对恐怖事件有关专业问题进行分析研究，提出对策建议。

（三）现场控制组

现场控制组由现场警戒、现场保护、现场交通控制和现场治安维护人员组成。警戒人员的主要责任是划定现场保护范围，布置力量实施警戒。严禁任何人

进入现场，自己也要遵守现场纪律，不得随意进出现场和谈论现场的情况。同时要做好现场围观群众的劝离工作，疏导交通及安抚事主或受害人家属的情绪，还要对现行犯罪嫌疑人进行监视和控制。现场物品、痕迹保护人员的主要责任是搜寻现场细微痕迹和物品，采取有效措施保护痕迹、物证。现场交通控制人员主要针对现场交通实施疏导，加强路面控制，必要时根据指挥部的指令，实行分路段的交通管制，制止车辆、行人通行。在犯罪嫌疑人的经过路线设置路障、设卡堵截，配合案件侦破工作。

（三）紧急行动组

紧急行动组主要由现场堵截、现场救护、现场排险、现场检测人员组成。对于逃离现场的犯罪嫌疑人，公安、武警、交通部门的人员应根据其逃跑的路线、区域、时间紧急开展围追堵截，及时抓捕。对于现场的受伤者，医务、公安等部门的人员应确定现场受伤者的伤情，积极实施有效抢救。急救中应注意几点：①原则上要将伤者搬移出现场急救，移出前，要标示伤者原有的位置和姿势；②急救要在现场指挥组的统一安排下进行；③无论是受害人还是犯罪嫌疑人，均要实施急救；④要将现场急救的情况及时向现场指挥组报告，或随时与医疗机构取得联系；⑤进入现场时，要选择适当的路线，防止破坏现场的痕迹和物品。对于现场出现的财产毁损、灭失险情，现场处置人员应开展紧急的现场排险、抢险和救灾行动。这些应急处置力量主要来自公安、消防、建设、交通、卫生、水利、人防办、环保等部门。另外，对现场的毒害性、放射性、传染病病原体等有毒、有害物质，卫生、质检、环保、公安等部门的人员应进行现场监测、检验和鉴定。

（四）案件调查组

案件调查组由现场访问、现场勘查人员等组成。调查访问人员的主要责任是了解案件简情，确定访问范围和内容，寻找访问对象，实施详尽询问，做好访问后续工作，保持再次联系。现场勘查人员的主要责任是对现场的痕迹、物证进行提取和固定，为案件定性和最终破案奠定基础。

（五）情报信息组

情报信息组由安全、公安等部门的人员组成，负责收集有关事件处置工作的相关情报信息，提出分析、预测和工作意见。

（六）新闻宣传组

新闻宣传组由宣传、外事等部门组成，负责根据专项指挥部的宣传报道口径，组织重大刑事案件的有关宣传报道工作。

（七）通信后勤保障组

重特大刑事案件发生后，根据指挥部的指令，公安、通信、后勤财务部门要做好快速侦破的保障准备，确保案件发生后物力、财力、通信等方面保障到位，以适应快速侦破工作的需要。

二、犯罪现场处置的物质保障

现场案件的突发性和紧急性，要求相关部门及专业处置机构在日常管理中要加强处置物质的保障。主要有：

1. 警械武器。犯罪现场处置人员应携带驱逐性、制服性和约束性警械，如警棍、手铐、警绳、警笛、警戒带（或石灰粉）、警戒柱、警示牌、喊话器。还需要携带必要的武器，如手枪。但枪支的使用必须符合国家相关法律的规定。

2. 防护抢险急救器材和工具。如头盔、防弹衣、救护服、现场保护鞋、现场急救箱、担架、灭火器材和现场探照灯。

3. 通讯和交通工具。如高频对讲机、移动电话以及越野车、摩托车和小轿车。

三、犯罪现场处置的预案

为了切实保障犯罪现场处置的顺利进行，犯罪现场应急处置机构应根据当前社会治安状况、犯罪特点进行分析判断、总结经验，精心制定切实可行的、操作性强的紧急现场处置的工作预案，这是争取工作主动权的重要环节。一般来说，犯罪现场预案应包含以下几个方面的事项：

1. 处置目的和指导思想。即保护人民群众生命财产安全，发现、制服犯罪分子，保全现场证据，记录现场真实情况，从而为犯罪的侦查提供条件。

2. 处置范围。犯罪现场中的物、人、事均是处置的对象。具体包括：①现场中的证人、知情人、报案人、目击者、被害人以及犯罪嫌疑人；②现场中的犯罪痕迹，如脚印、指纹、毛发、纤维；③现场中的物品，如匕首、改锥等作案工具，衣物、钱包等嫌疑人遗留物；④现场中的形势状态，如群众围观、交通拥堵等。

3. 组织领导及指挥。犯罪现场处置须坚持高度集中统一、分层次组织实施的原则。重特大刑事案件一般由案发地的党委、政府统一领导（视情况可建立总指挥部），公安机关及其有关部门负责现场统一指挥（可建立现场指挥部）。工作预案必须明确组织领导机构、指挥人员及其职责，避免多头指挥或指挥不灵。

4. 任务分工。犯罪现场处置是一项复杂的系统工程，需要有关方面的分工负责、加强协作，实现总体目标。一般地讲，应包括指挥调度、通讯联络、现场控制、现场警戒、现场取证、重点部位监控、疏导交通、设置路障、对话谈判、宣传教育、救护伤员、后勤保障、机动力量十三项内容。制定预案时，要根据犯罪现场的方式、种类、规模等确定任务，部署警力。切实防止因事先计划不周而临战慌了阵脚的现象发生。同时，注意保留机动力量，防止事态突然激化。

当然，一个完备的预案还包括必要的保障体系。具体内容前点也有论述，在此不再论及。

第三节　犯罪现场处置的程序和方法

一、犯罪现场先期处置的流程

犯罪现场处置的步骤没有千篇一律的模式，没有一成不变的套路。它要求现场处置参与者灵活、科学地运用现场处置的知识和技能，因地制宜、随机应变，切忌搞一刀切。以下步骤以处置重大刑事案件现场为例来说明。

1. 接报、登记。若报案人主动报案，接报人要认真对待，不得怠慢。接报案时应查明案件或事故的以下问题：案件的基本情况，犯罪分子、责任人的情况，被害人、被损财产的情况，到达现场的行车路线。

2. 报告、联络。对于发生的重大案件，接报人应根据案情的大小、工作需要，迅速沟通各方面的信息。对于发生的重特大案件，接报后首先应逐级报告上级公安机关，情况紧急的，可以越级报告；同时还要向案件发生单位的负责人报告。

3. 集结、出发。接到报案后，在了解基本情况的前提下，应迅速组织力量赶赴现场。有专业队伍的，在集结时，要简要告知队员现场的方位、案发情况及现场保护的要求。

4. 布置警戒。处置人员到达现场后要同时开展保护现场、调查访问、分析案情工作，优先处置紧急情况，但首要的工作是布置警戒。指挥人员在巡视现场的内外情况及周围环境的基础上，重点确定现场的方位、范围及现场的基本情况，划定现场保护范围，布置力量警戒。禁止无关车辆和人员进入警戒区域，保证现场外围道路畅通，疏散现场围观群众，以免造成新的人身伤害。

5. 紧急处置。对于现场出现的紧急情况，现场指挥人员要及时采取紧急措施并检查执行情况。犯罪现场处置中可能出现的紧急情况有：抢救受伤者和救助受害者、与劫持人质者现场谈判、排除险情和抢救财产、疏导交通、现场搜索、监控及追缉堵截嫌疑人和责任人。

6. 收集记录。对现场的重要知情人，要及时开展证人证言的收集工作，制作现场访问笔录；对现场的围观人，要逐一做好登记、记录工作，要记录他们的姓名、地址等基本情况。重要知情人的寻找主要集中在现场的发现人、报案人、被害人及其亲属和在现场周围居住、工作或停留的人，以及在犯罪分子或责任人来去的路线上了解有关情况的人。

7. 汇报情况。若现场勘查人员或有关领导来到现场，先期现场处置人员要主动汇报现场情况。汇报内容主要是案件的情况以及现场保护的情况。从现场提取的物品和痕迹要移交给勘查人员。

8. 结束处置。一般而言，现场局面得到控制并趋向稳定，现场勘查结束，现场访问完毕或犯罪嫌疑人已被抓获，即可撤出现场，结束处置。

二、犯罪现场处置的内容和方法

（一）杀人现场的处置

1. 抓捕作案人，控制可疑人。处置人员赶到现场后，如果发现嫌疑人仍在犯罪或尚未逃跑，应迅速制止其犯罪，制服嫌疑人，并扭送至当地公安机关。若已知作案人特征、姓名及逃跑路线，要立即报告，组织查缉、抓获嫌疑人。

2. 抢救受伤人员。①当杀人现场有人受伤或有生命危险时，要立即组织人力进行抢救，不能因保护现场而不抢救人命；②在抢救被害人的过程中，要设法从他们口中了解其姓名、住址和有关嫌疑人的情况；③对受伤的嫌疑人也要全力抢救，以获取他们的口供和罪证。在抢救受伤人员时，要特别注意受伤人员躺卧的位置、姿势和伤势情况，搬动时还要查看受伤人员的衣服、鞋袜上是否带有血迹、泥土、植物枝叶等物质，容易遗落的尽可能进行提取，并做好记录，这些东西对以后分析推断案情有重要作用。

3. 封锁现场，保护好尸体和痕迹、物证。

【知识链接】枪击案件现场的自我处置

遇到枪击时如何选择掩蔽物？①掩蔽物最好处于自己与恐怖分子之间。②选择密度质地不易被穿透的掩蔽物，如墙体、立柱、大树干，汽车前部发动机及轮胎等；但木门、玻璃门、垃圾桶、灌木丛、花篮、柜台、场馆内座椅、汽车门和尾部等不能够挡住子弹，虽不能作为掩蔽体，但能够起到隐蔽作用，使恐怖分子在第一时间不能够发现你，为下一步逃生提供了时间。③选择能够挡住自己的身体的掩蔽物。有些物体质地密度大，但体积过小，不足以完全挡住自己的身体，就起不到掩蔽目的，如路灯杆、小树干、消防栓等。④选择形状易于隐藏身体的掩蔽物，如立柱；不规则物体容易产生跳弹，掩蔽其后容易被跳弹伤及，如假山、观赏石等。

在公交车上遇到枪击怎么办？①快速掩蔽。在公交车上遇到枪击时，迅速低头隐蔽于前排座椅后或蹲下、趴下，不要站立。②及时报警。拨打110报警：几路车，哪一站，受到哪个方向的枪击，来自车外还是来自车内，是否有人受伤等。③择机下车。在情况不明时，不要下车；确定枪击方向后，下车沿着枪击相反方向，利用车体做掩护快速撤离。④自救互救。到达安全区后，及时检查是否受伤，发现受伤，及时实施自救互救。⑤事后协助。积极向警方提供现场信息，协助警方控制局面。

（二）强奸现场的处置

1. 抓获强奸犯，控制强奸可疑人。在现场如果发现强奸犯尚未逃脱，应立即抓捕并将其扭送当地公安机关；若强奸犯尚未远离现场，要立即追缉堵截，将其抓获；如果在现场发现重大可疑人，应布置专人进行监视控制，防止其自杀、行凶、逃跑。

2. 做好思想工作，稳定受害者情绪。受害者被强奸后，往往羞愧难言、惊恐不安，甚至痛不欲生。此时现场的处置人员，要对其做好思想工作，使其稳定情绪。要以同情的态度，热情关怀的语气，耐心地劝导、鼓励受害者勇敢地站出来揭发检举，实事求是地反映受害过程和情况，积极配合公安机关及时破案，抓获嫌疑人，为社会除害。对不愿公开身份的，要给予严格保密。一定要保护受害者的安全，防止发生意外情况。

3. 保护好现场遗留的痕迹、物证。在强奸案发现场，一般都会留下嫌疑人的足印、坐卧痕迹、禾苗杂草被压倒的痕迹，以及毛发、血渍、精斑等痕迹。有的受害者在挣扎着同嫌疑人搏斗的过程中，会撕碎其衣裤，扯下纽扣，抓伤、咬伤其脸部、手指等。无论是室内现场还是室外现场，都应确定保护范围，封锁现场、布置警戒，保护现场的原始状态。

4. 向上级报告现场的情况。勘验人员赶赴现场后，保护现场的处置人员应将现场处置情况，包括嫌疑人的特征、痕迹、物证的地点等向现场勘查指挥员报告。其内容包括：①案件发生的时间，接受报案的时间，保护现场的时间；②保护现场的处置人员的姓名、单位、职务；③将抓住的案犯及嫌疑人移交给刑侦部门；④被害人的姓名、职业、住址和嫌疑人逃跑的方向及身上是否有伤痕和血迹等；⑤现场痕迹、物证的保护情况及现场发生变动、变化的情况等；⑥追踪、堵截、查缉强奸案犯的实施情况等。

（三）抢劫现场的处置

1. 追击、堵截、抓捕抢劫犯，控制重大可疑人。处置人员赶到现场后，若发现作案人尚未逃脱，应立即抓捕并扭送当地公安机关。

2. 抢救现场受伤人员。当抢劫现场有人受伤或有生命危险时，要立即进行救护，特别是对受伤的受害人应及时予以救护。在抢救的同时，适时了解有关作案人的基本情况和作案过程。

3. 封锁现场，搞好现场保护。①对室内的抢劫现场，只要封锁住进出口，并控制好现场周围地带，就能有效地保护现场；②对拦路抢劫现场，要根据现场周围环境、地形地貌及作案人的来去路线等情况，划定现场保护区域，布置警戒，禁止无关人员和车辆进入；③妥善保存现场遗留的刀棍、纽扣、手帕、帽子、手套、纸片及各种蒙堵物。对现场的搏斗痕迹、血迹、毛发等痕迹、物证也要加以认真保护。

【知识链接】路面抢劫案件现场的自我处置

抢劫是指用暴力夺取他人财物的违法犯罪行为。有时歹徒持有武器结伙或连续作案，致使被害人及群众产生恐惧感，社会危害性较大。应急要点：①在人员聚集地区遭到抢劫，被害人应大声呼救，震慑犯罪分子，同时尽快报警；②在僻静地方或无力抵抗的情况下，应放弃财物，保全人身；待处于安全状态时，尽快报警；③应尽量记住歹徒人数、体貌特征、所持凶器、逃跑车辆的车牌号及逃跑方向等情况，同时尽量留住现场证人；④骑车时，若自行车突然骑不动，要先抓牢车筐内的物品或背好包后，再下车查看。

(四) 放火现场的处置

(1) 现场人员立即向"119"、"110"报警。

(2) 组织群众扑救，维护现场秩序。遇有正在燃烧的现场，处置人员要立即组织现场群众扑救。扑救要本着"救人重于救物"的原则进行。

(3) 封锁现场，根据现场情况确定现场保护范围（包括起火点和爆炸点），维护现场秩序，尽量减少对现场的破坏。

(4) 要注意观察风向、火势、烟焰、火焰颜色、气味。若发现引火物，在条件许可时要抢救出来，为刑侦部门正确断定案情提供依据。对已扑灭的火场，应保持原状，保留燃烧后的灰烬。

(5) 对于不能制止火势蔓延的火场中的尸体，有可能被烧毁或被倒塌建筑物压坏时，应设法将尸体移出火场，但要记清现场变动情况及尸体姿势。

(6) 火场上如果发现作案人尚未脱逃，应立即将其抓获。

(7) 已知作案人的确切情况及逃跑时间、逃跑方向，要立即报告，组织追缉、堵截、缉拿作案人。

(8) 如果在现场发现放火嫌疑人，要立即对其进行严密监视控制，防止其逃跑、自杀、行凶或毁灭证据。

【知识链接】纵火恐怖袭击现场的自我处置

公共汽车上遇到纵火恐怖袭击怎么办？①要沉着冷静。当发动机着火后，应迅速开启车门，从车门下车，用随车灭火器扑灭火。②如果着火部位在中间，从两头车门有秩序地下车。在扑火时，重点保护驾驶室和油箱部位。③如果火焰小但封住了车门，用衣服蒙住头部，从车门冲下。④如果车门线路烧坏，开启不了，应砸开就近车窗翻身下车。⑤如果衣服着火，来得及脱下，迅速脱下衣服，用脚将火踩灭；或者请他人协助用厚重的衣物压灭火苗，如果他人衣服着火时，脱下自己的衣服或其他布物，将他人身上的火捂灭。

（五）盗窃现场的处置

（1）保护盗窃现场。盗窃现场的保护，除在外围设岗，不准无关人员入内之外，重点要保护好嫌疑人出入的道口，爬越的窗户，打开的箱柜、抽屉等。

（2）现场保护人员不准从嫌疑人进出通道通行。

（3）对被打开或被破坏的锁头，爬越的院墙和窗户，盗取财物的箱柜、抽屉都要保持原状，以免留下新的痕迹。

（4）对散落在地面的衣物、文件、纸张和作案工具等物品，一律不准接触和移动。

（5）还要注意对现场周围嫌疑人可能徘徊、逗留、坐卧过的痕迹以及可疑运输工具的痕迹加以保护。

（6）抓获现行犯，追缉堵截已逃犯。处置人员赶到现场后，如果盗窃分子尚未逃离应立即抓捕。

（7）对那些尚未逃远，并已掌握作案人数、体貌特征和携赃逃跑的嫌疑人，或者已发现案犯逃跑的方向、路线和踪迹的，应迅速组织处置人员跟踪追缉，或者设卡堵截，争取尽快抓获盗窃犯。

【知识链接】入室盗窃与抢劫现场的自我处置

入室盗窃、抢劫同街头盗窃、抢劫相比具有隐蔽性，因此更容易给受害人造成较大的财物损失，甚至对其生命安全构成直接威胁。应急要点：①夜间遭遇入室盗窃，应沉着应对，能力许可时可将犯罪嫌疑人制服，或报警求助。千万不能一时冲动，造成不必要的人身伤害。②家中无人时遭遇盗窃，发现后应及时报警，不要翻动现场。③遭遇入室抢劫，受害人应放弃财物，以确保人身安全。

④遭遇入室抢劫，应尽量与犯罪嫌疑人周旋，找时机脱身；尽量记住犯罪嫌疑人的人数、体貌特征、所持凶器等情况，待处于安全状态时，尽快报警。

（六）抢夺现场的处置

1. 组织追缉、堵截。如果嫌疑人尚未逃离现场，赶到的处置人员应立即将其抓获；如果作案人尚未逃远，并已掌握案犯体貌特征和携赃逃跑的，或者已发现案犯逃跑的方向、路线和踪迹时，应迅速报告并组织堵截，现场处置人员可征用交通工具迅速追缉，尽快抓获嫌疑人。

2. 采取控制销赃措施。通过询问被抢事主，了解被抢物品的数量、特征、暗记，通过旧货寄卖等有关行业控制销赃；还可通过事主协助处置人员到集贸市场、非法交易市场等地点秘密辨认或到沿途卡点协助辨认作案人。

（七）伤害现场的处置

1. 抢救受害和受伤的人。处置人员赶到现场后，对于在现场发现的受伤者，必须立即进行抢救。对受害和受伤的人，要查验其呼吸、脉搏、瞳孔以及对动作的反应等，以确定其是否死亡。只要还未死亡，就要就地或者送往医院抢救。对被害人要派专人观察守护，待经过急救有回答问题能力时，应在医务人员的配合下，尽快进行询问，以查明被害人的身份，被害的原因、经过，以及罪犯的姓名、住址、体貌特征、所用凶器及逃跑方向、路线、交通工具等情况。对于被害人的抢救治疗，要采取必要的安全措施，以防案犯继续行凶。

2. 保护伤害现场，维护现场秩序。处置人员要根据现场情况，划定现场保护范围，布置警戒，禁止一切无关人员进入现场。对现场上遗留的血脚印、血手印、血泊、伤害工具、搏斗痕迹以及其他散落在现场的物品加以妥善保护。在进入现场抢救伤员时，也应尽量减少现场的变动，同时，要维护现场秩序，疏导围观的群众，指挥疏导现场交通，以免发生意外事件。

【知识链接】恐怖分子劫持现场的自我处置

被恐怖分子劫持后怎么办？①保持冷静，不要反抗，相信政府；②不对视，不对话，趴在地上，动作要缓慢；③尽可能保留和隐藏自己的通讯工具，及时把手机改为静音，适时用短信等方式向警方110求救，短信主要内容：自己所在位置，人质人数，恐怖分子人数等；④注意观察恐怖分子人数、头领，便于事后提供证言；⑤在警方发起突击的瞬间，尽可能趴在地上，在警方掩护下脱离现场。

第四节　涉爆案件现场处置

作为一种严重暴力刑事案件，涉爆案件危害大、破坏性强、造成人员伤亡众多，对公共安全构成了巨大的威胁。对于涉爆案件现场的处置，我国警务部门实行二级处置原则，即事发地警务人员的先期处置和专业排爆人员的攻坚处置。本节以先期处置为重点作一介绍。[1]

一、涉爆案件现场处置的原则

1. 生命至上原则。生命至上，减少伤亡是涉爆案件现场处置的首要原则，首先体现在对现场周围人员生命健康的保障。无论什么人发现了爆炸装置，一经报案，要立即封闭现场，设置警戒区，除排爆手外，一切人员不得进入；其次专业排爆手进入现场也要穿上防护服，携带专业工具。

2. 减少损失原则。对于现场的易燃、易爆、有毒及放射性物品应尽快转移，切断现场的油、电、气及其他火源，严禁在现场附近使用无线电设备，有条件要采取有效的屏蔽措施，以防止次生事故发生。转移爆炸物时不要在同一辆车上同时运送爆炸装置和可疑物品，也不能将起爆装置和炸药混在一起装运。

3. 科学严谨原则。涉爆案件现场处置事关人命，现场处置人员必须坚持科学的态度，谨慎操作。对于现场排爆必须由经过专业培训的专业排爆手来操作。对于现场爆炸可疑物的确认要有根据地、科学地分析。不可鲁莽行事，以免酿成大患。

二、涉爆案件现场处置的工作要求

1. 不触动可疑物。严禁在情况不明的情况下，现场人员触动可疑的爆炸装置。无论在什么情况下，发现爆炸装置后不可轻易触动，要保持爆炸装置的原状，等待排爆人员进行处置。

2. 保守现场秘密。现场爆炸物是犯罪分子精心设计的犯罪工具，同时也能反映犯罪分子的作案手法、动机，通过现场处置尤其是现场排爆能获取罪犯的大量线索，为后期侦查提供便利，因而现场人员不要把排爆装置的方法和案情告诉无关人员，以防泄密。

3. 保持现场安静。排爆现场附近高声喧哗不仅容易让排爆人员分散注意力而产生失误动作，而且会干扰排爆人员的听觉甚至造成误听，因为在排爆过程中，排爆人员要借助耳朵或其他工具聆听爆炸装置内部的声音来判断爆炸物的状

---

〔1〕　参见李琳："试论涉爆现场紧急处置原则和程序"，载《北京人民警察学院学报》2005 年第 2 期。

态及危险性。因此，无论什么人在什么位置都应该保持现场的绝对安静，直到排爆人员安全排除爆炸装置为止。

三、已爆案件现场的处置

已爆案件现场的处置坚持"先搜爆、排爆，再勘查现场"的原则，以防止二次爆炸的发生，造成不必要的损伤。对已爆案件现场的处置应以专业技术人员为主，先期赶到现场的处置人员，尽可能做好以下应急处置工作。

1. 封锁现场。封锁现场的方法是：划定警戒线，设置警戒标志；设置人墙，设置障碍物，封锁交通。封锁现场的范围：一是中心现场，中心现场应从爆炸中心点向外延伸到爆炸物飞散的最远距离为止；二是控制区，控制区的范围应结合现场格局、爆炸烈度来考虑。爆炸发生在建筑物、院落或其他露天场所时，控制的范围应是围墙和院落以内或某一建筑物以内，或某个场所、街巷及村镇的边缘以内。

2. 现场灭火。如果爆炸时酿成火灾，要立即按预定方案配合消防人员扑救，并迅速查明现场有无存放易燃易爆、剧毒物品和贵重物品，采取有效对策防止火势蔓延、危险品燃烧爆炸、毒物外泄，同时紧急疏散现场及周围的群众。要注意将灭火措施对现场原貌的影响控制在最低限度，水量过多易把爆炸残留物冲走，或过多的灭火剂将残留物覆盖污染，难以取样并影响化验分析的准确性；要提醒消防和抢救财物的人员，注意保护现场痕迹、物证。

3. 紧急救护。对于伤亡人数较多的爆炸现场，指挥员要按预定方案组织救护，将伤员立即送往附近医院抢救。对未受伤人员进行动员并转移到指定的某个地点，逐个进行检查，确认与爆炸无关人员，将其姓名、性别、年龄、住址、工作单位、职业等情况登记后才能放行，以便事后调查访问；对于死者，不要移离原位，以便分析认定死者同爆炸点之间的关系和判定案情。自杀型爆炸案件的案犯就在死者之中，如必须移离原位时，要用照相方式予以记载固定并作详细记录。

4. 现场搜爆。有针对性地对爆炸核心区域和重点部位进行防爆安全检查，以防再次发生爆炸，消除危险隐患，为后期处置工作的全面展开创造必要条件，这是紧急处置阶段的关键环节。先期处置人员封锁现场后，在采取灭火、救护等紧急措施的同时应立即配合专业排爆人员，对现场及周围通过直接观察、仪器搜索、搜爆人配合等方法展开搜索，寻找未爆或犯罪分子蓄意放置的二次爆炸物。一旦发现爆炸物或可疑物，要立即由专业排爆人员予以鉴别和排除。

【知识链接】爆炸案件现场的自我处置

当遭遇到爆炸时如何处置？①卧倒：迅速背朝爆炸冲击波传来方向卧倒，脸部朝下，头放低，在有水沟的地方最好侧卧在水沟里边。若在室内遭遇爆炸，可就近躲避在结实的桌椅下。②张口：避免爆炸所产生强大冲击波击穿耳膜，引起永久性耳聋。③防烟防毒：爆炸瞬间屏住呼吸，逃生时以低姿势为好。不乱跑乱窜、大呼大叫。用毛巾或衣服捂住口鼻。④电话呼救：立即拨打 120、110、119 等急救。⑤伤员救助：检查伤员受伤情况，迅速清除伤者气管内的尘土、沙石，防止窒息。若其呼吸停止，应立即进行人工呼吸和心脏按压。就地取材，对伤者进行止血、包扎和固定，搬运伤员时注意保持脊柱损伤病人的水平位置，防止因移位而发生截瘫。

四、爆炸可疑物现场的处置

一般来说，对发现的爆炸可疑物，无论是先期赶到现场的处置人员，还是后期赶到的排爆专业人员，都不要轻易触动，应尽快采取应急和专业处置措施，否则可能酿成严重的爆炸事件。爆炸可疑物现场紧急处置阶段的任务就是鉴定确认爆炸可疑物。其处置程序大致可分为疏散、证实、检查鉴别、应急处置四个步骤。

1. 划定警戒范围，疏散人群，禁止无关人员进入。

2. 询问、证实情况。应向目击者询问可疑物发现的时间、地点、外观、有无人动过等尽可能多的情况并作详细记录，同时用照相、录像方式将可疑物及周围环境拍摄下来，固定现场原始情况。

3. 对可疑物进行检查鉴别。首先放置频率干扰仪，屏蔽现场，防止遥控炸弹袭击。干扰仪应放置在距爆炸物 10 米的范围之内，处置人员一般应穿排爆服放置干扰仪。放置完毕后，处置人员要马上远离爆炸物，撤回到警戒区外。然后可使用便携式 X 射线检查系统对可疑物进行检查鉴别。

4. 迅速采取应急处置措施。经过检查鉴别，如果确认不是爆炸物，先期处置人员就可自行解除警戒，无须通知专业排爆队；如果确认是爆炸物或无法准确判断的，则须立即通知专业排爆队前来进行一级处置。但在特殊情况下，先期处置也要采取必要的紧急处置措施。常用的方法有：①防爆毯覆盖法。现场人员在爆炸物周围设置防爆围栏，并将防爆毯覆盖在爆炸物上，以减弱爆炸冲击波并可吸附爆炸弹片。②绳钩线远距离移动法。现场人员可选用绳钩工具将爆炸物移至空旷地带等待专业人员处置。③液氮冷冻法。现场人员将爆炸物放置在装有液氮的容器中，可以使定时、遥控、感应等电子控制起爆装置的工作系统失效，能够延缓爆炸的发生。④投入防爆罐法。防爆罐是临时存储爆炸物的专门器材，钢外壳，能阻挡炸弹产生的破片，减轻对外界的杀伤作用。⑤减弱爆炸威力法。当先期处置人员在现场没有专业应急处置器材时，可将爆炸物周围的钢铁硬物、玻璃、家具等物品搬走，防止一旦爆炸产生更多弹片对周围人或物造成杀伤或毁坏；如果在室内发现爆炸物应尽量打开所有门窗，移走周围的阻拦物，以利于爆炸冲击波的泄散。

【知识链接】可疑爆炸物现场的自我处置

如何识别可疑爆炸物？在不触动可疑物的前提下：①看。由表及里、由近及远、由上到下无一遗漏地观察，识别、判断可疑物品或可疑部位有无暗藏的爆炸装置。②听。在寂静的环境中用耳倾听是否有异常声响。③嗅。如黑火药含有硫磺，会放出臭鸡蛋（硫化氢）味；自制硝铵炸药的硝酸铵会分解出明显的氨水味等。

发现可疑爆炸物怎么办？①不要触动。②及时报警。③迅速撤离。疏散时，有序撤离，不要互相拥挤，以免发生踩踏造成伤亡。④协助警方调查。目击者应尽量识别可疑物发现的时间、大小、位置、外观，有无人动过等情况，如有可能，用手中的照相机进行照相或录像，为警方提供有价值的线索。

五、匿名威胁爆炸现场的处置

对于匿名威胁爆炸现场，首先在思想认识上要高度重视，"宁可信其有，不可信其无"是处置匿名威胁爆炸现场的一贯原则。具体措施包括：

1. 快速调集人员控制现场。"以快制爆"是处置已爆和未爆现场的基本原则。接到匿名威胁爆炸信息后要在指挥部的统一领导下，本着"既不要将事态盲目扩大，又要考虑一旦真正发生爆炸，能够控制局势"的工作思路，迅速调集警力赶到现场，以满足维护现场秩序和应急备勤的需要。

2. 细致检查现场受威胁的目标。对受威胁的目标进行检查主要有以下三个步骤：第一步是本着"以自查为主"的原则，积极组织受威胁目标内的工作人员迅速对自己所在岗位的物品进行检查；第二步是遵照"重点场所重点检查"的原则，积极组织受威胁目标的处置人员（如保安、内保人员）对重点部位进行检查；第三步是遵照"适时开展专业检查"的原则，对经自检和重点检查后仍不能排除的可疑物，根据现场情况，选择适当时机由专业力量，利用专业器材或携搜爆人进行检查，以确保安全。

3. 果敢作出检查的结果决定。在对受威胁目标细致检查确认没有炸弹以后，现场指挥就要根据检查结果作出决断，除在受威胁目标内留有少量处置人员（如派出所民警、保安员等）对目标进行一段时间监控外，应将主要力量撤出。

【知识链接】遭受爆炸的恐吓威胁的自我处置

如果接到关于爆炸的恐吓信息，如恐吓电话，首先要"宁可信其有，不可信其无"，不能心存侥幸心理。同时还要做到：①努力从恐吓方得到更多的信息，用笔记录对方所说的话；②注意电话的背景声音，如特殊的音乐、机器声响、对方的声音特质等；③如果是在工作地点，要及时向同事预警；④接到爆炸威胁后，千万不要触碰特殊的包裹；把特殊包裹附近的东西清理干净，尽快通知警察；⑤如果是在室内，要远离玻璃等易碎物品；⑥如果发现炸弹，不要试图移动，要立刻报警，请专业人员处理。

第五节　计算机犯罪现场处置

计算机犯罪现场是指存在和发生计算机犯罪行为或与之关联的场所和地点，其既可能是有形现场，如机房、附属工作间、终端室、计算机通信线路、存放信息的场所；也可能是不可见现场，如电磁辐射区等。它不同于传统犯罪的物理现场，计算机犯罪的发现地或结果地未必是作案地。如互联网犯罪就存在多个现场，常见的犯罪情况是作案在一个地方，犯罪结果可能出现在另一个地方或多个地方。

计算机犯罪现场前期处置是为计算机犯罪现场勘查、案情分析提供保障和线索而开展的现场访问、现场保护、现场记录等一系列前期活动，其核心内容是保护和控制犯罪现场。由于计算机犯罪主体的匿名性和犯罪证据的易变性，因而对计算机犯罪现场的先期处置显得尤为重要，处置得当能最大程度地发现线索和获取证据。

一、封锁现场

保护各种与系统相关的软硬件及外围设备，冻结目标计算机系统，不给犯罪分子破坏证据提供机会，避免发生改变、破坏系统设置硬件、数据，或感染病毒等情形。

1. 划定现场范围。计算机犯罪均以计算机为目标物和指向物，因此，一般认定计算机犯罪现场的基本方法是[1]：①以发现问题的计算机为中心；②根据计算机系统日志或审计记录以及现场发现的其他相关信息；③充分考虑犯罪嫌疑人的作案动机、手段以及计算机知识和技术水平，对整个案件进行综合、全面分

---

〔1〕　参见何凌："计算机犯罪现场勘查的先期处置"，载《苏州教育学院学报》2007年第2期。

析，从而确定现场。封锁整个计算机区域，包括通信线路、电磁辐射区。原则上要把犯罪分子作案的地点和实施犯罪行为而可能遗留有犯罪痕迹、物品的一切场所都包括进去。对犯罪现场不明显，一时难以确定的，应适当扩大现场保护范围并划出警戒线，安排人员监视。

2. 人机分离。人机分离也可以理解为对现场的静态保护，防止证据被滞留在现场的人员蓄意或无意地破坏。首先应要求所有在场人员停止任何操作，因为对计算机数据只要轻敲几下键盘或点击几下鼠标，就可能造成数据灭失。根据公安部《公安机关办理刑事案件程序规定》第197条第2款规定，计算机犯罪案件的现场勘查，应当立即停止应用，保护计算机及相关设备，并复制电子数据。

3. 定人定位。对网吧、计算机房、写字楼等人员较多的地方，应要求所有人立即停止操作，记录每个人的具体上机位置，再请其离开现场。因为电子证据不像笔迹或声纹那样易于判断个人特征，所以确认每台机器的操作者是至关重要的。

4. 现场封闭。将现场所有人带离现场，禁止任何无关人员进出现场。

5. 人物分离。现场物品一律禁止翻动和随身带出。对带离现场人员，应立即检查他们随身携带的物品，重点是书面记录、通讯工具（如 BP 机、移动电话等）、磁卡类可以读写的卡片、存储介质，立即扣押并登记。有关人员在滞留检查期间，不能与外界进行联系。

二、现场保护

1. 保证现场供电。迅速派专人检查并看管现场有关的供电线路和电源保险装置，保证现场的供电，防止发生突然断电导致运行的计算机系统丢失数据或文件。

2. 网络现场隔离。网络现场隔离也可以理解为对勘查现场的动态保护，防止现场被远程破坏。应派专人及时到有关电信部门查明、监控并记录现场和周围相关场所的各种电信终端设施（例如传真机、调制解调器等）的运行状况和数据资料，查询有关证据线索，以防这些资料的丢失和破坏。对于在利用互联网下载或上传信息的，应当查明联络对方，并记录传输的文件，确定网络上其他部位是否还存储有犯罪证据。若发现他人通过网络远程删除或破坏犯罪证据，应立即切断案发设备与外界联网的线路，如因工作需要无法断开与外界联网的线路，应立即更改有关的口令或密码。

3. 现场磁场检查。检查现场及周围有无强磁场和可以产生强磁场的物品，如果有，必须立即拆除，防止对收集到的存于磁盘上的证据资料的破坏。妥善保管各种磁介质，避免被各种磁场消磁。选择安全的运输通道，确保安全地将扣押设备送到有关技术处理部门。

三、现场访问

计算机犯罪现场的现场访问对象主要是与计算机系统有关的管理人员、操作人员、维护人员等，这些人员对计算机系统的运行、管理、操作等情况最为熟悉，有的还是犯罪行为的第一发现者，因此必须围绕以下内容进行重点调查。

1. 计算机犯罪案件的发现经过。即何人、何时、何地发现的犯罪，发现的具体过程，发现时曾对计算机系统进行过何种操作，当时还有何人在场，此犯罪已导致或将会导致的犯罪结果等。

2. 计算机系统的软件情况和日常管理情况。

（1）计算机的软件情况。已使用的软件有哪些，由谁安装的这些软件；软件的来源，如软件是购买的还是自行设计的，设计者是谁；软件是正版的还是盗版的，能否找到软件的原始安装光盘等；软件的维护情况；曾经对软件作过哪些修改，修改工作由谁执行；是否对软件进行升级，由谁实施的升级等。现场计算机系统是否具有特殊安全机制和存在数据摧毁设备。

（2）计算机系统的日常管理情况。包括计算机系统的使用人员和其他有条件接触计算机系统的人员情况、使用系统的时间、系统值日值班情况、日常的工作规定，计算机系统的口令管理、访问系统的授权范围、系统的网络类型、系统软件来源及升级情况、终端用户的情况等。

3. 计算机系统的安全措施。是否为计算机设置密码及密码的组成，设置该密码的时间，哪些人员掌握了该密码等。在计算机系统中，一个人常常拥有很多的密码，如开机密码、系统登录密码、加密文件的密码、上网的密码、电子信箱的密码等。

4. 涉案资料的存储情况。案件所涉及的资料存放于存储设备的位置，有无备份；该资料的创建时间以及最近的修改时间，是否使用外部数据存储服务等。

5. 涉案人员的情况。现在负责计算机信息网络系统的工作人员和曾经在此工作的人员的基本情况，了解他们是否有犯罪前科、是否受过相关的安全教育、具备什么水平的计算机知识、内部人员之间是否有利害冲突等，从中寻找疑点，结合犯罪现场勘查等情况，确定嫌疑人的范围。另外，还要调查是否有描述系统硬、软件的手册。

四、做好现场记录

计算机犯罪现场的现场记录就是用适当的方式将现场中的计算机及各种存储介质、其他电子设备和传统痕迹、物证的配置、连接情况、相对位置和运行状态等情况记录下来。现场记录可将现场情况永久性地保存下来。综合电磁记录，命令记录，当事人、知情人、技术人员的回忆，工作日志记录等方面的证据，了解系统软硬件原始状态，并通过原始状态与现场遗留状况的比较，发现各种异常现象或者推断作案人使用的作案工具、作案手法。因此，现场记录应当贯穿于现场处置的始终。现场记录的方法包括现场照相、笔录、绘图、录像等。现场记录应当尽可能地详尽。

（1）首先处理可能很快消失的物理或电子数据。如传呼机、电话来电显示记录、手机等设备上的数据。如果发现上述数据，应立即设法保全、记录和照相。

（2）应注意了解计算机的机种、型号、操作系统的版本与性能等，还应注意发现计算机设备有无明显的损失等情况。记录计算机及外设等电子设备的生产厂商、型号、序列号和其他可识别特征。

（3）记录各种设备的位置。观察并记录物理现场如鼠标器的位置及机器各部件的相对位置。例如鼠标放在计算机左侧，则操作者可能惯用左手操作。

（4）记录各种设备连接状况。从主机背面将计算机和各种连线状态拍照固定，将各种连线的插头和接口一一对应标号记录，电缆两头均应标记，电缆连入位置也应有相应标记。空闲的接口也应标明"未使用"。用胶带封死电源插口和所有插槽口。绘制计算机犯罪现场图、网络拓扑图，为实际工作中的案件模拟和犯罪现场还原提供直接依据。如果是在一个大的办公区域，要绘出现场相对于其他办公室或工作站的位置，以便计算机系统移到安全的地方保存和分析的时候能按其原始状态恢复连接。

（5）记录计算机的工作状态。首先根据指示灯、风扇噪声、机箱温度等迹象判断机器开关状态，而不要触动机器。大多数计算机的指示灯可以说明计算机的工作状态。如果计算机的指示灯未亮，应当仔细听一下是否有风扇运转的声音，来判断其是否还在工作。假如计算机确实是关闭的，应感受一下主机箱及显示器的温度，来确定计算机是否刚刚关闭。然后观察显示器并确定开关或休眠状态。如果显示器屏幕有可见信息，应对屏幕所显示的窗口或桌面依次进行拍照和记录。如果显示器的界面是活动的，则应迅速用摄像机或连续照相的方式记录正在运行的计算机系统的状态，包括当前执行的进程列表和主存内容，注意记录被检查机器的时间设置，记下与实际时间的差别；如果正在运行的程序是在格式化硬盘或删除数据，应立即拔掉计算机后面的电源线，一般不直接按计算机的电源开关，以避免启动自毁程序或引爆事先安装的炸弹；如果当前的计算机是一些重要网络系统的关键设备，要考虑到关机是否会造成更大损失；如果显示器通电但屏幕无显示，则显示器可能处于休眠或屏幕保护状态，轻轻移动鼠标，但注意不要进行点击，就会显示出正在工作的窗口；如果移动鼠标没有出现上述情况，千万不要点击鼠标或敲击键盘；如果显示器是关闭的，则打开显示器电源开关后按上述方法操作并记录。

（6）记录计算机外设状态，如打印机内存中是否还有未完成打印的文件。

182

（7）对现场布局全部或部分拍照。首先用一组照片确定现场在建筑中的位置，然后以相互重叠的 360 度镜头覆盖全部现场，最后对计算机系统的各个侧面及各种部件进行照相记录。在移动或拆卸任何设备之前都要拍照存档，为今后的案件模拟和犯罪现场还原提供直接依据。任何对环境的改变都应在照相之后进行，不要为照相而移动或拆卸机器；不要轻易搬动作为犯罪工具或受到侵害的计算机系统，而要对它们进行拍照或录像。对确实需要搬走的计算机系统，在拍照、录像后，要及时复制其存储的信息。

（8）对有关单位的信息安全管理情况如值班制度，也要进行详细记录。

【案例】12－1　莫斯科人质事件[1]

2002 年 10 月 23 日，50 多名车臣蒙面武装匪徒在莫斯科东南部一家剧院劫持了 800 多名观众为人质，其中包括 75 名外国人。恐怖分子向当局发出最后通牒，要求俄军全部撤出车臣，并在 7 日内结束车臣战争。双方在僵持了近 60 小时后，俄当局于 26 日清晨果断出击，在 40 分钟内迅速制服恐怖分子，取得决定性胜利。除少数恐怖分子被俘和逃脱外，以巴拉耶夫为首的 50 名匪徒均被击毙。700 多名人质安全获释，另有 118 人伤亡。莫斯科人质事件牵动了世界神经，这是继美国"9·11"事件之后世界范围内发生的最大规模的恐怖主义事件。俄罗斯政府并没有以和平的方式向恐怖主义分子妥协，尽管武力处置行动付出了血的代价，但在短短 60 个小时内就解除了危机，显示了俄罗斯政府的危机管理机制在实战中发挥了应有的功效。

危机处理的中枢指挥系统是整个危机管理机制的核心，俄罗斯总统普京在此次危机处置中反应快速、行动果断，表现了高超的危机处理能力。下面是在发生人质事件后，普京总统采取的一些危机处理行动。①迅速召集强力部门领导人召开紧急会议，讨论解决之策。②取消了出访计划，坐镇克里姆林宫办公，密切关注事态发展。③宣传人质危机是"外国恐怖组织中心策划的"，为国内车臣问题减压，并寻求国际社会的支持。④命令特种部队"准备解救人质，同时最大限度地保障人质的安全"。⑤在紧急关头果断决策，作出武力解决人质事件的决定。

危机管理的支援和保障系统是危机管理机制的主要组成部分。此次人质事件中，俄罗斯高效有序的危机组织、保障系统令人称赞。①联邦安全局和内务部宣布实施应对突发事件的"雷雨"计划，要求所有官员立即到所在部门报到。②俄罗斯政府紧急成立了由莫斯科市长卢日科夫和各有关部门领导人参加的解救人质指挥

---

[1]　资料来源于冯玉军："危机处理机制在俄人质危机期间的作用"，载《中国网》，访问日期：2002 年 10 月 30 日。

部，卢日科夫和联邦安全局副局长普罗尼切夫亲自领导解救人质的行动。③俄罗斯的"阿尔法"反恐怖小组和联邦安全局反有组织犯罪局的人员立即赶往事发地点，占领有利位置，并进入临战状态。④俄罗斯的警察和军队封锁了通往事发现场的道路，紧急疏散文化宫附近楼房的居民和一家医院的病人；内务部长格雷兹洛夫也召开内务部紧急会议，研究如何解救被扣人质，并加强社会面的监控。⑤俄罗斯国家杜马召开紧急会议，讨论解救人质问题。一些杜马代表亲临现场，并参与到与绑匪的谈判当中。俄罗斯议会上院——联邦委员会主席米罗诺夫表示可依法根据总统的要求在莫斯科实施"紧急状态"，从而为此次反恐行动提供了充分的法律保障。⑥"阿尔法"反恐小组临危受命，再建奇功。"阿尔法"小组成员个个训练有素、武艺超群，在近年来的反恐怖作战中屡建奇功。从此次人质事件的迅速解决可以看出，俄罗斯有关强力部门早已对可能发生的恐怖主义事件有所预案并进行过强化训练，只有这样，才能在实战中有备无患、迅速制敌。

危机的信息处理系统在危机处理体系中承担着非常重要的职能，如果说危机中枢指挥系统是人的大脑的话，那么危机信息处理系统就是神经系统，它的主要功能就是为决策者提供及时、准确的情报。在此次莫斯科人质事件中，俄罗斯的危机信息处理系统的作用主要表现在以下几个方面：①及时准确地向普京总统传递情报信息；②加强与各种政治社会力量的沟通，缓解社会紧张状态；③普京数次发表电视讲话，直接阐述面临的形势与自己的立场，安抚社会情绪；④加强对媒体的管理，避免因失实报道而扰乱人心。上述措施使危机事态中的信息沟通顺畅，同时又避免了社会情绪的动荡，为危机的解决创造了一个良好的社会心理氛围。

莫斯科人质事件的成功解决表明，在恐怖主义已经成为人类社会安全共同敌人的今天，加强反恐机制等危机处理机制的建设尤为必要，"养兵千日，用兵一时"，只有及早加强危机处理机制的建设，才能在危机来临之时，临危不乱、化解危机。

【案例】12－2　台球室内可疑爆炸物的紧急处置

2007年5月29日下午2点50分左右，N市公安局110指挥中心接到群众报警，称在本市江东区朝晖路与民安路交叉口的朝晖台球室内，打扫卫生的工作人员在台球桌下发现一个可疑"爆炸物"。接警后，N市公安局迅速启动爆炸物品紧急预案，紧急调集警力赶赴现场紧急处置。

第一批赶到现场的警察迅速在现场拉起两道警戒线，朝晖路西侧由北向南约150米长的路段被封锁，交警正疏导过往行人车辆由逆向车道通行。十几名神情凝重的民警站在第一道警戒线外，不时劝告围观市民现场危险，赶快离开。数百名围观市民站在第二道警戒线外，议论纷纷，还有的市民掏出手机拍摄。在台球桌下有一个约 15 厘米×5 厘米×5 厘米的白色长方体，盒外有两节缠着黑色胶带的 5 号电池，并且闪烁着红灯。市民说那就是可疑的"爆炸物"。警察在简单了解情况后，民警将可疑"爆炸物"移到了马路边上。

3 点 55 分，3 辆黑色巡特警排爆车急速赶到现场。一名巡特警防爆队员抱着遥控器走出奔驰警车，接着排爆机器人沿着坡道慢慢走下。在巡特警防爆队员的操作下，机器人慢慢向可疑物靠近。两分钟后，走到了"爆炸物"旁边，机器人伸出机械手将可疑物抓了起来，带着它慢慢驶到马路中央的防爆罐车旁，然后沿着坡道慢慢驶进车厢内，将可疑"爆炸物"放入防爆罐内，并迅速将可疑"爆炸物"运走，整个过程持续了十分钟。

4 点 15 分，一辆载有警犬的尼桑警车赶到现场。经过 10 分钟的搜寻，警犬没有发现其他可疑物品，巡特警队员牵着警犬走出台球室来到车上，随即离开了现场。

4 点 25 分，在特警队员离开现场后，民警撤除了警戒线，封锁被解除。下午 6 点左右，警方称已排除该物品为爆炸装置。

【案例分析题】

1. 通过案例 12—1，分析政府应对恐怖主义犯罪的处置机制的构成。
2. 通过案例 12—2，分析犯罪现场前期处置的程序和方法是什么？

【思考讨论题】

1. 犯罪现场的种类有哪些？犯罪现场处置应遵循哪些原则？
2. 犯罪现场处置的机制应包含哪些内容？
3. 犯罪现场前期处置的程序是什么？

【实务操作题】

设计一个犯罪现场情景，模拟开展犯罪现场前期处置实训。

第十三章　群体性事件现场处置

【学习内容】

　　本章介绍了群体性事件、群体性事件现场处置的基本概念，群体性事件现场处置的机制，群体性事件现场处置的程序、方法、战术以及群体性上访事件的处置等内容。其中群体性事件现场处置的含义及原则，群体性事件现场处置机制的构成及内容，群体性事件现场处置的程序和方法是学习重点。

【学习目标】

　　通过本章的讲授及进行案例分析、思考讨论和实务操作等学习活动，学生应知道群体性事件的含义和种类，群体性事件现场处置的含义及原则，熟悉群体性事件处置机制的内容，掌握群体性事件现场处置的程序和方法，会协助实施群体性事件现场的处置工作。

第一节　群体性事件现场处置概述

一、群体性事件的含义和种类

（一）群体性事件的含义和性质

　　群体性事件，通常又被称为"突发事件"、"群众闹事事件"或"群体性治安事件"。它是指群体以满足某种需要为目的，在特定环境实施危害社会的行为，并导致事态扩大或冲突加剧，扰乱或破坏社会治安秩序，危害公共安全，应予立即处置的突发性事件。公安部于2000年4月下发的《公安机关处置群体性治安事件规定》对群体性事件的表现形式进行了罗列。主要包括：①人数较多的非法集会、游行、示威；②集会、游行、示威和集体上访活动中出现的严重扰乱社会秩序或者危害公共安全的行为；③严重影响社会稳定的罢工、罢课、罢市；④非法组织和邪教等组织的较大规模聚集活动；⑤聚众围堵、冲击党政机关、司法机关、军事机关、重要警卫目标、广播电台、电视台、通讯枢纽、外国驻华使馆、领馆以及其他要害部位或者单位；⑥聚众堵塞公共交通枢纽、交通干线、破坏交通秩序或者非法占据公共场所；⑦在大型体育比赛、文娱、商贸、庆典等活动中出现的聚众滋事或者骚乱；⑧聚众哄抢国家仓库、重点工程物资以及其他公私财产；⑨较大规模的聚众械斗；⑩严重危害公共安全的其他群体性行为。

现阶段我国发生的群体性事件，其性质问题可以从两个角度加以分析：①从马克思主义阶级分析的观点来看，现阶段发生的群体性事件，绝大多数都属于人民内部矛盾，是局部的和非对抗性的矛盾，而不是对抗性矛盾；②从法律的角度来看，依照我国现行法律规定，大部分群体性事件本身在形式上具有违法性。有的群体性事件构成了一般的治安违法行为，有的甚至已经转化为刑事犯罪行为。

（二）群体性事件的特点

现阶段发生的群体性事件，具有复杂性、诉求具有一定的合理性、延展性、组织性、社会危害性和反复性等特征。具体有：

1. 主体的广泛性。群体性事件一旦发生，涉及面广，不仅发生在公民与公民之间，公民与单位之间，单位与单位之间；而且人数众多，难控制，难处理。由于群体的扩张性，致使群体性事件的规模不断扩大，利益关联和情绪感染使群体不断膨胀。

2. 利益的趋同性。组织和参与事件的一些人有相同或相近的利益要求。与此相对应的是群体性事件的参与主体同处置事件的有关责任部门或有关利益争端的群众，在情绪、观点和要求上往往都有一定的对立性。

3. 走向的扩大性。群体性事件的共性问题与权益息息相关，当有的个体或群体在政治上、经济上的权益受到侵犯或得不到解决和满足时，希望用过激行为来解决问题，纠集人员，扩大事态，特别是一些敏感事件，一旦有人挑头，涉及的程度和范围会随时发生变化，局部问题将扩大为全局性问题。

4. 过程的反复性。群体性事件由于思想问题和实际问题、历史问题和现实问题、合理和不合理诉求相互交织，涉及面广，加之有的部门对群体性突发事件研究不够，工作不细，处置不力，导致反复上访、持续上访。同时有的群众对党的政策不理解或一知半解，道听途说，抱着"法不责众"的心态，过分提要求，到多个部门重复不合理的诉求，使解决问题的过程反反复复。

5. 内容的复杂性。群体性事件不但涉及到民事、经济、治安、行政等问题，有的还跨地区、跨行业，如处置不及时将呈现扩大化和复杂化趋势，给化解工作带来新的难处。

6. 后果的严重性。群体性事件如得不到及时解决，有可能导致堵门、堵塞交通、越级群访，乃至引发大量流血事件发生，严重地影响正常的生产和生活秩序，破坏社会稳定。

7. 化解的难度性。纠纷的引发原因错综复杂，而且大多数与切身利益有关，在信"访"不信法的错误思想支配下，就有可能出现不达目的不罢休的势头。

（三）群体性事件的分类

1. 按照事件的动机，可将群体性事件分为政治性群体性事件和非政治性群体性事件。政治性群体性事件，是指事件主体以满足某种政治要求为目的而引发的事件，如具有政治目的的罢工、罢课、罢市、非法集会、游行、示威等事件。非政治性群体性事件不以政治要求为目的，包括经济性事件、激情性事件和涉外性事件。

2. 按照事态的严重程度，可将群体性事件划分为三个层次。即集体静坐、上访和罢课、罢市、罢工为第一层次；非法集会、游行，集体围攻、冲击党政机关、重点建设工程和其他要害部位，并造成严重治安后果的群体性事件为第二层次；集体打、砸、抢、烧、杀，造成局部地区社会动荡的骚乱为第三层次。

3. 按照事件的危害后果，可将群体性事件分为一般群体性事件和重大群体性事件。一般群体性事件是主体规模小、涉及范围小、影响小、危害后果不重的群体性事件，如单位内部的群体性事件。凡有下列情况之一的，属于重大群体性事件：①20人以上结伙打架，流氓团伙侮辱妇女，扰乱公共场所秩序，哄抢或集体冲击党政机关，围攻殴打国家机关工作人员，静坐、示威、游行等闹事行为；②50人以上的群众性纠纷、械斗、封建迷信活动；③涉及外国人的群体性事件；④死亡3人或死伤5人或伤10人以上的群体性事件；⑤其他影响很大，损失严重的群体性事件。

二、群体性事件现场处置的含义及原则

群体性事件现场处置是指针对已经形成事态的群体性事件采取紧急措施控制局势、恢复秩序、平息事态的现场应急行动。群体性事件属于社会公共安全事件，根据有关规定，一般由公安机关负责群体性事件的应对处置工作。

现阶段，我国群体性事件的发生有其深刻的社会根源，既有体制、机制上的原因，也有工作方法等方面的原因。群体性事件多发的基础性根源是社会转型引发的利益失衡；体制性根源是基层组织社会控制弱化，社会权威结构失衡；政治因素是部分干部的官僚主义和腐败行为；文化因素是群众的民主意识在不断增强，但政治参与能力相对较低，法制观念淡薄；导火索则是各种具体的利益冲突。因而在处置群体性事件时要严格依法进行，分清性质，区别对待，慎用警力，保障公民的合法权益。具体而言，应遵循以下原则：

（一）党委、政府领导下统一协调的原则

群体性事件的针对性、目的性要求党政机关在处置工作中必须抓住矛盾的主要方面，想方设法去解决这一矛盾。这就要求公安机关、单位保卫组织必须充分发挥为党委、政府当好参谋、助手的作用，及时准确地把事件的起因、性质、对立程度及发展态势报告给当地的党委、政府，并提出自己的工作意见。在此基础上，由党委、政府出面，根据事件的针对性、目的性和不同的起因，统一领导、组织、督促有关责任单位、职能部门开展处置工作。各参战部门在党委、政府领导下，应明确职能分工，加强协作，口径要统一，行动要一致，以利于产生最大的合力来处置事件。

（二）团结大多数，孤立和打击极少数的原则

群体性事件的受策动性和个别群体性事件有被敌对分子插手的可能，以及严重对立的群体性事件中还有打、砸、抢、烧、杀等犯罪行为的出现，这些特点要求公安机关在处置工作中，必须自始至终地对少数策动者、为首者进行严密的控制，不仅事前要充分运用政治的、法律的、教育的手段，以迫使其立即放弃策动行为，而且在事件中要设法将其同参与事件的群众分离开来，使其失去"龙头"的作用，更应在事后对其予以严肃处理。同时，对那些胆敢插手事件的敌对分子、敌对势力和具有犯罪行为的个别人员，不仅要及时予以揭露，而且必须依法进行及时的、坚决的打击，绝不能手软。对绝大多数受蒙蔽或被胁迫进来的群众，只要其未参与犯罪，不论在事前、事中还是事后都应该用说服教育的方法，使其尽快认识到自己的错误行为。

（三）"可散不可聚、可解不可结、可顺不可激"的原则

群体性事件的对立性、突发性要求公安机关必须坚持"可散不可聚、可解不可结、可顺不可激"的处置原则，否则就会激化矛盾。具体的要求是：在事件伊始，公安机关就要主动配合有关责任单位，通过说服教育，尽量把矛盾化解在初始阶段，不使其形成大规模的上访请愿乃至冲击党政机关、阻塞交通、集会游行或群体械斗的事件。在事件形成并有所发展之后，要采取疏导的工作方法，缓解群众的情绪，并通过有理有节的工作方法促使群众逐步接受公安机关为维护现场秩序而提出的一些要求，逐渐掌握并控制现场势态的主动权。另外，要求事件发源地的党委、政府，要责成事件的责任单位从根本上解决群众的合理要求，防止事件反复。当然，对一时难以解决或属历史遗留问题的，党委、政府还要组织有关单位、部门和群众代表共同研究，提出解决的办法，并向群众公开，以取得相互谅解。

（四）坚持慎用警力的原则

群体性事件的非法性、破坏性和公安机关打击违法犯罪活动，保卫国家、集体和个人生命财产安全及维护稳定的职责任务，要求公安机关在群体性事件发生后，必须而且应该派出警力参加处置工作，其中的关键问题是怎样使用警力。在使用警力时，有以下两个要求：①公安机关必须严格在自己的任务范围和处理权

限之内开展工作，不能随意扩大任务范围；②公安机关必须根据事件的规模、对立程度和发展势态来使用警力。对属于第一层次、一般对立的事件，公安机关的职责仅限于通过情报网络收集信息，并向上级机关反映情况，为上级领导决策当好参谋；对属于第二、三层次对立的群体性事件，公安机关必须派出足够的警力直接予以处置，尽量防止势态扩大，一旦发生集体冲击党政机关，集体强行卧轨断道、冲入机场、阻断交通或集体械斗，集体打、砸、抢、烧、杀等，不论其起因有无合理性，公安机关都要立即组织足够的警力，采取强制措施，及时果断地加以处置，并对其中的为首分子坚决予以打击。同时，要准备足够的预备警力机动待命，以防更加严重的情况发生。

第二节　群体性事件现场处置机制

群体性事件现场处置机制是指公安机关处置群体性事件所必须具备的相互联系的整体工作系统。一般包括处置机构、信息情报、工作预案、教育训练、法律准备、警械装备等。以上各个要素构成处置机制相互联系、相互作用的有机整体。

一、处置机构

处置群体性事件，实行高度集中统一领导、分级负责、分层组织、属地指挥的原则。县级以上地方党委、政府和上级公安机关，对本地区发生的群体性事件的处置工作，实行统一领导，可以以本级政府或者公安机关的名义发布有关处置群体性事件的命令、通告，决定对群体性事件采取重大措施，调用有关部门的人员、器械、交通工具、通讯工具和其他物资。

近年来，根据党中央和国务院的指示，各地开始设立处置群体性事件的机构。这种机构目前不是常设的专门机构，而是随机设立的临时性机构。目前，全国各地一般在省、自治区、直辖市公安厅（局）设立处置群体性事件总指挥部，由公安厅（局）长担任总指挥，副厅（局）长担任副总指挥，公安厅（局）办公室、指挥中心、国内安全保卫、治安、刑侦、警卫、技侦、经侦、内保、通讯、预审、交通、消防、武警等有关部门负责同志为总指挥部成员。在事件处置过程中，总指挥部在党委、政府的统一领导下工作，从性质上讲，它既是党委、政府处置群体性事件的办事机构，又是公安机关的临时性业务职能部门。其职责任务是：①负责信息情报的掌握汇集、分析研究和上报；②提出处置群体性事件的重大决策，研究并决定执行法律、政策的有关问题；③大范围的警力部署、调配；④负责处置事件所需要的非致命性武器、装备的组织调配；⑤对有关地、市、县处置群体性事件指挥部的处置工作进行指导。总指挥部一般下设办公室（设在指挥中心）和治安、保卫、侦查取证、交通、通讯、信息、宣传、后勤等组。各组在总指挥部的统一领导下，按照分工，各司其职，认真做好处置群体性事件的各项工作。各地、市、县（区）公安机关应从实际出发，成立相应的组织机构，在当地党委、政府的统一领导下，负责群体性事件的处置工作。

群体性事件的现场处置工作由当地公安机关负责。现场指挥由负责现场处置的公安机关首长担任。现场指挥按照当地党委、政府和上级公安机关的决策、命令、指示，根据现场实际情况，行使下列职权：①迅速采取控制现场事态的有效管制措施；②统一组织使用警种警力、装备和调用人员、器械、交通工具、通讯工具以及其他物资；③迅速采取平息事态、恢复正常社会秩序的紧急处置措施。

二、信息情报

信息情报是群体性事件处置工作的前提和基础。从一定意义上讲，群体性事件的处置过程就是信息转换的过程，即信息不断地被搜集、传递、加工、处理和使用的过程。信息情报构成群体性事件处置机制的一个重要方面。

1. 群体性事件信息的范围。主要包括：①社情民意、社会动态。特别是某些重大决策、政策的出台，重大事件的社会反映，社会各阶层的意见等。②可能引发重大事件、酝酿成风潮的苗头性、倾向性问题。如抢购商品、挤兑现款、股市涨落、民工潮等。③社会热点问题。如市场物价、社会治安、腐败现象等。④集体上访、请愿、游行、示威、罢工、罢市、械斗、宗教纠纷等闹事苗头。⑤境内外敌对势力渗透破坏的活动动态。⑥重大事故和严重自然灾害，以及可能由此引发的群众性事件等。总之，群体性事件信息范围包括社会生活的各个方面，特别是对一些重大的改革举措，公安机关一定要认真研究，做到提前预判，提高处置能力。

2. 群体性事件信息搜集的方法与渠道。根据群体性事件的特点，信息情报的搜集可采用以下方法：①通过公安机关内部的有线、无线通讯网络进行搜集；②通过社会治安信息搜集处理系统进行搜集，其中主要是通过110有线报警系统、开路电视转播系统、闭路电视监视系统等进行搜集；③通过社会调查进行搜集；④依靠基层公安机关、治安保卫组织和治安积极分子进行搜集；⑤通过秘密力量进行搜集；⑥通过与社会有关部门的横向联系与交流进行搜集。

3. 群体性事件信息的处理。信息情报的处理，就是对有关信息进行选择、分类、比较、合成、分析和加工管理，使之成为信息成品，供领导决策使用。对有关群体性事件的信息情报处理的总要求：①准确、及时、系统、适用；②提高信息的密集度，降低多余度和模糊度；③规范化。其处理程序是：①受理情况报告后，首先要核实重要情节，对主要情节一时弄不清的，要一边报告一边核实，并及时续报核实情况；②对信息情报进行筛选、分类处理；③对重要的信息情报，判明性质随时上报；对一般信息，迅速通报有关部门处理。

三、工作预案

公安机关通过对当前各种社会矛盾、治安动向的分析判断，结合已有的工作经验，制定处置群体性事件的工作预案，是争取工作主动权的重要一环。它可以使公安机关从容地应付各种复杂的情况和局面，做到处变不惊，临危不乱。

1. 指导思想。工作预案的目的是争取处置工作的主动权。因此，工作预案应体现严密部署、掌握政策、果断处置、控制事态的指导思想。严密部署，即工作预案要考虑到各种可能发生的情况，并在事件发生后，对相应的处置原则和方法、应急措施及需要的信息等问题作出周密的安排和规定；掌握政策，即工作预案要使参与处置的单位和人员明确自己的岗位和职责，明确处置不同性质的群体性事件的政策和法律界限；果断处置，即正确判明事件性质，采取有针对性的措施，迅速处置；控制事态，即坚持预防为主，早期发现，力争把事件处置在萌芽或初动阶段。对事态已经扩大的，要果断处置，尽快平息，尽量缩小其影响和损失。

2. 主要内容。其主要内容包括：①处置原则。群体性事件处置原则是公安机关和人民警察处置事件时必须遵循的行为准则，直接关系到处置工作的成败。因此，制定工作预案，首先必须明确和制定处置原则。②组织指挥。处置群体性事件必须坚持高度集中统一领导，分层次组织实施的原则。因此，制定工作预案，必须明确规定处置事件的组织领导机构、指挥人员及其明确的职责、权限，避免多头指挥或指挥不灵。③任务分工。处置群体性事件是一项复杂的系统工程，需要各有关方面分工负责，密切配合，实现总的目标。因此，制定预案时，要根据事件性质和规模大小，确定各部门、各单位的职责任务，合理部署安排警力。④处置方法。处置各种不同的群体性事件，不能运用同一种模式去处理，不同类型的事件必须采用不同的方法进行处置。因此，制定预案时，应针对不同性质、不同类型的事件，制定相应的具体处置措施并且规定采用各种措施的程序和范围。⑤通讯联络。通讯联络工作是不失时机、快速处置事件的重要环节。因此，制定预案时要规定通讯联络制度，包括建立联系通讯网、通讯工具的准备、现场通讯指挥车辆装备和指挥中心的工作任务与制度。⑥应急措施。群体性事件涉及面广，原因复杂，处置时经常会发生一些事先预料不到的紧急情况或突然事变。因此，制定预案时，应针对各种可能发生的复杂情况制定出相应的处置对策和措施。⑦纪律作风。工作预案要就参加处置工作的所有参战单位和人员的纪律作风作出严格的规定，做到工作要求具体，纪律作风严明，严禁擅离职守和违反政策纪律的现象发生。

3. 预案的完善。在工作预案制定之后，公安机关应根据形势的变化和实战的要求，经常深入实际，加强调查研究，不断完善各类预案。对各种不安定因素的类型、特点、成因、后果以及趋势，公安机关要通过深入细致的调查研究，增强对其规律性的认识，以不断完善各类预案。当前很多地方的预案，在处置原则、领导指挥、情报侦查、警力调用以及具体措施等环节，都存在着对问题研究得不透，针对性不强，可操作性差，不适应实战需要等问题，应努力改变这种状况。要根据群体性事件千变万化的特点，把预案考虑得更详尽，措施制定得更细致，加强预案的针对性、实战性，并且加强演练，使之真正在处置工作中发挥作用。同时，参与处置事件的民警特别是指挥员应熟练掌握预案，清楚自己的职责、任务和工作方法，防止现场慌乱，保证处置工作有序进行。

四、教育训练

教育训练是提高公安机关和人民警察对群体性事件的应变和处置能力的重要手段。应分层次、分警种对人民警察和武警官兵进行处置各类群体性事件的模拟、应急合成演练，重点抓好集结警力、现场控制、攻防队形、警械使用和擒拿技术等训练以提高队伍的快速反应能力、应变能力和整体作战能力，提高指挥员的心理素质和临战决策指挥能力。在教育训练中，应注意解决以下几个方面的问题：①群体性事件处置的教育训练同整个公安机关的业务教育训练的关系。当前，处置群体性事件是公安机关的重要任务，但并非是惟一的任务。因此要把处置事件的教育训练纳入公安业务教育训练的范围，使之同提高整个公安队伍的业务、政治素质结合起来。②注意理论训练与实地训练相结合、基础训练与应用训练相结合、一般训练与特殊训练相结合，突出实用原则，引导民警在理论与实践的结合中，学习理论，掌握技能，全面提高公安机关的实战能力。③训练保障要配套。要有高质量的训练材料和训练器材，要经常进行各种类型的合成演练。

要特别注意加强公安防暴队和武警机动部队的教育训练，公安防暴队和武警机动部队是公安机关处置群体性事件的尖刀和拳头。要加强这两支队伍的组织建设和思想建设，严格训练、严格管理，努力提高队伍的战斗力；要坚持平战结合，逐步建立和完善新型的人民警察巡逻体制，把处置群体性事件与治安巡逻以及大型活动的安全保卫工作结合起来；还要加强综合训练，从实战出发反复进行综合演练，使这两支队伍随时保持良好的戒备状态，充分发挥其在处置群体性事件中的作用。

五、法律准备

处置群体性事件从本质上讲是一种执法活动。因此，从法律方面做好准备，切实保障公民正确行使权利和自由，能使公安机关的各项处置活动有法可依，从而有效地保护合法、限制非法、打击违法犯罪活动。当前，处置群体性事件，在法律准备上主要应做好以下工作：①正确适用现行法律、法规。作为主要处置力量的人民警察不仅应熟悉现有的法律、法规，而且遇事应能综合运用、灵活运用。②适时发布有关处置群体性事件的命令、通告。在处置群体性事件时，县级以上公安机关依照国家赋予的警察行政权发布命令、通告，是迅速平息事件、震慑违法犯罪的有效法律手段。③制定地方性法规。公安机关应根据本地多发性事件的特点，有针对性地拟定准备提请地方人大常委会通过的法规草案和有关资料，一旦时机成熟，即通过立法予以批准。这样既可以弥补国家立法的不足，又可使法规具有更强的针对性。

六、警械装备

各种杀伤性武器、特种防暴武器和防护器材等警械装备，是处置事件时减少对抗、使处置工作得以顺利进行的物质保障。根据群体性事件的性质、特点和事件处置工作的实际需要，公安机关应按照公安部关于《公安防暴队装备标准》和其他有关规定，从以下几个方面做好警械装备的准备工作：①装备适量的催泪弹（包括枪发催泪弹、手掷催泪弹和催泪枪榴弹）、非催泪防暴弹（包括震昏弹和冲击弹）等化学武器和非杀伤性武器，以对付和制止各种暴乱、骚乱等暴力事件；②配备警棍（包括普通警棍和特种警棍）、高压水枪、特种绳具、械具（包括手铐、脚镣和警绳）、警笛等驱逐性、制服性警械，以增强人民警察的自卫和攻击能力；③装备强光手电、声光弹、致盲弹（闪光弹）、搜索灯、夜视仪、望远镜等光、声警械，以提高公安机关处置暴力事件和夜间执勤的能力；④装备防暴枪（包括38mm防暴枪、催泪弹发射器和枪榴弹发射器）、防暴催泪喷雾器、橡皮弹、追捕车、网枪等警用武器以及为侦查破案提供线索用的染色弹，用于处置非法集会、游行、流氓斗殴、群体械斗等事件，以提高公安机关生擒罪犯、驱散歹徒、恢复秩序的能力；⑤配备盾牌（包括防暴盾牌和防弹盾牌）、头盔（包括防弹头盔和防刺头盔）、防弹衣（包括硬质防弹衣、软质防弹衣和复合防弹衣）、防刺服、防刺靴、作训服、防毒面具、防弹玻璃、防弹建材、防暴车、阻车路障等防护器材，配备必要的防护器材是处置工作中的人民警察人身安全的有效保障；⑥适量配备手枪、轻型冲锋枪和狙击步枪等武器；⑦装备排爆水枪、排爆机器人、排爆工具箱、爆炸物储存装置、防爆毯（帘）、破门工具等器材；⑧配备转信台、车载电台、手持电台、隐蔽式电台和短波台等通讯设备。

除配备警械装备外，还应为公安防暴队、巡警队和武警机动队配齐必要的车辆、宣传器材等装备。对于所有的器材装备，要进行统一规划，做好日常储备和随时调运的准备，保证处置工作的需要。

第三节　群体性事件现场处置的程序和方法

一、群体性事件现场处置的步骤和方法

群体性事件一般都有较长时间的酝酿和准备，情况比较复杂，涉及的范围广，持续的时间长，处置的难度大。其处置过程大致可以分为初期处置、中期处置和后期处置三个阶段。各个不同阶段都有着不同的工作重点和处置方法。

（一）初期处置

初期处置是中期处置和后期处置的基础和前提，初期处置是否得当直接关系到事态是否扩大或平息，是整个处置工作的关键和重点。公安机关在初期处置阶段可以采取以下方法进行处置：

1．迅速组织力量，赶赴事件现场。公安机关获得事件发生的信息后，应迅速组织力量，以最快的速度赶赴现场。到达现场后，应做好两项工作：①选择便于观察全局动态、利于内外联系、宜于机动力量隐蔽和出动的有利地形，建立现场指挥部；②根据现场情况迅速做好警力部署。

2．观察动态，掌握情况。公安民警到达现场后，首先，应通过直接观察和现场调查两种渠道，了解事件主体的情绪、状态、类型、规模，以及事件的发展趋势，弄清事件的起因、性质、动机、目的、指向目标、事件成员来源和事件核心层次人员的构成状况；其次，现场指挥应迅速拟定处置方案，并将现场情况和处置意见报告上级，请求决策。

3．管制现场，控制局势。在初步掌握情况的基础上，现场指挥应按照当地党委、政府和上级公安机关的决策、命令、指示，根据现场情况迅速采取控制现场事态的有效管制措施。根据处置工作的实际需要，可以采取下列现场管制措施：①封闭现场和相关地区，未经检查批准，任何人不得进入；②设置警戒线，划定警戒区域；③实行区域性交通管制；④查验现场人员随身票证，检查嫌疑人员随身携带的物品；⑤未经批准，任何人不得在事件现场进行录音、录像、拍照、采访、报道、演讲等活动。在对现场进行有效控制的同时，处置现场出现的各种紧急情况。如对事件中的受伤人员进行抢救；对仍在制造事端的危险分子和骨干分子采取适宜的方式进行隔离和强制；对不便采取强制手段的，应进行控制监视，并做好取证工作；对正在进行违法犯罪的人员应设法将其调离现场进行拘捕。

（二）中期处置

中期处置指在现场局势得到基本控制的情况下，疏散群众，平息事件，恢复

正常秩序。公安机关在中期处置阶段应做好以下几方面的工作：

1. 进行宣传教育，疏散现场群众。在事态得到基本控制或尚未恶化之前，应当及时做好宣传疏导工作，通过广播等方式，宣传有关法律、法规和政策，说明事件真相，揭露少数人的阴谋；也可以由当地党委、政府或者有关部门的负责人发表讲话，解释有关问题。通过宣传疏导和对话，说服卷入和尚未卷入事件的群众离开现场，并及时疏通交通。

2. 采取强制措施，果断平息事态。在反复宣传、教育、劝导无效的情况下，公安机关根据现场的实际情况和处置工作的需要，可以依照《刑法》、《刑事诉讼法》、《人民警察法》、《治安管理处罚法》、《戒严法》、《集会游行示威法》及其实施条例等法律、行政法规的有关规定，采取以下措施：①责令围观人员立即离开现场；②责令聚集的人员在限定时间内离开现场；③对超过限定时间仍滞留现场的人员，可以使用各类必要的非杀伤性警械，强行驱散；④对经强行驱散仍拒不离去的人员，可以强行带离现场或者立即予以拘留；⑤对非法携带的武器、管制刀具、易燃易爆等危险物品和用于非法宣传、煽动的工具、标语、传单等物品，予以收缴。

3. 做好取证工作，掌握犯罪事实。做好现场取证工作，查清和掌握事件中有关人员的基本情况，可以使用录音、录像、照相等手段，采取公开与秘密的方法及时取证，为后期处理做好准备。

4. 及时清理现场，迅速恢复秩序。事件平息后，应及时组织力量协助有关部门和单位清理现场，迅速恢复正常的社会秩序。要及时救治受伤人员，清理现场遗留物品，撤除路障，解除现场交通管制，恢复交通秩序。

（三）后期处置

后期处置指事态平息后，开展进一步的调查，处理违法犯罪者，消除危害后果。公安机关在后期处置阶段应做好以下几方面的工作：

1. 事件调查。事态平息后，应对事件进行全面、深入的调查。采用多种方法和手段，从了解群众情况开始，从人到事、从事到人，重点调查事件的各个阶段和事件主体的层次构成，区分出"幕后"、"操纵"、"为首"、"参与"、"围观"等参加事件的各个层次。此外，还要查明事件的起因，确属工作失误的，要及时向有关部门反映；确属群众正当要求而未予解决的，要与有关部门联系，及时采取措施解决。

2. 对事件主体的处理。对经劝阻、批评教育或疏导而退出事件，且没有违法行为的，不予追究责任，但要对其进行法制宣传教育；对虽有危害行为但情节显著轻微的，要给予批评教育，或建议其所在单位给予行政处分；对扰乱社会秩序，无理取闹并劝告无效的，要依法给予治安处罚；对外地参加闹事的，要做好遣送工作；对刑事犯罪分子，要移交司法部门，依法严惩。对事件负有责任的法人，应协助有关部门进行调查，并向党委、政府报告，作出处理决定。属于民事纠纷引起的民事诉讼问题应及时移交审判机关处理。

3. 对事件危害后果的处理。公安机关要协同有关部门，做好下面的宣传教育工作，尽快恢复正常程序：对事件中造成的人身伤亡应做好善后工作，依法分清责任，区别对待；对造成人身和财物损害需要赔偿的，要依法做好赔偿工作；对处置中获取的有关物证，要在进行登记造册后归档，妥为保存。总之，消除危害后果的目的是彻底平息事态，教育广大群众，防止类似事件再次发生。

二、群体性事件现场处置的战术

（一）政治攻势战术

群体性事件现场处置行动要贯彻"快速反应，及时到位；合理布势，重点用兵；审时度势，活用战法；注重攻心，慎用武力"的原则，坚持具体情况具体分析，正确使用"文"、"武"两手，依法处置，做到有理、有利、有节。

1. 宣传造势，实施"攻心"。在对群体性事件处置的过程中，要本着"攻战为下，攻心为上"的原则，利用各种时机和各种宣传工具，广泛收集闹事地区的各种信息及少数闹事骨干分子的资料，有针对性地进行宣传造势，从而有效地控制舆论导向，使大多数群众认清形势，改变立场，明辨是非，分化、瓦解闹事群体，孤立少数敌对分子，为平息事态提供战机。可以采取四种战法：

（1）政策告诫法。即通过宣传国家的方针、政策、有关规定及法律、法令、政府的通令等，告诫闹事者任何以身试法的行为，对解决问题有百害而无一利，最终必会受到法律的严惩。通过宣传，使大多数群众认清自身行为的危害性，促使其尽快觉醒，从而脱离闹事群体。

（2）覆盖宣传法。即充分利用各种宣传工具，全方位、多渠道地使政策宣传无处不在。要运用广播、电视、传单、标语、宣传板及文艺演出等多种手段展开宣传，同时，借助各方力量，加强与地方宣传、文化部门和新闻媒体的合作，形成合力，大造声势。要不断加大宣传的密度和强度，形成覆盖，使反动言论无立足之地。

（3）亲友规劝法。即通过已经转变立场的闹事群众及闹事群众的亲属、朋友和同事到现场进行规劝，说服闹事者放弃错误的观点和行为，脱离闹事群体，用亲情和友情的感召力使闹事者悬崖勒马，迷途知返。

（4）揭批宣传法。即针对少数敌对分子和煽动者的反动言论，针锋相对地开展斗争；揭露少数敌对分子的图谋和险恶用心，运用宣传手段使广大群众认清事实真相，明晓事件危害，从而孤立少数，争取群众。

在战法的运用上，要把握好两个环节：①着眼战局，慎重用势。要严格把握宣传造势的内容，宣传的语言、文字、图像要符合政策要求，要统一口径；要把宣传造势和警方行动紧密配合，应在宣传造势中展开警方行动，在警方行动中加大宣传造势。②要抓住战机，适时用势。宣传造势的目的在于形成一种有利于平息事态的态势，指挥员在运用的过程中要适时用势，科学预见处置的进程，及时预测事态的变化，估计可能发生的情况，预先做好行动准备。当宣传造势达到预定的效果时，应适时展开驱散、分割、围控、抓捕等行动，乘机扩大战果；当闹事群众出现强烈抵触情绪，宣传造势难以奏效时，应及时改变战法，采取相应行动，防止事态扩大。

2. 行动感化，争取支持。要把政治造势和行动感化相结合，进一步增强政治攻势的效果，以实际行动争取大多数群众的理解和支持。应在以下三个方面下工夫。

（1）要在做好一人一事的工作上下工夫。对闹事地区的民情进行深入的走访调查，找准具有代表性的群众，通过解决这些群众的实际困难，以点带面地使广大群众产生触动，在思想上和我们产生共鸣，达到争取群众的目的；还要对一些生活困难的闹事分子的亲属给予实际帮助，真正用行动感化他们，让其主动为我们做好说服劝导工作，增强政治攻势的感染力。

（2）要在树立良好形象上下工夫。通过有组织、有计划、有步骤地开展爱民助民活动，树立警察队伍的良好形象，赢得广大群众的信任和支持。

（3）要在行动感化的同时，在政策宣传上下工夫。在进行各种爱民助民活动的同时，要把政策宣传融合进去，加强同广大群众的情感交流，采取走家串户的方法，加大宣传造势的力度，使群众进一步在潜移默化中受到教育。

（二）行动攻势战术

1. 重兵威慑法。威慑法是集结重兵，以强大的声势、态势来震慑闹事群体，对其造成心理上的畏惧、精神上的打击和组织上的瓦解，迫使其终止违法犯罪活动。重兵威慑不是从行动上去打击，而是从心理上去遏制，以期达到动兵不动武，不战而屈人之兵之目的。该战法主要包括：

（1）快速集结，示形造势。通过快速出警，大张旗鼓地示形造势，从精神和心理上以威不可挡之势震慑闹事群体，从而有效防止事态扩大。快速出警要准确把握时机，过早集结警力容易造成不必要的浪费，过迟集结警力则会影响其效能的发挥，达不到示形造势、震慑闹事分子之目的。

（2）大兵压境，武力震慑。调集强大警力，进驻事发地区后，要集中用兵，以较强的武装力量作为威慑行动的基本条件。要审时度势，因情施法，相机处置。要文武兼用、点面结合，寓政治攻势于警方威慑之中，最大限度地发挥整体威慑力。

（3）公开亮相，展示警威。实施中可利用循环机动、编队开进、武装巡逻等方式展示警力，利用队伍集结和休整等时机大搞有针对性的警体训练、演习和阅警等活动，展示警察队伍优良的作风、严明的纪律、高超的武艺、过硬的素质、精良的装备和威武的形象，达到不战而屈人之兵之目的。

2. 警戒封控法。警戒封控法是在处置突发事件过程中，执行任务队伍对事发地区实施强行封锁控制的行动方法。它既能迅速控制闹事事态，将闹事群体控制在一定范围、区域内，又能隔断处置对象与外界的联系，阻止外部力量进入事发地区，防止事件复杂化和扩大化，并能有效控制闹事骨干分子逃离、隐藏、伺机再动，为消除事件隐患创造条件，为现场处置部（分）队行动减少后顾之忧。该战法主要包括：

（1）集团封控，合围布势。应以重兵集团对事发地区实施四面包围，由外向内，层层压缩，在地面围困的同时，占领事发地区周边制高点，控制地下通道出入口，形成立体封控态势，以防事态扩大和闹事骨干分子漏网。在实施过程中，要注意以下三点：①注意加强对封控地区内重要目标的保护。在封控前，应以公开和隐蔽相结合的形式，向封控地区内的重要目标增派警力，确保重要目标安全。②注意做好应付突变情况准备。③注意加强外围地区警戒控制，严防无关人员靠近，确保封控队伍自身安全。

（2）卡口制路，周边隔离。在事发地区周边选择有利地形和通道布哨设卡，对人员、车辆进行检查、控制、疏导，防止外部人员进入，堵截企图逃离封控区域的闹事骨干分子，切断闹事地区与外界的联系，断绝其物资来源。在实施过程中，要注意以下四点：①选择封控位置要正确。周边地区是通过卡口制路而实现的，哨卡的位置应在封控区周围道路的突出部位，在占领制高点，在平坦地区组织武装巡逻，形成多点配置、以点连线、以点制面的整体部署。②使用警力要有重点。应集中主要力量于主要方向、主要地段、主要路口和主要目标，切忌平分警力。③封控部署要有弹性。应按照人障结合，梯次配置，少摆多屯的原则，各控制点都要配置障碍物、阻车器材及用于阻载的车辆；封控队形要按警戒线、障碍区、阻载线、车辆及特种装备层次配置，人员成前、后三角形或一字队形。同时，要留有一定规模的预备队，以应付封控区内的突变情况。④处置情况要及时。要加强监控和对具体情况的分析判断，发现对我封控行动不利的征兆时，要立即采取行动，随时转入现场处置，防止闹事群体的捣乱。

（3）多路穿插，条块分割。为迅速打乱闹事群体的整体态势，分散闹事骨干分子有组织的抵抗，保护重要目标和设施的安全，应将部分警力编成若干规模不等且具有较强战斗力的穿插分队，在不同方向和地段，实施多路而有重点的穿插，将闹事地区和人群切割成若干块，为各个击破创造条件。在组织战斗时应做到：精干合理编队；正确选择穿插部位；灵活机动，见机行事；突出穿插重点，组织好协同动作。在处置中应注意把握以下几点：①要快速割裂闹事群体之间的联系；②要分散削弱闹事群体的抵抗力量，使其不能形成整体抗击力；③要保护重要目标和设施安全。通过先分割后处置，将闹事人群"肢解"后，视情况加强对重要目标和主要设施的防卫，并通过割裂手段，将闹事活动控制在重要目标和城市主要设施以外的区域，避免重要目标受损和主要设施遭破坏。

3. 强行驱散法。强行驱散法，是将闹事人群逐出其所占区域，夺回被其占领的目标，抓捕首要分子，制止闹事人群进行违法犯罪活动，恢复社会正常秩序的一种战斗方法。强行驱散是在政策攻心无效的情况下，根据上级指示所采取的强制性恢复社会秩序的手段，其成败直接关系到"处突"整体行动。因此，要根据现场情况，灵活运用战法。具体战法有：

（1）列阵突击，一线平推。执行任务的队伍在闹事人群聚集现场的一侧展开成若干个驱散队形，列阵排列，协调一致地向一个方向推进，迫使人群向指定方向离散。运用此战法应注意把握好以下几个时机：①闹事人群刚开始聚集，规模不大；②闹事人群精力疲惫，组织松懈；③夜间围观人员减少，疏散道路通畅；④人群活动可能引发暴力行为，将对或已对我重要目标构成威胁；⑤一侧重要目标较多，地形比较开阔，一侧疏散道路较多。具体实施中，首先，应根据闹事人群分布、数量和现场地形情况灵活组队，使之既有突击能力，又有抗冲击能力；既有驱散能力，又有防护能力。其次，要正确选择驱散方向。展开地域应选择在重要目标较多，有较宽阔的地形，便于警力机动的一侧，以保证驱散队伍"列阵"的需要；疏散区域应相对于展开地域一侧，并考虑重要目标少，安全有保障，疏散道路较多且向四处辐射，人群驱散后难以再聚集等因素。在驱散方向两侧要部署一定的警力，负责疏导人群，使被驱散人群向预定方向和区域离散。再次，要采取正面驱赶与短促出击相结合的战法，保证驱散行动的顺利实施。在一线推进过程中，可使用警犬、高音喇叭、催泪弹、爆震弹予以配合，以充分发挥震慑作用，确保驱散行动快速、顺利地进行。对负隅顽抗或挑衅闹事的骨干分子，要派出精干小分队实施短促出击，以武力打击为主要手段，清除队伍平推过程中的"障碍"。最后，驱散行动要一致。

（2）一点突破，两翼卷击。在人群聚集，进出路少，地形狭窄，我警力较充裕和驱散围困重要目标的闹事人群的情况下，通过集中警力、使用防爆武器在闹事人群中打开缺口，挤出通道，乘勇而入，尔后向两侧卷击驱散。采用此战法，有以下几个优点：不受地形、道路限制；能减轻被保卫目标的压力；能充分发挥"尖刀"和"拳头"作用。但在具体运用中应把握好以下几点：①突破口要撕得开、守得住；②驱散行动要勇猛、果断，要突出一个"快"字，即突破的速度要快，突破后向纵深插入要快，打开通道后展开向两翼卷击要快，当一时难以达到战术目的时，组织队伍撤出也要快，防止因行动缓慢或队形衔接不紧密，而被闹事人群割裂或围困；③应建立强有力的预备队，保证行动的持续性。

（3）向心突击，割裂挤压。执行驱散任务的队伍从不同的方向对聚众闹事人群由外向里进行突击，将闹事人群割裂成数块，尔后分块进行驱散。运用此战法应把握好以下时机：①我警力较充足，进出道路较多；②捣毁位于人群中的闹事指挥机构；③重要目标安全受到威胁，须尽快驱散聚集人群。在突击过程中要将闹事组织策划者、骨干分子与一般群众隔离开来，分而治之。在运用过程中，①应正确选择突击、驱散方向；②突击要猛，驱散要快；③注意协同配合，发挥整体威力。

（4）穿插楔入，首取要害。在执行任务的队伍中，组织具有较强攻坚能力的快速打击精干小分队，利用有利地形、气候条件和主力队伍封控、打击、震慑，强行进入闹事现场，捣毁其组织指挥机构，夺回被闹事人群占领的重要目标，解救出被围困人员，抓捕闹事组织策划者和骨干分子。该战法通常在对闹事地区达成封控态势之后，队伍在实施清场驱散行动前使用。在特殊情况下，为将事件遏制于萌芽状态，队伍要根据上级指示，协助公安机关或单独组织抓捕行动，以求达到先机制敌的效果。在具体实施过程中，应把握以下几点：①合理编制，强化攻坚能力。快速分队以排、中队建制编成为宜，配属一定数量的防暴、攀登器材以及必要的交通工具、通信器材，使之具备应付多种复杂情况的能力。②积极创造和准确把握楔入时机。③坚持速战速决的原则。孤军深入闹事人群，情况瞬息万变，一定要干净利落、速战速决，不可恋战纠缠，没有特殊情况，不可改变行动目标和方向。④务求首战必胜，不给闹事组织策划者以"总结"、"策变"和喘息的机会。

（5）短促冲击，强力驱赶。在宣传疏导、发出最后警告无效的情况下，可以箭形或集团方阵队形，以短促有力的冲击，强行驱散闹事人群。必要时，可施放催泪弹、爆震弹，震慑瓦解对方斗志，削弱对方抵抗力，并迅速利用施放"两弹"的效果，持警棍盾牌，展开迅猛有力的冲击，一举将闹事人群驱散，尽快恢复重要目标的正常秩序。强行驱散，驱是手段，散是目的。实施驱散行动时，应做到有理、有利、有节，尽可能不与闹事群体正面对抗，无法避免或非对抗不可时，应坚持"致伤不致残"、"致服不致死"的原则，以免授人以柄，为队伍后续开展"维稳"工作争取主动权。

（三）遏制"反弹"战术

遏制"反弹"是在平息事态后，为保持稳定局面，恢复正常社会秩序而采取的行动。组织实施中，应审时度势，因情而动，相机择法，防止反弹，积极有效地做好"维稳"工作。具体做法有：

1. 重兵驻守，保持威慑。事态平息后，队伍不宜急于撤离，而应以重兵驻扎在闹事地区，继续保持强大的武力震慑态势，用重兵镇守之威，从态势上打击闹事分子，防止其卷土重来，重新聚集。

2. 加强警戒，控制要点。在闹事地区的重要目标通往外界的主要路口和车站、机场、码头，配置执勤警力，设置哨卡，对进出控制区的人员、车辆和物品进行检查，防止闹事骨干分子外逃和无关人员进入控制区域。

3. 武装巡逻，维护秩序。武装巡逻是充分展示警威，有效遏制"反弹"的重要手段，对闹事地区的主要街道、广场采取乘车、徒步和乘车与徒步相结合的方式，组织实施武装巡逻与驻守队伍遥相呼应，形成强大的威慑力度和控制密度，打击现行违法犯罪活动，制止人群聚集滞留，维护控制地区的社会秩序。

4. 伺机抓捕，斩断乱源。在事态基本平息，局势基本控制，时机基本成熟时，参战民警要与武警战士密切协同，在尽可能事先勘察地形、组织抓捕"演练"和周密计划的基础上，灵活运用隐蔽企图、秘密接近、闪电出击、机动策应、快抓快撤等战术手段，确保抓捕行动一举成功，彻底斩断乱源，消除"反弹"。

5. 宣传群众，维护安定。当局面基本得到控制后，应积极广泛宣传教育群众，揭露事件的真相和暴徒的罪恶行径，使广大群众认清事件性质，自觉站到党和政府的立场上来，与队伍一道挑起"维稳"重担。

（四）撤离现场战术

群体性事件现场处置中，当队伍组织营救被困人质或某一阶段战斗任务完成后撤离现场时，指挥员必须严密组织，正确运用战术手段，以保证队伍和被困人员安全撤离。

1. 封控通道，抗阻冲击。处置群体性事件无论是在城区还是在偏远山区，阶段任务完成后，必须要脱离闹事人群，撤离到安全地域。在这种情况下，由于闹事人群情绪偏激，加之一些犯罪分子趁机蛊惑，闹事人群会对我执勤队伍实施过激行为，例如，通过用砖头、石块追打民警，破坏现场公共设施，设置路障等方式阻止我队伍的撤离。为防止撤离过程中民警及被解救人员遭闹事人群袭击，可采用封通道、抗冲击和强隔离的战法。在被解救人员和突击队脱离闹事人群的瞬间，迅速指挥封控队伍封锁撤离通道，形成新的警戒部署，封控现场，防止闹事人群冲入我待控地域内，扰乱我封控部署。在此基础上组成强大警戒封控部署，抗击闹事人群冲击。其部署为正面警戒阻击，两侧封控掩护，中间解救人员。正面警戒阻击由三部分警力组成，即警戒队、阻击队和火力队，其警力编成比例为1∶3∶0.5。两侧封控掩护队伍可与正面警戒阻击队相配合，组成多层部署，阻止闹事人群的冲击，形成一个临时现场防御部署。在闹事人群使用砖头、石块等带有杀伤力的物体追打执勤民警时，可使用非杀伤性武器强行驱散闹事人群。

2．抢占要点，控制要害。在封控通道、抗阻冲击的同时，指挥员可根据现场周围地形，首先派出警戒分队抢占制高点。若队伍在山区执行处置任务，可组织警戒警力在事件现场周围的各制高点上占领有利地形，以保证能控制事件现场及周围主要出入口，形成外围警戒区；若在城区执行处置任务，可组织警戒警力在事件现场周围的各主要建筑物上占领有利位置，控制事件现场及各主要出入口，而后组织部分警力控制预定撤离路线上的要害部位，包括主要出入口，闹事人群可能迂回包抄冲击我封控部署的主要地段，闹事人群组织反弹可能利用的地形、建筑物等；对事发地区未守护的炸药厂、弹药库及油料库等重要目标要派警力实施保护，防止违法分子乘机进行破坏。这样对整个地区就可形成控制局面的态势，真正形成现场封控、抢占要点、外围警戒和重点守护的网络部署，为队伍撤离和任务转换创造有利条件。

3．部署守阵，层次撤离。局面控制之后，随时都可能发生"反弹"现象，应结合现场的局势，组成强大的政策宣传攻势、劝散闹事人群。警戒队要严阵以待，准备随时应付突发情况。撤离分队在警戒队的掩护下，由封控部署内撤离，当第一批撤离队伍撤出现场后，指挥员可根据现场局势组成后卫队，采取后卫队边防守边后撤，造势队配合继续组织政策攻势，防守撤离队与后卫队、造势队配合继续撤离，直到撤到安全地域。外围警戒守护分队继续警戒，待队伍撤离到集结地域后，指挥员立即指挥武装巡逻队对警戒区实施武装巡逻，以确保队伍安全。

第四节　群体性上访事件处置

所谓群体性上访事件，是指某些利益一致的群体或团体，在其利益受损或得不到满足时，为实现其共同利益，有组织地到政府部门上访的行为。群体性上访事件，是在社会变革、体制转型、利益冲突和观念碰撞的背景下产生、蔓延和发展变化的一种社会现象，是社会矛盾的一种集中反映。近年来，由于利益格局和社会结构的不断调整以及新旧观念的冲突等原因，引发的人民内部矛盾越来越多。有资料表明，2004 年，国家信访局受理群众来信 45.7 万件，比 2003 年增长 11.7％；接待群众来访 6.7 万批次、14.8 万人次，分别比 2003 年增长 58.4％ 和 52.9％。[1]

一、群体性上访事件的表现形式

从群体性上访事件的发生动因来看，当前群体性上访事件的主要形式可作以下分类：

1. 土地征用、拆迁纠纷类群体性上访事件。因土地征用、拆迁问题而引发的群体性上访事件是影响当前社会和谐的一个最为突出的问题。在一些地方，它位列各类群体性上访事件的首位。随着城市化进程的推进，农村土地特别是城郊农业用地被大量征用为建设用地，由于土地征用补偿、征地后劳动力就业、安置等问题的相关政策不配套、不透明，影响被征地者的切身利益，从而诱发群体性上访事件。

2. 企业转制、改制纠纷类群体性上访事件。随着国有企业改革的深入，在提高劳动生产率和精简人员的同时，造成企业富余人员的增加，也使得下岗失业人员逐年增多。一些破产、转制、改制的国有企业，对职工安置问题缺乏有效的措施，从而损害了职工的切身利益，引发群体性上访事件。

3. 劳资纠纷类群体性上访事件。在社会转型过程中，随着公民权利意识的觉醒，由欠薪、低薪以及其他劳动权益纠纷引起的矛盾和冲突，已成为当前不容忽视的一种人民内部矛盾。如因企业拖欠民工、职工工资，被辞退的残疾职工要求解决就业问题，离厂职工要求解决其在厂劳动期间的养老金等问题而引发的群体性上访事件。

4. 农村基层组织民主管理问题类群体性上访事件。在一些农村地区，由于农村村委会换届选举不规范，村级财务管理不透明，加之农村基层组织的管理者文化水平低，在依法行政和民主决策上往往有失水准，又缺少必要的政策指导，引发群体性上访事件。

5. 环境污染纠纷类群体性上访事件。近年来，随着我国经济的快速发展，环境问题日益突出，饮用水源污染、大气烟尘污染和噪声超标等，严重危害人民群众身心健康和日常生活，因环境污染而引发的群体性上访事件已成为当前社会矛盾中的普遍现象。

6. 建设施工纠纷类群体性上访事件。当前，随着社会文明程度的提高及公民对生活质量的追求，公民的法制意识越来越强，因工程施工给周围居民生活、

---

[1] 参见"通过法定渠道解决纠纷机制的发展状况"，载《中国网》，访问日期：2007 年 10 月 23 日。

生产和居住房屋带来影响而引发的群体性上访事件越来越多。这是一种值得重视的新类型事件。

7. 决策变动类群体性上访事件。由于政府某些政策的变动缺乏民主参与和充分论证，或在推行前缺乏充分的说明，使得某些公民不知情、不理解，或使其利益受损，产生不满情绪和抵触情绪而引发一些群体性上访事件。

8. 其他类群体性上访事件。由于交通事故和意外事件造成人员伤亡而导致的赔偿纠纷酿成的群体性上访事件在一些地方时有发生。还有，由于历史遗留问题导致部分社会特殊群体陷入生活困境而引发的群体性上访事件也值得关注。

二、群体性上访事件的特点

近年来，群体性上访事件在总量急剧上升的同时，单次规模也在不断扩大，持续时间越来越长，程度越来越激烈，动辄百人以上的群体性上访事件时有发生。除此以外，还有以下特点：

1. 参与主体的多元性和附和性。当前利益主体成分日益复杂化，牵涉面越来越广，各个群体都具有不同的利益要求和群体意识，参与主体具有阶层多、层次多、成分多的特点。从利益主体的构成来看，参与人员包括农民、工人、居民、下岗失业人员、企业退休人员等，其中尤以农民群体性上访事件最为突出。同时由于反映的问题多涉及多数群众的利益，很容易引起一些群众的支持和参与，容易形成少数人组织、多数人追从的情况。

2. 组织的明确性和隐蔽性。多数参与集体上访的人都有上访的组织者，有明确的上访目的和分工，如有的联络上访人，有的搜集被控告、举报人的问题和罪证，有的筹集上访专用资金等。同时，这些组织者行动秘密，在背后进行策划、领导和操纵，他们不动声色，暗地出主意、提要求，掌控事态进程。

3. 情绪的互动性和行为的偏激性。群体性上访人员多数是因共同的利益而聚集在一起，他们提出的要求多数是合情合理的，在上访过程当中，他们内心就怀着一种对社会现实或某一事件的不满情绪，当这一情绪受到外界某些因素影响或当其意愿和要求得不到满足时，极易产生偏激情绪，出现围攻、谩骂、殴打我处置人员的情况，有时甚至会出现打、砸、抢、烧、杀、冲击重要目标、破坏公共设施等暴力事件。

4. 上访形态的越级性和重复性。这个特点尤以农村群体性上访事件最为突出。由于农村信访牵涉到各方利益，一些基层政府官员面对问题相互扯皮，农民群众问题在基层得不到解决，势必产生越级上访现象。当然，有的也是因一些村民文化程度较低，对政府工作程序不了解，对基层干部误解多易产生越级上访。由于农村存在的腐败、作风粗暴等有关问题，使农村群众自身利益受到一定的损害，或某种愿望、某种要求得不到解决和满足而导致重复上访的现象呈上升趋势。

5. 问题解决的复杂性。群体性上访事件反映的内容往往广泛，时间跨度也很大，加之一些集体上访问题明显带有自发组织性或群体利益倾向性，所以给调查处理带来很大的困难，很难由一个部门、一个单位研究解决，往往需要主要领导出面，协调多个部门联合解决，而且短时间内很难完成。

三、群体性上访事件的处置机制

（一）现场工作机构与职责

群体性上访事件处置应坚持"以人为本、疏导教育、快速反应、依法处置、分级管理、资源整合"的原则。应急工作由处置群体性上访事件应急指挥部（信访工作领导小组）统一领导，根据需要，现场处置工作设四个组，即现场协调和秩序维护组、接访对话组、劝阻劝返组、后勤保障组，具体负责指挥、协调、对话和后勤保障工作。

1. 现场协调和秩序维护组。由当地政法委、公安、武警、交警、消防等相关单位组成，负责现场工作的协调、秩序维护、人员调配、道路交通疏导管制、情报信息掌握、法制宣传教育等工作。

2. 接访对话组。由当地信访局和市直有关部门的主要负责人及各部门分管股（室）负责人组成，负责根据上访规模和处置难度等确定接谈对话规格。根据有关政策解答上访人的问题，与上访代表对话，耐心疏导，稳定情绪。

3. 劝阻劝返组。由当地信访、交通、公安、法院、检察院和移民以及各相关乡镇政府等单位组成，负责对上访人员的劝阻、劝返，在汽车站、火车站及主要交通路口等处设立劝阻站，防止上访人进京、赴省、到市上访滋事。

4. 后勤保障组。由当地信访、财政、卫生、维稳办等相关单位组成，负责联系接访场地和交通车辆，为上访人提供必要的食物、饮水、医疗救助等服务。

（二）基本处置程序

1. 预案启动。信访部门在接到群体性上访事件报告后，应详细了解上访情况，评估等级，上报信访工作领导小组，由信访工作领导小组决定是否启动应急预案。

2. 前期处置。大规模群体性上访事件发生后，信访、公安部门和政法委应立即派人赶到现场。由处置群体性上访事件应急指挥部设立临时现场指挥部，临时负责现场应急指挥工作。

3. 现场处置基本措施。临时现场指挥部成立后，应根据情况立即制订现场处置具体方案并迅速采取处置行动。主要采取以下基本措施：①迅速划定警戒区域，对交通进行管制；②迅速疏散围观群众，维护现场秩序；③迅速调集消防、医疗救护车辆；④对现场进行监控，防范和果断处置过激行为及意外事故；⑤迅速提供饮水、食品及转移车辆；⑥采取法律、法规、规章和本预案规定的其他措施。

4. 协同配合。在处置过程中，各相关应急部门要加强沟通和联系，听从指挥，密切配合，相互协调，形成合力，临时现场指挥部有权征用、调用社会资源。

5. 后期处理。主要事项有：①现场清理，现场秩序维护组和后勤保障组要组织人员进行现场清理；②现场消毒，卫生部门要做好现场消毒，控制疫病传染、流行；③送返上访人员，有关县、市、区和责任单位工作组要备足车辆，安排工作力量，负责安全护送上访人员返回当地；④落实处理要求，有关县、市、区政府和责任单位要认真落实市里的处理要求，积极做好善后工作。

（三）处置策略

处理群体性上访事件，要因时而异，因势制宜，抓住关键，牢牢把握以下几点：

1. 坚持在地方党委、政府统一领导下协同处置。群体性上访事件是多种力量的协同行动，在处置过程中必须在地方党委和政府的统一领导下进行，要积极主动地与政府部门、公安机关及信访部门密切配合，共同完成好处置任务，既要展示武警部队强大的军事威慑力，又要发挥公安机关和信访部门熟悉情况，与群众联系密切的优势，相互协同配合，使事件得到妥善处理。

2. 正确区分两类不同性质的矛盾，区别对待。由于上访事件群众的要求多数是合理的，因此在处置中应坚持"宜疏不宜堵、宜散不宜聚、宜顺不宜激、宜解不宜结"的原则，通常情况下由地方领导出面做好教育疏导工作，宣传、解释有关法律、法规和现行政策，坚持以疏导、教育、劝离为主，做到矛盾不激化、人员不滞留、事态不失控。武警部队可以集结待命，一般不参与，防止矛盾激化。但是，对打、砸、抢、烧、杀，冲击重要目标，堵塞交通或殴打政府工作人员等恶性闹事事件，不管起因有无合理成份，都要旗帜鲜明地及时进行制止，依法果断处置。

3. 慎用兵力，慎用武器、警械。群体性上访事件属于人民内部矛盾，在处置过程当中，兵力的投入、武器警械的使用必须慎之又慎，能不正面参与的尽量不正面参与，能不使用武器、警械的尽量不用；事态需要，必须使用武器、警械的，要严格控制武器、警械使用的种类、数量、范围和程度，避免矛盾进一步激化，使闹事组织者抓不到进一步挑衅和扩大事态的任何把柄。

4. 尊重群众，力举"三面旗帜"。在处置上访事件中要始终高举"维护法制、维护社会稳定、维护人民利益"的"三面旗帜",并贯穿于处置行动的始终。在处置过程当中要充分尊重群众,文明处置,对待上访群众,一方面要在地方党委的统一领导下,积极做好宣传疏导工作;另一方面,要相信群众,尊重群众的民主权利,加强宣传,力所能及地为群众排忧解难,以实际行动感化上访人员,取得他们的理解和信任,力避态度蛮横,以势压人,授人以柄,激化矛盾。

【案例】13—1 刑事案件引发的群体性事件的处置过程[1]

2006年5月6日至9日,重庆H市发生一起因硫酸伤人致死的刑事案件引发的群体性事件,上万名群众参与到聚集围观、阻塞交通、游行示威、闯市政府等活动中,4天后事态才得以平息。事件起因是4月30日被害人欧某到位于H市南津街的前夫家中探望儿子时,被前夫陈某用硫酸泼身,经抢救无效于5月6日凌晨死亡。案发后,犯罪嫌疑人陈某畏罪上吊自杀。事后,广大群众对犯罪手段的残忍和恶劣十分愤慨,纷纷要求严惩凶手。因部分群众认为案件处理中存有诸多疑点,警方办案过于草率,遂引发受害者家属及部分群众的大规模聚集。在当地党政领导到场不断宣讲和沟通,采取先让尸体停放在市殡仪馆等措施的情况下,多数群众的情绪稳定下来,事态才得到基本控制。

这次事件的成功处置得益于当地政府抓住了"四大关键"环节,坚持"七管齐下",处置及时,措施得力。其中"四大关键"是:①组建强有力的指挥机构,靠前指挥。成立了以市长为组长的事件处置指挥部,设立9个稳定工作小组。②预防应急措施奏效,防止事态扩大。③与群众正面对话,阳光处理事件。处置过程中,先后有10名当地党政领导到现场与群众展开对话,面对面宣传解释工作。④对情绪激动的聚集人员分类处置。其一,对于受害人家属采取耐心细致的说服工作,并加以隔离,防止受人煽动、怂恿;其二,对于多数确系同情受害人的群众采取一对一、几对一的"饱和式"劝导工作;其三,对极少数带头恶意鼓劲的人,有关部门进行了法制教育并依法处理。"七管齐下"是指:①加强宣传、澄清事实;②安抚家属、人文关怀;③各方联动、引导群众;④违反秩序、严密防范;⑤全力以赴、保障通畅;⑥加快侦破、公布案情;⑦紧急求援、充分准备。但这次事件处置仍存在见事迟、反应慢,对群众反应不足,对极少数别有用心的人在初始阶段防控不力等缺陷。

---

[1] 杜维明:《应急管理100例》,中共中央党校出版社2007年版,第221页。

【案例】13-2 游客上访市政府事件的处置措施[1]

2007年4月19日，桂林市旅游质量监督所接到市旅游局办公室电话通知：湖南常德一批游客在市政府集体上访投诉，要求派员处理。接到电话后，质量监督所立即启动突发事件应急预案，相关执法人员火速赶赴现场。与此同时，市相关领导、旅游局分管领导等也相继赶到现场。经现场初步了解，近200名湖南常德游客因住宿等问题与桂林市某旅行社多次交涉未果，于是集体向桂林市政府投诉。市领导当即决定：①尽快疏散人员；②确保安排好晚上的住宿和吃饭问题；③旅游局的领导要跟踪指导解决好这个事情；④当事旅游公司要查明原因，写出报告报市旅游局。随后，市旅游局彭副局长亲自与游客代表进行协商，并达成按约定标准换酒店、未游览的刘三姐景观园项目改游阳朔遇龙河景区的协议。游客得到明确的答复后非常高兴，马上离开了市政府。会后，彭副局长与游客一起上车到餐厅就餐，同时安排人员立即帮助当事旅行社在市内寻找房源。次日，市旅游质量监督所领导到阳朔对客人进行了走访和质量跟踪。游客对旅行社的后续安排比较满意，还高度评价了市旅游质量监督所的办事效率和工作作风，在21日离开桂林市时，特地赶制了一面锦旗以示感谢。事件平息后，经过深入调查，根据相关法律法规，旅游质量监督所对不守诚信、违反相关规定的桂林某旅行社给予了停业休整3个月的处理。

【案例分析题】

1. 案例13-1中，当地政府成功处置事件的"四大关键"和"七管齐下"反映了应急机制的哪些内容？

2. 通过案例13-2，分析上访事件处置的关键和难点是什么？

【思考讨论题】

1. 群体性事件现场处置应遵循哪些原则？
2. 群体性事件现场处置机制应包含哪些内容？
3. 群体性事件前期处置的方法是什么？

【实务操作题】

根据一个群体性事件现场情景，开展现场宣讲、亲情感召等群体性事件处置策略的实训。

---

[1] 陈园月："湖南常德游客4·19集体上访事件处理始末"，载《中共桂林市委党校学报》2008年第1期。

第十四章　大型社会性活动现场处置

【学习内容】

本章介绍了大型社会性活动、大型社会性活动现场处置的基本概念，大型社会性活动安全管理，大型社会性活动现场处置机制、应急预案以及球迷闹事事件、拥挤踩伤事件现场处置等内容。其中大型社会性活动现场处置机制和基本对策、大型社会性活动现场处置预案是学习重点。

【学习目标】

通过本章的讲授及进行案例分析、思考讨论和实务操作等学习活动，学生应知道大型社会性活动、大型社会性活动现场处置的含义，大型社会性活动安全管理内容，熟悉大型社会性活动现场处置机制，掌握大型社会性活动现场处置的基本对策，会协助实施大型社会性活动事件现场的处置工作，会编制大型社会性活动现场处置预案。

第一节　大型社会性活动现场处置概述

一、大型社会性活动的含义及特点

所谓大型社会性活动，是指由法人或其他组织，在特定时间内，临时占用或者租用公共场所，举办的不特定多数人参加的旨在促进经济发展、加强文化交流、丰富社会生活的活动。主要包括体育比赛活动、文艺演出活动、商业展览、展销活动、人才招聘活动、现场开奖的彩票销售活动、重大庆典、会议活动和民间传统活动等（集会、游行、示威不含其内）。

大型社会性活动的举办主体既可以是社会企业和非企业组织，也可以是政府机构，面向的对象必须是不特定的公众，且必须达 1000 人以上的规模。

近年来，随着市场经济体制的逐步完善和改革开放的不断深入，我国各种大型社会性活动的数量和规模急剧增长，并呈现出一些新的特点：①大型社会性活动的数量不断增加。自 2003～2007 年的 5 年间，我国平均每年举办的大型群众性活动是 1.4 万余场，参与的群众近 3 亿人次。仅北京市在 2007 年 1 月至 8 月就举办了 3400 多场，参加人数达到 1200 万人次。[1] ②规模逐渐扩大。活动地域范围逐渐突破行政区划的限制，活动参与的人数逐年增加，活动持续的时间渐次长久。③国际化程度不断提高。随着我国社会国际化程度的提高和对外往来的增多，境外组织、人员参与活动日趋增多。④商业化活动所占的比例不断增多。

二、大型社会性活动的安全管理

大型社会性活动的安全管理是指有关安保部门为确保大型社会性活动的顺利进行而制定各项安保方案、落实各项安全措施等管理活动的总称。安全是大型社会性活动的命脉，大型社会性活动的安全管理历来备受政府和安保部门的重视。正如国际奥委会主席罗格所言，"安保胜过竞技"。它不仅保障大型社会性活动的顺利进行，而且已成为大型社会性活动的重要组成部分。

（一）大型社会性活动的安全管理原则

1. 谁承办、谁负责的原则。我国《群众性文化体育活动治安管理办法》（公安部令第 44 号）第 5 条规定："申请举办群众性文化体育活动的公民、法人和其他组织，应当对活动的具体内容、安全保卫措施承担全部责任，并制定安全保卫工作方案。"以此确立了"谁承办、谁负责"的原则。《大型群众性活动安全管理条例》（国务院令第 505 号）第 3 条规定："大型群众性活动的安全管理应当遵循安全第一、预防为主的方针，坚持承办者负责、政府监管的原则。"该原则强调承办单位是承担安全管理的责任主体，是对"谁承办、谁负责"的原则的进一步细化。该原则的确立不仅符合国际大型活动安全管理的惯例，而且明确了参与主体的各自职责，实现了责、权、利三者的有机统一，并对推动安保工作社会化具有积极意义。但该原则并没有削弱公安机关的职能，对于任何大型社会性活动，公安机关都负有审批、检查、监督职能。对于由政府组织的政治性大型社会性活动，公安机关是主要负责人；对于由国家有关部门组织的公益性大型社会性活动，公安机关主要负责指导和协调；对于商业性的大型社会性活动，公安机关履行检查、监督的职责。

2. 预防为主、安全第一的原则。安全是举办一切活动的前提，对涉及安全的问题必须严格管理，其中安全检查、票证管理、保障畅通是大型社会性活动安保工作的重要措施，一切违反安全规定或有可能威胁安全的行为都必须予以禁止。在活动举办前安检部门必须对场地、设施和器械进行严格的安全检查，确认绝对安全后封闭管理。在活动举办期间，对进出这些场所的人员、车辆和所携带的物品，要分别进行防爆安全检查，对入场观众和工作人员要严格查验其票证，

---

[1] 资料来源：《中央政府门户网》，访问日期：2007 年 11 月 1 日。

不让任何存在安全隐患的人员、物品进入现场。

3. 统一指挥、协调配合的原则。大型社会性活动安全管理工作涉及情报、治安、交通、消防、安检、巡警、装备、出入境等多项业务，是一项由多警种协同作战的系统工程。依据管理学原理，在安全管理系统工程中，大型社会性活动安保工作必须建立强有力的指挥系统，通盘考虑，统一指挥，以保证各部门步调一致，将彼此分散的力量凝聚成合力。根据活动的规模和规格的不同，指挥系统设置的层级应有所差异，一般情况下可分为决策层、指挥层、实战层三个层次，分别负责对安保工作实施领导决策，对安全保卫工作进行组织协调和对活动现场进行决策指挥，具体落实各项安保措施。

4. 全面布控、确保重点的原则。"安保事，无小事"，安全贯穿于大型社会性活动的始终，涉及各个部门和各个环节，任何看似偶然、微小的事件都可能最终演化成安全问题。因此，安保工作必须全面布控，谨小慎微，多考虑不利因素，把安保工作方案制作得更为周全，不可有任何麻痹侥幸心理。但由于人力资源的有限性，安保工作难以做到面面俱到，而真正的"万无一失"也是不可能的，因而只能看关键要保的是什么。如果什么都想保，可能什么都保不住。重点部位、重要人员的安危决定大型社会性活动安全管理工作的成败，所以，在全面布控的同时必须明确防护的重点，确保"重点"万无一失，为此，在掌握情报的基础上，要确定风险等级和难度系数，再依其风险等级和难度高低对安全管理措施进行排序，重点抓好反恐怖、场馆保卫、住地保卫和要人警卫等环节。

5. 内紧外松、刚柔并济的原则。在大型社会性活动中，安保部门和人员自身必须清醒地认识到观众和主办者并非要看警用器械的展示和警方的表演，而是关注活动本身的顺利进行和现场的热烈气氛。因此，必须在充分了解活动特点和国际惯例的基础上，制定有针对性的工作方案、预案，做好备勤工作。注意场内与场外相结合，着装与便衣相结合，尽量减少着装民警在现场出现的数量和频率，做到内紧外松、刚柔相济，既保证活动的安全，又营造宽松祥和的气氛，而不能喧宾夺主、因噎废食，妨碍活动的顺利进行。对于一些旨在烘托气氛、符合惯例的行为或活动，在确保安全的前提下，安保部门和人员要尽量为其提供便利条件和宽松氛围，微笑服务，树立"亲善大使"的形象。

6. 点面结合、以面保点的原则。大型社会性活动现场治安的小环境受社会面治安的大环境的密切影响，实践表明，良好的社会治安环境能够为举办大型社会性活动提供安全保障和氛围。公安机关在举办规模较大的活动前，往往要大力整顿社会治安秩序，全面开展安全检查，消除事故隐患，以大局的稳定策应现场的安全。如果仅将眼光局限在活动现场的安全管理上，往往会出现"树欲静而风不止"的不利局面。因此活动现场的安保工作必须要与社会整治相结合，"点"

212

的安全靠"面"的安全来支撑，"面"的安全由"点"的安全来体现，二者相辅相成，不可偏废。

（二）公安机关在大型社会性活动安全管理中的职责

根据《大型群众性活动安全管理条例》的规定，大型群众性活动的承办者对其承办活动的安全负责，承办者的主要负责人为大型群众性活动的安全责任人。场所管理者对提供的活动场地和设施设备安全负责。公安机关代表政府对大型活动实施监督管理。大型社会性活动安全管理工作是一项由公安机关为主导的，安全生产、消防、交通、质量技术监督等政府有关部门参与、协调、配合的系统工程。

1. 对大型社会性活动的举办进行安全审批。我国对大型社会性活动实施安全许可制度，公安机关是安全许可的执行机关。公安机关对举办大型社会性活动的人员和组织要求提供并审批以下材料：书面申请报告；主办方及承办方、场所提供方的合法身份证明；主办方同各方签订的与安全工作相关的合同文本或者意向书；按规定须经有关部门事先批准的，应当提交批准文件；拟举办大型活动的活动方案、安全工作方案等。

2. 对大型社会性活动的安保工作开展准备。主要工作有协调有关部门，确保经费和装备；加强情报信息收集、分析；制定详细的大型群众性活动安保方案、安全监督方案和处置突发事件预案；活动前安全检查；组织召开安全工作协调会；现场安全检查；严格证件的发放与管理和加强社会面清理整治和治安巡逻控制。

3. 对大型社会性活动的安保工作进行协调指挥。如建立高效严密的指挥系统；保障情报信息渠道畅通；维持现场周边的治安、交通秩序；查处违法犯罪活动以及预防和处置突发治安事件。

4. 对大型社会性活动进行总结评价。大型活动安保工作结束后，还要对工作的流程和环节逐一进行逆向分析，找出薄弱环节，总结成功经验。

（三）大型社会性活动安全管理的主要措施

1. 仔细安全检查。实践表明，安全检查是大型社会性活动安保措施的重点措施和核心工作之一。安全检查，简而言之就是对人、地、物的检查。具体说就是：①对进入现场的人员、车辆和随身携带的物品要进行严格的安全检查。必要时借助安检门、安检仪等安检科技产品对上述对象进行检查；②对活动现场进行防爆、防火、防坍塌检查；③对进入场地的展品、道具和临时搭建的舞台进行安检。包括举办场所的建筑物或露天场地设施是否符合安全规定；观众席、主席台是否有危险物品或可疑物品；各种通道及进出口是否畅通；电器设备是否符合用电标准，并具备保护措施；是否已与电力部门取得联系、保证供电，并配备备用电源；消防器材是否配备齐全、有效；场内危险物品管理是否合格；场地内外的污物、砖瓦及有碍通行的障碍物是否彻底清除。需要说明的是，对物品或设施的安全检查，安保部门要提前介入，要在工程选材、施工阶段跟班作业，做到安保工作与工程的"五同时"，即同时规划、同时设计、同时施工、同时验收和同时使用，从源头上把好安全关。

2. 严格票证管理。①票证的印制数量不得超过公安机关核准的安全容量，门票发售必须留有一定的余地，一般不超过核定容量的90%。票证样本不得随意更改。公开售票的活动，应采取票证防伪措施。②要严厉打击场外倒卖票证等违法行为，加强巡视，采取专门力量和秘密人员监视，及时发现，迅速制止。

3. 维护场外秩序。大型社会性活动场外一般是指距离大型社会性活动现场较近的周围地带。实践证明，良好的场外秩序是维护好场内秩序的有力保障。场外秩序混乱主要集中在活动开始前和活动结束后的一段时间内，表现为交通堵塞，人群拥挤和出入口秩序混乱。实践中，公安机关可以根据需要在一定时间和范围内实施交通管制；划定大型活动专用停车场地并指挥、疏导交通。还须加强现场验票的安全措施。在场所入口不仅要设置安全、有效的机读验票设施、设备，还要强调以证管人，认证不认人，严禁票证转让，严防不安全的人、车进入现场。尤其注意对无票证私闯人员、拒不交验票证人员、拒绝接受物品查验人员甚至强行冲闯人员的防范与处置。

4. 维护现场秩序。

（1）维护看台、观众席的秩序。在现场活动进行中，安保人员应加强场内巡逻、守卫、监视观众区的秩序动向，预判治安趋势，赢得处置时间，力争将事件遏制在苗头阶段。对于少数情绪激动的人群，要注意观察，必要时进行个别劝告或教育，但要注意劝告方式，态度要缓和，避免引起群体性的起哄、攻击等事态的发生。

（2）确保演出或中心场地的安全。活动中心的安全隐患既有人为的事件，又有意外事件。因此，现场安保人员应时刻保持警惕，密切关注活动中心情况。如防止球迷、歌迷或观众冲入活动中心现场。对于已冲入中心现场的人员，应立即予以制止，将其带离现场，以确保活动安全。但应注意处置方式，禁用粗暴、威胁等手段，以防引起公愤。同时，活动中心若出现电源或设备故障、设施断裂迹象等意外事件，应紧急采取措施处置，并及时通知有关部门。

（3）引导人群合理分流。为观众设计一条合理的行走路线，既能使人们参加全部或大部分活动项目，又能使人们不走或少走回头路，减少和避免人员对向流动；在交通路口等节点设置路标。通过广播宣传，提醒人们靠右行走；在热门活动项目和关隘地段设保卫岗哨，劝告人们少停留，多走动，疏导人流；活动项目设置要冷热相间，调节人流，避免人员集中拥挤。

（4）注意高危时段的安全控制。实践表明，大型活动的入场、高潮和退场是安保工作的高危时段。因为在这个时段，现场人流、物流大，观众情绪高涨，而安保工作容易出现疲软。尤其在退、清场阶段，由于警力延伸不够，后续工作不连贯、不扎实，活动过程中积累的潜在矛盾容易爆发，往往会出现打、砸、抢等暴力事件，所以安保工作务必抓住重点，善始善终，保证工作的完整性。

5. 严控社会面治安。加强对社会面治安的控制是为了给大型社会性活动创造良好的治安环境，以外保内，以面保点。为此，要做好人、物、地三个方面的工作，做到管住、管好。"人"的方面，就是对刑满释放、解除教养和对社会不满有闹事企图的人员要控制得住；"地"的方面，就是要维护好繁华地区、重点场所的治安秩序；"物"的方面，就是要加强枪支弹药、管制刀具和易燃易爆、剧毒、放射等危险物品的安全管理，严防上述物品流入现场，构成隐患。

第二节　大型社会性活动现场处置机制

一、大型社会性活动现场处置的含义及种类

大型社会性活动现场处置其实是大型社会性活动突发事件现场处置的简称，大型社会性活动现场的突发事件处置是大型社会性活动安全管理的主要组成部分。大型社会性活动是在相对短的时间内，在特定的区域开展的人数众多、项目繁多、物流密集的公开性社会活动，由此决定了大型社会性活动现场的突发事件的特殊性。大型社会性活动现场的突发事件除了具备一般突发事件的突然性、不确定性的特点之外，还存在发生主体的群体性、纠合性，发生机制的偶发与蓄意并存性，发生过程的连锁性、扩散性，事件影响的深远性、国际性以及处置手段的多样性与综合性等特点。

在类型上，常见的大型社会性活动现场突发事件的类型有：①政治类。主要有静坐请愿、集会演讲和反动宣传煽动等事件。②事故灾难类。主要是人群拥挤踩踏事故，建筑物火灾、爆炸、坍塌事件等。③治安刑事案件类。如滋事斗殴、蓄意破坏、劫持人质、枪击事件、暴乱骚乱事件。④恐怖袭击。

大型社会性活动安全管理应重点做好现场突发事件的应对工作。根据我国《大型群众性活动安全管理条例》的规定，公安机关负责大型社会性活动突发事件处置工作。

二、大型社会性活动现场处置机制

（一）信息通畅

"知己知彼，百战不殆"，情报工作是一切工作的基础，掌握了可靠的情报信息就掌握了工作的主动权，能够做到敌动我知，主动防范。收集情报要有针对性，一是收集敌对分子企图搞破坏的信息；二是要收集对社会不满人员可能闹事的信息。对收集的情报信息要确定专人进行研判，宁信其有，不信其无。对于活动开展中的信息情报工作，现场指挥部应从以下三个渠道加以收集：①通过现场视频监控系统，直接观察、掌握现场的实际情况，以此作出部署；②向活动现场、演出单位、主办单位派出观察员、巡视员，发现异常情况随时向指挥部报告；③保持与安全局等部门的联系，注意这些部门所提供的情报和线索。

（二）组织领导

大型社会性活动安全保卫的组织领导集中体现在指挥系统的构建和运行上。由于大型社会性活动参与部门众多、人员数量大，为保证指令快速、准确地由决策中枢传达到基层实战单位，使各参战单位既能根据实际情况独立作战又能彼此策应、相互配合，就必须以严密的指挥系统为保障。根据活动的规模和规格，指挥系统一般分为三个层次：①决策层，即安保工作领导小组，其主要任务是对活动的整个安保工作进行决策和协调，人员由各部门主要领导组成。②指挥层，即大型活动安保部（现场指挥部）。它既是组委会的一个职能部门，也是公安机关的派出机构，负责安全保卫现场工作的组织协调。③实战层。按照属地管理和警种配置的原则，各参战部门具体落实各项安保措施。一般来说，大型社会性活动安保实战层次以组的形式出现，主要有秩序维护组、现场安检组、交通维护组、现场机动组和后勤保障组。

现场指挥部部址一般应设在距离活动现场不远，能够便捷地获取各方信息，最好能俯视现场全貌的地方。在实践中，往往会选择大会主席台的附近、现场周围较高的楼房等。办公场所须配备必要的设备，除视频监控、对讲系统等外，还应预留一定的空间供工作人员休息之用。

（三）警力部署

警力部署是指在大型社会性活动安保工作中围绕具体安保任务在警力编组、岗位分工、行动计划以及措施准备等方面的安排和布置。科学部署警力是落实各项安保措施的先决条件，在具体工作中应本着全面部署、重点加强、留有机动的原则，既不浪费警力，又能发挥效能。

1. 警力部署的基本思路——以空间换时间。[1] "以空间换时间"是大型社会性活动安保工作警力部署的基本思路。大型社会性活动参与人数多，不确定因素多，可能发生的问题也多。因此在安保工作中，为了实现警务快速反应效能，往往采取"近战"的方法，即把警力直接部署在活动现场，达到缩短现场响应时间的目的，以此实现"以空间换时间"的战略方针。

2. 警力部署的基本依据——警力密度设计。所谓警力密度是在单位长度或单位面积内警力点的配置数量，简言之，就是警力配置的疏密程度。从可操作性角度看，其核心是设计出各警力点之间的距离。大型社会性活动现场警力配置疏密往往取决于以下因素：大型社会性活动的性质（商贸活动、文艺演出、社会性体育赛事等）；大型社会性活动的规模、规格；现场周围道路交通状况以及治安环境等。如果活动的规模大、规格高、党政要人参加或活动对抗性强、活动现场的道路及治安状况差，其警力部署的密度应大，反之，警力部署密度小。另外，在警力部署时必须留有一定数量的机动警力，以随时调配使用，这一点在大型社会性活动安保工作中尤为重要。

3. 警力部署的基本方式——动与静、点与面、公与秘相结合。如何部署警力是大型社会性活动安保工作的核心。一般情况下，大型社会性活动现场警力的部署应做到动静结合、点面结合及公秘结合。动静结合即移动警力与固定警力结合，通常情况下，活动现场的外围及人员流动性较大的展览、展销会会场内应当部署适量的移动警力进行交通疏导、治安巡查；对于大型活动外围设置的治安卡点、体育赛事中的体育场馆及文艺演出的现场等应当部署固定警力，警力的排列可以是"田"字型或"米"字型，其目的是便于观察现场情况，尤其是发生突发事件时，有利于形成隔离带，快速处置。点面结合即布警时既要考虑重点部位，又要考虑全部的活动现场。对于重点部位，警力密度要大，以确保安全。对于活动中心现场或重点部位，应注意着装警力与便衣警力相结合，着装警力可以产生威慑力，但不宜过多，以体现内紧外松、藏警于民的效果。

（四）后勤保障

"兵马未动，粮草先行"，大型社会性活动安保工作的顺利开展离不开坚实的后勤保障。其主要内容包括物质装备保障、通讯交通工具保障和医疗饮食保障。安保部门要根据实际情况制定安保后勤保障方案，事前征求各部门意见，制定预算，及时采购必需物资，并保证各种装备的正常运行。

三、大型社会性活动现场处置的基本对策

大型社会性活动现场处置应坚持安全第一、抓住战机、宽严相济、隔离处置

---

[1] 参见刘艳芳："大型活动安保工作的组织指挥"，载《江苏警官学院学报》2005年第5期。

的原则，既要满足安保工作的需要，又要为活动创造宽松、祥和的气氛，切不可喧宾夺主，妨碍活动的顺利进行。一旦发生爆炸、火灾、倒塌或闹事等事件，现场指挥部门应立即启动突发事件处置预案，协调各部门按照预案中的各自分工进行现场处置，做好现场的疏散、救援、取证、控制等工作。具体策略方法有：

（一）适时发出通告

在处置大型社会性活动群体性事件的过程中，应根据事态发展的不同情况，适时发布通告，充分运用国家法律的威力控制事态的发展。当一些群众不明真相或发现活动中存在不合理现象，以及在少数人的挑拨、煽动下，情绪极为激动，企图大肆骚扰活动的正常秩序时，可视情况发出通告，讲清事实真相，作出详细的解释说明，劝说群众冷静下来或尽快离开现场，防止有人借机闹事，使事态有所缓解。如果事态得不到控制，少数人借故闹事，搞打、砸、抢、烧，事件的性质发生了变化，那么此时也应发出通告，向群众讲明情况，要求群众明辨是非，不要上当受骗；并告诫少数人悬崖勒马，不得轻举妄动，使事态朝有利的方向转化。

（二）保护重点目标

大型社会性活动群体性事件处置现场中应保护重要首长、来宾、演员、裁判员等的安全。加强对主席台、赛场等的警戒，组织引导、保护重要人员等退场，安全离开现场。对尾随、纠缠演员、运动员、裁判员的，要及时疏导，视情况采取驱散措施，防止上述人员遭闹事人员的袭击。

（三）穿插隔离，分割包围闹事者

大型社会性活动群体性事件发生后，应调集保卫力量，迅速穿插在现场之中，在现场内观众的背面、侧面和中间，布置有强大震慑作用的警卫力量。一方面，将煽动闹事者与现场群众分离、隔断，阻止其相互联系，避免因少数人的煽动、挑拨，使更多的群众受骗上当，盲目参与闹事活动；另一方面，将煽动闹事者和一般违法行为者分离。外围设置警戒，封锁现场，准出不准进，防止现场外的群众参与进来聚集围观闹事，以最大限度地降低消极互动影响，防止参与主体扩大。之后，由外向内剥笋式地分化闹事主体，削弱闹事群体的凝聚力，使带头煽动闹事者自感孤立无援，从心理上和行动上由"聚"向"散"转化，从而控制住事态的蔓延、扩大。

（四）确保要道畅通，疏散围观群众

对于活动场所外发生的群体性事件，应及时予以制止，将堵塞安全门、出入口的闹事者，强制带离现场，确保出入口的畅通。对场内趁机进行打、砸、抢、烧和流氓滋扰等活动的非法人员，要当场抓获；而对于一般的围观群众和附近人员，应采取教育劝导的办法，按照指定的路线和出口，将他们疏散开，不能聚集在场所内，避免使事件规模与影响扩大。如果这种事态难以控制，规模不断扩大，危及局部地区的安全，则应由公安机关采取果断措施，强制驱散闹事人群，必要时可使用催泪弹、水枪等非杀伤性警械。

（五）做好善后处置工作

大型社会性活动群体性事件同其他治安事件一样，在事态平息之后，如果不能做好善后处置工作，可能导致难以预料的后果。轻则不能有效地减少或避免闹事带来的损失与影响，重则使事件再度爆发，并呈现连锁反应，矛盾加剧，规模扩大，增加平息难度。因此，当闹事人群被驱赶出场或在场外被驱散，围观群众被疏散之后，安全保卫人员要在一定时间内，在闹事主体及一般群众容易聚集的某些地区、场所、部位观察巡视，一旦出现重新纠合闹事的苗头，应及时平息，以免养痈遗患。

四、大型社会性活动现场处置预案

大型社会性活动现场处置预案既是大型社会性活动现场处置机制的内容之一，也是大型社会性活动应急处置的准备工作。大型社会性活动现场处置预案是在大型社会性活动安保总方案的统领下，针对大型社会性活动中可能出现的突发事件而制定的预备性方案。实践表明，大型社会性活动安全保卫方案做好了，安保工作就成功了一半。

大型社会性活动现场处置预案的编制在实践中有两种模式：①与大型社会性活动安保总方案相互独立，各成一体，成为安保总方案的子方案；但它们之间又彼此协调，就其格式、体例而言二者基本一致，只是内容的侧重点有所不同，大型社会性活动安保总体方案注重全局性、常规性，而大型社会性活动现场处置预案注重超前性、针对性。②以条款的形式成为大型社会性活动安保总方案的一部分。如规定针对不同突发事件采取不同的处置程序和措施。

（一）大型社会性活动现场处置预案的编制过程

1．分析预测。在安保方案制定以前，必须对大型社会性活动以及其所处的环境进行分析预测，其内容包括大型活动的性质、规模、活动场所的地理环境以及当前的社会治安状况等。通过分析应解决以下问题：①发生危险的可能性或现实性；②危险的类型以及可能的危险行为；③可能造成的危害程度。

2．制订方案。制订方案即在预测的基础上比对目标进行具体描述。其内容一般包括指导思想、组织领导和指挥、警力部署、应急突发事件处置、应急保障等环节。方案可以采用文字的形式予以表述，也可以用图表的形式进行描述。

3．方案评估。方案评估也称为方案的可行性分析，此时重点考虑以下问题：

①方案的法律可行性，即制订的方案是否在法律允许的范围内，如果不具备实施的法律依据，其方案是不可取的；②成本分析，即实施该方案的成本有多大；③可行性分析，即分析该方案是否具备实施条件及其可操作性。方案评估的目的是对方案本身进行个别、客观的评价，然后得出肯定或否定的结论。通过方案评估，对发现的其存在的缺陷进行完善，是制订方案的最后环节，也是不可缺少的环节。

（二）大型社会性活动现场处置预案的格式及内容

依据《大型群众性活动安全管理条例》，大型群众性活动安全工作方案应包括下列内容：①活动的时间、地点、内容及组织方式；②安全工作人员的数量、任务分配和识别标志；③活动场所消防安全措施；④活动场所可容纳的人员数量以及活动预计参加人数；⑤治安缓冲区域的设定及其标识；⑥入场人员的票证查验和安全检查措施；⑦车辆停放、疏导措施；⑧现场秩序维护、人员疏导措施；⑨应急救援预案。从以上内容可以看出，大型社会性活动现场处置预案是放在总体安保方案之中的，以下据此来构建预案的框架。

1. 指导思想。此部分首先应对活动的规模、意义进行简要陈述，其次对本次活动安保的任务及目标予以描述，最后就应对突发事件的总体原则和目标进行规定。对活动安保任务及目标的描述要结合本次活动实际，不要人为拔高安保目标，也不要刻意降低安保目标。如写成"在整个活动期间不发生一起交通事故"，就显得不切实际；在形式上须以坚定的语气，否定句的句式加以明示，如"……不发生危及运动员、裁判员、来宾人身安全的事件，不发生有影响的重大交通事故、火灾事故，不发生爆炸等重大恶性案件……"。

2. 组织领导。组织领导即对现场指挥系统的安排。内容包括总指挥部的构成及位置，现场指挥部的构成及任务分工。总指挥部对活动安全整体负责，通常由当地公安机关最高行政长官担任，名称上可以是安保部部长，也可以是安保工作领导小组组长。现场指挥部是针对某一个具体的活动项目、安保项目或活动场所而设立的安保机构。如活动开闭幕式现场指挥部，现场突发事件处置指挥部。现场指挥部应设立一名现场总指挥，若干名副总指挥和成员。现场总指挥全权负责现场安全，副总指挥和成员一般按照警力属性、来源来确定人选，分担相应的安保任务。

3. 任务分工。任务分工是安保方案的重要部分，是人员、岗位、职责三者相结合的产物。现场警力部署与任务分工是相辅相成，相伴而生的。在方案的编制中，首先，应考虑分工方式问题。实践中，一般以责任组的形式来承担现场不同的安保任务，而责任组的安排又以现场安保区域与安保事项相结合的方式进行。现以体育场内的文娱活动为例说明，一般从以下几个区域和事项出发来考虑安保任务的分组：①演员进出口、休息区；②贵宾进出口、贵宾席及休息区；③演出舞台及两侧；④中心观众区，尤其近舞台区域；⑤三周看台；⑥检票口或验票口；⑦停车场（机动车和非机动车、贵宾和普通观众车辆分别停放原则）；⑧现场内外围巡查；⑨现场急救、消防、防暴、安检机构及车辆；⑩周围交通；⑪演员驻地。其次，在一个组别的警力配置上，应以警力来源、警种属性、任务模块为原则，尽量将来自一个区域的警力、相同业务技能的人员放在一个组别里，充分发挥优势，相互合作，提高效率。另外在警力配置上一定不可疏忽机动力量的储备。最后，在安保任务（职责）上，先要确定本组的主要任务，再以条文的形式罗列出来，不尽之处也要说明。具体格式可以参照以下：①本组负责人；②本组警力及警力来源；③本组安保区域或对象；④本组安保任务。

4. 应急处置措施。此部分是针对活动现场可能出现的各种突发事件，以罗列的方式陈述应急处置流程和策略。如对非法集会演讲、冲击场馆事件，人群拥挤踩踏事件，人质劫持案件，建筑物火灾、暴乱骚乱事件，爆炸事件的处置程序和措施加以规定。这里需要注意几个问题：①应根据事前安全评估，预测主要的突发事件类型，包罗所有险情既不可能也无必要。②参与处置人员分工问题。对于一起突发事件，参与人员既有现场执勤人员，又有专业处置人员，二者如何协作配合均要在预案中加以明确。③处置流程和策略问题。不同的突发事件的处置流程和策略是不同的，这些也应在预案中加以详尽设计。

5. 工作要求。此部分是对安保人员的工作纪律、原则、责任分担以及上岗及撤岗时间加以规定。

6. 工作保障。此部分是对安保活动的联络协调、通讯保障、医疗、饮食、交通等后勤保障加以规定。这是安保工作的保障体系，是安保方案不可或缺的内容，必要时以附件的形式记载联络协调、通讯信息等内容。

7. 附件的内容。应由一定的图表构成，如现场安保平面图、通讯联络表、警力配置表。现场平面图是方案的必要组成部分，应以不同的图示、标记加以标明。

（三）大型社会性活动现场处置预案的培训和演习

安保方案或预案制定后，还要进行必要的人员培训和演习，熟悉安保技能和岗位要求，发现方案或预案漏洞，及时完善和整改。方案培训就其实质而言就是将处置任务具体化，即按照工作岗位、技能要求对参战人员进行专业培训，使其尽快地熟悉方案、理解职责。这里须澄清一个误区：认为参战人员来自实践部门，无须再进行培训。这其实是不对的，每一个参与处置的人员日常养成的良好职业素养是处置的基本要求，但每一次大型社会性活动的情况不同，要求也有差别，所以培训是必需的。

第三节　球迷闹事事件现场处置

球迷闹事事件是指一些球迷或观众由于某种动因，交叉感染、串通，在赛场内实施妨碍赛事的组织管理与正常进行比赛的行为并导致事态加剧、扩大，扰乱比赛的固有秩序，具有较大的政治、经济影响与社会危害性的群体性事件。

一、球迷闹事事件的表现形式及特点

（一）球迷闹事事件的表现形式

1. 围哄谩骂。在球赛进行中或结束后聚集在球场门口等处，借人多势众，以侮辱性、不堪入耳的语言对球队、球员、教练、裁判、执勤人员进行谩骂、人身攻击。

2. 投掷物品。少数球迷避开检查，将饮料瓶等物品带入场内，遇有不满，即向球员、裁判、执勤人员投掷。

3. 球迷对峙。由于球赛尤其是足球比赛多采用主客场制，一些组队包车、包船、包机前往比赛地的球迷，往往与当地球迷发生冲突。

4. 酿成火灾。少数球迷为泄愤或狂欢，在看台上燃放烟花或烧纸、塑料椅等，不仅殃及其他观众，也可能造成火灾。

5. 扰乱场内秩序。少数无票球迷在入场高峰时趁机起哄推挤，混入场内；个别球迷在比赛中翻越栏杆冲入赛场，造成比赛中断；还有的球迷在散场时蜂拥而出，造成通道堵塞或滞留看台，堵在门口处阻止运动员车辆进出，造成秩序混乱，易酿成挤压事故。

6. 实施暴力。少数挑头者在观众中起煽动、组织作用，欲将事态扩大化。受少数别有用心的人鼓动，一些球迷把哄闹的矛头指向公安、武警执勤人员，恶语挑衅，或投掷物品袭击民警，推砸警车，阻碍执行公务等。

（二）球迷闹事事件的特点

1. 心态复杂。从参与者在事件中的不同作用、不同心态，大致可分为三种：①主动型。这部分人的个体素质差，言行举止不文明，以无事生非、打闹为乐；有的因受到公安机关处罚，借机发泄内心不满；更有的人别有用心，喜欢煽风点火，推波助澜，力图使事态扩大化。这部分人虽是极少数，但在闹事中起骨干作用。②助动型。这部分人以"铁杆球迷"自诩，对赛事中出现的各种"问题"爱"打抱不平"，以满足其表现欲望，遇有人挑头闹事，积极参与助威，有的缺乏自制力，也会作出种种出格之举。③从众型。受好奇心等心态支配，在闹事过程中从众围观，附和喊叫，这部分人占绝大部分，使处置难度增大。

2. 诱因增多。诱发球迷闹事的直接原因往往是一些偶然性的因素，如裁判误判、错判，个别球迷失控冲入场内，球迷间发生对抗行为，个别球迷不服管理、言行出格，关键性赛事失利引起球迷不满，以及主队取胜后的狂欢等。

3. 扩散迅速。球迷闹事由各种因素促成，但其事态发展转变过程，往往呈一触即发、迅速扩散之势。表现在：①现场扩散快，从叫喊哄闹转变为扰乱赛场秩序、危害公共安全的闹事事件，从局部的滋事转变到大规模的闹事，往往具有突发性；②舆论扩散快，由于各种媒体对球赛采取现场实况转播，受众面十分广，球迷闹事的信息会在第一时间迅速向全社会扩散。

4. 危害严重。球迷闹事不仅影响球市的健康发展，滋长不文明行为，与社会主义精神文明建设的要求严重相悖，而且对社会秩序、群众生命财产的安全和国家财产的安全都将带来极大损害，其事态的扩大或被别有用心的人利用，还将给社会稳定带来极大影响。

基于球迷闹事事件具有的以上特点，加大了现场处置的难度。主要表现在以下五个方面：①难以预测事态发展的规模、性质。球迷闹事扩散快、突发性强，如在思想上、措施上准备不足，易形成被动。②难以实施现场处置。如制止看台上个别球迷的出格行为，如不能迅速解决，就可能引起更大的哄闹。③难以形成优势力量，速战速决处置局部发生的哄闹。④难以把握政策界限。参与闹事的人群，心态各异，作用不一，有的是有预谋的，有的是看热闹的，难以区分。⑤难以取证定性。对现行扭获的个别故意扰乱治安秩序，有打、砸、抢、烧等违法犯罪行为的人，必须予以法律制裁；但时过境迁，人证、物证难以取得，影响审查定性。

二、球迷闹事事件的应急准备及防范

1. 赛场的安全检查。比赛前应对赛场进行仔细的安全检查与搜索，防止被放置爆炸物和其他危险品。

2. 对进入赛场的人员进行检查。对进入赛场的所有人员（包括观众、记者及工作人员等），除检查入场券或通行证外，还应使用爆炸物品探测器（门）、金属探测器（门）等检测技术设备检测，并将检测过程置于电视监控之下。严禁观众将酒类、罐装和玻璃瓶装饮料、水果刀、石块、侮辱或挑衅性标语、旗杆及其他危险物品（如烟幕弹、烟火、鞭炮等）带入场内。

3. 认真核定看台容量，确保场内看台的安全。发售门票必须留有一定余地，不准超过饱和容量，一般不超过核定容量的 90%。为防止场内观众爆满，人口处的工作人员应随时同售票处联系，控制入场观众数量。大型球赛以售团体票为主，严格控制零售票。团体票要按主客队球迷划块（看台）出售，连同购票单位（如球迷协会）负责人姓名一并记录在册。而且客队与主队球迷应从不同入口进场，并分配至不同看台，中间空出缓冲区；条件许可的，以铁丝网或钢架隔开，避免双方球迷发生冲突。

三、球迷闹事事件的现场处置

（一）及时宣传疏导，稳定观众情绪

赛场内一旦出现球迷群情激昂、哄闹现象，现场指挥员应及时掌握动向，可利用广播宣传法规，解释情况，直陈利害，规劝闹事者遵守国家法律、法规，使那些闹事流氓和别有用心制造事端的人受到孤立，从而为事件的顺利处置创造条件。并与有关部门、人员联系，及时发布通告，正确引导宣传导向，适时揭露闹事流氓，从而稳定观众情绪，将事件平息在萌芽状态。

（二）迅速采取措施，保护重点目标

1. 保护重要人员、外宾、运动员、裁判员等的安全。加强对主席台、赛场的警戒，组织引导、保护重要人员、外宾、运动员、裁判员等退场，离开赛场，对尾随、纠缠运动员、裁判员的，要及时疏导，视情况采取驱散措施，防止遭球迷袭击。

2. 对赛场内的重要部位进行保护。对赛场内赛委会、新闻中心、供电系统、火炬台等部位，进行 24 小时守护。

（三）迅速调集力量，分割、驱散闹事球迷，疏散观众

发生球迷闹事后，应迅速调集力量配合警察穿插于现场之中，在观众的背面、侧面和中间，布置足够强大的保卫力量。一方面，将闹事球迷双方与现场观众分隔开来，阻止其相互联系，避免因少数人的煽动、挑拨，使更多的观众受骗上当，盲目参与闹事活动；另一方面，对煽动闹事和实施一般违法行为的球迷进行分割包围。

设置警戒线，封锁现场，观众只准出不准进。禁止场外观众参与进来，聚集围观、闹事，以求最大限度地降低消极互动影响，防止闹事主体扩大。然后，由外向内剥笋式地分化闹事球迷，削弱闹事主体的凝聚力，从而控制住事态，防止其蔓延、扩大。对于赛场发生的球迷闹事事件，应及时予以制止。按照易散不易聚的原则，将堵塞出入安全门的闹事者强制带离现场，确保出入通道的畅通。对比赛过程中跳入赛场、扰乱赛场秩序的球迷，现场执勤人员要立即将其带离场地，一般不得动用器械，避免引发其他球迷哄闹。对人数多、经宣传劝导不能疏散又难以短时间全部带离现场的闹事球迷，可运用非杀伤性武器予以驱散；而对于一般的观众，应采取教育劝导的办法，按照指定的路线和出口，将他们疏散出

赛场，避免其聚集场内使事件规模与影响扩大。

（四）做好善后处理工作

事件平息后，根据闹事主体的行为情节及在事件上所起的作用分别依法予以处理，并充分利用新闻媒介予以宣传。对大多数观众进行教育感化，使其进一步了解事件真相，认识赛场闹事的非法性及严重后果。对于一些不明真相，凭着好奇心与狂热而参与起哄闹事的球迷，着重进行批评教育、劝导说服，使其充分认识到自身的错误行为；根据其情节，有的可给予治安处罚或通过行政手段予以处分，从而达到打击少数、团结多数的目的。同时，在赛场及其附近安排适当保卫力量进行组织巡查观察，防止被驱散的球迷重新纠合、闹事。

【知识链接】球场骚乱事件现场的自我处置

观看足球、篮球等大型比赛时如果发生骚乱，极易造成群死群伤的严重事件以及不良的社会影响。应急要点：①发生球场骚乱时，应避免在看台上来回跑动。要迅速、有序地向自己所在看台的安全出口移动；②周围人群处在混乱时，不要盲目跟随移动，应选择安全地点停留（如待在自己的座位上），以保证自己不被挤伤；③注意观察活动现场情况和识别警示标志，做到心中有数；要有意识地了解现场安全通道和出入口的位置，在发生危险时要尽快从最近的安全出口撤离；④远离栏杆，以免栏杆被挤折而伤及自身；⑤疏散时特别要注意礼让身边的老人、儿童、妇女等弱势群体，不要拥挤，并保证疏散有序。专家提示：应自觉遵守球场规定，维护赛场秩序。遇到少数人起哄、煽动闹事等情况，不要盲目跟从。看台都有一定的坡度，所以遇到球场骚乱时，千万不要拥挤、翻越栏杆，以免造成人员伤亡事故。

第四节　拥挤踩伤事件现场处置

拥挤踩伤事件是指人们在公共场所的活动过程中，由于人群拥挤、秩序混乱、建筑物倒塌等造成的人员伤亡事故。它是治安灾害事件的一种。这类事件发生的地点大都在影剧院、公园、车站、码头、体育馆（场）、集会场地等公共场所。大型社会性活动拥挤踩伤事件的应急处置应坚持动态时空管理的思想，在闻警即动，快速反应，统一指挥，协同作战；因情施策，迅速控制；保护群众安全，避免激化矛盾的处置原则指导下，采取全员动员、核心控制、超员控制、随机跟踪等管理措施。

一、拥挤踩伤事件处置的准备工作

大型群众性活动的拥挤伤亡事件一旦爆发将很难控制。人群的规模、动力方向、行为通道、时空环境是影响该类突发事件发生的主要因素。因此，要重点做好控制人群的数量、规模工作，减少人群动力是降低事故发生的关键。活动前期，安保部门要控制人数总量，对活动场所进行现场勘查，特别对人群集中地、疏散地、通道等要重点检查，确保人群的时空环境需要，保障群体行为通道通畅。同时也要做好突发事件预警工作，对于安保工作，安保部门要做到"早介入，早准备，早部署"，指挥部门在活动前期就要搜集掌握涉及安全的信息，做好动态预测，并善于对各类信息进行快速高效的归纳总结，为领导的正确决策和合理布置警力做好准备。

二、拥挤踩伤事件处置的组织与协调工作

一方面，要完善公安部门应急处置的协调机制。在公安部门内部协调下，①要在方案中明确各警种的任务和分工，避免各部门之间衔接不畅和混乱；②要避免各单位的人、财、物等资源遭到浪费，克服各参战单位因自身的利益而增加协调成本；③明确现场指挥的权威性，下级服从上级。另一方面，要加强公安部门同社会其他部门应急联动协调机制。在突发事件爆发后，公安部门必须紧急广泛动员一切可以利用的各种人力、财力、物力投入到抢险中去。因此，必须要注重其他政府机构应急力量、社会组织、行业部门和治安积极分子的力量。

三、拥挤踩伤事件现场处置的对策

（一）调整警力，快速集结

闻警而动，快速处置是应对大型社会性活动突发事件的基本原则。参与处置的单位接到命令以后，要迅速抽调警力以最快的速度赶赴事发区域或现场。当进入事发区域时，要调整部署成整体队形开进，按照便于相互策应和快速机动的原则，进行统一部署，把主要警力用于主要方向和主要地方，集中优势警力对重要目标、重要交通路口和重要场所实施强警扼守。

（二）宣传疏导，稳定情绪

在拥挤的人群中，一些未经证实的谣言，经部分人的随意传播，会引发人群情绪的异动，带来更大的骚乱，拥挤现场的信息混乱凸现出澄清事实真相的重要性。现场指挥应及时通过广播、电视或通告传递正面信息，表明事情的真相，以及政府解决事件的努力和信心，以稳定人群的情绪。对少数蓄意肇事者，通过宣传法律和政策，进行规劝和教育，阐明利害关系。

（三）管制现场，分离人群

对已经形成一定规模的拥挤事件，要在各级指挥部门的统一指挥下，迅速调

集民警、武警封锁现场和相关地区，划定警戒区域，设置警戒线，实施区域性交通管制。警力部署一般是机动民警在外线，武警在一线，处置民警和工作队在一线。要把拥挤人群隔离在一定范围内，不使其扩大蔓延。同时，把部分警力编成若干规模不等，具有较强处置能力的穿插小组，在不同方向和地段，实施多路而有重点的穿插，形成多路穿插，纵深阻隔，将拥挤人群切割成若干块，强行控制人群聚集和无序攒动。

（四）打开通道，有序疏导

在拥挤人群不能自行疏散时，现场指挥机构应及时采取措施，强行疏导。采取此方法必须充分准备，审时度势，坚决果断，一举成功。方法是：①"围三缺一，一线平推"。即在事故现场的某一方向留一条疏散通道，执行任务的警队，在现场一侧展开，成整体队形，协调一致地向一个方向推进，迫使拥挤人群向指定的方向离散。②"中间突破，两翼卷击"。即集中警力在拥挤人群中打开缺口，后续警队从缺口鱼贯而入，在拥挤人群中央挤开一条通道，尔后向两翼卷击割裂挤压，分块疏散。③"穿插楔入，首取要害"。穿插队形应前硬后紧，形成锐不可当之势突入时，通过广播警告、消防车高压水枪喷射、施放催泪弹等手段打开通道，强行插入，抓捕闹事头目和骨干分子，威慑、瓦解闹事群体。

（五）制止违法，打击犯罪

对于在拥挤事故中出现的打、砸、抢、哄抢、冲击现场指挥主席台事件，要依法坚决打击；对于为首分子和骨干成员，在必要时可迅速将其带离现场进行审查，甚至使用非杀伤性武器将其当场制服；对于一般人员，应着重进行批评教育，劝导说服。

【知识链接】密集人群中的自我处置

在人多拥挤的场所，一旦发生混乱，后果不堪设想。所以，在人员稠密的公众场所，如灯会、公园、商场、体育场馆、影剧院、歌舞厅、网吧等，应避免造成局部区域人员过于拥挤的现象。应急要点：①镇静：在拥挤发生之初或者不幸身陷拥挤的人流之中时，一定要时刻保持镇静，不要乱喊乱叫或推搡他人，防止造成混乱；②服从：听从事故现场管理人员的指挥调度，配合指挥人员缓解拥挤，避免踩踏事故；③避让：如果发觉拥挤的人群潮水般涌来，应该马上避到一旁，千万不要加入和尾随；拥挤中，如果发现一旁有坚固物体应紧紧抱住，以等待时机脱险；④防护：如果身不由己被裹入拥挤的人群时，要伸出力量较大的那只手臂，用手掌轻触前面那个人的后背，将另一只手握住撑出的那只手的手腕，双臂用力为自己撑开胸前的空间，用小步、稳定重心地随人流移动，不要试图超越别人；⑤保护：如果陷入极度的拥挤之中，为防止造成窒息，要尽力在胸前保持一定的空间，应做双臂交叉，双手握住上手臂平抬在胸前的自我保护动作，并尽量坚持，直到情况发生好转；⑥迅速站起来：万一被挤倒或绊倒，一方面要大声呼喊寻求周围人员的救助，另一方面要尽快站起来；⑦危急时刻的球状保护：如果摔倒后局面失去控制，没有办法站立起来，就应侧身蜷曲，双膝并拢贴于胸前，十指交叉双手扣颈，双臂护头。专家提示：①进入公众场所时，要提前观察好安全通道、应急出口的位置；②参加户外大型活动时，要提前观察该活动区域的地形，尽量远离不安全区域，尽量跟随客流有序行进；③切勿堵塞安全门，或在安全通道上堆积杂物；确保消防设施完备，符合应急要求。

四、拥挤踩伤事件的善后处置工作

拥挤事件处置一旦结束，就应启动事件调查程序。一般由多部门组成联合调查组，明确任务，科学分工，通过现场勘查、现场访问等手段获取一手资料和证据，进而对现场事件的起因、过程、后果进行全面客观的分析，最终形成对事件性质、责任的正确判断。在此基础上，对事件的制造者和责任人，要根据事件的性质、情节轻重、危害后果大小，依照国家法律、法规和政策进行严肃处理。

事故查处领导小组要适时地组织力量，成立事故善后处理小组，做好伤残人员和死难家属的安抚工作，有关部门和领导要前往医院或家中探望，表示慰问。对于医疗费用、丧葬费用、误工补偿等实际问题，按照国家有关法律进行妥善解决；对于家属提出的一些不合理要求，也要给予答复和解释。

【案例】14—1　密云灯展踩踏事件的原因及现场处置

2004年2月5日19时45分，在北京市密云县密虹公园举办的第二届迎春灯展过程中，一位游客在公园桥上跌倒后，引发身后人群拥挤，发生踩踏，造成37人死亡、37人受伤的重大责任事故。

事件发生后，在场公安人员立即打开通道，控制现场，疏导人员。同时拨打120急救电话，及时向密云县委、县政府汇报。密云县政府接报后迅速启动了应急预案，主要领导紧急赶往事发现场和救治医院；并成立了事件处理总指挥部，下设医疗救助、善后处理、对外宣传、安全保卫、后勤保障、善后政策等6个工作组。密云县医院3辆救护车、9名医护人员在8分钟内到达出事现场，同时在5分钟内集结了全院50名医护人员在急诊大厅准备抢救。另外，北京市120急救中心、999急救中心和部分著名医院100名医护人员也紧急赶往密云县医院。截至当晚20点40分，医院接诊病人52人。

此次事件受到国家领导人的高度关注，事发当晚国家主席胡锦涛立即作出重要批示，要求采取一切措施，尽最大努力抢救受伤人员。2月6日晚，北京市代市长王岐山发表电视讲话，及时向公众公开此次事故。2月7日，国务院派出了联合调查组。7日、8日保险理赔和抚恤补偿工作全面展开。

经查，导致此次事件的直接原因是灯展安全保卫方案没有落实，负责虹桥安保的值勤人员没有到岗，现场缺乏人流的疏导控制。具体原因有：①当地公安没有履行安保职责，工作失职渎职，擅自压缩执勤人员、推迟上岗时间；②主办、承办单位安保方案不落实，有关部门职责落实不到位；③活动安保小组没有设立现场指挥协调机构，没有要求负有安保职责的成员单位制定细化的安保方案和防范措施。

【案例】14—2　英意两国球迷的骚乱事件的管理失策

1985年5月29日，英国利物浦队和意大利尤文图斯队在比利时首都布鲁塞尔海瑟尔体育场争夺欧洲足球协会俱乐部冠军杯赛的冠军。由于英国球迷闹事，酿成了一场41人死亡、400多人受伤的惨剧。此次事件在欧洲引起强烈反响，比利时首相马尔滕斯被迫向国王提交内阁辞呈。当日，海瑟尔6万人体育场座无虚席。在开赛前约1个小时，坐在Y区的英国球迷挑起事端，隔着8英尺的铁丝网向坐在Z区的意大利球迷投掷瓶子和石块，最后居然推倒了铁丝网，向意大利球迷发起进攻。意大利球迷开始退却，向看台一侧的隔墙后退，试图翻越隔墙躲避。但隔墙年久失修，被拥挤的球迷挤塌。顿时，砖块和水泥块向球迷砸去，人群大乱，很多人踩着别人的身体夺路而逃。短短的几分钟，30多人被压死和踩死。而此时，比利时担负此次球赛安保任务的960多名警察被安排在场外，骚乱发生时场内的警察束手无策。事后查明，坐在Z区的意大利球迷是通过黑市门票进入Z区看台的，而比利时方面本来安排意大利球迷坐在正面看台，Z区看台是留给比利时球迷的。

【案例】14—3　第九届全国运动会场馆安全保卫工作应急处置预案

为及时、有效地处置九运会期间场馆内可能发生的事件和灾害事故，确保九运会各项赛事的顺利进行和与会人员在场馆内的安全，根据《第九届全国运动会安全保卫工作总体方案》及《场馆安全保卫工作方案》的要求，特制订本预案。

一、组织领导

从九运会安全保卫部的组成人员中成立九运会现场突发事件处置总指挥部，负责组织指挥处置场馆内和场馆外围发生的突发事件。省公安厅罗×副厅长任总指挥，广州市公安局局长朱××、省武警总队副参谋长赵××、省体育局机关党委副书记邱××任副总指挥，安保部其他副部长、成员以及下属五个处的处长为成员。广州等15个赛区的市公安局要根据本地的具体情况，成立应急事件处置指挥机构，制订相应的场馆应急保卫工作方案。

二、处置原则

处置工作必须遵循"统一领导、分级负责、条块结合、以块为主"的原则，坚持教育疏导为主，严格区分事件不同性质，正确运用法律武器，讲究方法和策略。一旦发生意外情况，以现场值勤民警为主，机动应急力量支援，迅速维护好场馆内、外围治安、交通秩序，封锁现场，隔离险情，抢救伤员，制服有关涉嫌人员，并迅速组织警力将危险区域人员转移到安全地带，把突发事件造成的损失和影响减小到最低限度，确保比赛场馆安全，确保各项比赛和重大活动的顺利进行。

三、任务与分工

发生突发事件时，各执勤单位要在现场指挥部的统一指挥下，各司其职，迅速参与清场、封场、秩序维护及其他拯救、处置工作。

（一）消防部门负责在发生火灾、爆炸、破坏、看台倒塌等事故时，及时组织力量赶到事故发生地组织灭火或拯救。根据事故危害的程度，调整或调派拯救人员。

（二）治安部门负责派出相应的便衣穿插在观众中，掌握看台的情况，维护现场秩序，发现问题及时处置。同时要加派警力，控制场馆内的门口、通道、看台等部位，及时维持秩序并疏导观众有序离场。发生爆炸事件时，及时派出排爆人员到出事现场进行处置。

（三）交警部门负责及时清理场馆外围无关的围观人员、车辆等，及时设置场外警戒线，阻止无关人员进入，保证场馆及周边道路畅通，指挥车辆有序疏散，优先保证首长、贵宾车辆安全离场。

（四）警卫部门负责加强保护主席台上的首长和嘉宾的人身安全，并注意主席台周边的异常情况，在首长和嘉宾经过的门口、通道等地方加派警卫人员，保证首长和嘉宾安全顺利离场。

（五）通信部门负责确保在应急状态下的公安通信指挥畅通，保证现场指挥部的指令能及时发出，各警种间的通信联络畅通。

（六）武警部队负责组织机动力量进驻场内待命。发生突发事件时，根据现场指挥部的指令实施拯救或处置。

（七）与场馆管理、使用单位协调，使供电、电信、卫生、公共事业、自来水公司等有关单位迅速派员到现场，做好恢复供水、供电、电信、医疗等后勤保障和救治工作。

四、对可能发生情况的应急处置措施

（一）发生静坐请愿、堵塞交通、集会演讲和反动宣传煽动等事件时，现场执勤人员要立即制止事态发展，分工合作，维持好现场秩序，劝阻参与事件人员自行离开；经多方劝阻无效，可动用警力驱散人群，选择适当时机将为首分子、组织者带离审查。对现场发现的反动传单和标语条幅，要立即予以收缴，并将携带或散发反动传单、标语条幅的人员带离现场。

（二）发生爆炸案件时，现场执勤民警要迅速设置警戒范围，保护中心现场，阻止无关人员进入现场，防止涉案嫌疑人乘机逃脱。现场残留爆炸物品时，应立即疏散场馆内的人员，设置禁行区，由排爆员进行排爆清理。对爆炸恐吓案件，要立即调集专门力量，在有关区域设置警戒线，并进行彻底检查，同时将情况报告现场指挥部，通报大型活动主办单位，疏散有关区域内人员。确认无爆炸物或爆炸隐患已排除之后，撤除警戒线，由主办单位通知疏散人员返回。

（三）发生犯罪嫌疑人持凶器劫持人质或枪击等事件时，要立即将无关人员疏散到安全地带，将受伤人员送医院抢救治疗，并迅速调集警力控制犯罪嫌疑人，开展政治攻势，警告其放下武器投降；犯罪分子负隅顽抗时，在确保人质安全的前提下，可以将其当场击毙。

（四）发生火灾、爆炸、破坏、看台倒塌等事故时，公安消防部门要及时赶到事故发生地，组织灭火或拯救。根据事故危害的程度，调集或调派拯救人员。有关执勤人员要配合消防部门封闭现场，维护现场治安及交通秩序，疏散群众就近逃生。划分警戒控制区域，避免烟气熏呛、房屋倒塌和人员拥挤引起的人员伤亡。

（五）发生企图冲击场馆，制造暴乱骚乱时，属地公安机关和场馆值勤民警（包括机动应急力量）应立即出动制止事态，并将带头闹事者强行带离现场；事件可能进一步升级恶化时，要迅速增派足够警力对闹事人群进行分割控制，疏散人群，并将带头闹事分子强行带走。紧急情况下，经现场指挥部批准，可以使用非杀伤性武器，有效处置迅速平息事态。

（六）发生停电、停水突发事件时，执勤人员要迅速联系供电、供水等单位，及时排除故障，迅速恢复场馆内正常供水、供电。

五、措施和要求

（一）做好思想发动和部署工作。做好值勤民警、保安人员和其他工作人员的思想动员工作，使他们进一步增强政治责任感和敏感性，按照各自职能，落实各项任务分工。

（二）场馆所在地的公安消防、治安、警卫等部门要做好留守备勤工作，保证有足够的警力处置突发事件。

（三）做好处置突发事件的演练工作，使值勤民警和其他人员掌握相应的技能，提高处置突发事件的能力和水平。

（四）突发事件的报道工作统一由场馆保卫部门负责，经九运会安全保卫部审查后由新闻发言人统一发布。其他单位和个人不得擅自将事件情况向外界透露。

（五）各单位值勤民警要接受现场指挥部的统一指挥，服从命令，坚守岗位，文明执勤。

【案例分析题】

1. 通过案例 14—1，评述密云灯展踩踏事故的现场处置机制内容及成效。从原因简析中你得到什么启发？

2. 通过案例 14—2，分析比利时警方在这次球迷冲突事件的准备和应急中的失误之处。如果你是一名球迷，该案对你有何警示？

3. 通过案例 14—3，分析大型体育活动应急预案的构成要素。

【思考讨论题】

1. 大型社会性活动安全管理的基本内容有哪些？
2. 大型社会性活动现场处置机制应包含哪些内容？
3. 编制大型社会性活动现场处置预案应考虑哪些因素？

【实务操作题】

根据一个大型社会性活动现场突发事件情景，设计一份应急预案。

第十五章　道路交通事故现场处置

【学习内容】

本章介绍了道路交通事故、道路交通事故现场、道路交通事故现场处置的基本概念，道路交通事故现场处置机制以及道路交通事故现场处置的程序和方法等内容。其中道路交通事故现场处置机制、道路交通事故现场处置的程序和方法是学习重点。

【学习目标】

通过本章的讲授及进行案例分析、思考讨论和实务操作等学习活动，学生应知道道路交通事故、道路交通事故现场处置的含义，熟悉道路交通事故现场处置机制，掌握道路交通事故现场处置的程序和方法，会实施道路交通事故现场处置。

第一节　道路交通事故现场处置概述

一、道路交通事故的含义和种类

（一）道路交通事故的含义

道路交通事故是指车辆在道路上因过错或意外造成的人身伤亡或者财产损失的事件。要全面、准确地理解这一概念须从道路交通事故构成要件的五个方面入手。

1. 车辆要件。道路交通事故必须是涉及车辆的事件，即道路交通事故当事方至少一方是车辆，不涉及车辆的事件不能称为道路交通事故。车辆包括机动车和非机动车。道路交通事故中涉及的车辆必须是运行的，但只要该车辆处于交通当中就应理解为运行，而不问它是否在实际的行驶中。

2. 道路要件。道路交通事故必须发生在《道路交通安全法》所界定的道路上。该道路一般包括公路、城市道路和虽在单位管辖范围但允许社会机动车通行的地方。如城市广场、公共停车场等用于公众通行的场所。

3. 过错或意外要件。道路交通事故必须是由于过错或意外造成的事件。过错是指行为人的主观心理状态，分为故意和过失。道路交通事故中的过错是指当事人对于自身作出的违反道路交通安全法律、法规的行为而言，既可以是故意，也可以是过失；而对于道路交通事故损害后果而言只能是过失，即当事人并不希望道路交通事故的发生。另外，在《道路交通安全法》中首次将意外引入道路交通事故的概念中。

4. 损害后果要件。道路交通事故必须有损害后果的发生，即道路交通事故必须有人员伤亡或财产损失的后果。人身损伤以国家相关的鉴定标准为依据，财产损失以事故现场的直接财产损失为依据。

5. 因果关系要件。道路交通事故中当事人的过错或者意外因素必须与损害后果之间具有因果关系，即当事人的过错或者意外因素是道路交通事故损害后果出现的原因，道路交通事故损害后果的出现是当事人的过错或者意外因素的结果，二者之间构成因果关系。

因此，要判断某事件是否是道路交通事故，必须依据道路、车辆、过错或者意外、损害后果和因果关系等几个因素来综合判断。

（二）道路交通事故的形态

道路交通事故的形态是指道路交通事故的外部表现形式，一般分为七种。

1. 碰撞。碰撞是指事故双方接触，并以接触部位的相互冲击力造成损害的事故形态。碰撞按照双方接触方向的不同又可分为正面碰撞、追尾碰撞、侧面碰撞和斜向碰撞。另外，作为碰撞的特殊形态——车辆碰撞固定物，有时也被单独作为一种事故形态。

2. 碾压。碾压是指车辆轮胎对高度较低的对象进行推碾或压过造成损害的事故形态，其损害后果的严重程度主要取决于车辆自身的质量大小和车辆遇险制动时车轮对受害对象的推碾。

3. 刮擦。刮擦是指发生在车辆与车辆、车辆与行人之间，事故双方相互接触，并因接触部位的相互摩擦、勾刮造成损害后果的事故形态。按照刮擦事故双方在发生接触时的相对运动方向及作用力情况不同，刮擦事故又可分为会车刮擦、超车刮擦和静点刮擦三种。

4. 翻车。翻车是指事故车辆的车身沿纵、横向倾翻或滚动，并与地面或其他物体发生撞击、摩擦而造成损害的事故形态。翻车又可分为因碰撞翻车、因刮擦翻车、平地翻车和斜路翻车等。

5. 坠落事故。坠车是指车辆由高处跌落至低处，车身撞击地面造成损害的事故形态。坠落分为直接坠落和间接坠落两种。其中，直接坠落是车辆直接由道路上驶出或滑出，间接坠落则是先翻后坠。

6. 失火。失火是一类较少发生的道路交通事故，一般是指车辆或车辆装运的易燃物品在行驶过程中发生燃烧的情况。

7. 爆炸。爆炸事故是一类更为少见的道路交通事故，一般是指车辆或车辆装运的易爆炸物品在车辆行驶过程中发生意外爆炸的情况，单纯的车辆轮胎爆破不属于爆炸事故。

在上述各种事故形态中，如果事故涉及到两方以上车辆的，以损失大的一方车辆的事故形态为准，对于事故各方车辆的损失大小相近的，以最先接触的两方车辆的事故形态为准。如果车辆自身事故中同时具有上述几种形态的，以造成损失最严重的一种形态为准。

（三）道路交通事故的分类

由于研究目的不同，对道路交通事故进行分类的方法也不相同。根据公安部的《道路交通事故处理办法》，公安机关交通管理部门在处理道路交通事故时，按照"死亡、伤人和财产损失"等三种情形，可将道路交通事故分为四类。

1. 轻微事故，指一次造成轻伤 1 至 2 人，或者财产损失机动车事故不足 1000 元、非机动车事故不足 200 元的事故。

2. 一般事故，指一次事故造成重伤 1 至 2 人，或者轻伤 3 人以上，或者财产损失超过轻微事故标准而又不足 3 万元的事故。

3. 重大事故，指一次造成死亡 1 至 2 人，重伤 3 人以上 10 人以下，或者财产损失 3 万元以上不足 6 万元，或者虽未造成人身伤亡，但涉及到部长级以上干部、政府邀请的外宾、知名人士的安全，政治影响坏的事故。

4. 特大事故，指一次事故造成死亡 3 人以上；或者重伤 11 人以上；或者死亡 1 人，同时重伤 8 人以上；或者死亡 2 人，同时重伤 5 人以上；或者财产损失 6 万元以上；或者造成重要首长、外宾人身伤亡，政治影响大的事故。

一次死亡 30 人及其以上或直接经济损失在 500 万元及其以上的事故又称为特别重大道路交通事故。

在上述事故等级的划分标准中，死亡是指事故发生后 7 天内死亡的；重伤是指人体受伤程度达到司法部、最高人民法院、最高人民检察院、公安部颁布的《人体重伤鉴定标准》的；轻伤是指人体受伤程度达到最高人民法院、最高人民检察院、公安部、司法部发布的《人体轻伤鉴定标准（试行）》的；财产损失是指道路交通事故造成的车辆、财物直接损失折款。

二、道路交通事故现场的含义、特点及种类

（一）道路交通事故现场的含义

道路交通事故现场是指交通事故发生的地点以及与交通事故有关的空间场所。道路交通事故现场通常包括时间、空间、当事人的交通行为、车辆、物品五大构成要素。这里需要特别注意的是道路交通事故现场与道路交通事故发生地点是两个不同的概念。事故发生的地点仅仅指事故发生所在的空间，与时间的关系不大，即使事故发生后多年还可以说某地点是事故发生的地点；而事故现场则同时间有着十分密切的关系，这是因为事故现场只能保存一定的时间，不可能长期封闭，只要车辆、物体、人、畜等的位置一经移动，有关痕迹一消失，原始现场就不存在了。上述要素的客观存在及它们之间通过特别的交通行为发生的损害后果，构成了各种各样的道路交通事故现场。

（二）道路交通事故现场的特点

1. 事故的突发性。大多数的刑事案件在案发前一般都有预谋、准备实施、动机目的、心理变化、案件诱发事件等一系列情况发生，而这些情况的发生都要经历较长的一段时间。这一过程对周围的物质和人际交往环境产生一定的影响和变化，能够为案件的调查提供许多有用的线索。而道路交通事故几乎是瞬间发生的，事故发生前无任何预谋。当事人心态、行为无任何变化，没有事故发生的迹象。由于道路交通事故的发生时间短促，人们往往来不及反应，这就导致了事故当事人的陈述和证人证言有一定的不可靠性，要认真甄别真伪。所以，无论对于事故发生的过程，还是对于事故调查工作，道路交通事故现场是我们能够获得的最直接、最前沿的第一手资料，对道路交通事故的调查处理是至关重要的。

2. 格局的开放性。一般的刑事案件现场大多处于相对封闭或容易封锁的环境中，不易遭受变动或破坏。而道路交通事故现场完全暴露在开放的公共区域。道路交通事故发生后，往往有大量的围观者，严重的甚至发生次生事故和偷盗、哄抢现场物品等治安刑事案件。现场的车辆、有关散落物和痕迹等，极易遭到人为的或自然的破坏，而且一旦受到变动或破坏就不可恢复，给现场处置工作造成一定的困难。因此，如何快速、准确地记录、收集现场的证据就显得非常重要。

3. 发展的时序性。道路交通事故现象的形成通常分为三个阶段：道路交通事故发生前的动态阶段，发生时的动态阶段和发生后的静态阶段。道路交通事故的发生就是由这三个阶段按时间顺序演变，导致道路交通事故损害后果的发生，并形成道路交通事故现场的最终表象。同时，道路交通事故现场的最终表象也反映了事故演变的过程。

（三）道路交通事故现场的种类

按照道路交通事故现场的完损状态和真实程度，可将道路交通事故现场分为原始现场、变动现场和破坏现场三种。

1. 原始现场。原始现场是指道路交通事故发生后，在现场的车辆、物品、痕迹等现场元素没有遭受自然改变或人为破坏，基本上保持事故发生的原始状态的现场。这种现场能真实地反映事故从发生、发展到结束的全部过程，对于查明事故形成的原因有着十分重要的作用。

2. 变动现场。变动现场是指道路交通事故发生后，由于自然或人为非故意的原因使现场的原始状态部分或全部受到改变的现场。变动现场导致某些痕迹甚至关键性痕迹消失，车辆、物品等脱离了原始位置，这对分析查明事故形成的原因十分不利。人为因素和自然因素均能导致现场发生变动，如风吹、雨淋、下雪等天气影响，或伤者须及时治疗或抢救，或正常的交通秩序要尽快恢复，或现场群众不慎和当事人事出有因，或车辆确实不知发生了道路交通事故，驶离现场，以上因素均可导致现场痕迹、物证的消失与变动。

3. 破坏现场。破坏现场是指道路交通事故发生后，当事人为逃避责任，故意改变事故现场的原始状态或布置虚假的事故现场。这类现场由于当事人的故意破坏或伪造，给现场勘查带来了很大困难。破坏现场通常可以分为两类：①伪造现场。交通肇事人为了逃避责任，毁灭证据或达到嫁祸于人的目的，而有意改变或布置现场。②逃逸现场。交通肇事人为了逃避法律责任，在明知已经发生道路交通事故的情况下，故意驾驶车辆或抛弃车辆逃离的现场。

第二节　道路交通事故现场处置机制

一、道路交通事故现场处置的含义及意义

（一）道路交通事故现场处置的含义

道路交通事故现场处置的含义有广狭义之分。狭义的道路交通事故现场处置是指在道路交通事故发生后，事故当事人、乘车人、现场其他人员依据相关的法律和程序，在道路交通事故现场进行保护现场、抢救伤员、疏散交通、排除险情以及寻找目击证人等紧急活动的总称；而广义的道路交通事故现场处置是包括现场保护、现场抢救、勘查现场和撤离现场在内的所有现场处理活动。

不难看出，以上两个概念既有联系又有差异。①从特点上看，道路交通事故现场处置，也称道路交通事故紧急处置，突出了处置现场的先行性、前期性和紧急性，即对现场进行抢救伤员、排除险情、控制局面的紧急活动，一般是事故发生后交警到达现场前的紧急处置；②从主体上看，道路交通事故现场处置是以事故当事人、乘车人、现场目击者或专业的社会救援组织为主体的处置行为，体现了自救和互救的特点，一般不涉及行政执法的内容，但道路交通事故现场处置是道路交通事故处理的主要组成部分，二者的目的是相同的，就是在交警部门到达现场后，道路交通事故现场紧急处置也要继续开展，但这时应以交警勘验现场工

作为中心，事故现场处置人员协助现场勘验工作的开展。

（二）道路交通事故现场处置的意义

1. 有利于减少人员伤亡。据相关统计，我国道路交通事故的死亡人员中约50％死于发生事故的瞬间，约30％死于事故后1小时至2小时，约15％死于事故后7天内，在上述死亡人员中有约30％的受伤人员是因为抢救不及时而死亡的。实验证明，如果在事故发生后的5分钟内对伤员采取必要的急救措施，并在30分钟内送到医院急诊，那么有约20％的重伤员是可以免于死亡的。因而，及时有效的现场急救是抢救人命的必然要求。

2. 有利于保护现场证据。道路交通事故案件中，要取得与事故双方当事人无任何利害关系的证明人的证言很困难。特别是有些事故当事人一方死亡，另一方又只有一名驾驶员，再无其他证明人，在这种情况下，证据的来源就是道路交通事故现场。通过对道路交通事故现场勘查而绘制的现场图，书写的现场勘查记录，提取的有关物证，经检验、鉴定而得出的鉴定结论等，这些证据都来源于道路交通事故现场，而且这些证据的效力从某种角度讲都高于当事人的陈述及证人的证言。同时，事故现场情况复杂，人员众多，物品众多，加之受天气的影响，现场物证极易受到破坏，如果没有及时有效的保护措施，不仅会造成物证、痕迹的灭失，而且还会增加一些与事故无关的痕迹、物品，这可能使勘验人员在认识判断上发生错误，或者作出一些或然性的判断，而不能正确认识事故活动过程。

3. 有利于查明事故原因。在道路交通事故的处理中，交警部门的一个重要职责就是查明事故的原因。查明原因离不开现场，通过现场前期处置，使事故当事人得以确认和控制，现场目击者得以确定，而且通过对现场痕迹、物证的固定和保护，可以直接地再现事故发生状态，准确地判断事故原因。道路交通事故现场一般都会遗留大量的痕迹和物证，如路面留有的车辆的制动印痕、撞搓印痕、各种车辆部件造成的刮痕，以及行人鞋底搓痕等是车辆行驶状态、行驶位置的证据；玻璃、漆片等散落物是接触方位的证据；车身浮尘的擦蹭痕是接触部位的证据。道路交通事故现场不仅能保证现场勘查工作顺利进行，而且为准确地认定事故责任，依法处理道路交通事故创造有利条件。

二、道路交通事故现场处置机制

从政府应急管理的角度来看，道路交通事故现场处置的机制主要包括道路交通事故现场处置的组织指挥体系、预警机制、响应机制和保障机制等内容，因而本节是以广义道路交通事故现场处置为研究对象的。

（一）道路交通事故现场处置的组织指挥体系

重大道路交通事故现场组织指挥体系由组织指挥机构、日常办事机构、现场处置机构组成。组织指挥机构是以政府为主导的，由公安、交通、卫生、气象、保险等机构参与的核心处置组织，多以"道路安全领导小组"相称，在应急时可转变为交通事故应急救援指挥部，因而兼具综合协调和应急指挥的双重职能，其办事机构称办公室，一般设在当地公安机关。交通事故现场处置机构是在交通事故应急救援指挥部的领导下，指挥、参与现场救援和应急行动的一线指挥。

（二）道路交通事故现场处置的预警机制

道路交通事故现场处置预警机制是在整合道路交通检测、监控技术装备资源的基础上，完善道路交通事故监测预警平台，实现公安、交通、气象、卫生等部门间的信息互通，及时发布预警信息，采取预警行动。对可能引发重大道路交通事故的隐患和苗头，要进行全面评估和预测，做到早发现、早报告、早解决，将事故消除在萌芽状态。

（三）道路交通事故现场处置的响应机制

我国道路交通事故现场处置的响应机制采取分级响应机制，重大道路交通事故响应坚持属地为主的原则。事发地政府按照有关规定全面负责本行政区域内重大道路交通事故的应急救援和处置行动。现场指挥部在交通事故应急救援指挥部的领导下，调集公安、卫生、交通、市政、保险等机构的应急力量，全面开展现场施救、现场疏导、安全防护、现场调查、现场理赔和交通恢复等现场处置行动。在现场处置结束后，还要进行事故损失评估，对责任人员提出处理意见，对有关部门提出整改意见。

（四）道路交通事故现场处置的保障机制

道路交通事故现场处置的保障机制主要包括通信保障、资金保障、力量和装备保障以及法律保障。各地政府应根据本地区道路交通事故的特点，确定由公安、交通、医疗卫生等部门人员和有关专家组成专门应急力量，明确分工、联络方式以及应急设备类型、数量、性能和存放位置，保证应急状态下的迅速调用。这里重点介绍道路交通事故应急法律保障体系。我国道路交通事故应急法律体系相对完善，主要有《道路交通安全法》、《道路交通安全法实施条例》、《道路交通事故处理程序规定》和《人民警察法》。

1. 关于道路交通事故现场处置程序的规定。《道路交通安全法》第 70 条规定，在道路上发生交通事故，车辆驾驶人应当立即停车，保护现场；造成人身伤亡的，车辆驾驶人应当立即抢救受伤人员，并迅速报告执勤的交通警察或者公安机关交通管理部门。因抢救受伤人员变动现场的，应当标明位置。乘车人、过往车辆驾驶人、过往行人应当予以协助。

《道路交通安全法》第 71 条规定，车辆发生交通事故后逃逸的，事故现场目击人员和其他知情人员应当向公安机关交通管理部门或者交通警察举报。举报属实的，公安机关交通管理部门应当给予奖励。

《道路交通安全法实施条例》第 86 条规定，机动车与机动车、机动车与非机动车在道路上发生未造成人身伤亡的交通事故，当事人对事实及成因无争议的，在记录交通事故的时间、地点、对方当事人的姓名和联系方式、机动车牌号、驾驶证号、保险凭证号、碰撞部位，并共同签名后，撤离现场，自行协商损害赔偿事宜。当事人对交通事故事实及成因有争议的，应当迅速报警。

《道路交通安全法实施条例》第 87 条规定，非机动车与非机动车或者行人在道路上发生交通事故，未造成人身伤亡，且基本事实及成因清楚的，当事人应当先撤离现场，再自行协商处理损害赔偿事宜。当事人对交通事故事实及成因有争议的，应当迅速报警。

《道路交通安全法实施条例》第 88 条规定，机动车发生交通事故，造成道路、供电、通讯等设施损毁的，驾驶人应当报警等候处理，不得驶离。机动车可以移动的，应当将机动车移至不妨碍交通的地点。公安机关交通管理部门应当将事故有关情况通知有关部门。

《交通事故处理程序规定》第 19 条规定，发生下列道路交通事故，当事人应当立即报警：①造成人员死亡、重伤、轻伤的；②造成人员轻微伤，但是当事人对事实或者成因有争议的；③财产损失较大的；④财产损失轻微，但是有本规定第 13 条第 1 款第 1 项至第 3 项规定情形之一的。

2. 关于道路交通事故现场处置机制的规定。《道路交通安全法》第 75 条规定，医疗机构对交通事故中的受伤人员应当及时抢救，不得因抢救费用未及时支付而拖延救治。肇事车辆参加机动车第三者责任强制保险的，由保险公司在责任限额范围内支付抢救费用；抢救费用超过责任限额的，未参加机动车第三者责任强制保险或者肇事后逃逸的，由道路交通事故社会救助基金先行垫付部分或者全部抢救费用，道路交通事故社会救助基金管理机构有权向交通事故责任人追偿。

《交通事故处理程序规定》第 24 条规定，急救、医疗人员到达现场的，由急救、医疗人员组织抢救受伤人员，交通警察应当积极协助。

1998 年《消防法》（2008 年 10 月 28 日对其进行了修订）第 34 条规定，公安消防队参加火灾以外的其他灾害或者事故的抢险救援工作，在有关地方政府的统一指挥下实施。

公安部、卫生部《关于建立道路交通事故快速抢救机制的通知》要求通过 110 或 122 报警服务台与 120 急救电话建立大道路交通事故信息通报制度，及时通知急救、医疗、消防等有关部门。

240

第三节　道路交通事故现场处置的程序和方法

一、立即停车，及时报警

（一）停车

作为当事人，一旦发生道路交通事故，要立即停车，在现场标记清楚停车位置，尽量保持车辆在发生事故时的原始状态，驾驶员不准再动现场上的任何车辆、物体；并按照有关规定拉紧手制动，切断电源，开启危险信号灯，在制动拖印前放置警示标志牌，防止其他车辆对现场物证的碾压或再次发生碰车事故。驾驶员如果行驶了一段路再靠边停车，也有可能被视为"逃离现场"。

肇事车停下之后一般情况下不得再移动，但特殊原因例外，主要有：①为将伤者送往医院抢救，不得已移动了车辆和伤者倒卧的位置；②执行商务、消防、救护、警备、工程救护车，以及首长、外宾、使馆乘坐的汽车在发生事故后，因工作的需要，不能在现场停留而移动车辆或其他有关物体的情况。

另外，《道路交通安全法》第70条第2、3款规定："在道路上发生交通事故，未造成人身伤亡，当事人对事实及成因无争议的，可以即行撤离现场，恢复交通，自行协商处理损害赔偿事宜……在道路上发生道路交通事故，仅造成轻微财产损失，并且基本事实清楚的，当事人应当先撤离现场再进行协商处理。"也就是发生上述两种情况，肇事车辆可以或者必须离开现场，恢复交通。当事人撤离现场，应将车辆移至下列地点：①在高速公路上，就近移至紧急停车带内或者硬路肩上；②在高架道路、隧道、外环线上，就近移至上下匝道斑马线、出口处导流线或者地面道路；③主干道上，就近移至附近的支小道路；④其他道路，就近移至非机动车道、人行道上或其他不妨碍交通的地点。

（二）报警

道路交通事故发生后，现场有关人员应当及时向公安交通管理部门报警。由于道路交通事故归事故发生地的公安交通管理机关管辖，所以应当向对事故发生地有管辖权的公安交通管理机关报案。事故发生地附近有执勤交通民警的，可以直接向其报警。如果事故发生地归哪一个公安交通管理机关管辖不明的，可以向该地任意一个公安交通管理机关或主管公安机关报案。

现场报案时，应把肇事地点、时间、报告人和姓名、住址、肇事车辆类型、车辆牌号，是否载有危险物品以及事故的死伤和损失等情况向接警员叙述清楚。交警到达现场后，应听从交警指挥并主动如实地反映情况，积极配合交警进行现场勘查和分析等。

此外，对造成道路、供电、供水、供气、通讯等设施损毁的道路交通事故，现场相关人员在发现险情后要及时通知交通、供电、供水、供气、通讯部门及时维修，消除危险隐患，减少对人民群众正常生活的影响。

（三）出示证件

若有双方当事人的，应在事故发生后，事故处理人员尚未到达现场前，主动互相出示证件，证明身份、姓名、单位，以防有人为逃避责任而乘乱溜走，给现场勘查和事故处理带来麻烦。除公安机关外，任何单位、任何人都无权扣押肇事车辆以及各种证件。

二、抢救受伤人员

（一）交通事故损伤的类型及特点

1. 交通事故损伤的类型。

（1）撞击伤。撞击伤也叫冲击伤，主要是由高速行驶的车辆直接冲撞人体所造成。由于机动车速度快，惯性大，一旦被撞即会给人体造成严重损伤，撞击伤多在直接被撞击的部位和体内脏器，表现为挫伤和挫裂伤，严重的可致骨折。

（2）减速伤。高速行驶的车辆突然减速（紧急刹车），两车相撞所致的伤害。因强大的惯性及推力，致使车内人员严重受伤称为减速伤。常见有颅脑损伤、颈椎损伤、心脏损伤、鼻部损伤以及方向盘撞击胸部损伤、下颌骨骨折等。减速伤通常看不到有明显的活动性体外出血，极易在抢救过程中被忽略和遗漏，在转运过程中伤情突然加重甚至造成残疾和死亡。

（3）碾挫伤。碾挫伤即伤员被车轮推挤或碾轧，或者是压榨下造成的损伤。多出现大面积皮肉及软组织挫裂伤或出现粉碎、开放性骨折、脏器破碎。严重的压榨伤如人的躯干被碾压，造成重要脏器破裂，死亡率极高。如人的头部若被碾压一般可当即死亡，往往来不及抢救。

（4）跌扑伤。伤员被车身剐倒或猛烈摔跌所致的伤害。常见的有钝挫伤、玻璃刺伤，严重者为颅脑外伤。

（5）挤压伤。事故发生后，车载货物压埋肢体，可能引起挤压综合症或创伤性窒息。常因急性肾功能衰竭或呼吸衰竭而死亡。

（6）烧伤。由于交通事故而引起汽油及易爆品燃烧而造成人体大面积烧伤。

2. 交通事故损伤的特点。机动车所致伤害，有以下特点：

（1）伤员受强大暴力作用，伤情严重。

（2）伤情复杂，常在同一伤员体内外发现多处创伤及复合伤（即在身上同一部位受到不止一次的伤害或造成多种伤）。如脑外伤合并胸腹部创伤。

（3）隐蔽性伤害较多。常见的隐蔽伤有颈椎脱位或骨折、心脏及主动脉根部破裂、脑震荡、颅脑损伤等。

（4）死亡多见，致残率高。

（二）交通事故现场急救的程序和方法

道路交通事故现场处置中的现场抢救应坚持科学组织，合理分工，确保安全，先抢后救，先重后轻，先急后缓，现场抢救与求援并重的原则，并注意保护现场。如果受伤者伤势较轻，可暂留现场等待交警处理；如果伤者伤势较重，应拦截过往车辆，就近送往医院抢救。在急救、医疗部门人员、车辆到达现场之前，现场的交警或其他处置人员应按照现场救护操作规范，对受伤人员实施现场急救；在医疗部门人员、车辆到达现场之后，应由医疗部门人员组织抢救受伤人员，交警或其他处置人员应当积极协助抢救，做好辅助性工作。如有死亡人员，确属当场死亡而无丝毫抢救希望者，应原地不动，用草席、篷布、塑料布等物覆盖，不得任意移动尸体。

1. 首先要对群伤群亡的肇事现场进行检伤分类，可将伤员分为轻、重、危三类，以便抢救。

（1）轻伤：是指仅有局部组织的擦伤、挫伤或皮下血肿等轻微损伤和肢体远端单一骨折。

（2）重伤：是指有多发性骨折、内脏损伤、大面积或特殊部位的烧伤、严重挤压伤等。

（3）危重伤：包括各部位大出血、内出血、重度脑外伤引起的深度昏迷、严重休克、呼吸和心跳骤停等。

2. 对生命体征进行正确判断。

（1）先判断伤员神志：利用问话、轻拍打肩部、面颊等方式检查伤员对外界刺激的反应，如果伤员无反应称为意识不清或意识丧失，说明伤情严重。

（2）呼吸情况：正常人每分钟呼吸 12～16 次，伤员呈垂危状态时，呼吸变快、变浅、不规则，临死前呼吸变慢、呈叹息样呼吸直至呼吸停止。

（3）心脏跳动情况（脉搏）：正常人脉搏每分钟搏动 60～100 次，严重创伤引起大出血时，心跳快而弱，伤员的脉搏细而速。伤员死亡则心跳停止，呈无脉状态，大动脉搏动消失。

（4）瞳孔：正常时两眼的瞳孔等大、等圆，遇光则迅速缩小。危重伤员瞳孔缩小或扩大或偏斜，对光刺激无反应。

呼吸停止、心跳停止、双侧瞳孔散大固定称为死亡三特征。

3. 交通事故外伤处理的注意事项。

（1）发生交通事故后，要就地抢救伤员，只有在止血、包扎、固定完成后才能搬动伤员。

（2）对危重伤员搬动前应先上颈托，固定颈椎。

（3）搬动伤员时，应始终注意其脊柱稳定，保持在同一轴线水平，防止脊柱错位。

（4）伤口禁止用水冲洗，不要涂抹药物，避免伤口感染。

（5）不要取出伤口内大块异物，避免损伤神经、血管和脏器。

（6）腹壁外伤有内脏突出腹壁，不要还纳，用敷料、纱布盖好伤口，再用盆、碗、茶缸等容器扣住，然后用三角巾包扎固定。

（7）脑外伤有脑组织膨出时要用碗扣住，然后用三角巾或纱布包扎固定。

（8）烧伤的伤口不要涂抹任何药物，水泡不要扎破。化学烧伤时，要用大量的清水快速冲洗，减少毒物吸收。

（三）交通事故现场常见损伤的现场救护

1. 颅脑损伤。交通事故中，颅脑损伤的发生率很高，当人的头部受到外力碰撞或摔打时，颅内脑组织会发生剧烈震荡，使脑组织及脑血管受到严重损害。车祸中常见的颅脑损伤主要有脑震荡、脑挫伤、脑干损伤、颅内出血及血肿等。伤员可能出现剧烈头痛、意识丧失、喷射性呕吐、昏迷的症状，死亡率高。

现场急救方法：首先要保持伤员头部稳定，避免一切不必要的搬动，开放性颅脑损伤可以用厚敷料或干净的布料、棉垫包扎伤口。如遇脑组织膨出应注意保护膨出的脑组织，用无菌敷料覆盖后，再用干净碗、盆扣住，然后用三角巾或宽布带进行包扎固定。对耳、鼻流出的清水样液体禁止冲洗，禁止堵塞。如果伤员出现呼吸和心跳停止，应马上进行现场心肺复苏，待伤员恢复自主呼吸和心跳时，才可停止复苏。同时将伤员迅速送往医院，在送往医院途中，要随时观察伤员的生命体征。

2. 头颈部损伤。头颈部是交通事故创伤最易累及的部位，常合并脑、胸、腹、肢体等多部位、多系统的创伤。颈部有气管、食道和大量神经血管通过，对这些重要部位损伤应迅速急救。

现场急救方法：伤口要尽快止血、包扎、固定。对面部创伤应尽可能注意保护容貌、视力及咀嚼功能。如果伤员出现窒息，要立即解除窒息，保持呼吸道畅通。当伤员心跳、呼吸存在时，为避免呼吸道因血块和分泌物而受到阻塞，在判断没有颈椎和腰椎损伤的情况下，可使伤员采取"恢复体位"（又称稳定侧卧位）。方法是：

第一步，当伤者仰卧位时，救护者跪于伤者一侧，使其面部侧向救护者，头部稍后仰，以保持气道通畅。把远离救护者的手臂屈曲于胸前，腿也同时弯曲。

第二步，把伤员靠近救护者一侧的手臂伸直，掌心朝下，置于其臀部下方。

第三步，救护者握紧伤者对侧的肩、臀，轻轻将伤者转向救护者。

第四步，使伤者头部后仰，位于上方的手，放置其下颌处，以维持头部后仰，防止脸朝下，下方的手臂伸直或弯曲于背后，以防止病人向背后翻转。

这种体位可防止伤员在昏迷时发生误吸，便于清除口腔内异物。伤员口内有流体或半流体物时，用中指或食指裹以干净纱布拭去。如有凝血块、碎骨片等固体物，则用食指将其钩出。昏迷或颌骨破坏者，因舌肌失去支持而舌根后坠阻塞气道时，可用手指将舌尖向外牵拉。在运送伤员的过程中应避免颠簸，随时注意伤员神志、瞳孔、血压、心跳、呼吸的改变并及时处理。

3. 胸部损伤。胸部软组织遭受严重擦伤、挫伤、撕裂或撕脱创伤后，由于疼痛，伤者呼吸受限，气管、支气管内的分泌物难以排出，可引起气道梗塞和不同程度的缺氧。救护时应避免群众围观，保证新鲜空气流通，做好气道清理、止血、包扎和固定的工作。

（1）肋骨骨折的处理。发生肋骨骨折时应用多头带、宽胶布或绷带固定胸壁。处理方法是先于胸部骨折处垫些棉花，在伤员呼气状态下用宽绷带围绕胸部紧紧包扎起来，以达到固定胸壁的目的。

（2）开放性气胸的处理。开放性气胸是指胸部受伤后，伤口直接通入胸腔，胸腔与外界大气自由交通，伤者常在伤后迅速出现严重呼吸困难、惶恐不安、脉搏细弱、紫绀和休克的症状。检查时可见其胸壁有明显创口通入胸腔，并可听到因空气随呼吸经伤口自由出入胸腔而发出的"嘶－嘶"的声音。急救时应即刻封闭伤口，可用大型急救包、多层清洁布块或厚纱布垫，在伤员深呼气末敷盖创口并包扎固定。如有大块凡林纱布或无菌塑料布，则更为合用，现场急救可以用保鲜膜。要求封闭敷料足够厚以避免漏气，但不能往创口内填塞；范围应超过创缘5厘米以上；包扎固定牢靠。在伤员转送途中要密切注意敷料有无松动及滑脱，不能随便更换，变开放性气胸为闭合性气胸，并时刻警惕张力性气胸的发生。

（3）创伤性血胸的处理。由创伤引起胸腔内器官血管破裂，胸腔积压血而称血胸，大量血胸可使肺脏萎缩，纵隔移位，导致呼吸循环障碍。现场急救时，要保持伤员安静，避免活动，预防休克，并快速送往医院处理。

4. 腹部创伤。单纯腹壁创伤时，出现腹痛、腹肌紧张，压痛多局限于受伤部位，按一般软组织损伤急救原则处理。腹部出现开放性创伤时，如果同时合并有内脏脱出，应保护脱出内脏，用无菌敷料覆盖后，再用干净碗、盆扣住，然后用三角巾或宽布带进行包扎固定。如果伤员的腹部在碾压和撞击的外力作用下，出现腹腔内脏器破裂出血，而腹壁仍完整的腹部闭合性损伤时，伤员会出现面色苍白、血压下降甚至昏迷、腹部膨胀，有压痛和反跳痛等症状，现场无特殊处理方法，要快速送往医院，运送途中要注意伤员的生命体征及全身情况。

5. 四肢挤压伤。人体四肢的皮肤肌肉在碾压、挫挤、擦剐等外力作用下，发生挫裂伤时，四肢粗大的肌肉受到损伤，破裂的肌肉释放出大量的肌红蛋白，这种肌红蛋白进入人体血液循环后，对肾脏有极大的损害，可造成肾功能衰竭而死亡。

现场救护时，要及时对损伤的肢体进行包扎固定，避免出血过多。大面积的肌肉损伤时，可进行局部冷敷，禁止对伤肢进行按摩和不必要的活动。

6. 肢体离断伤。交通事故中严重撞车、翻车碾压等，有时会造成伤员肢体的完全或不完全断离。

在现场急救时，首先要进行止血，可用止血带止血法，同时要保护和保存好断肢。当伤员的手臂或腿等肢体断离后，不要用自来水冲洗断肢，找两个干净塑料袋，不要漏气。一个塑料袋装断肢后将口扎好，另一只塑料袋装冰或冷水。将装断肢的塑料袋放入装冰的塑料袋中系好（切勿使冰块或水直接接触断肢）。然后用衣服包好，或放于较大的保温盒中，随伤员一起送往医院。在有条件的医院可进行断肢再植手术。实践证明：用低温方法保存的肢体比不用低温保存的肢体存活时间可延长 2 倍，不用低温保存的肢体只能保存 3 小时～5 小时，用低温方法保存的肢体最长可保存 15 个小时，仍能进行断肢再植手术（详见本章第三节手部外伤）。

7. 骨折。人体被车辆撞击、挤、碾压或被货物压砸等引起的骨折发生率很高。骨折后，骨折处可出现畸形、异常活动、摩擦音或骨摩擦感。发生骨折的肢体运动机能发生障碍，甚至完全丧失。现场急救时，应先止血，再包扎，最后再实施固定（详见第十一章第四节固定术）。

8. 休克。交通事故创伤引起伤员剧烈疼痛，大出血及心脏损伤，是导致伤员休克的主要原因。当伤员休克时，会出现面色苍白、出冷汗、四肢发凉、烦躁不安、呼吸微弱而急促、心跳加快、脉搏细弱甚至摸不到搏动、血压下降或测不到的症状，伤员感到口渴，最后失去知觉，严重者甚至死亡。此时，应立即止血，畅通呼吸道，使其吸入新鲜空气，妥善包扎伤口，固定受伤肢体，并及时采取抗休克体位。一般采取仰卧位，抬高下肢 20 度～30 度，头和胸部抬高 20 度，以增加回心血量和减轻呼吸的负担。及时清除呼吸道分泌物，保持呼吸道通畅。必要时可做气管插管或气管切开。有条件的予以吸氧，增加动脉血氧含量，减轻组织缺氧。要立即控制活动性大出血。保持病人安静，必须避免过多搬动和翻身，以免加重休克，甚至造成死亡。注意保暖，但不加温，以免皮肤血管扩张而影响生命器官的血流量和增加氧的消耗。为防止呕吐，伤者头部须侧向一边，用柔软衣物垫托。松解颈、胸及腰部的紧身衣物，以畅通气道，病情稳定后，立即送医院抢救。

9. 呼吸心跳骤停。严重的撞伤引起心跳、呼吸骤停，多为致死伤。现场应立即进行心肺脑复苏（详见第十一章第六节心肺脑复苏）。待心跳、呼吸恢复后，用120急救车辆或截住能使伤员平卧的过往车辆，在不中断抢救的情况下，迅速送往医院。

10. 烧伤。交通事故中引起的烧伤，主要由汽油和车身燃烧及易燃易爆物所引起。烧伤急救应立即灭火、除去热源。尽快脱去着火衣服或迅速卧倒，就地滚压灭火或利用雨衣、大衣、棉被等覆盖灭火。切忌带火奔跑呼喊，防止呼吸道烧伤；同时速将倒地伤员拖离着火现场。拖离的方法是：救护者将伤员扶起呈坐位，救护者站立在伤员背后，让伤员的背部紧紧靠在救护者的双腿上，先将伤者的一只手臂屈曲横放于胸前，救护者再将自己的两手从伤员的两腋下伸到其胸前，救护者双手五指并拢，手心向下分别握住伤员屈曲手臂的腕部和靠近肘部的前臂，用力将伤员提拉起来，迅速拖带出危险地。

11. 化学烧伤。汽车运载化学物品发生交通事故时，伤员被化学剂烧伤的现场处理办法是：遇强酸烧伤时，用大量清水冲洗，然后用弱碱如苏打水、碱性肥皂水涂抹以中和残余酸；碱烧伤时，用清水冲洗后，用弱酸如硼酸水、食醋等液体涂抹以中和残余碱；生石灰烧伤时，在清除石灰后，用大量流动清水冲洗，忌用水浸泡；磷烧伤时，清除磷颗粒，尽快用水冲洗干净，然后用小苏打水湿敷创面，使创面同空气隔绝，以免磷在空气中氧化燃烧而加重创面伤情。

12. 脊柱损伤。交通事故发生时，外力或重物冲击头部、肩部、胸背部，使脊柱骤然前屈而致伤或由突然刹车而引起的颈部减速伤，都可造成脊柱骨折或脱位，严重者可致脊髓损伤。当脊柱出现骨折或脱位时，局部出现疼痛，按压受伤的椎体时疼痛加剧。用手叩击受伤椎体也会出现疼痛，脊柱活动受限，如脖子或腰部不能活动。局部软组织肿胀，受伤的颈椎、胸椎或腰椎会出现后凸、侧凸或下凹等畸形改变。如果伴有脊髓受损时可造成上、下肢瘫痪。现场救护时，首要的是要有正确的搬运方法。

（四）交通事故现场搬运伤员的方法

1. 搬运伤员的方法。如果伤员被困在汽车内，要设法把伤员尽快搬运出来。转移中首先要考虑到伤员的生命安全，还要尽量使伤员舒适。搬运中有两条原则必须注意：①环境允许时，才可移动；②现场有人帮助时，要互相配合来移动伤员，尽量不要一个人去移动伤员。

搬运伤员时要由受过急救训练的人如专业医务人员或接受过红十字会培训的人员来指挥，避免错误的、鲁莽的搬运，造成伤员痛苦甚至加重损伤。搬运伤员的具体方法，要根据伤员的位置和伤情及抢救者的能力来选择，常用方法有：

（1）乘坐在方向盘后面的伤员（驾驶员）搬运。抢救者站在伤员背后，使伤员一侧上肢（确保没有损伤）屈肘，前臂横在胸前。抢救者将双手从伤员的两侧腋下向前伸出，紧紧抓住伤员的前臂。请另一名协助者托住病人的头部和颈部，保持头、颈与躯体在一条曲线上。然后两个人同时慢慢地向侧、后移动，把伤员抬出汽车。

（2）躺在座位上的伤员搬运。当伤员躺在座位上时，腿常挂在座位下。这时一名抢救者要扶着伤员的头，使头与身体在同一轴线，并保持固定。另一名抢救者抱住伤员的脚和腿，将伤员轻轻地搬离座位，使腿伸直，并保持与身体在同一轴线。如果伤员没有骨折或其他严重损伤，可将伤员缓慢地搬出汽车。如果怀疑伤员有脊柱损伤或骨折，则应组织 4～5 名施救者按下列方法搬运：两名救护者用双手抓住伤员肩部到大腿部位的衣服，并抱住伤员的膝部，另一名救护者将一块木板轻轻推入伤员背部和靠背之间，用一只手扶着伤员的头部，另一只手扶着木板的上缘。两名抢救者向下探身，用双手抓住木板的下缘，胳膊挡住伤员的身体。在伤员头部的抢救者一手扶着伤员的头，另一只手抓住木板的下缘，同时用前臂保持伤员的头部固定。在伤员脚部的抢救者，用一只手抓着伤员脚部木板的下缘，同时用前臂保持伤员的腿部固定，另一只手抓着木板的上缘。几名抢救者同时用力将木板带伤员稳稳地从座位上抬起，然后将伤员抬出汽车。

（3）躺在车厢地板上的伤员搬运。当发现伤员躺在汽车的地板上时，抢救者要放一块木板在前排座位上。一名抢救员扶着伤者的头和颈，使之与身体保持在同一轴线。另一名抢救员用绷带或三角巾把伤员的腿绑住。另外两名抢救者站于伤者脚部，通过前排座位的靠背向前探身抓住伤员大腿、臂部、腰部和肩部的衣服（确保衣服不会被扯破或扯开）。注意不要抓伤员的胳膊。几名抢救者同时把伤员提起，轻轻地平放在木板上，注意保持伤员身体呈一直线。其他抢救者在汽车外边，协助将伤员搬出汽车。如果伤员的衣服不结实，经不住其体重，抢救者可用宽绷带或三角巾环绕伤员身体打好结，然后将伤员提起，再平放在木板上，搬运出来。

（4）取下伤员头盔的方法。当受伤的摩托车驾驶员出现昏迷、呕吐或有严重的头部损伤时，要根据当时的状况设法取下伤员的头盔。一般方法如下：解开或切断头盔系带。一名抢救者保护伤员的颈部并保持其头部的位置不动；另一名抢救者用一只手抓住头盔的边缘，另一只手将头盔向后朝上轻轻抬起。抓住头盔的抢救者先将头盔向后倾斜，然后将头盔拉至脱离伤员下颌；再将头盔向前倾斜，平稳地一直拉到完全脱离头部。

（5）汽车向侧面翻倒时的处理。这时司机或乘客最容易出现脊柱损伤，在把

248

伤员从汽车内转移出来之前，不要把汽车扶正。如果情况允许，抢救者可以钻到汽车内检查伤员。根据伤员的情况，可协助伤员从汽车内移动出来或由抢救者将伤员搬运出来。

2. 搬运伤员的注意事项。

（1）搬运伤者前的标示。如果伤者处于车辆轮胎下面，不移动车辆，伤者出不来。这时先要标记好车轮方位和伤者倒卧的位置。车轮方位可用粉笔、砖头、土块等划"T"字形标记，分别与车轮平行，与轴头垂直，交叉点位于车轮接地点，要同时标注同侧各轴的车轮。伤者所处的位置应标注其头部、臀部和脚的位置，在紧急情况下，应尽快抢救人，然后标记，但不能影响方位的正确再现。

（2）肇事车运送伤员的处理。如果事故发生在偏僻地区，可供送伤者去医院的车辆很难遇见，在万不得已的情况下也可用事故车运送伤者去医院；但是应当先标好停车位置，即各个车轮的位置、走向、制动痕迹的起止点等。在有第三者的情况下，应留下人员保护现场，驾驶员在把伤者送到医院后，应立即返回现场，根据标记放好车辆，听候处理。在送伤者时，不准擦蹭肇事车辆，以防破坏痕迹。同时，对伤者服装上的各种痕迹，如轮胎花纹等，要注意保护，并告知医务人员。例如，2007年6月15日，河北人刘某驾驶一辆客车行驶到北京市朝阳区崔各庄乡奶西村时，撞倒了穿行马路的7岁男孩。刘某急忙停车拨打弟弟电话让其报警。刘某本想等交警来，但眼看着男孩生命垂危，他顾不得太多便驾肇事车载着男孩及其家属去医院抢救，但赶到医院后男孩还是因颅脑损伤死亡。朝阳区交通管理部门认定，刘某在居民居住区内行驶未避让行人，发生事故后因抢救伤员变动现场而未标明位置，按照规定认定刘某承担事故全部责任。后经法院审理，刘某的行为已构成交通肇事罪。鉴于他主动自首，且积极赔偿，依法从轻判处有期徒刑9个月。

（五）交通事故中抢救人员的自我保护

抢救者首先要自我保护好，才能有效地抢救伤员，以下两种情况最值得注意：

1. 防触电。在交通事故中，如果发现断落的高压电线搭在汽车上，或有人被高压电击伤，救护人员在未采取完全措施前，不要接近汽车或伤员，要保持在8米～10米以外的距离，防止跨步电压伤人。要立即设法切断电源或采取安全措施，然后才能进行抢救。抢救时，要先将伤员转移到离高压线8米～10米以外，再采取其他抢救措施，或确信线路无电时，再进行就地抢救。

2. 防化学毒物。在交通事故中，可能会遇到载有某些化学毒品或危险物的汽车。这些汽车应标有特殊的标记，指明是哪一种化学物质，如"剧毒品"或

"易爆炸品"等。如果发现有以上标记的汽车，不要盲目接近，而要尽快通知有关部门妥善处理。

三、划定范围，现场警戒

（一）确定现场范围

道路交通事故现场的警戒范围要依据现场散落物、自然条件等情况来确定，尽量把留有犯罪嫌疑人、肇事人痕迹、物证和尸体的场所都包括进去。同时，警戒区内应留有抢救通道，若需要对现场的伤者、车辆和其他痕迹、物品进行移动的，要先做好记号，并详细记录，再实施搬移。在不妨碍人们正常的生活、工作秩序的情况下，可适当宽大一些。具体地说，道路交通事故现场的警戒范围一般应包括事故车辆所在的中心地点；犯罪嫌疑人、肇事人或车辆、物品在受查控中留下重要痕迹、物证的地段；与事故车辆有联系的，具有物证特征的痕迹或物品遗留的地点。

1. 敞开性现场的范围。对于敞开性的道路交通事故现场，由于车辆的机动性，往往会造成多个关联现场。这样，可以在地图上标识和划分成如1号、2号、3号等多个现场，并合理安排人员进行警戒。

2. 封闭性现场的范围。对于封闭性的道路交通事故现场，如公园、停车场、车站和有围墙的内部环境，要根据现场的进出口、建筑物的结构、高低和现场所处部位，利用地形或车抛物来设置警戒线；对于野外现场可以利用树木、农作物、公路、桥梁、河道等划分警戒范围。

3. 有危险物品现场的范围。对于继续燃烧、爆炸或尚在挥发扩散毒源及有放射性物品的车辆查控现场，要本着有利于抢救，防止危害扩大的原则，现场保护区要划得大一些，以免危及警戒人员和群众的安全。若是载爆炸物品、易燃易爆化学物品以及毒害性、放射性、腐蚀性、传染病病原体等危险物品的车辆发生的道路交通事故，应当立即报告当地人民政府，通报有关部门及时处理，采取封闭道路等交通管制措施；协同有关部门划定隔离区，疏散过往车辆、人员。

（二）实施现场警戒

警戒范围划定以后，现场处置人员还要一定的人力和物品加以警戒。道路交通事故现场根据需要，可划两道或三道警戒线，允许部分有关人员进入二道圈之内活动。对于发生在城市繁华街道的车辆查控现场，为免遭围观群众的破坏，必要时可组成人墙，把群众与现场隔离。保护圈可用绳索、白灰、标杆及其他醒目物品作为警戒线的标志，并派人员执勤守护。白天在距离现场来车方向50米至150米外或者路口放置发光或者反光锥筒、警告标示、告示牌等，发光或反光锥筒每间隔20米设置1个。派人引导车辆、行人绕行；允许车辆通行的，还应疏导交通，引导其他车辆减速通行。对重要部位，出入口要道要派专人守护或设置屏障遮挡；也可用到场的处置车辆来充当障碍物，车上可开着警灯作为醒目标志。设置现场的警戒线后，除紧急的救险人员和车辆外，禁止其他无关人员进入警戒保护范围，尽可能使现场保持原始状态。

（三）引导车辆，维护秩序

对现场车辆的控制和引导是道路交通事故现场处置的一项重要任务。对于参与现场处置的工作车辆的指挥和引导，要坚持便利和安全的原则。参与现场处置的现场勘查车、指挥车、救护车、消防车、清障车和其他救援车辆开进警戒区时应开启警灯，在夜间还应当开启示廓灯。在停放位置和顺序上，应是现场勘查车停放在事故车辆同车道的后方（来车方向的道路右侧），现场痕迹、散落物范围之外，距现场较近的位置；救护车直接停在事故车辆的前方，以便于就近抢救伤员和驶离现场；消防车和抢险救援车可以直接进入现场救险的位置；其他工作车辆应停放在现场勘查车的后面；在夜间需要使用照明车辆的，应当在不破坏现场痕迹、不妨碍救护车通行的前提下，停放在可以照亮整个现场的适当位置；清障车应停在事故处理的前方，既要不妨碍救护车的进出，又便于拖曳道路交通事故车辆。

道路交通事故现场处置除了对工作车辆进行指挥外，还要对现场中的其他车辆、行人或当事人进行疏导和处置。引导其他无关车辆、行人绕行，如果允许车辆通行的，应负责现场警戒、疏导交通；对于道路交通事故相关人员，如当事人、乘车人、报警人和证人等，应安排在安全地带等候。若需要对事故路段进行封闭的，应该在路段的入口处设置交通引导设施，通过广播、交通信息牌，及时通告广大交通参与者调整出行路线。

四、紧急排险，抢救物资

发生道路交通事故后要及时清除隐患，防止次生事故。夜间发生事故的，必须有足够的照明，并要打开双闪灯和示廓灯，没有双闪灯的要设明显标志，以免其他车辆碰撞。对于因车辆侧翻或冲撞造成油箱破裂，燃油溢出的现场，要及时卸下蓄电池，放出油箱内的燃油，用容器装好，以免造成火灾，扩大事故后果；同时在确保安全的前提下，要及时抢救现场财产。在抢救物资中要特别注意避免围观群众哄抢财物、聚众闹事、阻挠处置等情况的发生，必要时采取强制措施将为首分子带离现场。

（一）火灾、爆炸险情的处置和防范

若现场中出现火灾、爆炸等险情，首先应自行灭火排险。可用随车携带或过往车辆的灭火器材奋力扑救，尽量将财产损失降低到最小程度；若火势较猛，或有爆炸危险的，应远离现场，提醒过路车辆和行人注意，并及时通知有关消防部门；同时应设法记录现场原有情形。灭火时，应先切断车辆的电路，并迅速拆下油箱或对油箱进行降温、隔热，以防止油箱在高温下爆炸；然后使用灭火器或用沙土、篷布等覆盖。如果现场存在可能发生爆炸的，应迅速疏散现场人员，并切断交通，实施警戒；并及时通知专业部门，等候处理。

对于没有火情的道路交通事故现场，应注意观察有无引起火灾的隐患。如有无油箱溢出的燃油，有无断落的电线，现场周围有无散落的易燃易爆物品或其他物品。一旦发现应及时妥善处置。严禁在事故现场及附近进行吸烟、拨打手机和使用明火等可能引起燃烧、爆炸等严重后果的行为。

（二）有毒、有害物品泄漏的处置

如遇运送有毒、有害气体的车辆发生事故，应尽快查清有无危险品泄漏，以及泄漏物的种类，并及时联系有关部门采取相应的防护和处理措施，事故处理人员则应尽量疏散群众及其他车辆，维护现场的秩序。在专业人员到达现场之前，应设法堵住泄漏的空洞或裂缝；但在堵塞过程中要注意安全，不要让有毒和腐蚀性的物质沾到手上或皮肤上。如果是气体物质，应注意不要吸入体内；对流淌到地面的泄漏物，不要踩踏并用泥土筑围拦截，防止其任意流淌；不要贸然接触危险物品，防止造成不必要的损失。

（三）倒塌和坠落事故的救护

道路交通事故现场如有濒临或倒塌的建筑物、电线杆、树木、车辆和其他物体时，应首先疏散建筑物内的人员和围观人员，然后再设法固定；可以用木棍、铁架等支撑要倒塌的建筑物。对于无法支撑的，应划定警戒范围，禁止人员进入，或者予以拆除；对于坠落到车辆、物品的，可以用起重车起吊，用绳索捆绑或者用石头塞垫。在操作时，要特别注意安全。

（四）传染病病原体扩散的防止

交通事故中，一旦发现传染病病原体扩散险情，事故处理人员必须穿防护服到达现场，强令车辆内人员不得下车。在距离肇事车辆周围设置警戒线，及时采取交通管制措施，阻断交通，禁止一切车辆、行人通行。肇事车辆可以继续行驶的，可以由当事人在标注车辆停止位置后迅速驾车驶离现场；不能继续行驶的，要及时通知急救中心调集车辆转移病人，道路交通事故车辆要经过消毒后方可由清障车拖移。

五、保护现场痕迹物品

道路交通事故现场的保护方法和犯罪现场物证的保护方法大致相同，即运用标记法、警戒法、遮盖法和转移法。但由于现场环境的不同和保护对象的差异，在操作上，道路交通事故现场保护的方法又有所不同。

（一）道路交通事故现场物证的种类

1. 肇事车辆。包括机动车和非机动车，也包括肇事主体车辆和被撞车辆，是交通事故重要物证之一。它包括车体痕迹、车体附着物和车内物证。如2004年4月的一天晚上，南京市省中西医结合医院附近的一辆桑塔纳撞上一男子后逃逸，却将前保险杠连同车牌遗留在现场。肇事者竟找人在交警未赶到之前将事故现场破坏，并趁乱将车牌拿走。在调查醉酒驾驶车辆肇事、将车辆交给无证人驾驶肇事和肇事后弃车逃逸等案件，需要确定车辆驾驶人时，应当注意发现和提取事故车辆方向盘、变速杆、驾驶室车门、踏脚板等部位的手、足迹和驾驶员座位附近的血迹、唾液、毛发、烟头等物证。

2. 事故造成的各种痕迹。痕迹是事故物证的重要组成部分，痕迹包括：

（1）路面痕迹。包括地面轮胎痕迹、路面损伤痕迹、路面污染和附着痕迹、人体倒卧痕迹；轮胎痕迹包括：滚印、滑印、压印、侧滑痕迹、制动跑偏痕迹。根据装备了制动防抱死装置（ABS）车辆的制动痕迹多为压印，偶尔为轻微拖印，且痕迹轻淡，不易被发现，容易消失等特征，须及时、仔细地寻找、标示痕迹的起止点。

（2）车体痕迹。包括车体磕碰挫划痕、碰撞痕迹、刮擦痕迹、附着物痕迹。在勘验车体痕迹时，应当准确鉴别被勘验车辆与其他事故车辆、人员、物体第一次接触的部位和受力方向，并对应确定另一方相应的接触部位。

（3）人体痕迹。包括人体衣着外表痕迹、人体体表痕迹、活体体表痕迹、尸体体表痕迹。注意勘查人体所受损伤的部位、类型、形态、大小和性状，造成损伤的作用力方向，损伤部位距足跟的距离（相当于人体站立情况下，损伤部位的离地高度），损伤部位的附着物情况，注意发现和记录人体上的特征性损伤。

（4）整体分离痕迹以及其他被撞物体痕迹等。对于树木、道路交通设施、建筑物等固定物上的碰撞、刮擦痕迹和血液、油污、人体组织等附着物，应当勘验痕迹、附着物的种类、长度、宽度、深度、离地高度和形成时的受力方向，并寻找和确定相应的造型客体；提取有关脱落物或部件碎片，注意保护断口形态，留作整体分离的物证；道路交通事故逃逸现场应提取现场遗留的所有与道路交通事故有关的痕迹、物证。

3. 事故中的各种附着物。是指在道路交通事故中形成的，黏附在车辆、人体、路面及其他路面能证明道路交通事故真实情况的物质。如油漆、油脂、塑料、橡胶、毛发、纤维、血痕、人体组织、木屑、植物枝叶及尘土等微量附着物质。根据案情需要，勘验车体的附着物，尤其是车辆与人发生的道路交通事故，要特别注意勘验、提取车体上的纤维、毛发、血迹、类人体组织、漆片等附着物，确定附着物的种类、颜色、黏附或钩挂方向、位置，查明其原始归属及对应部位。必要时，应提取附着物和相应原始归属部位的对照物。

4．道路交通事故现场散落物。是指遗留在道路交通事故现场，能够证明道路交通事故真实情况的物品或物质，如车辆零部件、玻璃碎片、油漆碎片及车辆装载物等。

（二）现场痕迹物品的保护方法

1．现场痕迹和散落物的保护。对于搜索到的痕迹及散落物要特别注意保护。对于极易被人忽视的物证，要用醒目的标志加以标示；对于距离中心现场较远的物证，除了标示外，还要派专人警戒；若现场风较大，为防止散落物或痕迹变化，还要码放砖、石等物将其圈围；若遇天气变化，可用不带异味的塑料薄膜或席子、苫布将痕迹、物品遮盖起来；若上述方法均不便适用时，也可直接提取现场的物证。对于提取的物品要加包装和加封，在包装物或标签上要注明以下内容：物品名称和提取地点，提取时间，案件名称及编号，提取人的职务和姓名及见证人。

2．现场车辆制动印迹的保护。在事故现场中应注意对车辆制动印迹的保护。正确的做法是从路面显示的制动轮拖印迹开始，用粉笔或砖头、石块标记出左半中括号"［"，印迹终点用右半中括号"］"标示。如果事故车辆未移动，只标记制动印迹开始点即可。至于对伤员倒卧方向位置及现场遗留物品的保护（伤者血迹、随身物品、汽车掉落漆片、灯罩碎片等），可用粉笔或石头、砖块在伤员倒卧位置及遗留物品的边缘周围圈定下来，并必须标记清楚伤员倒卧路面的头脚位置；并把车辆所在位置、受害人或受伤的肇事人身体所在位置的轮廓、被撞掉的车辆零件和部件，以及从车上掉下来的血、润滑油、汽油、货物等的位置用粉笔或石灰标画出来。

遇有下雨、下雪、刮风等自然现象，对现场可能造成破坏时，可用席子、塑料布等将现场上的尸体、血迹、车痕、制动印迹和其他散落物等遮盖起来。

六、寻找、确认现场目击证人

道路交通事故现场的处置人员应对现场情况作出及时的当场访问，以便为案件、事故的后期处理收集第一手资料。访问的对象应包括肇事车主、伤员、过往车辆车主、现场目击者等。要善于寻找、开导现场的目击证人，对于不便或不愿当场接受访问的，应记录其联系方式。现场访问的内容应包括事故过程、肇事人生理和心理状态、肇事车辆的状况、事故发生时的环境条件及事故后果等。

七、控制和追捕肇事人

道路交通事故现场处置人员，在发生事故后，应记下肇事车辆的车牌号码及肇事车辆的外部特征，要防止肇事人驾车逃跑。要密切监视肇事人动向，观察肇事人的精神状态，同时要保护其黏附在衣物上的痕迹，防止受害人亲属殴打肇事人或发生意外事故。对肇事逃逸的，应积极追捕，若因条件所限不适宜自行追捕的，应及时将相关的信息通知给警方，以便迅速将其抓获。

八、清理现场

道路交通事故现场勘查完毕后，现场处置人员应及时清理道路交通事故现场，恢复交通，并做好道路交通事故现场肇事车辆、散落物、尸体的善后处理工作。对于毁坏的市政设施应及时通知相关部门尽快抢修，及时恢复其正常功能；对一时无法修复的，应采取临时性加固、支撑、堵塞等措施，或使用临时性替代品，设置临时性标志。待将现场道路上的障碍物清理完毕，恢复通行之后，才可以撤离现场。

【知识链接】道路交通事故逃生基本常识

遇险情时怎么办？①乘客应双手紧紧抓住前排座位或扶杆、把手，低下头，利用前排座椅靠背或手臂保护头面部；②乘客要镇定，不要大声喊叫，不可指挥司机，更不能在高车速时跳车；③司机要沉着驾驶，切不可盲目弃车。

刹车失灵怎么办？①换低挡，加拉手刹，同时打开警示灯；②如果车速始终无法控制，可试着冲向柔软的障碍物，让车速慢下来。

撞车瞬间怎么办？①两腿尽量伸直，两脚踏实，双臂护胸，手抱头，身体后倾；②迎面碰撞时，如碰撞的主要方位不在司机一侧，司机应紧握方向盘，两腿向前伸直，两脚踏实，身体后倾，保持平衡；③迎面碰撞时，如碰撞的主要方位临近司机座位或者撞击力度较大，司机应迅速躲离方向盘，将两脚抬起。

路上抛锚怎么办？①将车移到公路右侧允许停车的地带。②在公路的来车方向距故障车50米至100米处摆放一个故障车警示牌。如果是在高速公路上，则至少应距离150米。③如果你没有警示牌，可打开车辆的行李箱及用发动机盖代替，同时亮起危险信号灯。

车子失火怎么办？①司机应立即将车辆熄火；②如因碰撞变形，车门无法打开，可从前后挡风玻璃或车窗处逃生；③车上人员身上着火时，应先离开车子，然后向水源处滚动，边滚边脱去身上的衣服。

汽车翻车怎么办？①脚钩踏板随车翻转。当司机感到车辆不可避免地将要倾翻时，应紧紧抓住方向盘，两脚钩住踏板，使身体固定。这样，司机会随车辆一起翻转，比起人在车中滚动碰撞，受伤会轻得多。②如果车辆侧翻在路沟、山崖边上，应判断车辆是否还会继续往下翻滚。在不能判明的情况下，应维持车内秩序，让靠近悬崖外侧的人先下，从外到里依次离开。③如果车辆向深沟翻滚，所

255

有人员应迅速趴在座椅上，抓住车内的固定物，让身体夹在座椅中，稳住身体，随车体旋转，避免身体在车内滚动而受伤。

【案例】15－1　北京八达岭特大交通事故的应急处置

2005 年 12 月 4 日 20 时 10 分，一辆装载电石的大型货车由包头驶往北京，行至北京市八达岭高速公路进京方向 49 公里处，因制动失效，与前方正常行驶的大客车尾随相撞，致使两车翻出路外坠入 20 米深的沟内，两车起火燃烧，造成 24 人死亡、9 人受伤。这起特大交通事故是建国以来北京市最严重的一起交通事故。

事故发生后，北京市公安局立即组织交通、消防、巡逻民警迅速赶赴现场。尽管事故现场风力达八级以上，气候恶劣、环境复杂，但现场工作人员采取有效措施，组织抢救伤者，扑灭火情，有效地防止了事态的扩大。同时，公安部副部长刘某，市委副书记强某，市公安局局长马某等领导赶赴现场，组织指挥现场处置，并对下一步工作提出具体要求。

在事故发生后不到一个小时的时间里，相关部门 200 余名救援人员相继赶赴到位。交管部门迅速对事故现场及周边道路进行临时的交通管制。由于事故车辆及伤者都在山谷以下，救援人员无法从八达岭高速主路前往营救，指挥部在出发前将救援组分成三队，第一队沿大路出发维护主路交通，第二队直接前往路口迎接救护和消防车辆，第三队沿山涧下一条通往羊台子村的小路到山下救人。至 23 时许，沟渠内的两部车辆残骸依旧蹿着火苗，货车已经碎成几块。由于气温过低，救援人员带去的小型探照灯冻坏了，拍摄取证设备冻停了，所有救援人员身上都是一层冰。只有警车的灯光一晃一晃地照亮着现场。

事故发生地点旁边就是重点防火林地，消防、森林防火部门赶到现场后，除了扑火还要采取各种方式保护山林，防止火势蔓延。

【案例】15－2　绵广高速上接连发生的交通事故

2006 年 2 月 14 日凌晨 1 点钟左右，绵广高速交警二大队的值班民警接到报警，在绵广高速公路广元—绵阳方向路段上一辆大货车翻车。交警刘某和冯某立即赶赴现场。一辆重庆车牌的大货车（核载 2.75 吨，实载 10 吨以上）侧翻在地，车上的滑石粉撒了一地，但驾驶员吴某等两人均未受伤。从后面上来的四川车牌的中华轿车（驾驶员李某）和江苏车牌的现代越野车（驾驶员张某）看见前方发生车祸便停了下来。

在交警赶赴现场的途中，一辆满载钢材的四川车牌的超载大货车（驾驶员禹某），未能及时刹车，撞上了已停靠的中华轿车，随后继续撞向已侧翻的大货车。

第二起车祸造成禹某和李某等4人受伤。

刘某等交警人员立即在现场规范安放了警示标志，设立了警戒区，随即对伤员施救。这时，高速路政人员，绵阳404医院的医务人员、驾驶员张某、吴某等人也加入其中帮忙施救。正当他们在中华轿车上抢救伤员时，又一辆满载水泥的中型自卸车（驾驶员吴某）因严重超载刹不住车，径直撞翻了警示标志，闯入警戒区，然后向正在施救的警务、医务人员和群众开过来，撞上了中华轿车，车上的水泥倾覆，砸向现场施救人员。交警刘某、驾驶员张某和正被救护的中华轿车驾驶员李某当场死亡，驾驶员吴某经抢救无效死亡。同时，施救中的交警冯某、医生崔某、护士陈某、高速路政人员张某等9人不同程度的受伤。

【案例分析题】

1. 通过案例15—1，试分析特大交通事故的现场处置机制。

2. 在案例15—2中的第二起事故发生前，现场当事人处置存在什么不足之处？在第三起事故现场处置时，现场处置人员还应注意哪些问题？

【思考讨论题】

1. 道路交通事故现场处置的含义及意义是什么？
2. 道路交通事故现场处置机制应包含哪些内容？
3. 道路交通事故现场处置的程序和方法是什么？
4. 交通意外导致乘客头部外伤、出血，检查伤者神志清醒，有头痛、呕吐症状，该如何进行现场急救？

【实务操作题】

设计一个道路交通事故现场情景，开展交通事故现场处置实训。

第十六章　火灾现场处置

【学习内容】

本章介绍了燃烧、灭火的基本知识，火灾现场处置机制，火灾现场处置应急预案，火灾现场处置的程序和方法等内容。其中火灾现场处置机制的内容，火灾现场处置应急预案，火灾现场处置的原则和程序，火场控制、逃生、保护是学习重点。

【学习目标】

通过本章的讲授及进行案例分析、思考讨论和实务操作等学习活动，学生应知道燃烧的基本原理与灭火的基本知识，熟悉火灾现场处置机制，掌握火灾现场处置的一般流程，火场控制与自救的方法，火场疏散和逃生的方法以及火场保护，会编制火场疏散预案。

第一节　火灾现场处置概述

火灾是在时间或空间上失去控制的燃烧所造成的灾害。燃烧是指可燃物与氧化剂作用发生的放热反应，通常伴有火焰、发光或发烟现象，俗称着火。燃烧的本质就是一种链式反应，也是一种特殊的氧化还原反应。这里的"特殊"是指燃烧通常伴有放热、发光、火焰和发烟四个现象。

一、燃烧

（一）燃烧的条件

燃烧作为一种特殊的氧化还原反应，必须具备可燃物、氧化剂和引火源三个要素。

1. 可燃物。无论固体、液体还是气体，凡是在标准状态下能够在空气或其他氧化剂中燃烧的物质，均称为可燃物。影响可燃物燃烧难易程度的两个重要因素是：①物质本身的表面积与体积比。块状铝在空气中是非燃体，粉状铝不仅燃烧，而且会发生爆炸。②氧含量。增大氧含量，难燃物会变成易燃物；减少氧含量，易燃物会变成难燃物。如铁、铝等能在纯氧中燃烧。

2. 氧化剂。氧化剂是与可燃物相结合能导致或支持燃烧的物质，俗称助燃物。在一般火灾中，空气中的氧是最常见的氧化剂。在化工火灾、仓库火灾中，引起燃烧反应的氧化剂是多种多样的。

3. 引火源。引火源是能够使可燃物与氧化剂发生燃烧反应的能量来源。常见的引火源有明火、高温体、电火花等。机械撞击、磨擦产生的火花往往引起化学危险品着火。

具备以上要素，燃烧并不一定会发生。要发生燃烧，还需具备可燃物达到一定的浓度、空气中有足够的含氧量、引火源具备足够的点火能量等要件。

（二）燃烧的类型

可燃物的种类不同，燃烧的条件不同，燃烧的类型就不同，主要有闪燃、着火、爆炸。

1. 闪燃与闪点。闪燃是指在液体或固体表面产生的可燃蒸气或气体，遇火能产生一闪即灭的火焰的燃烧现象。闪点是指在规定的条件下（采用闭杯法测定），液体或固体表面能产生闪燃的最低温度。在闪点温度上，只能闪燃而不能持续燃烧。

闪燃是液体燃烧的前奏，消防的很多规定都是以闪点为基准的。根据闪点可划分物质的火灾危险性，闪点越低，火灾危险性越大。闪点小于28℃的为甲类液体；大于或等于28℃且小于60℃的为乙类液体；大于或等于60℃的为丙类液体。实践中，闪点已成为可燃液体生产、储运的火险性分类的依据。

2. 着火与燃点。着火是指系统中的可燃预混气因某种原因引起自动升温，反应自动加速，最后出现火焰的过程。火焰是着火的重要标志。在规定的实验条件下，液体或固体能发生持续燃烧的最低温度叫燃点。一切可燃液体的燃点都高于其闪点。控制物质燃烧时，需将温度降至其燃点以下。可燃物着火方式，一般分为自燃和引燃两种。

（1）引燃。引燃是指可燃物局部受到高温热源的作用而燃烧，然后依靠燃烧波传播到整个可燃物。大部分火灾都是引燃产生的。引燃的发生须具备三个条件：可燃物、助燃物、引火源。三者不仅要同时存在，而且可燃物、助燃物要有一定的数量和浓度；引火源要有一定的能量和温度，该温度至少要高于可燃物的自燃点，可燃物才会被引燃，火灾才会发生。

（2）自燃。可燃物在没有外部火源的作用的情况下，因受热或自身发热并蓄热所产生的自行燃烧现象称为自燃。自燃可分为化学自燃和热自燃。化学自燃是指在常温常压下，可燃物不需要外界加热，依靠自身化学反应放出的热量而着火。如磷遇空气自燃，钠遇水自燃等。热自燃是指可燃物与氧化剂的混合物被加热时，混合物温度上升，化学反应加速，当温度升到一定高度时便会着火。

3. 爆炸与爆炸极限。爆炸是指物质急剧氧化或分解反应，使温度或压力增加或使两者同时增加的现象。爆炸分为物理爆炸、化学爆炸和核爆炸。要发生爆炸，必须具备以下三个条件：①可燃物与空气混合形成爆炸性混合物；②爆炸性混合物中的可燃物达到一定的浓度；③有引起爆炸性混合物爆炸的最小引爆能量。可燃气体、蒸汽或粉尘与空气混合后，遇火产生爆炸的最高或最低浓度叫爆炸极限，通常用体积百分数表示。可燃气体、蒸汽或粉尘与空气混合后，遇火产生爆炸的最低浓度叫爆炸下限，最高浓度叫爆炸上限。影响爆炸极限的因素有：①初始温度：初温升高，下限下降，上限上升，爆炸范围增大；②初始压力：初压增大，分子间距离增加，碰撞几率增大，爆炸范围增大；③惰性介质：加入惰性气体，上限下降，爆炸范围缩小；④氧含量：氧含量增大，爆炸下限下降，上限上升，爆炸范围增大；⑤点火源：火源温度越高，爆炸范围越大。

(三) 燃烧产物

燃烧产物是指由燃烧或热解作用而产生的全部物质。通常指燃烧生成的气体、热量、可见烟等。烟是由燃烧或热解作用而产生的一种悬浮在大气中的可见的固体或液体颗粒。其直径一般为 0.01 微米～10 微米。固体微粒主要是碳粒子。碳粒子生成规律表现为：①可燃物燃烧时，供氧越充分，碳粒子生成越少；供氧越不充分，碳粒子生成越多。②可燃物分子中碳氢比值大的生碳能力大。③可燃物分子结构不同，生碳能力不同。一般说来，环状结构比直链结构生碳能力高。如苯比烷烃生碳能力高。

二、火灾及灭火的基本知识

(一) 火灾及其分类

火灾是在时间或空间上失去控制的燃烧所造成的灾害。人类用火的历史实践证明，火既可以服从于人们的意志，造福人类，也会违反人们的意愿，造成很大的危害。火灾的发展一般要经历初期、发展、猛烈燃烧和衰减熄灭四个阶段。火灾有多种类型，根据着火物质及其燃烧特性划分为以下五类：

(1) A 类火灾：指含碳固体可燃物，如木材、棉、毛、麻、纸张等燃烧的火灾。

(2) B 类火灾：指甲、乙、丙类液体，如汽油、煤油、柴油、甲醇、乙醚、丙酮等燃烧的火灾。

(3) C 类火灾：指可燃气体，如煤气、天然气、甲烷、丙烷、乙炔、氢气等燃烧的火灾。

(4) D 类火灾：指可燃金属，如钾、钠、镁、钛、锆、锂、铝镁合金等燃烧的火灾。

（5）带电火灾：指带电物体燃烧的火灾。

（二）灭火剂的选择

为了能迅速扑灭火灾，必须按照现代的防火技术、生产工艺过程的特点、着火物质的性质、灭火剂的性质及取用是否便利等原则来选择灭火剂。常用的灭火剂有水、水蒸气、泡沫液、二氧化碳、干粉、卤代烷等。

1. 水。水是最常用的灭火剂，它资源丰富，取用方便。水的热容量大，因此水能从燃烧物中吸收很多热量，使燃烧物的温度迅速下降，使燃烧终止。水还能浸湿未燃烧的物质，使之难以燃烧；还能吸收某些气体、蒸气和烟雾，有助于灭火。

灭火时水的形态主要表现为：①直流水和开花水（滴状水）。经水泵加压由直流水枪喷出的柱状水流称直流水，由开花水枪喷出的滴状水流称开花水。直流水、开花水可用于扑救一般固体物质的火灾（如煤炭、木制品、粮草、棉麻、橡胶、纸张等），还可扑救闪点大于 120℃、常温下呈半凝固状态的重油火灾。②雾状水。由喷雾水枪喷出，水滴直径小于 1 微米的水流称雾状水。它可大大提高水与燃烧物或火焰的接触面积，因而降温快、灭火效率高。可用于扑灭可燃粉尘、纤维状物质、谷物堆囤等固体物质的火灾，也可用于电气设备火灾的扑救。

但水灭火是有限制的，不能用水扑灭的火灾主要有：①密度小于水和不溶于水的易燃液体的火灾，如汽油、煤油、柴油等油品（密度大于水的可燃液体，如二硫化碳，可以用雾状水扑救，或用水封阻火势的蔓延）。苯类、醇类、醚类、酮类、酯类及丙烯腈等大容量储罐，如用水扑救，则水会沉在液体下层，被加热后会引起爆沸，形成可燃液体的飞溅和溢流，使火势扩大。②遇水产生燃烧物的火灾，如金属钾、钠、碳化钙等，不能用水，而应用砂土灭火。③硫酸、盐酸和硝酸引发的火灾，不能用水流冲击，因为强大的水流能使酸飞溅，流出后遇可燃物质，有引起爆炸的危险。酸溅在人身上，能灼伤人。④电气火灾未切断电源前不能用水扑救，因为水是良导体，容易造成触电。⑤高温状态下化工设备的火灾不能用水扑救，以防高温设备遇冷水后骤冷，引起形变或爆裂。

2. 泡沫灭火剂。泡沫灭火剂是扑救可燃易燃液体的有效灭火剂，它主要是在液体表面生成凝聚的泡沫漂浮层，起窒息和冷却作用。泡沫灭火剂分为化学泡沫、空气泡沫、氟蛋白泡沫、水成膜泡沫和抗溶性泡沫等。

（1）化学泡沫灭火剂（MP）。常用的化学泡沫灭火剂，主要是酸性盐（硫酸铝）和碱性盐（碳酸氢钠）与少量的发泡剂（植物水解蛋白质或甘草粉）、少量的稳定剂（三氯化铁）等混合后，相互作用而生成的泡沫。化学泡沫灭火剂在发生作用后生成大量的二氧化碳气体，它与发泡剂作用便生成许多气泡。这种泡沫密度小，且有黏性，能覆盖在着火物的表面上隔绝空气。同时二氧化碳又是惰性气体，不助燃。但化学泡沫灭火剂不能用来扑救忌水忌酸的化学物质和电气设备的火灾。

（2）空气泡沫灭火剂（MPE）。空气泡沫即普通蛋白质泡沫。它是一定比例的泡沫液、水和空气经过机械作用相互混合后生成的膜状泡沫群。泡沫的相对密度为 0.11～0.16，气泡中的气体是空气。泡沫液是动物或植物蛋白质类物质经水解而成的。空气泡沫灭火剂的作用是当其以一定厚度覆盖在可燃或易燃液体的表面后，可以阻挡易燃或可燃液体的蒸气进入火焰区，使空气与液面隔离，也防止火焰区的热量进入可燃或易燃液体表面。

在高温下，空气泡沫灭火剂产生的气泡由于受热膨胀会迅速遭到破坏，所以不宜在高温下使用。构成泡沫的水溶液能溶解于酒精、丙酮和其他有机溶剂中，使泡沫遭到破坏，故空气泡沫不适用于扑救醇、酮、醚类等有机溶剂的火灾，对于忌水的化学物质也不适用。

3. 二氧化碳灭火剂。二氧化碳在通常状态下是无色无味的气体，相对密度为 1.529，比空气重，不燃烧也不助燃。将经过压缩液化的二氧化碳灌入钢瓶内，便制成二氧化碳灭火剂（MT）。从钢瓶里喷射出来的固体二氧化碳（干冰）温度可达 $-78.5℃$，干冰汽化后，二氧化碳气体覆盖在燃烧区内，除了窒息作用之外，还有一定的冷却作用，火焰就会熄灭。

由于二氧化碳不含水、不导电，所以可以用来扑灭精密仪器和一般电气火灾，以及一些不能用水扑灭的火灾。但是二氧化碳不宜用来扑灭金属钾、钠、镁、铝等及金属过氧化物（如过氧化钾、过氧化钠）、有机过氧化物、氯酸盐、硝酸盐、高锰酸盐、亚硝酸盐、重铬酸盐等氧化剂的火灾。因为当二氧化碳从灭火器中喷出时，温度降低，使环境空气中的水蒸气凝集成小水滴，上述物质遇水发生化学反应，释放大量的热量，抵制了冷却作用，同时放出氧气，使二氧化碳的窒息作用受到影响。因此，上述物质用二氧化碳灭火效果不佳。

4. 干粉灭火剂。干粉灭火剂（MF）的主要成分是碳酸氢钠和少量的防潮剂硬脂酸镁及滑石粉等。用干燥的二氧化碳或氮气作动力，将干粉从容器中喷出，形成粉雾喷射到燃烧区，干粉中的碳酸氢钠受高温作用发生分解。该反应是吸热反应，反应放出大量的二氧化碳和水，水受热变成水蒸气并吸收大量的热能，起到一定的冷却和稀释可燃气体的作用。

干粉灭火剂的种类很多，大致可分为三类：①以碳酸氢钠（钾）为基料的干粉，用于扑灭易燃液体、气体和带电设备的火灾；②以磷酸三铵、磷酸氢二铵、磷酸二氢铵及其混合物为基料的干粉，用于扑灭可燃固体、可燃液体、可燃气体及带电设备的火灾；③以氯化钠、氯化钾、氯化钡、碳酸钠等为基料的干粉，用于扑灭轻金属火灾。一些扩散性很强的易燃气体，如乙炔、氢气，干粉喷射后难以使整个范围内的气体稀释，灭火效果不佳。它也不宜用于精密机械、仪器、仪表的灭火，因为在灭火后留有残渣。此外，在使用干粉灭火时，要注意及时冷却降温，以免复燃。

5. 卤代烷灭火剂。卤代烷灭火剂（MY）是20世纪60年代发展起来的液化气体灭火剂，它具有灭火效率高、不留痕迹、绝缘性能好、腐蚀性小、久存不变质等优点，适用于扑救易燃液体、气体、电气火灾，特别适用于精密仪器、仪表及重要文献资料的灭火。

卤代烷的灭火原理主要是抑制燃烧的连锁反应，它的分子中含有1个或多个卤素原子，在接触火焰时，受热产生的卤素离子与燃烧产生的活性氢基化合，使燃烧的连锁反应停止。此外，它们兼有一定的冷却、窒息作用。卤代烷灭火剂的灭火效率比二氧化碳和四氯化碳要高。

目前，我国使用的卤代烷灭火剂主要有1211（即二氟一氯一溴甲烷，CF2C1Br）、1202（即二氟二溴甲烷，CF2Br2）。卤代烷灭火剂不宜扑灭自身能供氧的化学药品、化学活泼性大的金属、金属的氢化物和能自燃分解的化学药品的火灾。为了保护大气臭氧层，《中国消防行业哈龙整体淘汰计划》中要求，我国于2005年停止生产卤代烷灭火剂。1994年公安部和国家环保总局《关于在非必要场所停止再配置卤代烷灭火器的通知》中也要求，非必要场所今后不再使用卤代烷1211灭火器。

（三）灭火的基本方法

1. 冷却灭火法。将灭火剂直接喷洒在可燃物上，使可燃物的温度降到燃点以下，从而使燃烧停止。用水扑救火灾，其主要的作用就是冷却灭火。除忌水物质外，一般物质起火，都可以用水来冷却灭火。火场上，除用冷却法直接灭火外，还经常使用水冷却尚未燃烧的可燃物，防止其达到燃点而着火；还可用水冷却建筑构件、生产装置或容器等，以防止其受热变形或爆炸。

2. 隔离灭火法。将燃烧物与附近可燃物隔离或者疏散开，从而使燃烧停止。采取隔离法灭火的具体措施有很多种，如将火源附近的易燃易爆物质转移到安全地点；关闭设备或管道上的阀门，阻止可燃气体、液体流入燃烧区；排除生产装置、容器内的可燃气体、液体；阻拦疏散易燃可燃或扩散的可燃气体；拆除与货源相毗邻的易燃建筑结构，造成阻止火势蔓延的空间地带等。

3. 窒息灭火法。采取适当的措施，阻止空气进入燃烧区，或用惰性气体稀释空气中的氧含量，使燃烧物缺乏或断绝氧气而熄灭。这种方法特别适用于扑救封闭式的空间、生产设备装置及容器内的火灾。火场上用窒息法灭火时，可采用湿麻袋、湿棉被、砂土、泡沫等不燃或难燃材料覆盖燃烧物或封闭孔洞；用水蒸气、惰性气体（如二氧化碳、氮气等）冲入燃烧区域；利用建筑物上原有的门窗以及生产储运设备上的部件来封闭燃烧区，阻止新鲜空气进入。此外，在无法采取其他扑救方法而条件又允许的情况下，可采用水淹没（灌注）的方法进行扑救。

4. 抑制灭火法。将化学灭火剂喷入燃烧区参与燃烧反应，中止链反应而使燃烧反应停止。采用这种方法可使用的灭火剂有干粉和1211、1301等卤代烷灭火剂。灭火时，一定要将足够数量的灭火剂准确地喷射在燃烧区内，使灭火剂参与和阻断燃烧反应，否则将起不到阻止燃烧的作用。同时还要采取必要的冷却降温措施，以防复燃。

在火场上采取哪种灭火方法，应根据燃烧物质的性质、燃烧的特点和货场的具体情况，以及灭火器材装备的性能进行选择。

第二节　火灾现场处置机制

火灾现场处置的概念有广狭义之分，狭义的火灾现场处置，也称火灾现场的先期处置，是指火灾发生后发生单位和个人开展的自行扑救、逃生、排险和疏散等活动。其参与处置的主体主要是事发单位、家庭的相关组织和个人，如社区保安、企业自建消防队，因而火灾现场的先期处置具有自行性、紧急性和协助性等特征。而广义的火灾现场处置是包括火灾现场灭火、现场营救、现场疏散、现场抢险、现场调查、现场恢复在内的全过程的处置行动。在此过程中，多由公安消防部队为主导实施救援，单位和个人积极协助开展灭火和营救，但火场的核心地带一般不宜进入。

一、火灾现场处置机制的内容

从政府应急管理的角度来看，火灾现场处置的机制主要包括火灾现场处置的组织指挥体系、预警机制、响应机制和保障机制等内容，因而本节是以广义的火灾现场处置为研究对象的。

（一）火灾现场处置的组织指挥体系

重大火灾应急组织指挥体系由组织指挥机构、日常办事机构、现场处置机构组成。组织指挥机构是以政府为主导，由公安、消防、卫生、保险等机构参与的核心处置组织，在应急时可转变为火灾应急救援指挥部，因而兼具综合协调和应急指挥的双重职能，其办事机构称办公室，一般设在当地公安消防机关。现场灭火指挥部是在火灾应急救援指挥部的领导下，指挥、参与现场救援和应急行动的一线指挥部。

（二）火灾现场处置的响应机制

我国火灾现场处置的响应机制采取分级响应机制，重大火灾响应坚持属地为主的原则。事发地政府按照有关规定全面负责本行政区域内重大火灾的应急救援和处置行动。现场灭火指挥部在火灾应急救援指挥部的领导下，调集公安、消防、卫生、交通、市政、保险等机构的应急力量，全面开展现场灭火、现场疏导、安全防护、现场调查、现场理赔和火场恢复等现场处置行动。在现场处置结束后，还要进行事故损失评估，对责任人员提出处理意见，对有关部门提出整改措施等活动。

（三）火灾现场处置的保障机制

火灾现场处置的保障机制主要包括通信保障、资金保障、力量和装备保障、技术保障以及法律保障。各地政府应根据本地区火灾特点，确定由公安、交通、医疗卫生等部门人员和有关专家组成专门应急力量，明确分工、联络方式以及应急设备类型、数量、性能和存放位置，保证应急状态下的迅速调用。

二、火灾现场处置的应急预案

火灾现场处置应急预案即现场灭火和应急疏散预案。实践证明，单位制定消防应急预案十分重要，不仅关系到单位在紧急情况下是否能快速处置初起火灾事故，减少财产损失，更重要的是关系到人员的安全，是保障人员紧急疏散，最大限度地减少人员伤亡的关键措施。按照《机关、团体、企业、事业单位消防安全管理规定》的要求，消防安全重点单位应制定消防应急预案，其他单位应当结合本单位实际，参照消防安全重点单位制定的消防应急预案的内容制定相应的应急方案。

（一）预案内容

消防安全重点单位灭火和应急疏散预案应包括下列内容：

1. 组织机构。处置组织应该设立灭火行动组、通信联络组、疏散引导组、警戒救护组。各组的人员、职责必须明确和落实，发生火灾时，分别负责灭火、组织、联络有关人员、疏散引导火场人员、划定警戒线、救护受伤人员等各项工作。疏散指挥通常要由人员集中场所的领导或者安全保卫部门负责人担任，消防队到场时参与指挥。

2. 报警和接警处置程序。在火灾扑救中，每一分钟甚至每一秒钟都可能决定灭火战斗的成败。因此，值班人员发现起火或接到报警信号并确认后，应立即向当班领导汇报，并同时拨打火警电话报警，为灭火战斗争取时间。

3. 应急疏散的组织程序和措施。应该根据人员集中场所的火灾蔓延特点及人流密度情况，确定疏散路线、疏散方法、疏散顺序、疏散保障与引导方式，以确保安全疏散，减少伤亡。其中对疏散方法和路线的确定尤为重要，考虑的因素包括安全出口的利用率要平均，选择直通室外的通道、出口，尽量避免对面人流和交叉人流，选择烟雾尚未充斥，有新鲜空气的通道出口，选择直接通往疏散楼梯间的通道出口。工作人员的分工要明确。公共场所发生火灾，工作人员必须首先组织在场人员进行疏散。

4. 扑救初起火灾的程序和措施。这部分内容应包括本单位的火灾特点、灭火力量的部署、在岗人员的分工、灭火战斗中应注意的事项等。

5. 通信联络、后勤保障及安全防护救护的程序和措施。火灾发生后，谁负责报警、谁负责向有关领导报告、谁负责通知有关人员到位等都必须有明确的分工。同时还必须储备相应的救生、抢险物资、器材。另外，火场上有无爆炸的危险，有无毒气产生，有无触电的危险，有无剧毒品、腐蚀品、放射性物质对灭火人员构成威胁以及发生上述险情后如何防范和救护，也都需要在预案中写明。

（二）预案编制过程

根据消防安全重点单位的不同情况，灭火预案和应急疏散预案既可以合为一体，也可以分别制定。

1. 深入实地，广泛调查。对本单位要进一步查明下列内容：单位的总体布局，单位的火灾危险性类别，主要建筑的建筑特点，容易发生火灾的部位和地点，生产作业的工艺流程，储存物资与周围建筑的间距及火灾危险性，道路、水源、通信设施及报警手段，以往发生火灾的情况及扑救经过。

2. 确定重点，科学计算。在广泛调查的基础上，对于确定需制定预案的部位，要以假设的火灾情况进行计算，为灭火战斗部署和应急疏散提供准确的数据。

3. 确定作战意图，绘出灭火、应急疏散预案图。根据假设火势情况确定所采取的作战目的、作战手段、主攻方向、力量部署和任务等作战意图，是灭火、应急疏散预案的核心部分，在制定预案时应根据作战意图绘出灭火应急疏散预案图。预案制定后要进行审核，合格后才能投入实战应用。

4. 随着单位内的情况变化，灭火、应急疏散预案应随之及时修订。预案经审定投入应用后，由于部分情况的变化或队伍战术、技术水平的提高，灭火器材装备的更新或调整等原因，要及时进行修订，以适应新情况下的实战需要。

（三）火灾现场处置应急预案的演练

消防安全重点单位应当按照灭火和应急疏散预案，至少每半年进行一次演练，并结合实际不断完善预案。其他单位应当至少每年组织一次演练。消防演练时，应当设置明显标志并事先告知演练范围内的人员。

通过定期演练预案，使单位领导、员工了解、熟悉预案，做到一旦发生意外能够按照预案确定的组织体系和人员分工各就各位，各负其责，各尽其职，有序地组织实施火灾扑救和人员疏散，将人员伤亡和财产损失减少到最低限度。

第三节　火灾现场处置的程序和方法

一、火灾现场处置的基本原则

（一）及时快速原则

及时快速原则是指单位职工群众、义务消防队员、专职消防队员在扑救任何初起火灾时，都应以最快的速度投入灭火战斗，用最短的时间将火扑灭。包括扑救初起火灾所需要的准备工作，也应力求迅速。

1. 以快制快。即以快速灭火行动，制止初起火势的迅速蔓延。要求做到：①奔向火场快。在场人员一旦发现本岗位、本单位起火，应选择最佳的行走路线，用最快的速度奔向着火点。②判断火情快。义务消防队员或专职队员到达着火点后，首先要观察火情，然后确定火势蔓延的主要方向。③灭火行动快。以最快的速度，选择最佳的进攻路线，利用灭火器、室内消火栓系统等向火点进攻，及时控制火势，迅速消灭火灾。

2. 准中求快。灭火器材的使用要熟练，要准确，判断火情要准，选择主攻方向要准，不能盲目灭火，不能盲目将灭火器抛向火焰区。

3. 报警快。《消防法》规定，任何人发现火灾，都应当立即报警。任何单位和个人都应该为报警提供便利，不得阻拦报警。要防止某些单位自认为在初起火灾时期火势小，危害轻，可以自行处理而不报警的错误认识。

（二）救人第一原则

救人第一原则也称先人员，后财产原则。救人第一原则体现了对人的生命的尊重和保护，当火势威胁到人们的生命安全时，要首先把处置力量部署在救人方面，尽快把被困人员抢救出来，救人重于一切。遵循这一原则，必须准确掌握受困人员的数量和具体方位，统一组织、指挥，及时采取有效措施，利用现代设备和装备把处于危难之中的人员抢救出来。在实际的灭火战斗中，救人和灭火并不是非此即彼的矛盾关系，因为救人和灭火都是需要实现的目标，二者是密切相关的。救人第一，就是要根据火势情况和人员受火势威胁的程度，选择恰当的方法去救人。

（三）控制为先原则

控制为先原则也称先控制、后消灭原则，它是根据火灾发展的客观规律与灭火的实践提出来的。先控制是为了更快地消灭，消灭则是控制的继续和发展，只有实现有效的控制，才能达到消灭火灾的目的。先控制，后消灭，二者是辩证的统一。控制之中有消灭，消灭之中有控制，火灾是失去控制的燃烧，先控制，本身就具有消灭的因素。两者相辅相成，缺一不可。它符合火灾的发展规律，火灾发生后，往往由小到大，不断扩展。只有控制住向外扩展的火势，才能为消灭火灾创造条件。它更符合灭火行动的实际，火灾发生后，往往首先到场的人员少，灭火器材少，只有把有限的力量用于控制火势发展方面，才能为以后向火点进攻，彻底消灭火灾创造条件，才不至于火越救越大，徒劳无功。

（四）确保重点原则

确保重点原则也称先重点、后一般原则。火灾现场处置的目的是扑灭火灾，抢救人命，保护物资，最大限度地减少火灾损失。为了达到这一目的，必须把首先到场的灭火力量用于火场扑救的主要方面。确保重点，有两层含义：①集中灭火力量于火场；②集中灭火力量于火场的主要方面。火场主要方面的确定原则有：当火势危及到人们的生命安全时，抢救人命是火场的主要方面；火势威胁到贵重物资时，保护和疏散贵重物资是火场的主要方面；当火势向上下左右不同方向蔓延时，发展最猛烈、蔓延最迅速的方向是火场的主要方面；当火场有爆炸、倒塌、扩大灾害等特殊险情时，消除险情是火场的主要方面。

二、火灾现场处置的一般流程

本流程是以高层住宅建筑物火灾为例来构建的，具有较强的借鉴意义和推广性。

1. 报警。

（1）当消防监控中心监控设备发出火警信号时，值班人员应立即通知现场巡逻人员到现场确认，一旦火灾被确认后，应要求巡逻人员尽量详尽地了解火灾性质及燃烧物质等情况，并立即启动相应区域楼层的灭火系统设备投入工作。

（2）消防监控中心值班人员应迅速拨通119火警电话，报告消防中心，讲明火灾单位地点、电话号码、着火楼层、燃烧物质等情况，并做好火警过程记录。

（3）消防监控中心应及时指派专人到交通路口引导消防援救车辆及消防人员进入到火灾现场扑救火灾。

（4）消防监控中心应立即通知变配电室关闭相应楼层总电源；消防监控中心应立即通知关闭大厦通风系统（有中央空调系统的）。

2. 指挥。

（1）火警发生时，发现人应迅速报告分管领导，事发单位安全主管应立即召集相关人员组成临时灭火指挥部。

（2）临时灭火指挥部成立后，应紧急、快速地制定出灭火作战行动措施，并迅速召集各专业设备负责人组织、安排业务骨干操作物业各类的设备正常运行。此时所有员工应听从指挥，坚守各自工作岗位。

（3）单位安全主管应迅速组织、调动在场的保安人员、义务消防员、广大员工到火灾现场扑救火灾。

（4）当消防警察接管消防监控中心指挥作战时，物业管理人员应积极配合，共同做好统一指挥的协调工作。

（5）物业工作人员应保护好电梯及其他主要设备，以确保其正常运行。

3. 疏散。

（1）监控值班人员与临时灭火指挥部应及时将相应着火楼层消防广播开启，通知非工作人员迅速散离火灾现场，按安全出口通道、消防通道疏散到安全地方或避难层；并及时派出疏散引导人员进入火灾现场组织疏散，及时报告现场情况，确保无人员滞留现场。

（2）临时灭火指挥部应指挥保安员、义务消防员、管理处员工将着火地点的主要财物搬运、疏散到安全地方，并做好安全防盗工作。

4. 灭火。初期火灾一般灭火方法是：根据现场情况按照先重点，后一般；先灭大，后灭小；先隔断，后集中的方式进行扑救。

（1）火源初起时，应迅速地用灭火剂按操作方法将初火扑灭。

（2）火势凶猛时，扑救人员应带好防毒面具、穿好消防服，听从指挥，按火灾扑救预案进行扑救。

（3）如着火点的上方的消防喷淋头没有开启，应立即击碎红玻璃堵塞头，使其喷水灭火；击碎着火楼层任一手动报警玻璃，启动本楼层排烟阀系统；需用消火栓灭火时，将消火栓箱打开或击碎玻璃，拉出消防水带，接上带卡，拿稳水枪喷头后，方可打开阀门，射水灭火，同时用小木锤击碎红色玻璃罩，远程启动消防加压泵加压，以确保水柱压力。

5. 清理。火灾扑灭后，物业管理处应组织人员保护好现场，协助消防监督机构查明火灾原因，核实或清查火灾损失情况。

6. 注意事项。

（1）现场处置人员接到火灾报警时，应严守各自岗位待命。

（2）值班人员应做好安全防范工作，以防坏人浑水摸鱼、趁火打劫；消防监控中心值班人员将电梯迫降至基站后停用，消防电梯进入消防待命状态。

（3）所有员工应听从指挥，无条件服从领导及主管调配，按照分工，各司其职，勇往直前，扑救抢险。

（4）现场若有人员被困，应本着"先人员，后财产"的原则抢救；在室内无人且无钥匙开门的情况下，则由管理处领导决定是否破门进入房间扑救，事后由管理处负责向业主做解释工作。

三、火场控制与自救的方法

（一）控制火势的基本要求

1. 抓住时机，速战速决。灭火的有利时机是客观存在的。无论什么样的火场，都存在着控制火势，消灭火灾的有利时机。通常情况下，其有利时机是火灾初起阶段、爆炸、倒塌之前。抓住这些时机，就有利于控制火势，就能为消灭火灾创造条件。

2. 有效控制，等援灭火。一旦发生火灾，首先到场的人员少，灭火器材少，处于火强我弱时，应在火场主要方面重点设防，重点守护，堵截控制火势，不使其继续扩大蔓延，等待增援力量到达后再向火点进攻。

3. 开辟救人通道，积极组织引导人员疏散。当火场上有人受烟火围困时，要迅速抢救人命，用室内消火栓出水，扑灭救人通路上的火势。同时，打开所有安全出口，开辟救人通道，引导、掩护被困人员安全疏散。

（二）控制火场的基本方法

1. 报警。发生火灾后，在场人员在立即进行扑救的同时，要及时报警，以便公安消防队、本单位专职和义务消防队、人民群众前来参加扑救，并使其他人员及时做好安全疏散准备。报警包括：向公安消防队报警；向周围人员报警，召集他们前来参加扑救，或向他们发出警报，令其做好逃生准备；向本单位专职和义务消防队报警。报警的方法有：使用电话报警、使用有线广播报警、使用手机报警、大声呼喊等。

2. 断绝可燃物。没有可燃物，燃烧就会中止。断绝可燃物的方法有：将燃烧点附近可能造成火势蔓延的可燃物移走；关闭有关阀门，切断流向燃烧点的可燃气体和液体；采用泥土、黄沙筑堤构坎，阻止流淌的可燃液体流向燃烧点；掀地毯，阻止火势沿走道蔓延。

3. 冷却灭火。冷却的主要方法是喷水或喷射其他灭火剂。本单位若有消防给水系统，消防车或泵，应使用这些消防设施灭火。本单位若配有相应的灭火器，则使用这些灭火器灭火。如缺乏消防器材设施，则使用简易工具如水桶、脸盆、湿棉被等灭火。但必须注意，对忌水物质则切不可用水扑救。

4. 窒息灭火。窒息灭火的主要方法有：使用泡沫灭火器喷射泡沫覆盖燃烧物表面；用容器、设备的顶盖盖严燃烧区，如盖上油罐、油桶的顶盖；油锅着火时，立即盖上锅盖；将毛毯、棉被等浸湿后覆盖在燃烧物表面；用沙土覆盖燃烧物。对忌水物则必须采用干燥砂、土扑救。

5. 阻止火势蔓延。对密闭条件较好的小面积室内火灾，在做好灭火准备前，先关闭门窗，以阻止新鲜空气进入；与着火建筑相毗连的房间，先关上相邻房门，可能条件下，还应再向门上浇水；窗帘、幕布着火时，应及时把它们扯下，抛向卫生间或其他安全地带。

6. 防爆。防爆的方法一般有：将受到火势威胁的易燃易爆物质、压力容器、槽车等疏散到安全区；对受到火势威胁的压力容器、设备应立即停止向内部进料，并将容器内物料设法导走；停止对压力容器加温，打开冷却系统阀门，对压力容器进行冷却；有手动放空泄压装置的，应立即打开有关阀门放空泄压；对受到火势威胁的压力容器无法转移的，应对其进行冷却保护。

（三）不同火场的控制方法

对于不同火灾来说，控制的方法也不同，要根据火灾对象而定。

1. 建筑物火灾。若建筑物一端起火，火势向另一端蔓延，应视火势速度，留出提前量，在建筑物中间部位部署力量，切断蔓延火势。若建筑物中间起火，火势向两端蔓延，有风则火势向下风方向一端蔓延。此时，应以下风方向为主，两端控制。若一般楼房起火，火势向上蔓延时，主要在上层堵截，下层防范；火势沿水平方向蔓延，先控制水平方向的蔓延，然后上堵下防，以上层堵截控制为主。若高层建筑起火，火势蔓延的主要方向一般是上层，其次是水平方向，再次是下层。此时应用主要力量阻截火势从楼梯间、电梯井、管道井、外墙门窗和其他途径向上蔓延。其余力量阻止火势沿走廊、房间和层间楼板向水平方向和下层蔓延。

2. 油罐火灾。油罐爆炸后，燃烧产生的势辐射向四周蔓延；有风则主要向下风方向蔓延；罐壁破裂或产生沸溢，油品主要向地势低洼处蔓延。可根据油罐及其周围情况，对下列部位进行控制：①冷却燃烧油罐壁。专职消防队员或义务消防员一旦发现油罐着火，应用水枪将大量水流均匀地喷射到燃烧罐壁上部，让水流顺壁向下流淌，冷却罐壁，防止罐壁因火焰焚烧而破裂，延缓和防止发生沸溢或喷溅。②冷却相近油罐壁。在对着火罐冷却的同时，要利用水枪冷却相邻油罐的受热面，防止相邻油罐因受热而爆炸或破裂。③阻挡地面油火。当燃烧油罐有沸溢或破裂危险时，要用麻包装土或组织人员挖土，紧急构筑防护堤，阻挡油火流淌蔓延。④保护周围可燃物。当发现油罐有爆炸、破裂、沸溢或喷溅的危险时，应在火势有可能威胁到建筑物和可燃物质的方位上，组织灭火力量，防止火势燃及建筑物和可燃物质。

3. 液化气储罐火灾。液化气储罐一旦破裂燃烧，因其内部有压力，火焰在破裂口处呈火炬状燃烧。燃烧产生的高温约 2000℃，易导致储罐爆炸或管道破裂。单位人员一旦发现储罐着火，千万不要利用灭火器去扑灭火焰，因为容易引起更危险的二次爆炸或复燃。正确的方法是采用水枪进行冷却，维持储罐内液化气烧光。但如果破裂口较小，火焰小，在四周火源得到控制后，可先把破裂口处的火焰扑灭，然后用橡胶块、木头等削成塞子，强行将破裂口堵上。

4. 设备、管道破漏火灾。首先要切断流淌、跑冒的液（气）体物料。如关闭出料阀门，堵塞破漏处，关停输液泵等。当关阀断气无效时，可采用水流冷却保护设备、管道，不使其爆炸，维持稳定烧完。同时，在设备、管道周围，用沙土、麻包筑堤构坎，把流淌出来的可燃液体围堵起来，防止溢流蔓延，扩大火势。

5. 露天堆垛火灾。露天堆垛一旦着火，在风力的作用下，燃烧猛，蔓延快，易造成大面积火灾或多处着火。因此，当上风方向堆垛着火时，应在下风、侧风方向部署灭火力量，阻截火势，保护下风方向堆垛；当下风方向堆垛着火时，应在下风、侧风方向部署灭火力量，包围燃烧堆垛；当风向改变时，应防止火势向回烧。

四、火场疏散的方法

火场疏散是指火灾发生后，现场处置人员对火场中的人员和物资采取紧急转移和救援，以减少人员伤亡和财产损失的处置活动。从疏散对象上划分，火场疏散可分为现场人员疏散和现场物资疏散。从参与疏散的人员上划分，火场疏散可分为消防队员的专业营救和疏散以及事发地人员自行组织的紧急救援和疏散。1998 年《消防法》第 32 条第 2 款规定，公共场所发生火灾时，该公共场所的现场工作人员有组织、引导在场群众疏散的义务。因为现场的工作人员熟悉现场环境、特点，以及安全出口、疏散通道的位置等，发生火灾时，现场工作人员积极组织、引导群众转移、疏散，就能最大限度地避免或减轻群死群伤的恶性后果。本节重点论述火灾发生地人员自行组织的疏散。

（一）现场人员疏散

1. 火场人员疏散的准备。

（1）制定疏散方案。公共场所或其他人员密集的地方，在日常消防管理中，必须重视火场人员疏散方案的拟订。方案的内容包括：①人员的疏散组织与指挥。要由事发单位领导、安全保卫人员、消防部门人员共同研究，制定组织疏散方案并确定分工。疏散指挥通常要由人员集中场所的领导或者安全保卫部门负责人担任，消防队到场时参与指挥。疏散组织应该设立事故广播组、事故照明组、内部疏散引导组、外部疏散引导组和警戒救护组。②正确选择疏散路线。选择的内容包括：选择直通室外的通道、出口，尽量避免对面人流和交叉人流，选择烟雾尚未充斥、有新鲜空气的通道出口，选择直接通往疏散楼梯间的通道出口。③制订切实可行的疏散流程。应该根据人员集中场所的火灾蔓延特点及人流密度情况，确定疏散方法、疏散顺序、疏散保障与引导方式，以确保安全疏散，并应该组织定期的演练，提高疏散效率。

（2）保证安全疏散设施的正常工作。火场中组织疏散必须以平时对消防设施的维护和管理为前提。只有保证安全出口、疏散楼梯畅通，应急照明系统、疏散指示标志、应急广播、防排烟系统等安全疏散设施的正常工作，才能在发生火灾时成功组织安全疏散。

2. 火场人员疏散的方法。当紧急状态下，场所的工作人员应该立即报警，同时组织内部人员参照疏散方案，迅速地组织疏散，同时要做好以下几点：①根据场所的火灾情况，优先选择最佳的疏散路线；②内部安全保卫人员、服务人员迅速到位，组织人员疏散，不断用广播、喊话稳定被困人员的情绪，组织好引导疏散工作，维持好疏散秩序，防止拥挤踏伤；③优先组织起火层以上人员疏散，在疏散过程中注意排烟、消烟，使疏散路线畅通；④针对不同人员集中场所的火灾特点、人员特点采取相应的疏散措施，注意对老弱病残的照顾；⑤公共场所火灾疏散过程中，要注意利用口罩、毛巾、手帕、餐巾、沙发布等捂住鼻孔以防止烟呛、中毒，进行自救互救，有组织向下层、出口处疏散；⑥烟气充斥时应该采用较低的行走姿势，必要时应该告知爬行撤离现场；⑦在疏散过程中应该注意排烟，打开上部窗口或利用排烟设施排烟，保障疏散路线畅通。

3. 火场人员疏散的注意事项。

（1）正确通报，防止混乱。组织疏散必须统一指挥、科学管理。如果场所中的人员比较多，疏散条件相对有限，在火势发展比较缓慢的情况下，失火单位的领导和工作人员，应首先通知出口附近或最不利区域内的人员进行疏散，然后视情况公开通报，让全体人员疏散。在火势比较猛烈、疏散条件较好时，可公开通报，但在通报时，应使用镇定的语气，说明起火部位、火势蔓延情况以及正确的逃生路线和方法，防止引起人员的极度恐慌而导致混乱。

（2）合理选择疏散顺序。疏散时，要遵循一定的顺序，一般应优先安排受火势威胁最为严重的区域内或出口附近的人员进行疏散，因为该区域可以利用的疏散时间最短。在疏散中，首先要帮助逃生能力较差的老、弱、病、残者撤离火场，其次是一般的观众、顾客等，最后是现场工作人员。

（3）注意疏散时间。公共娱乐场所发生火灾时，要求受困人员在 3 分钟至 6 分钟内疏散出去，否则会有生命危险。因此疏散组织者应设法保障人员在规定时间内撤出或者先期撤离烟火充斥区。

（4）加强脱险后的管理。首先要清点救出人员人数，看是否全部救出。其次要防止脱险人员重返火场。受困人员在脱离危险后，随着对自己生命威胁程度的减少，转而开始担心财产和未逃离危险区域的亲人的生命安全，极有可能重新返回火场去抢救自己的亲人或财产。因此，一定要加强对已疏散人员的管理，可派专人负责，制止他们的危险行为，必要时在火场关键部位配备警戒人员。

（5）疏散人员要搞好个人防护。疏散人员在进入火区营救时，除自身应配戴各种安全防护装备外，在条件允许时，还应考虑携带部分用于被困人员的安全防护装备，对中毒危险者进行必要的保护，以保证最大限度地营救生命。

（二）火场物资疏散

对火场中受到火势威胁的物资采取有效的疏散和保护措施，不但可以最大限度地降低火灾损失，而且还能达到防止火势蔓延扩大、迅速扑灭火灾的目的。

1．火场物资疏散的方法。疏散物资首先要有专人负责组织指挥，参加物资疏散的人员较多时，可进行适当分组，以保证物资疏散的秩序和效率。对需要疏散的物资，应按其受火势威胁的程度排序，先疏散受火势威胁大的物资。当需要疏散的物资较多时，可利用机械起吊运输设备，加快疏散速度。从火场中疏散出来的物资一定要进行严格检查，防止夹带火种引燃起火。应将疏散出的物资放置在上风方向或地势较高的安全地点，避开火势蔓延的方向。但不得堵塞通道，妨碍灭火行动的进行，并派专人看护，防止丢失。对无法疏散的物资，可根据火场具体情况，用水或泡沫加以保护；不能直接射水的，可用篷布、塑料布等材料遮盖保护。

2．火场物资疏散的注意事项。

（1）疏散的优先性。火场上的物资很多，应根据先重点、后一般的原则，确定需要疏散的物资。首先要疏散那些可能使火势扩大，有爆炸危险的物资。例如，燃烧区内的油桶、充装有气体的钢瓶以及其他易燃、易爆、有毒的物资。疏散这类物资时仍须轻拿轻放，对敞口盛放的易燃液体尤应特别小心。否则，液体溢出，又可能成为火势蔓延的途径。其次要优先疏散那些性质重要、价值昂贵的物资。例如，档案资料、高级仪器、珍贵文物以及经济价值大的原料、产品、设备等。最后要及时疏散影响灭火行动的物资。例如，当屋内尚有忌水物品时，必须先把它们疏散出来，才能出水灭火；在消防人员进出的通道上堆有的物资，也要及时清除疏散，才能便于人员顺利地进出。

（2）疏散的必要性。需要疏散的一般是已经受到火灾直接威胁，而又难以保护的物资；如离燃烧区较远，暂时还没有大的危险性，则可以做疏散准备，不一定立即着手疏散。因为在匆忙中疏散，物资难免会遭到一些损失，如碰坏、跌碎或受污损等。

（3）疏散的配合性。火场物资疏散是在保障生命安全的前提下开展的，当二者发生矛盾时应以人员疏散为第一位，同时物资疏散要为人员疏散创造条件。

五、火场逃生的方法

（一）火灾逃生的基本原则

1. 加强个人防护，减少烟气侵害原则。人员一旦被烟火围困，无论是逃生，还是灭火，最基本的要求就是要搞好自身保护。否则，由于火势猛，烟雾浓，温度高，人们将难以自我保护。因此，一旦察觉着火，首先，应采取个人防护措施。例如，将毛巾、手帕、餐巾、沙发布、床单、衣服等用水浸湿，包裹好身体，就地滚出火场，或滚向室内消防栓处，射水来灭火。其次，逃生过程中要爬行。当被烟火围困时，要沿承重墙朝出口爬行，即使站起来感觉烟火不大，身体承受得了，也应极力避免，千万不要站立行走。因为 1.5m 以上的空气里，早已含有大量一氧化碳。最后，逃离着火房间，千万要把门关牢，把火限制在起火房间内。

2. 正确选择逃生捷径，减少被烟火围困时间。大火降临，人们容易在人群的簇拥下向着经常使用的楼梯奔去，即使那里已挤成一团，堵塞了出口，还是争相夺路不愿离去。一方面是因为灾祸降临，人们挤在一团，以解除心理上的孤独和恐惧；一方面也是由于对所处环境不了解，对别处有无出口无把握。因此，选择逃生路线至关重要。①选择最短的直通室外的通道、出口、消防电梯等；②尽量避免对面人流和交叉人流；③选择烟气尚未充斥，有新鲜空气的防烟楼梯间、封闭楼梯间、通道、走道和出口；④选择通向疏散楼梯间的通道出口；⑤处在着火层的，应向下层逃生；⑥处在着火层以上各层的，应向室外阳台、楼顶逃生；⑦千万不要乘坐电梯。电梯井直通大楼各层，烟、热、火很容易涌入，在热的作用下会造成电梯失控或变形；烟的毒性、火的熏烤可危及人的生命，所以发生火灾时千万不要乘坐电梯。消防电梯仅供消防队使用，但也不是万无一失的，在美国曾发生过消防员乘坐电梯去 22 层火场，因电梯失控，结果所有在场的消防队员全部丧生的事故。

（二）正确采用逃生方法

1. 若人员被困在多层或高层建筑，逃生之路已被烟火封锁，此时应选择下列方法逃生。

（1）结绳外悬法。当房间内充满烟气，逃离浓烟区已无可能时，首先应迅速采取个人防护措施，然后将窗帘、床单、沙发布、衣服等撕成布条，一头固定在室内火焰不能侵袭处，悬挂在窗外等候救助。

（2）结绳下滑法。当所处楼层较低，结绳足够长时，可将布条一头固定在窗口安全处，另一头抛向地面，顺绳滑到地面或着火层下面的安全层窗台，逃离浓烟区。

（3）骑坐窗外空调机法。当室内充烟，没有条件结绳时，首先用自身衣服包裹好口鼻，然后沿窗口攀向窗外空调机，骑坐在上面，等待救援。

（4）扒住窗台翻出窗外法。洛阳"12·25"火灾中，有一位姓王的女士，她火灾逃生的经历显得凄婉感人。当晚她和丈夫一块在商厦歌厅参加圣诞舞会，烟雾袭来时，她的丈夫用力将她推上一个窗口，使她骑坐在窗台，头伸向窗外，避开烟熏火烧，得以逃生，而她的丈夫却永远地留在了另一个世界。

（5）创造避难间法。当发现室外烟火很大，安全疏散路线、出口不熟悉时，千万不要盲目奔逃。应及时返回房间，积极创造避难间，以求逃生。首先应关紧迎火的门窗，打开背火的门窗，但不能打碎玻璃，若窗外有烟进来，还要关上窗子。其次应把房间门、墙、地泼湿，以利降温。打开浴室中的排风扇。把床单、毛巾弄湿塞住门缝。设法把门顶住，因为门外的热气流膨胀，压力大，容易将门推开。如果火在窗外燃烧，就要扯下窗帘，移开一切易燃品，再往窗户上泼水，等待救援。此外若房间内也浓烟滚滚，要用毛巾捂住口和鼻，利用阳台、窗台避难。一般混凝土阳台抗烧时间长，阳台外露，空气流通，室内窜入的烟雾容易被风吹散，便于呼吸。因此，可蹲在阳台一角，避开楼内冲出的烟、火与热气流。

（6）卫生间避难法。当逃离烟火区已无可能，又无其他条件可利用时，应冲向卫生间，闭门堵缝，向门泼水，打开排气扇，打开背火的窗子。若门缝找不到封堵物品时，可将自身的衣服撕成条封堵，也可用纸张等封堵。

（7）抛物跳楼法。当所处楼层较低（4层以下），逃生之路被烟火封锁，所处环境又非常恶劣，逃生无望不得已跳楼时，可先往地上抛一些棉被、弹簧床垫、沙发等松软物品，以增加缓冲。但应注意不要站在窗台上往下跳，可用手拉住窗台往下滑，这样，既可保证双脚先着地，准确地跳在所抛之物上，又能缩小高度，减少摔伤程度。

（8）逃向避难层（间）法。避难层是指发生火灾时，人员逃避火灾威胁的安全场所。我国《高层民用建筑设计防火规范》第 6.1.13 条规定，建筑高度超过100 米的公共建筑应设置避难层（间）。避难层（间）设置间隔一般为10～15层。避难层（间）有着较高的安全条件。避难层（间）设有消防电梯出口，通向避难层（间）的楼梯为防烟楼梯；有保证 1 小时的应急照明和应急广播；有消防专线电话；有独立的防排烟设施。因此，如果第 15 层左右的楼层发生火灾，应迅速逃向避难层（间）。进入避难层（间）的入口，有引导标志，即使在火灾条件下也容易找到它，从而使人们能够逃避火灾的威胁。

（9）沿落水管下滑法。值得一提的是，沿落水管下滑，并不一定非要滑到地面，能滑到无烟火的楼层也可以，然后破窗进入。

2. 若人员被困在单层建筑内，火势猛，烟雾大，此时应采用下列方法逃生。

（1）扎好口鼻，迅速逃向出口，当一个出口由于人员拥挤堵塞时，千万不要参与拥挤，而应选择自己熟悉的环境，逃向其他出口。

（2）若窗口为防盗窗，门口又被人员堵塞，无法外逃时，应用自身衣服撕成布条，扎好口鼻，迅速跑向室内消火栓处，打开水带，接上消火栓出水口，接上水枪，旋转消火栓阀门。然后靠近窗子，低姿射水，将水射向火势蔓延方向；射向烟雾向自己扩散的方向。同时，要不断地将水射向自身。这样，既能阻止烟火蔓延，减少热辐射的作用，又能保全自身安全。

（三）火场中的自救方法

1. 毛巾除烟。在奔向出口或避难区的过程中，多数情况下要穿过浓烟，甚至火焰区，必然要受到烟呛的危害。因此，用湿毛巾捂住口鼻，对于顺利逃生具有十分重要的意义。

（1）毛巾的除烟效果。①干毛巾折叠层数越多，除烟效果越好。实验结果表明，将干毛巾折叠16层，就能使通过毛巾的烟雾浓度减到10％以下。但考虑火灾时，情况紧急，一条毛巾以折叠8层为适宜，烟雾消除率可达60％。实验者用折叠8层的毛巾捂扎口鼻，在充满强烈刺激性烟的15米长走廊中，缓慢行走，无刺激性感觉。②毛巾含水量对除烟效果的影响。毛巾含水量为本身重量的1.5倍～2.5倍时，除烟效果反比干毛巾差。因湿毛巾拧干后，毛巾的编织线变细，空隙增大，烟气容易通过。相反，含水量为毛巾重量的3.5倍以上的湿毛巾，除烟率激增。因为编织线间形成水膜，可以粘附烟颗粒。但毛巾不必过湿，以拧干使用为好。因为过湿的毛巾除烟效果和消除烟中有毒气体的效果虽好，但是由于通气阻力增大，会很快使人们呼吸困难。

（2）毛巾除烟的使用方法。①折叠层数因毛巾的质地而异。一般市售毛巾（76cm×32cm，63g重）折叠8层为宜。②由于黑烟大多是木质物品及油类的燃烧产物，比白烟颗粒大。因此，使用湿毛巾的除烟效果会更明显。但毛巾不必过湿。过湿毛巾除烟效果和消除有毒气体效果虽然比干毛巾要好，但由于通气阻力增大，会很快使人感到呼吸困难。③使用时要同时捂住口和鼻，使过滤烟的面积尽量增大。在被浓烟围困时，逃生者一刻也不能将毛巾从口鼻上拿开。否则，即使只吸一口高温烟气，也会使人感到不适，心慌意乱，丧失信心，甚至死亡。

2. 身上着火的处理。发生火灾时，如果身上着了火，千万不能奔跑。因为奔跑时，会形成一股小风，导致大量新鲜空气冲到着火人的身上，就像是给炉子扇风一样，火会越烧越旺。着火的人乱跑，还会把火种带到其他场所，引起新的燃烧点。

身上着火，一般是先烧着衣服、帽子。这时，最重要的是先设法把衣、帽脱掉；如果一时来不及，可把衣服撕碎扔掉。脱去了衣帽，身上的火也就灭了。衣服在身上烧，不仅会使人烧伤，而且还会给以后的抢救治疗增加困难。如果来不及脱衣，也可卧倒在地上打滚，把身上的火苗压熄。如果有其他人在场，可用湿麻袋、毯子等把着火人包裹起来，就能使火扑灭；或者向着火人身上浇水，或者帮助将烧着的衣服撕下。但是，切不可用灭火器直接向着火人身上喷射。因为，多数灭火器内所装的药剂会引起烧伤者的创口感染。如果身上火势较大，来不及脱衣服，旁边又没有其他人协助灭火，则可以跳入附近池塘、小河等水中，把身上的火熄灭。虽然这样做可能对后来的烧伤治疗不利，但是，至少可以减轻烧伤程度和面积。

3. 如何开启门窗。若初起火灾火势不大，房间内门窗紧闭，空气不流通，室内供氧不足，则火势发展缓慢。一旦门被打开，新鲜空气大量涌入，火势会迅速发展；同时，由于空气的对流作用，火焰就会向外窜出。所以，在发生火灾时，不能不顾具体情况就随便开启门窗。①如果屋内只有烟雾，而未见火苗，一般是刚开始起火，这时可稍稍开门，进去查看，及早扑灭火源。②如果屋内已出现火光，说明火势已经发展到一定阶段，就不能随便开门。首先要准备好灭火器材，如灭火器、水桶、沙袋等，待门稍一开启后，立即进去灭火。③如果火势已很凶猛，徒手人员切不可开门进入。即使携带灭火器、水桶等简易器材，一般也不宜开启门窗。因为依靠这些"轻武器"去对付大火已不起多大作用。最好备有能够立即射水的水枪，才可开启门窗；如有火焰冲出，也可予以迎头痛击。开启门窗时，人不可站在它的正面，以防止火焰突然窜出伤人。一般情况下，宜站立在门窗开启方向的侧面。发生火灾，邻近燃烧区的房屋门窗也应及时关闭，防止烟雾和火焰窜入，以减少空气对流。一般木结构门窗，也能耐火 15 分钟左右。在短时间内，火焰不会立即烧穿。有时候，为了抢救人员、疏散物资，需要打开门窗，但除非灭火需要外，门窗开启后，仍应及时关上。

六、火场保护的方法

火场保护是指对火灾现场的重要物证和痕迹予以转移、监护，以利于事后调查获取证据的处置活动。火灾现场是火灾证据的事实源泉。根据火灾形成的原因，火灾现场分为纵火现场，爆炸火灾现场，失火现场和自然火灾现场。这些原因的查明的一个重要方法是对火场痕迹、散落物和遗留物的收集和分析。

（一）火灾现场的特点

（1）现场遭到破坏。火灾现场因受到烈火燃烧、抢救财物等作用，现场本身的建筑物、财物以及犯罪分子在实施放火行为时留下的痕迹物品，常常会遭到不同程度的破坏。

（2）现场上有着火源。火灾一般由明火源将可燃物质引燃起火，起火点炭化区小，可燃物质烧得比较均匀，有比较明显的火、烟蔓延痕迹。多数情况下，现场上只有一个起火点，但也可能有多个起火点。

（3）现场上留有起火的痕迹物品。现场虽然遭到燃烧的破坏，但会留下起火源的痕迹，如火种、引火物及其残骸或灰烬，以及各种助燃物的痕迹物品，如汽油、煤油、汽油瓶的碎片及氧化剂等。

（4）现场上可以见到烟雾、发光或烟熏痕迹，可闻到物质燃烧的特殊气味。

（5）现场上常常有反常现象。

（二）火场保护的方法

在发生火灾后，处置人员要及时、严密地保护现场，使火灾现场保持停止燃烧时的原样，为研究火灾发展蔓延的过程，确定起火点，搜集火灾物证，找出火灾原因创造有利条件。对火灾现场的保护，应从以下几个方面着手进行：

1. 扑救过程中的火灾现场保护。处置人员在发现火灾初起进行扑救时，应牢记初起的方位、火焰的颜色、风向、现场气味，留意观察有无可疑人员出入现场，有无物品遗失或变动等情况，整个扑救过程中尽量不采取破坏性的灭火方法，必须变动或破拆现场物品才能灭火时，应记住变动前后的准确特征。

2. 划定保护范围，实施现场警戒。火灾发生后，保护人员应迅速将火灾波及的一切场所及与灭火原因有关的一切地点都圈定为灭火现场并加以保护。对爆炸或连烧带炸的现场，保护范围宜大不宜小，不管飞出物体的距离有多远，都应列入保护范围。为不影响人们的正常工作生活，可随现场勘查工作的进行，根据现场勘查人员的指示逐渐排除，缩小保护范围。保护人员在确定灭火现场保护范围之后，要将灭火现场周边用绳子或白圈圈占。

3. 火灾现场的一般保护方法。对室内火场要在门、窗口处设守卫，或用木板封住入口，或用绳子围栏，以防无关人员进入；对露天火场要注意对易被风雨等自然因素破坏的痕迹物证及尸体着重加以保护，可采用盒、席等物进行遮盖；对大型火场应写出醒目的"火"字标出禁区，利用原有围墙、栅栏协助隔离，并巡逻于禁区边界进行警戒；要严密控制趁火打劫或纵火犯二次放火，对打听消息、反复探视询问灭火情况的可疑人员，要纳入视线，提高警惕，必要时向公安保卫部门汇报；要防止火灾现场其他火灾发生。如密切监视现场烧剩物品，防止死灰复燃，提醒现场周围人员、单位尽量减少震动，以免火后被烧坏的建筑物倒塌，危及自身及他人的安全并破坏火灾现场；被火烧断的电线要做绝缘处理，或切断该线路电源，避免伤人。

4. 起火点的搜索、保护。火灾现场中起火点就是物质最早燃烧的地点，也是最早发现着火的地方。起火点往往是犯罪分子选择放火或失火者失火的地点，因此，在起火点常常留有大量有价值的痕迹、物品。所以起火点的确定有助于查明起火原因，确定火灾性质。确定起火点主要有以下方法：

（1）根据最先发现火焰的位置和烟垢的形状来判断。火在可燃物质点燃后，有火光，根据出现火光的地点，确定起火点。起火点的烟垢常为倒锥形，因被燃物体垂直面上，燃烧是由低开始向上，故有一"V"形燃烧痕迹，出现"V"形的最低点是起火点。

（2）根据现场上物体燃烧后的特征来判断。一般而言，起火点可燃物的炭化程度较高；物质从开始燃烧到熄灭是有蔓延过程的，因此要注意根据烟熏痕迹的走向来判断起火点；根据被烧物体倒向来判断起火点。

（3）从物品的燃烧程度和熔化情况来判断。

（4）根据现场风向、风力来判断。

（5）根据现场被烧建筑物的情况，如室内炉灶、电器电源及其他家具的使用情况来判断。

另外对火灾现场的引火物也要仔细寻找、保护。常见的引火物有汽油、煤油、稻草、纸张、刨花、棉花、火柴、打火机等。

5. 火灾现场保护的善后处置。如是纵火案，发现犯罪嫌疑人尚未逃离现场，应将其抓获，扭送到公安机关或单位保卫组织；撤消现场保护、清扫火灾现场，必须征得公安消防监督机关的同意。

（三）火灾现场的访问

火灾现场的访问，应围绕事主、单位领导、最先到达现场的人员、救火人员、消防人员及现场周围群众进行，在访问时主要应查明以下情况：

1. 发现案件的情况。什么人什么时间发现起火的，起火的具体部位及当时现场的燃烧情况，如火焰、烟雾的颜色、气味、有无响声等。

2. 现场的变动情况。哪些人参加救火，谁第一个到达现场或进入现场救火，对现场作了哪些变动，在抢救中听到、看到哪些异常情况等。

3. 事主的情况。事主的平时为人、作风品质，与哪些人有重大私仇恩怨或其他利害冲突。如是单位集体财产被烧，主要了解哪些人对单位的有关制度不满，如分配制度等；哪些人与领导有积怨等情况。

4. 现场的火源情况。现场内有无引起火灾的因素，例如，电器漏电、电线短路，有无其他火源等情况。

5. 财物损失的情况。被烧毁哪些财物，有无贵重物品、文件账册被烧，有无民间来往的收据被烧等。

6. 嫌疑情况。起火前有无可疑人员在现场及附近活动；以前是否曾经发生过类似的案件或事故；火灾前是否听到过一些与火灾有关的谣言；起火后，谁最先发现、谁最先到达现场，在赶往现场的路上碰到过哪些人，哪些人参加救火，有无反常情况；群众对此案的看法和议论；怀疑谁可能放火，有何依据。

七、火灾烧伤的现场急救

烧伤的现场及时处理，对于病人的生命、愈后有着重要关系。现场急救的根本原则是去除热源、灭火，群众要学会自救、互救。自救互救的要点是迅速而恰当地使伤员脱离热源和消除致伤原因。烧伤救治最早一个环节就是现场急救，其基本原则是：迅速脱离致伤源，立即冷疗，就近急救和分类转送专科医院。从医院收治烧伤患者来看，早期处理得当的并不多，甚至还有错误处理，导致延误治疗时机，增加治疗难度。

（一）迅速脱离致伤源

1. 火焰烧伤。通过迅速脱去着火的衣服或用水浇灌或卧倒打滚等方法，熄灭火焰。不可用手扑打，因为这样不但不能灭火，反而会扩大烧伤范围，造成手部重度烧伤。切忌奔跑喊叫，以防增加头面部、呼吸道损伤。

2. 热液烫伤。脱去热液浸湿的衣服（尽可能避免将疱皮剥脱，可先用冷水冲洗带走热量后剪开热液浸湿衣服）。如热塑料液粘附体表，用冷水或冷的湿毛巾使局部快速降温。

3. 化学烧伤。脱去致伤物浸湿的衣服，迅速用大量清水长时间冲洗，尽可能去除创面上的化学物质。如果生石灰落于身上应用干布擦净生石灰，再用水冲洗；磷烧伤要用大量水冲洗浸泡，或用多层湿布包扎创面（禁用油质敷料包扎），防止磷自燃。

4. 电烧伤。立即切断电源后，再接触患者。如患者出现心跳呼吸停止，立即进行体外心脏按压和人工呼吸，待呼吸心跳恢复后及时送附近医院进一步治疗。如是电弧烧伤，切断电源后，按火焰烧伤处理。

（二）冷疗处理

冷疗指用冷水冲洗、浸泡或湿敷，是烧伤早期最为有效而经济的手段，其优点：①可迅速降温，减轻烧伤深度；②减轻疼痛；③经济方便；④可清洁创面。

(三) 保护创面

现场烧伤创面无需特殊处理。尽可能保留水疱皮完整性，不要撕去水疱表皮，同时外裹一层敷料或清洁的被单、衣服等进行简单的包扎。创面可涂抹京万红、湿润烧伤膏等药物，忌涂有颜色药物及其他物质如龙胆紫、酱油等，也不要涂膏剂如牙膏等，以免影响对创面深度的判断和处理。

(四) 镇静止痛

尽量减少镇静止痛药物的应用，如遇到疼痛敏感患者可给予杜冷丁、异丙嗪等药物肌注；持续躁动不安要考虑是否有休克，切不可盲目镇静。

(五) 液体治疗

烧伤面积当达到一定程度时，患者可能发生休克。轻者可口服含盐饮料防治；重者需静脉补液。一般一次口服不宜超过 50 毫升，以防呕吐。一般以多次少量为宜，如发生呕吐、腹胀等，应停止口服。要禁止伤员单纯喝白开水或糖水，以免引起脑水肿等并发症。静脉输液以等渗盐水、平衡液等晶体为主，依据条件可补低右、血浆等胶体。通常晶体与胶体以 1：1 或 2：1 为宜。同时可适量补充一些 5%～10% 葡萄糖液，忌单独大量输注葡萄糖液，尤其是病情严重需长距离转送的患者。

(六) 转送治疗

原则上就近急救，但危重患者，当地无条件救治，需及时转送至条件好的医院。转送需要注意的方面有：①保证输液，降低休克发生的可能性。②保持呼吸道通畅。伴有吸入性损伤者，轻度需抬高头部；中度需气管插管；重度需气管切开。③留置导尿管，观察尿量。成人最好保证 80 毫升/小时～100 毫升/小时；小孩 1 毫升/小时。④注意创面简单包扎。⑤注意复合伤的初步处理。⑥注意患者保暖。⑦运输途中要尽量减少颠簸，降低休克发生的可能性。

烧伤是一种难以预料的突发疾病，需要每一位公民平时就要多了解该方面知识，增强自救意识和及时处理能力，尽可能减少和避免不必要的损伤。

【案例】16—1 深圳 9·20 火灾事故的惨重伤亡

2008 年 9 月 20 日 22 时 49 分，广东省深圳市龙岗区龙岗街道舞王俱乐部，因使用自制礼花弹手枪发射礼花弹而引燃天花板，引发一起特别重大火灾事故，造成 44 人死亡，88 人受伤。

为什么一场不到 30 分钟的火灾，居然造成如此大的伤亡后果呢？据专家分析，舞王俱乐部火灾之所以会在短时间内造成大量人员伤亡，其原因主要有五个方面：①场内人员高度聚集。发生火灾当晚是星期六，正是人们进入娱乐场所消费的高峰时段。舞王俱乐部着火大厅面积约 700 多平方米，当晚舞王俱乐部大厅内聚集了近 500 人。火灾发生时舞台正进入表演高潮时刻，高度聚集的人员根本不可能在短时间内散开。②火势发展超出想象。据了解，在舞台表演过程中，从演员使用道具枪开始，15 秒后有观众发现起火，30 秒后火势迅猛蔓延，浓烟迅速笼罩整个大厅，一分钟后全场断电，许多进入该场所消费的人员还没反应过来，就已被困在黑暗中和被有毒烟雾包围。③烟雾较浓，毒性很大。该场所采用了大量吸音海绵装修，海绵属于聚氨酯合成材料，燃点低、发烟大，燃烧产物毒性强，不仅给火场被困人员造成了致命的灾难，也给消防救援人员设置了严重的障碍。④组织混乱，疏散不力。火灾发生后，在很短的时间内舞王俱乐部整层楼宇电路中断，着火一分多钟后现场即陷入一片漆黑。由于人群极度恐慌，现场又缺乏有组织的人员疏散引导，加上酒吧大厅吧台桌椅设置密集，几百名客人同时涌向主出入口正门方向逃生，造成了严重的拥挤和踩踏。⑤不会逃生，缺乏自救。据调查了解，许多消费者发现舞台上方冒烟之后，仍在观望，没有立即撤离场所。当场内浓烟弥漫后，也没有采取用湿布捂住口鼻等自救措施，以减轻有毒烟雾造成的伤害。据龙岗卫生局提供的火灾伤员情况统计表显示，在此次火灾的 59 名伤员当中，48 名均为吸入性损伤，其余为烧伤和踩踏伤。而在这次事故中，舞王俱乐部工作人员由于熟悉逃生通道位置，从后门消防通道撤离，100 多名员工无一死亡。

【案例】16－2　破坏火灾现场的法律处罚

2008 年 9 月 7 日晚上，安徽 W 市高新区一塑业包装公司发生火灾。接报后，消防部门迅速派员赶赴现场开展火因调查，因夜晚光线太暗，不利于取证，调查人员决定第二天继续调查，并明确告知失火单位在没有查明火灾原因之前，不得清理、破坏火灾现场。

该单位为隐瞒、掩饰起火原因，推卸责任，当晚便擅自安排人员清理火灾现场，使现场遭到严重破坏。调查人员再到现场调查时，发现火场的原始状态已遭破坏，火灾的起火蔓延痕迹、烟熏痕迹、烧毁的物证等全部流失，导致无法认定火灾原因。9 月 22 日，W 市消防部门依法对该公司擅自清理火灾现场的行为给予罚款 8000 元，负责消防安全的主管人员警告的处罚决定。

【案例分析题】

1. 通过案例 16－1 原因⑤的剖析，你得到什么启发？
2. 通过案例 16－2，分析火场现场保护的意义和方法。

【思考讨论题】

1. 火灾现场处置机制的内容是什么？
2. 火灾现场处置的一般流程是什么？如何实施火灾控制？
3. 在火场中如何自救和逃生？

【实务操作题】

根据一个火灾事故现场情景，设计一份火场疏散预案。

第十七章　危险化学品事故现场处置

【学习内容】

本章介绍了危险化学品事故、危险化学品事故现场、危险化学品事故现场处置等基本概念，以及危险化学品事故现场处置原则、基本程序和方法等内容。其中危险化学品事故现场处置原则、基本程序和方法，危险化学品事故现场处置的特殊情况处置是学习重点。

【学习目标】

通过本章的讲授及进行案例分析、思考讨论和实务操作等学习活动，学生应知道危险化学品事故的含义及危害，危险化学品事故现场的含义及特点，危险化学品事故现场处置的含义及原则，掌握危险化学品事故现场处置的一般流程、基本程序和方法，能编制危险化学品事故现场处置疏散预案。

第一节　危险化学品事故现场处置概述

一、危险化学品事故的含义及危害

（一）危险化学品事故的含义及特性

危险化学品是指物质本身具有某种危险特性，当受到摩擦、撞击、振动、接触热源或火源、遭受日光曝晒、遇水受潮和遇性能相抵触物品等时，会导致燃烧、爆炸、中毒、灼伤及污染环境事故发生的化学品。《常用危险化学品的分类及标志》（GB13690－92）将危险化学品分为八类，即爆炸品；压缩气体和液化气体；易燃液体；易燃固体、自燃物品和遇湿易燃物品；氧化剂和有机过氧化物；毒害品和感染性物品；放射性物品；腐蚀品。

危险化学品具有活性与危险性、燃烧性、爆炸性、毒性、腐蚀性和放射性等特性，因此危险化学品大量排放或泄漏后，可能引起火灾、爆炸，造成人员伤亡，可污染空气、水、地面、土壤和食物，同时可以经呼吸道、消化道、皮肤或黏膜进入人体，引起群体中毒甚至死亡事故发生。总之，危险化学品事故是指一种或数种物质释放造成的意外事件或危险事件。

（二）危险化学品事故的危害

引发危险化学品事故的原因很多，而且危险化学品种类繁多，所以发生危险化学品事故的后果也大不相同，可引起爆炸、燃烧或中毒，因而常常危及人们生命和财产的安全，带来不可估量的严重后果。例如，2005 年 11 月 13 日，吉林石化公司双苯厂一车间发生爆炸，造成当班的 6 名工人中 5 人死亡、1 人失踪，60多人不同程度受伤，爆炸后紧急疏散近 1.2 万名学生和 3 万居民，以避免造成进一步的人员伤亡。具体来说，危险化学品事故对人体造成的危害主要有以下四种情况。

1. 中毒。引起中毒的危险化学品有以下种类：气体（窒息性气体如一氧化碳、硫化氢、氰化物等；刺激性气体如氮氧化物、氯、氨、二氧化硫等），有机溶剂（如苯胺、三硝基甲苯等），以及有机磷农药等。能引起中毒的危险化学品一定要具备基本条件，即毒物易弥散，而且散发时有较多的人接触。从实际发生的情况看，危险化学品中毒事故多集中在某几种化学物质上：氯气、氨气、氮氧化物、二氧化碳、硫化氢、硫酸二甲酯、光气等，主要由刺激性气体和窒息性气体组成，占全部中毒事故的 75% 以上。而其中氯气、一氧化碳、氨气三类化合物所致的危险化学品中毒事故占 55% 左右，这些物质在化工、石油化工、石油等产业中应用和接触十分广泛和密切。另外，由于有些化学物质腐蚀性很强，常使设备、管线损坏而发生跑、冒、滴、漏现象，外逸的气体极易通过呼吸道进入人体而导致中毒。

2. 烧伤。危险化学品事故现场常发生爆炸和燃烧，因此伤员往往出现烧伤情况，并且常伴有复合伤。

3. 窒息。窒息性气体可分为两大类：一类为单纯性窒息性气体，如氢气、甲烷、二氧化碳等，这类气体本身毒性很低，但因空气中含量高，使氧的相对含量降低，肺内氧分压降低，而导致机体缺氧；另一类为化学性窒息性气体，如一氧化碳、氰化物、硫化氰等，主要危害是对血液或组织产生特殊的化学作用，使血液运送氧的能力和组织利用氧的能力发生障碍，造成全身组织缺氧。

4. 死亡。火灾、爆炸等危险化学品事故可直接导致人员死亡，同时，现场的中毒、烧伤、窒息伤如得不到及时有效的现场救护，也将导致死亡。

二、危险化学品事故现场的含义及特点

危险化学品事故现场是指发生危险化学品泄漏、爆炸事故造成人员伤亡、财产损失的场所以及与此相关的一切场所。

由于危险化学品事故具有突发性、复杂性、激变性和群体性的特性，决定了事故现场的复杂性和多样性。首先，危险化学品事故现场具有层次性。对于一个化工企业而言，发生一起危险化学品事故，就存在事故中心区域（如车间、仓库）、事故波及区域（办公区）和受影响区域（毗邻的企业）。其次，连带性。危险化学品事故的连带效应决定了事故现场的连带性，也即危险化学品事故不仅会危及一厂、一区的环境和生命，还会危及下风区、下游段居民的生命财产安全，这个范围就大了，因而形成了多个连锁的事故现场。

第二节　危险化学品事故现场处置的程序和方法

一、危险化学品事故现场处置的含义及原则

危险化学品事故造成的后果非常严重，一系列的危险化学品事故的发生，给人类的生命、健康及环境带来了极大的灾难，被称为毁灭性的灾难。1976 年的意大利塞维索工厂环己烷泄漏事故，1984 年的墨西哥城石油液化气爆炸事故，特别是 1984 年印度博帕尔市的美国联合碳化公司农药厂毒气泄漏，造成约 2 万人死亡，20 多万人中毒，5 万人失明，10 万人终身致残。加强危险化学品管理及其相应的医学救援是减轻灾害后果的重要措施。

近年来，我国陆续出台了一系列危险化学品管理的法律法规，如《危险化学品安全管理条例》，为危险化学品企业加强事故应急救援提供了依据，要求危险化学品企业在做好应急救援预案的同时，重视事故应急救援工作，加强事故急救体系建设，建立相应的组织，配备相应的专业或兼职人员和应急装备，并进行应急培训和演练。

所谓危险化学品事故现场处置是指针对危险化学品事故发生后造成的火灾、爆炸、中毒窒息等危害后果，在现场紧急实施的灭火、隔绝、堵漏、拦截、稀释、冷却覆盖、急救、转移、疏散人员等活动的总称。

对于危险化学品事故现场处置应坚持快速反应、统一指挥、分级负责、单位自救与社会救援相结合的处置原则。由于危险化学品在生产、储存、运输和使用过程中因意外或人为破坏等原因均可发生泄漏、火灾、爆炸等事故，因而在具体的处置方法上会有所差异，但处置的基本程序和方法是一致的。

二、危险化学品事故现场处置的基本程序和方法

（一）隔离和疏散

1. 建立警戒区域。事故发生后，应根据化学品泄漏扩散的情况或火焰热辐射所涉及的范围建立警戒区，并在通往事故现场的主要干道上实行交通管制。建立警戒区域时应注意以下几项：

（1）将警戒区域划分为重危区、中危区、轻危区和安全区，并设立警戒标

志，在安全区视情况设立隔离带。

（2）警戒区域的边界应设警示标志，并有专人警戒。

（3）除消防、应急处理人员以及必须坚守岗位的人员外，其他人员禁止进入警戒区。

（4）泄漏溢出的化学品为易燃品时，区域内应严禁火种。

2．紧急疏散。迅速将警戒区及污染区内与事故应急处理无关的人员撤离，以减少不必要的人员伤亡。紧急疏散时应注意：

（1）如事故物质有毒，需要配戴个体防护用品或采用简易有效的防护措施，并有相应的监护措施。

（2）应向侧上风方向转移，明确专人引导和护送疏散人员到安全区，并在疏散或撤离的路线上设立哨位，指明方向。

（3）不要在低洼处滞留。

（4）要查清是否有人留在污染区与着火区。

（二）防护

根据事故物质的毒性及划定的危险区域，确定相应的防护等级，并根据防护等级按标准配备相应的防护器具。

（三）询情和侦检

（1）询问遇险人员情况，容器储量、泄漏量、泄漏时间、部位、形式和扩散范围等情况，周边单位、居民、地形、电源和火源等情况，以及消防设施、工艺措施和到场人员处置意见。

（2）使用检测仪器测定泄漏物质、浓度和扩散范围。

（3）确认设施、建（构）筑物险情及可能引发爆炸、燃烧的各种危险源，确认消防设施运行情况。

（四）救生

（1）组成救生小组，携带救生器材迅速进入危险区域。

（2）采取正确的救助方式，将所有遇险人员转移至安全区域。

（3）对救出人员进行登记、标识和现场急救。

（4）将需要救治的人员送医疗急救部门救治。

（五）控险（泄漏事故）

（1）启用单位喷淋、泡沫、蒸气等固定、半固定消防设施。

（2）选定水源，铺设水带，设置阵地，有序展开。

（3）外围设置水幕或屏封水枪，稀释、降解泄漏物蒸气浓度或设置蒸气幕。

（4）用干沙土、水泥粉、煤灰等围堵或导流，防止泄漏物向重要目标或危险源流散。

（5）视情况使用移动式泡沫管枪（炮）或高倍数泡沫发射器喷射泡沫，充分覆盖泄漏液面。

（六）排险

对于少量物品泄漏，小心扫起，收集于专用密封桶或干净、有盖的容器中；对可与水反应或溶于水的物品可视情况直接使用大量水稀释，污水放入废水系统。大量物品泄漏，先用塑料布、帆布等覆盖，减少飞散，然后尽可能回收，恢复原状，若完全回收有困难，可收集后运至废物处理场所处理。

（七）洗消

（1）在危险区与安全区交界处设立洗消站。

（2）确定洗消的对象。主要有轻度中毒人员、重度中毒人员在送医院治疗之前、现场医务人员、消防和其他抢险人员及群众互救人员以及抢救、染毒器具。

（3）使用相应的洗消药剂。

（4）洗消污水的排放必须经过环保部门的检测，以防造成次生灾害。

（八）清理

（1）在污染地面洒上中和剂或洗涤剂浸洗，然后用大量直流水清扫现场，特别是低洼、沟渠等处，确保不留残物。

（2）清点人员、车辆及器材。

（3）撤除警戒，做好移交，安全撤离。

（九）警示

（1）进入现场必须正确选择行车路线、停车位置和作战阵地。

（2）可燃物泄漏时，应消除现场一切可能引发燃烧、爆炸的点火源。

（3）注意风向变换，适时调整部署。

（4）慎重发布灾情和相关新闻。

三、危险化学品事故现场处置的特殊情况处置

（一）现场急救

在事故现场，化学品对人体可能造成的伤害为：中毒、窒息、冻伤、化学灼伤、烧伤等。进行急救时，救援人员应确信受伤者所在环境是安全的。

1. 现场处理方法。

（1）迅速将患者拖离现场至空气新鲜处。

（2）呼吸困难时给氧，呼吸停止时立即进行人工呼吸，心脏骤停时立即进行心脏按摩。

（3）皮肤污染时，脱去污染的衣服，用流动清水冲洗，冲洗要及时、彻底、反复多次；头面部灼伤时，要注意眼、耳、鼻、口腔的清洗。

（4）当人员发生冻伤时，应迅速复温，复温的方法是采用40℃～42℃的恒温热水浸泡，使其温度提高至接近正常，在对冻伤的部位进行轻柔按摩时，应注意不要将伤处的皮肤擦破，以防感染。

（5）当人员发生烧伤时，应迅速将患者衣服脱去，用流动清水冲洗降温，用清洁布覆盖创伤面，避免伤面污染，不要任意把水疱弄破，患者口渴时，可适量饮水或含盐饮料。

（6）使用特效药物治疗，对症治疗，严重者送医院观察治疗。

2. 现场急救注意事项。①选择有利地形设置急救点；②做好自身及伤病员的个体防护；③防止发生继发性损害；④应至少2～3人为一组集体行动，以便相互照应；⑤所用的救援器材需具备防爆功能。

（二）泄漏处理

危险化学品泄漏后，不仅污染环境，对人体造成伤害，而且如遇可燃物质，还有引发火灾爆炸的可能。因此，对泄漏事故应及时、正确处理，防止事故扩大。泄漏处理一般包括泄漏源控制及泄漏物处理两大部分。

1. 泄漏源控制。企业一旦发生化学品泄漏事故，可在总调度室的指令下，通过关闭有关阀门、停止作业或改变工艺流程、物料走副线、局部停车、打循环、减负荷运行等方法进行泄漏源控制。

容器发生泄漏后，采取措施修补和堵塞裂口，制止化学品的进一步泄漏，对整个应急处理是非常关键的。能否成功地进行堵漏取决于以下几个因素：接近泄漏点的危险程度、泄漏孔的尺寸、泄漏点处实际的或潜在的压力、泄漏物质的特性。

2. 泄漏物处理。现场泄漏物要及时进行覆盖、收容、稀释、处理，使泄漏物得到安全可靠的处理，防止二次事故的发生。泄漏物处理主要有四种方法：

（1）围堤堵截。如果化学品为液体，泄漏到地面上时会四处蔓延扩散，难以收集处理。为此，需要筑堤堵截或者引流到安全地点。贮罐区发生液体泄漏时，要及时关闭雨水阀，防止物料沿明沟外流。

（2）稀释与覆盖。为减少大气污染，通常是采用水枪或消防水带向有害物蒸气云喷射雾状水，加速气体向高空扩散，使其在安全地带扩散。在使用这一技术时，将产生大量的被污染水，因此应疏通污水排放系统。对于可燃物，也可以在现场施放大量水蒸气或氮气，破坏燃烧条件。对于液体泄漏，为降低物料向大气中的蒸发速度，可用泡沫或其他覆盖物覆盖外泄的物料，在其表面形成覆盖层，抑制其蒸发。

（3）收容（集）。对于大型泄漏，可选择用隔膜泵将泄漏出的物料抽入容器内或槽车内；当泄漏量小时，可用沙子、吸附材料、中和材料等吸收中和。

（4）废弃。将收集的泄漏物运至废物处理场所处置。用消防水冲洗剩下的少量物料，冲洗水排入含油污水系统处理。

3. 泄漏处理注意事项。①进入现场人员必须配备必要的个人防护器具；②如果泄漏物是易燃易爆的，应严禁火种；③应急处理时严禁单独行动，要有监护人，必要时用水枪、水炮掩护；④化学品泄漏时，除受过特别训练的人员外，其他任何人不得试图清除泄漏物。

（三）火灾控制

危险化学品容易发生火灾、爆炸事故，但不同的化学品以及在不同情况下发生火灾时，其扑救方法差异很大，若处置不当，不仅不能有效扑灭火灾，反而会使灾情进一步扩大。此外，由于化学品本身及其燃烧产物大多具有较强的毒害性和腐蚀性，极易造成人员中毒、灼伤。因此，扑救化学危险品火灾是一项极其重要而又非常危险的工作。从事化学品生产、使用、储存、运输的人员和消防救护人员平时应熟悉和掌握化学品的主要危险特性及其相应的灭火措施，并定期进行防火演习，以提高紧急事态时的应变能力。

1. 灭火对策。

（1）扑救初期火灾。在火灾尚未扩大到不可控制之前，应使用适当移动式灭火器来控制火灾。迅速关闭火灾部位的上下游阀门，切断进入火灾事故地点的一切物料，然后立即启用现有各种消防设备、器材扑灭初期火灾和控制火源。

（2）对周围设施采取保护措施。为防止火灾危及相邻设施，必须及时采取冷却保护措施，并迅速疏散受火势威胁的物资。有的火灾可能造成易燃液体外流，这时可用沙袋或其他材料筑堤拦截流淌的液体或挖沟导流，将物料导向安全地点。必要时用毛毡、海草帘堵住下水井、阴井口等处，防止火焰蔓延。

（3）火灾扑救。扑救危险化学品火灾决不可盲目行动，应针对每一类化学品的特性，选择正确的灭火剂和灭火方法。必要时采取堵漏或隔离措施，预防次生灾害扩大。即使火势被控制以后，仍然要派人监护，清理现场，消灭余火。

2. 几种特殊化学品的火灾扑救注意事项。

（1）扑救液化气体类火灾，切忌盲目扑灭火势，在没有采取堵漏措施的情况下，必须保持稳定燃烧。否则，大量可燃气体泄漏出来与空气混合，遇着火源就会发生爆炸，后果将不堪设想。

（2）对于爆炸物品火灾，切忌用沙土盖压，以免增强爆炸物品爆炸时的威力；扑救爆炸物品堆垛火灾时，水流应采用吊射，避免强力水流直接冲击堆垛，以免堆垛倒塌引起再次爆炸。

（3）对于遇湿易燃物品火灾，绝对禁止用水、泡沫、酸碱等湿性灭火剂扑救。

（4）氧化剂和有机过氧化物的灭火比较复杂，应针对具体物质具体分析。

（5）扑救毒害品和腐蚀品的火灾时，应尽量使用低压水流或雾状水，避免腐蚀品、毒害品溅出；遇酸类或碱类腐蚀品，最好调制相应的中和剂稀释中和。

（6）易燃固体、自燃物品一般都可用水和泡沫扑救，只要控制住燃烧范围，逐步扑灭即可。但有少数易燃固体、自燃物品的扑救方法比较特殊。如二硝基萘、萘等是易升华的易燃固体，受热放出易燃蒸气，能与空气形成爆炸性混合物，尤其在室内，易发生爆炸，在扑救过程中应不时向燃烧区域上空及周围喷射雾状水，并消除周围一切火源。

另外还要注意，化学品初期火灾时，事发单位可以自行灭火，但灭火人员不应单独灭火，出口应始终保持清洁和畅通，要选择正确的灭火剂，灭火时还应考虑人员的安全。后期化学品火灾的扑救应由专业消防队来进行，其他人员不可盲目行动，待消防队到达后，介绍物料、介质，配合扑救。

应急处理过程并非是按部就班地按以上顺序进行，而是根据实际情况尽可能同时进行，如危险化学品泄漏，应在报警的同时尽可能切断泄漏源等。

【知识链接】化学恐怖袭击中的自我处置

在什么情况下可能发生了化学恐怖袭击？①异常的气味。如大蒜味、辛辣味、苦杏仁味等。②异常的现象。如大量昆虫死亡、异常的烟雾、植物的异常变化等。③异常的感觉。一般情况下当人受到化学毒剂或化学毒物的侵害后，会出现不同程度的不适感觉。如恶心、胸闷、惊厥、皮疹等。④现场出现异常物品。如遗弃的防毒面具，桶、罐，装有液体的塑料袋等。

遇到化学恐怖袭击时怎么办？①不要惊慌，进一步判明情况。化学恐怖袭击多利用空气为传播介质，使人在呼吸到有毒空气时中毒。常伴有异常的气味，异常的烟雾等现象。②尽快掩避。利用环境设施和随身携带的物品遮掩身体和口鼻，避免或减少毒物的分割侵袭和吸入。③尽快寻找出口，迅速有序地离开污染源或污染区域，尽量逆风撤离。④及时报警，请求救助。可拨打110、119、120报警。⑤进行必要的自救互救。采取催吐、洗胃等方法，加快毒物的排出。⑥听从相关人员的指挥。⑦配合相关部门做好后续工作。

【案例】17—1 氢氟酸泄漏事故的现场处置

2004 年 1 月 29 日，H 市登云路某化工企业发生一起剧毒氢氟酸泄漏事故，造成一名员工当场被灼伤。7 时 21 分，H 市公安局消防支队 119 指挥中心接到了报警，立即调派 3 个普通中队和 2 个特勤中队共 8 辆泡沫、防化、洗消、后援等特种消防车，60 名消防队员前往抢险。与此同时，公安、环保、卫生等部门也赶往事故现场。

7 时 25 分左右，抢险人员相继到场，随即成立抢险指挥部，启动化学灾难事故处置预案。此时，氢氟酸形成的白色毒雾已经弥漫部分厂区，并越过厂区的高墙，逐渐地向东北方向蔓延，情况十分危急。

消防人员到现场后获知，厂区内还有工人没有撤出。报警是他们报的，为啥没有撤出呢？原来他们认为这次泄露气体已经上升至高空，不会对人体有危害，所以继续留在厂内工作。最后在指挥部的命令下，工人们被迫撤离出来。而现场隔离带外大量过路群众不仅没有立刻避让，而是不断向内张望，甚至试图钻过隔离带看个清楚。公安民警不得不把原来的 150 米警戒线向外扩展到 500 米，封锁周围的全部道路，并疏散附近居民和围观群众。

指挥部随即实施现场抢险。普通消防中队的消防队员使用高压水枪稀释泄漏出来的氢氟酸。在厂方技术人员的配合下，特勤中队开始侦检，两名身穿重型防化服、手持有毒气体测爆仪的消防队员缓慢地接近现场。测爆仪显示，事故现场氢氟酸浓度非常高。由于氢氟酸腐蚀金属，周围已经围绕有大量氢气，只要稍有火星便有燃烧爆炸的危险。

8 时 10 分，白色烟雾越来越浓，消防队员同时检测到周围氢气浓度升高，腐蚀、毒害、燃烧和爆炸的危险同时升高。指挥部决定终结泄漏。由两名身穿重型防化服、佩带呼吸器的消防队员，随同该厂的技术厂长杨某进入事故现场的核心地带，在二楼找到了第一只泄漏的阀门并关闭。由于呼吸器的使用时间有限，两名消防队员和杨某被迫紧急撤回。在消防车下进行洗消后，8 时 20 分再次进入事故现场，直登上三楼，将另一只阀门成功关闭，此次历时 1 个小时的氢氟酸泄漏事故的泄漏源被彻底切断。随后，消防队员再次对泄漏区进行喷水稀释。9 时整，现场的能见度已经开始恢复，两名身穿灰绿色防化服、身背氧气瓶的 H 市环境监测中心的工作人员进入车间。与此同时，环保人员分批对现场空气和水源进行取样检测，消防队员使用有毒气体测爆仪对事故现场再次测试。

9 时左右，现场警戒解除。9 时 25 分，泄漏事故基本处置完毕，消防车辆和人员撤离现场，卫生、环保、公安、安全监察等部门的事故调查处理人员进入厂区，附近道路交通陆续恢复正常，被疏散的居民们陆续回到家中。

【案例分析题】

1. 通过案例17—1，试分析危险化学品泄漏事故现场处置的程序和方法。

2. 根据案例17—1中现场部分化工厂员工和围观群众的表现，谈谈在危险化学品事故现场如何加强自我防范。

【思考讨论题】

1. 危险化学品事故有哪些危害？

2. 危险化学品事故现场处置的一般流程、基本程序和方法是什么？

【实务操作题】

根据一个危险化学品事故现场情景，设计一份现场疏散预案。

第十八章　自然灾害现场处置

【学习内容】

本章介绍了我国自然灾害的特点及分类，自然灾害现场处置机制，以及地震、海啸、台风、龙卷风、暴雨、雷击、洪水、泥石流临灾处置等内容。其中自然灾害现场处置机制以及各类自然灾害紧急处置是学习重点。

【学习目标】

通过本章的讲授及进行案例分析、思考讨论和实务操作等学习活动，学生应知道我国自然灾害的特点及分类，熟悉自然灾害现场处置机制，掌握各类自然灾害中紧急处置的方法，会在各类自然灾害中紧急逃生和避险。

第一节　自然灾害现场处置概述

自然灾害是指给人类生存带来危害或损害人类生活环境的自然现象，包括洪涝、干旱灾害，台风、冰雹、雪、沙尘暴等气象灾害，火山、地震灾害，山体崩塌、滑坡、泥石流等地质灾害，风暴潮、海啸等海洋灾害，森林草原火灾和重大生物灾害等灾害形态。

一、我国自然灾害的特点及分类

（一）我国自然灾害的特点

我国是世界上自然灾害频繁发生的国家之一，自然灾害造成的损失惨重。我国 70％以上的大城市、半数以上的人口、75％的工农业产值，分布在气象、地震、地质和海洋等灾害严重的地区，灾害对社会经济发展的制约影响非常严重。我国受到的自然灾害损失已位居世界第三，经济损失超过了 2 万亿元人民币。2007 年全国各类自然灾害共造成约 4 亿人（次）不同程度受灾，因灾死亡 2325 人，紧急转移安置 1499 万人（次）；农作物受灾面积 7.3 亿亩，其中绝收面积 8620 万亩；倒塌房屋 146 万间；因灾直接经济损失 2363 亿元。[1]

---

〔1〕 参见"民政部公布 2007 年中国自然灾害和救灾工作总体情况"，载《中央政府门户网》，访问日期：2008 年 1 月 1 日。

（二）我国自然灾害的分类

若以自然灾害发生的原因划分（不包括人为原因），自然灾害大致可分为以下几类：

1. 气象灾害。由大气圈变异活动引起的对人类生命财产和国民经济及国防建设等造成的直接或间接损害。我国气象灾害种类繁多，不仅包括台风、暴雨、冰雹、大风、雷暴、暴风雪等天气灾害，还包括干旱、洪涝、持续高温、雪灾等气候灾害，沙漠化、山体滑坡、泥石流、雪崩、病虫害、海啸等气象次生灾害或衍生灾害也时有发生。此外，与气象条件密切相关的环境污染、海洋赤潮、重大传染性疾病、有毒有害气体泄漏扩散、地震、火灾等也成为影响人们生活和安全的重要问题。

2. 地质灾害。由岩石圈活动所引起的灾害。具体地说，在地壳某个薄弱的地方突然发生剧烈变形、位移及地表物质运动，给生活在这一区域的人们带来的突如其来的灾难，称为地质灾害。地质灾害种类很多，主要有地震、火山喷发、海啸、滑坡、泥石流、地裂以及水土流失、沙漠化、盐碱化、海水入侵、地下水变异、煤层自燃、瓦斯爆炸、有害地气、黄土湿陷、泥沙淤积等，它可以在瞬间吞没数十万人的生命，将整座城市毁灭。

3. 生物灾害。在生物圈内，各种生物活动（包括动物、植物和微生物活动）对人类生命和生存环境引发的重大伤亡和破坏称为生物灾害，包括动物灾害、植物灾害和微生物灾害。

4. 天文灾害。指空间天体或其状态，如太阳表面、太阳风、磁层、电离层和热层瞬时或短时间内发生异常变化，如强的日冕物质抛射、大耀斑、高速太阳风、磁暴、亚暴、电离层突然骚扰等，可引起卫星运行、通信、导航以及电站输送网络的崩溃，危及人类的生命和健康，造成社会经济损失。

二、自然灾害现场处置机制

近年来，随着国家应对自然灾害次数的增多，经验更趋成熟，现场处置机制也逐渐建立起来，从应对自然灾害的工作原则，到应急指挥组织体系，到应急准备、应急响应、应急保障都做了周密的安排，这些都集中地反映在各类专项应急预案中。

（一）应急原则

1. 预防为主，以人为本。建立健全群测群防机制，最大程度地减少突发自然灾害造成的损失，把保障人民群众的生命财产安全作为应急工作的出发点和落脚点。

2. 统一领导、分工负责。在各级党委、政府统一领导下，有关部门各司其职，密切配合，共同做好突发自然灾害应急防治工作。

3. 分级管理，属地为主。建立健全按灾害级别分级管理、条块结合、以地方人民政府为主的管理体制。

（二）应急指挥组织体系

我国已经建立应对自然灾害的指挥组织体系和救助保障体系，统一领导、指挥和协调全国自然灾害的应急与救灾工作。如应对突发性水旱灾害而设立的国家防汛抗旱总指挥部，其办事机构设在水利部；应对地震灾害而设立的抗震救灾指挥部，其办事机构设在中国地震局；应对山体崩塌、滑坡、泥石流、地面塌陷等与地质作用有关的地质灾害而设立的地质灾害应急防治总指挥部，其办事机构设在国土资源部；应对自然灾害救助应急而设立的国家减灾委员会，其办事机构设在民政部，负责救灾紧急援助工作的组织管理和协调工作。

（三）预防和预警机制

1. 预警机制的设立。各级人民政府要加快建立以预防为主的自然灾害监测、预报和预警体系建设，开展自然灾害调查，编制自然灾害防治规划，建设自然灾害群测群防网络和专业监测网络，形成覆盖全国的自然灾害监测网络。国务院国土资源、水利、气象、地震部门要密切合作，逐步建成与全国防汛监测网络、气象监测网络、地震监测网络互联，连接国务院有关部门、省（区、市）、市（地、州）、县（市）的自然灾害信息系统，及时传送自然灾害险情、灾情、汛情和气象信息。

2. 预警行动。针对各类突发自然灾害，各级政府应加强应急思想、组织、工程、预案、物料和通信等方面的准备，加强防范灾害的安全检查和日常管理工作。建立各类自然灾害的上报制度。如县级人民政府国土资源主管部门接到当地出现中、小型地质灾害报告后，应在12小时内速报县级人民政府和市级人民政府国土资源主管部门，同时可直接速报省级人民政府国土资源主管部门。

（四）应急响应

我国自然灾害应急工作遵循分级响应程序，根据自然灾害的等级确定相应级别的应急机构。一般分为四级响应程序，即Ⅰ级应急响应、Ⅱ级应急响应、Ⅲ级应急响应和Ⅳ级应急响应，其中Ⅰ级为最高级。响应的级别越高，行动指挥的级别也越高。如特大型地质灾害险情和灾情的应急防治工作，在本省（区、市）人民政府的领导下，由本省（区、市）地质灾害应急防治指挥部具体指挥、协调。而小型地质灾害险情和灾情的应急防治工作，在本县（市）人民政府的领导下，由本县（市）地质灾害应急防治指挥部具体指挥、协调。

不同级别的应急响应启动后，要采取紧急的应急行动。如抢险救灾、转移受灾人员、安全防护和医疗救护、动员社会力量参与、发布灾害信息和适时结束应急。

（五）应急保障

作为应急处置的主要组成部分，应急保障在整个应急处置中是十分重要的环节。在我国自然灾害应急保障体系中要重点做好通信与信息传递、应急队伍、资金、物资、装备保障和应急技术保障等工作。如中央财政安排特大防汛抗旱补助费，用于补助遭受特大水旱灾害的省、自治区、直辖市以及计划单列市、新疆生产建设兵团进行防汛抢险、抗旱及中央直管的大江大河防汛抢险。省、自治区、直辖市人民政府应当在本级财政预算中安排资金，作为本行政区域内遭受严重水旱灾害工程的修复补助。

（六）应急善后

发生自然灾害的地方人民政府应组织有关部门做好灾区生活供给、卫生防疫、救灾物资供应、治安管理、学校复课、水毁修复、恢复生产和重建家园等善后工作。

以上应对自然灾害的机制是从政府应急管理的角度出发的，而个人和灾害发生地的临灾处置机制更为重要，因为受灾个体和组织在临灾时的自救和互救是抗灾、救灾的第一反应，相对于政府和社会组织的援救更为及时，它是延续生命、减少损失的保障。同时受灾个体和组织灾害预防和临灾自救也是政府应急体制中的主要内容之一。本章以下内容以受灾个体和组织在临灾时的自救和互救知识作为研究的切入点。

第二节　地震的临灾处置

地震是地壳的一种运动形式。当地壳板块间相互位移发生摩擦时，地层便发生变形。当这种变形超过了地层的承受极限时，就发生了地层的断裂或塌陷，把地壳变形积蓄的能量以地震波的形式释放出来，使地表的建筑物被摧毁。大地震给社会带来的是突然的、致命的灾害。2008 年 5 月我国四川汶川发生的里氏 8 级地震，导致 8.7 万人死亡和失踪，直接经济损失 600 多亿，对整个社会的影响巨大。如果了解和掌握了地震灾害的现场处置措施，就可以最大限度地减少伤亡和损失。

一、地震的种类

根据成因，可以把地震分为以下几种：

1. 构造地震。由于地下深处岩层错动、破裂所造成的地震称为构造地震。

这类地震发生的次数最多，破坏力也最大，约占全世界地震的90％以上。

2．火山地震。由于火山作用，如岩浆活动、气体爆炸等引起的地震称为火山地震。只有在火山活动区才可能发生火山地震，这类地震只占全世界地震的7％左右。

3．塌陷地震。由于地下岩洞或矿井顶部塌陷而引起的地震称为塌陷地震。这类地震的规模比较小，次数也很少，即使有，也往往发生在溶洞密布的石灰岩地区或大规模地下开采的矿区。

4．诱发地震。由于水库蓄水、油田注水等活动而引发的地震称为诱发地震。这类地震仅仅在某些特定的水库库区或油田地区发生。

二、临震应急准备

当今科技对临震预报还不能做到及时、准确。但对于部分地震，尤其是余震可以做出短期预报。在已发布破坏性地震临震预报的地区，应做好以下几个方面的应急工作：

1．备好临震急用物品。地震发生之后，食品、医药等日常生活用品的生产和供应都会受到影响；水塔、水管往往被震坏，造成供水中断。为能度过震后初期的生活难关，临震前社会和家庭都应准备一定数量的食品、水和日用品，以解燃眉之急。

2．建立临震避难场所。地震之后房舍被震坏，需要有安身之处；余震不断发生，要有一个躲藏处，这就需要临时搭建防震、防火、防寒、防雨的防震棚，各种帐篷都可以利用，农村储粮的小圆仓也是很好的抗震房。

3．划定疏散场所，转运危险物品。城市人口密集，人员避震和疏散比较困难，为确保震时人员安全，震前要按街、区分布，就近划定群众避震疏散路线和场所，震前要把易燃、易爆和有毒物资及时转运到城外存放。

4．建立伤员急救中心。伤员急救中心要设置在城内抗震能力强的场所，或在城外设置急救中心，备好床位、医疗器械、照明设备和药品等。

5．暂停公共活动。得到正式临震预报通知后，各种公共场所应暂停活动，观众或顾客要有秩序地撤离；中、小学校可临时在室外上课；车站、码头可露天候车。

6．组织人员撤离并转移重要财产。如果得到正式临震警报或通知，要迅速而有秩序地动员和组织群众撤离房屋，正在治疗的重病号要转移到安全的地方，对少数思想麻痹的人，也要动员撤到安全区；机关、企事业单位的车辆要开出车库，停在空旷地方，以便在抗震救灾中发挥作用。

7．防止次生灾害的发生。城市发生地震可能出现严重的次生灾害，特别是化工厂、煤气厂等易发生地震次生灾害的单位，要加强监测和管理，设专人昼夜站岗和值班。

8. 确保机要部门的安全。城市内各种机要部门和银行较多，地震时要加强安全保卫，防止财产损失和机密泄露。消防队的车辆必须出库，消防人员要整装待发，以便及时扑灭火灾，减少经济损失。

9. 组织抢险队伍，合理安排生产。临震前，各级政府要就地组织好救人、医疗、灭火、供水、供电、通信等抢险救灾队伍。

10. 做好家庭防震准备。已发布地震预报地区的居民需做好家庭防震准备，制定一个家庭防震计划，检查并及时消除家里不利防震的隐患。检查和加固住房；合理放置家具、物品；固定好高大家具；家具物品摆放做到"重在下，轻在上"，墙上的悬挂物要取下来成固定位，防止掉下来伤人；清理好杂物，让门口、楼道畅通；阳台护墙要清理，拿掉花盆、杂物；易燃易爆和有毒物品要放在安全的地方；准备好必要的防震物品，准备一个包括食品、水、应急灯、简单药品、绳索、收音机等在内的家庭防震包，放在便于取到处；进行家庭防震演练，进行紧急撤离与疏散练习，以及"一分钟紧急避险"练习。

三、临震避震

（一）敏感地震信号，珍惜12秒自救机会，瞬时躲避

1. 珍惜12秒自救机会。地震发生时，人们能感觉到并受其害的主要有两种地震波，即专业人员常说的P波（纵波）和S波（横波）。每种类型以不同的传播方式和速度运动。P波运动速度最快，传播速度每秒钟8公里～9公里，最先到达地面。在震中区，P波使人感到的是上、下颠簸，造成的破坏不大，是给人们地震发生了的信号。S波的运动速度比P波慢，通常平均每秒钟4公里～5公里，是继P波后到达地表的破坏性极大的波。它使人感觉到的是前后左右的摇晃以及造成建筑物等的倒塌，是直接危害人们生命财产安全的波。因此，自我救助主要是在P波到达地面后的数秒钟之内的事。当P波到达时，应立即反应是地震发生了。若能在横波到达并造成破坏之前的十几秒内迅速躲避到安全处，就给人们提供了最后一次自救机会，一般称为12秒自救机会。

2. 感知地声地光，预判地震预警信号。许多地声出现在震前10分钟内，到临震10余秒时声响最大。临震时先听到"呼呼"风声，接着是"轰轰"声，再就是"咚咚"声，之后地面开始震动。地光是地壳内溢出的气体，强化了低空静电场所致。其形状有带状、片状、球状、柱状，颜色以蓝、白、红、黄居多。地面微动可能是临震前震源区断层预滑造成应力波所致。历次大震的幸存者中，很多人就是因为观察到这些临震异常现象，判断有大震来临，迅速采取措施避险，而躲过了灾难。

3．了解自己所处环境，果断采取措施。要迅速远离易爆和易燃及有毒气体储存的地域，避险时要远离高楼、大烟筒、高门脸、女儿墙、高压线以及峭壁、陡坡或海边，不要在狭窄的巷道中停留。震时是跑还是躲，我国多数专家认为：震时就近躲避，震后迅速撤离到安全地方，是应急避震较好的办法。避震应选择室内结实、能掩护身体的物体下（旁）、易于形成三角空间的地方；开间小、有支撑的地方；室外开阔、安全的地方。身体应采取的姿势：伏而待定，蹲下或坐下，尽量蜷曲身体，降低身体重心；抓住桌腿等牢固的物体；保护头颈、眼睛，掩住口鼻；避开人流，不要乱挤乱拥，不要随便点明火，因为空气中可能有易燃易爆气体。

（二）不同环境的避震方法

1．学校人员避震。在学校中，地震时最需要的是学校领导和教师的冷静与果断。有中长期地震预报的地区，平时要结合教学活动，向学生们讲述地震预防、避震知识。震前要安排好学生转移、撤离的路线和场地；震后沉着地指挥学生有秩序地撤离。在比较坚固、安全的房屋里，可以躲避在课桌下、讲台旁。教学楼内的学生可以到开间小、有管道支撑的房间里，决不可让学生们乱跑或跳楼。正在上课时，要在教师指挥下迅速抱头、闭眼、躲在各自的课桌下；在操场或室外时，可原地不动蹲下，双手保护头部，注意避开高大建筑物或危险物，不要回到教室去；震后应当有组织地撤离。千万注意：不要跳楼！不要站在窗外！不要到阳台上去！必要时应在室外上课。

2．在街上行走人员避震。地震发生时，高层建筑物的玻璃碎片和大楼外侧的混凝土碎块，以及广告招牌、马口铁板、霓虹灯架等，可能掉下伤人，因此在街上行走时，最好将身边的皮包或柔软的物品顶在头上，无物品时也可用手护在头上，尽可能做好自我防御的准备，要镇静，应该迅速离开电线杆和围墙，跑向比较开阔的地区躲避。

3．车间工人避震。车间工人可以躲在车、机床及较高大设备下，不可惊慌乱跑，特殊岗位上的工人要首先关闭易燃易爆、有毒气体阀门，及时降低高温、高压管道的温度和压力，关闭运转设备。大部分人员可撤离工作现场，在有安全防护的前提下，少部分人员留在现场随时监视险情，及时处理可能发生的意外事件，防止次生灾害的发生。

4．公共场所人员避震。听从现场工作人员的指挥，不要慌乱，不要拥向出口，要避免拥挤，要避开人流，避免被挤到墙壁或栅栏处。在影剧院、体育馆等处，就地蹲下或趴在排椅下，注意避开吊灯、电扇等悬挂物，用书包等保护头部；等地震过去后，听从工作人员指挥，有组织地撤离。在商场、书店、展览馆、地铁等处，选择结实的柜台、商品（如低矮家具等）或柱子边，以及内墙角等处就地蹲下，用手或其他东西护头；避开玻璃门窗、玻璃橱窗或柜台；避开高大不稳或摆放重物、易碎品的货架；避开广告牌、吊灯等高耸物或悬挂物。在行驶的电（汽）车内，抓牢扶手，以免摔倒或碰伤；降低重心，躲在座位附近，地震过去后再下车。

5. 行驶的车辆避震。司机应尽快减速，逐步刹闸；乘客（特别在火车上）应牢牢抓住拉手、柱子或坐席等，并注意防止行李从架上掉下伤人，面朝行车方向的人，要将胳膊靠在前坐席的椅垫上，护住面部，身体倾向通道，两手护住头部；背朝行车方向的人，要两手护住后脑部，并抬膝护腹，紧缩身体，做好防御姿势。

6. 楼房内人员避震。地震一旦发生，首先，要保持头脑清醒、冷静，及时判别震动状况，千万不可在慌乱中跳楼，这一点极为重要。其次，可躲避在坚实的家具下面，或墙角处，亦可转移到承重墙较多、开间小的厨房、厕所去暂避一时。因为这些地方结合力强，尤其是管道经过处理，具有较好的支撑力，抗震系数较大。总之，震时可根据建筑物布局和室内状况，审时度势，寻找安全空间和通道进行躲避，减少人员伤亡。

7. 在商店人员避震。在百货公司遇到地震时，要保持镇静。由于人员慌乱，商品下落，可能使避难通道阻塞。此时，应躲在近处的大柱子或大商品旁边（避开商品陈列橱），或朝着没有障碍的通道躲避，然后屈身蹲下，等待地震平息。处于楼上位置，原则上向底层转移为好。但楼梯往往是建筑物抗震的薄弱部位，因此，要看准脱险的合适时机。服务员要组织群众就近躲避，震后安全撤离。

四、震后自救

自救是指被压埋人员尽可能地利用自己所处环境，创造条件及时排除险情，保护生命，等待救援。地震时如被埋压在废墟下，周围又是一片漆黑，只有极小的空间，一定不要惊慌，要树立生存的信心，相信会有人来救你，要千方百计保护自己。地震后，往往还有多次余震发生，处境可能继续恶化，为了免遭新的伤害，要尽量改善自己所处环境，此时，如果应急包在身旁，将会为你脱险起很大作用。

1. 要保护呼吸畅通。临震时首先要保持呼吸畅通，挪开头部、胸部的杂物，闻到煤气、毒气时，用湿衣服等物捂住口、鼻；避开身体上方不结实的倒塌物和其他容易引起掉落的物体；扩大和稳定生存空间，用砖块、木棍等支撑残垣断壁，以防余震发生后，生存环境进一步恶化。

2. 要设法脱离险境。如果找不到脱离险境的通道，尽量保存体力，用石块敲击能发出声响的物体，向外发出呼救信号；不要哭喊、急躁和盲目行动，这样会大量消耗精力和体力，尽可能控制自己的情绪或闭目休息，等待救援人员到来；如果受伤，要想法包扎，避免流血过多。

3．要设法维持生命。如果被埋在废墟下的时间比较长，救援人员未到，或者没有听到呼救信号，就要想办法维持自己的生命，尽量寻找食品和饮用水，必要时自己的尿液也能起到解渴作用。

五、震后互救

互救是指灾区幸免于难的人员对亲人、邻里和一切被埋压人员的救助。震后，专业救灾队伍不可能立即赶到救灾现场，在这种情况下，为使更多被埋压在废墟下的人员获得宝贵的生命，灾区群众积极投入互救，是减轻人员伤亡最及时、最有效的办法。抢救越及时，获救的希望就越大。据有关资料显示，震后20分钟获救的救活率达98％以上，震后1小时获救的救活率下降到63％，震后2小时还无法获救的人员中，窒息死亡人数占死亡人数的58％，他们不是在地震中被建筑物垮塌砸死，而是窒息死亡，如能及时救助，是完全可以获得生命的。由灾区群众参与的互救行动，在整个抗震救灾中起到了无可替代的作用。

（一）震后互救的原则

震后救人力求时间要快、目标准确和方法恰当。具体做法是：先救近处的，不论是家人、邻居，还是陌生人，不要舍近求远；先救容易救的人，这样可迅速壮大互救队伍；先救青壮年和医务人员，可使他们在救灾中充分发挥作用；先救"生"，后救"人"。唐山地震中一农村妇女，每救一个人，只把其头部露出，避免窒息，接着再去救另一个人，在很短时间内使几十人获救。

（二）现场施救的方法

应根据震后环境和条件的实际情况，采取行之有效的施救方法，目的就是将被埋压人员，安全地从废墟中救出来。通过搜寻，确定废墟中有人员被埋压后，判断其被埋压的位置，通过向废墟中喊话或敲击等方法传递营救信号。

1．现场施救的组织与准备。在进行营救行动之前，要有计划、有步骤，哪里该挖，哪里不该挖，都要有所考虑。曾发生过救援人员盲目行动，踩塌被埋压者头上的房盖，砸死被埋人员的情况，因此在营救过程中要有科学的分析和行动，才能收到好的营救效果，盲目行动，往往会给营救对象造成二次伤害。所以救助人员应用一些尽可能找到的简单工具，分工包片地进行抢救。先挖后救，挖救结合，按照抢挖、急救、运送的程序合理分工，提高抢救工作效率。

2．确定被埋压人员的位置。抢救时，应避免盲目图快而增加不应有的伤亡。可在通过被埋压人员的亲属的帮助迅速判断、查明被埋压者的位置后进行抢救，或根据被埋压人员的呼喊、呻吟、敲击器物的声音及露在瓦砾堆处的肢体留下的血迹初步判断被埋压的位置；依房屋结构类型、布置及其倒塌破坏的形式、地震发生时刻（昼夜），判断门窗、床、坚实家具等的位置，以判断室内被埋压人员的地点，进而可通过问讯和侦听反馈信号来确定被埋压者的位置。

3. 采取正确的施救方法。救人时应先确定伤员的头部，以准确、轻巧、快捷的动作，使头部、胸腹部暴露，并清除口鼻内的灰尘和异物，使其自行呼吸、自行脱险；如有窒息应及时实施人工呼吸。凡伤员不能自行挣脱出来的，不应强拉硬拽，而是抢扒使其全身露出，在查明伤情，采取止血、包扎、固定等急救措施后，迅速以适宜方式运送医疗站，交由医护人员处理。对饥渴、受伤、窒息较严重、埋压时间又较长的人员，救出后要用深色布料蒙上眼睛，避免强光刺激。

4. 施救中应注意的事项。①使用的工具（如铁棒、锄头、棍棒等）不要伤及埋压人员；②不要破坏埋压人员所处空间周围的支撑条件，引起新的垮塌，使埋压人员再次遇险；③应尽快与埋压人员的封闭空间沟通，使新鲜空气流入，挖扒中如尘土太大应喷水降尘，以免埋压者窒息；④埋压时间较长，一时又难以救出，应设法向埋压者输送饮用水、食品和药品，以维持其生命。

六、预防余震、清理环境

强烈破坏性地震发生后，短期内很可能还会有较强的余震，使已受到不同程度破坏的建筑物再次坍塌。因此，地震后不能麻痹大意，要积极预防强余震灾害。搭建防震棚，既可解决住宿问题，也是预防余震灾害的有力措施。清理环境主要是指清除人畜尸体。尸体腐烂很快，散发尸臭，污染环境，不但是各种疫病流行的根源，而且对人民群众的身心健康构成威胁。对于死亡人数较少的情况，应尽量安排迅速火葬；有较多人死亡的，应该在距居住地 5 公里以外，远离水源地，深度距地面 1 米以下埋葬。清理尸体时，消毒人员与挖埋人员要分工协作，首先要喷药物除臭，将尸体用塑料袋包严并扎紧袋口；运送尸体的车辆要在车厢垫一层砂土或塑料布，防止尸液污染车厢；同时也要做好尸体挖掘、搬运和掩埋人员的卫生防护工作：要穿防护服，轮换作业，事后做好消毒工作；要把饮水送到以上人员的口中，食堂要单独设置。此外，震区要大力杀灭蚊蝇，加强垃圾管理以及尽快恢复供水，做好防疫工作。

第三节　海啸的临灾处置

海啸是由于海底发生地震，因震波的动力而引起海水剧烈的起伏，形成强大的波浪，向前推进，将沿海地带全部淹没的自然灾害。

一、海啸的形式及危害

1. 海啸的形式。海啸通常由震源在海底下 50 公里以内、里氏地震规模 6.5

级以上的海底地震引起。海啸波长比海洋的最大深度还要大，在海底附近传播不受多大阻滞，不管海洋深度如何，波都可以传播过去，海啸在海洋的传播速度大约每小时 500 公里~1000 公里，而相邻两个浪头的距离也可能远达 500 公里~650 公里，当海啸波进入陆棚后，由于深度变浅，波高突然增大，高达数 10 米，并形成"水墙"，致使破坏性增大。

海啸传播到海岸时，一般有两种表现形式：第一种是滨海、岛屿或海湾的海水出现反常退潮或河流断水现象，然后海水又突然席卷而来，冲向陆地；第二种是海水陡涨，突然形成几十米高的水墙，伴随隆隆巨响向滨海陆地涌来，然后海水又骤然退去。

2. 海啸的危害。剧烈震动之后不久，巨浪呼啸，以摧枯拉朽之势，越过海岸线，迅猛地袭击岸边的城市和村庄，瞬时人们都消失在巨浪中。港口所有设施和被震塌的建筑物，在狂涛的洗劫下，被席卷一空。事后，海滩上一片狼藉，到处是残木破板和人畜尸体。地震海啸给人类带来的灾难是十分巨大的。2004 年 12 月 26 日，印度尼西亚海域发生里氏 9 级地震并引发海啸，这次海啸发生的范围主要位于印度洋板块与亚洲板块的交界处。这场突如其来的灾难给印度尼西亚、斯里兰卡、泰国、印度、马尔代夫等国造成巨大的人员伤亡和财产损失。海啸造成 18 万多人失踪或死亡，其中印尼死亡人数超过 17 万。[1] 保险业专家表示，这次海啸造成的损失可能会超过 130 亿美元。目前，人类对地震、火山、海啸等突如其来的灾难，只能通过预测、观察来预防或减少它们所造成的损失，但还不能控制它们的发生。

二、海啸的自救和互救

（一）海啸前兆及逃生

1. 地面强烈震动。地震海啸发生的最早信号是地面强烈震动，地震波与海啸的到达有一个时间差，正好有利于人们预防。地震是海啸的"排头兵"，如果感觉到较强的震动，就不要靠近海边、江河的入海口。如果听到有关附近地震的报告，要做好防海啸的准备。海啸有时会在地震发生几小时后到达离震源上千公里远的地方。

2. 潮汐突然反常涨落。海平面显著下降或有巨浪袭来时，必须以最快速度撤离岸边。此时千万不能去捡那些因海水退去而留在海滩上的死鱼或看热闹，必须迅速离开海岸，转移到内陆高处。航行在海上的船只不可以回港或靠岸，应该马上驶向深海区，深海区相对于海岸更为安全。

---

〔1〕 资料来源：《中国新闻网》，访问日期：2005 年 11 月 14 日。

（二）海啸时的自救与互救

（1）如果在海啸时不幸落水，要尽量抓住木板等漂浮物，同时注意避免与其他硬物碰撞。

（2）在水中不要举手，也不要乱挣扎，尽量减少动作，能浮在水面随波漂流即可。这样既可以避免下沉，又能够减少体能的无谓消耗。

（3）如果海水温度偏低，不要脱衣服。

（4）尽量不要游泳，以防体内热量过快散失。

（5）不要喝海水。海水不仅不能解渴，反而会让人出现幻觉，导致精神失常甚至死亡。

（6）尽可能向其他落水者靠拢，既便于相互帮助和鼓励，又因为目标扩大更容易被救援人员发现。

（7）给溺水者保温和补充热量。人在海水中长时间浸泡，热量散失会造成体温下降。溺水者被救上岸后，最好能放在温水里恢复体温，没有条件时也应尽量裹上被、毯、大衣等保温。注意不要采取局部加温或按摩的办法，更不能给落水者饮酒，饮酒只能使热量更快散失。给落水者适当喝一些糖水有好处，可以补充体内的水分和能量。

（8）如果落水者受伤，应采取止血、包扎、固定等急救措施，重伤员则要及时送医院救治。

（9）要记住及时清除落水者鼻腔、口腔和腹内的吸入物。具体方法是：将落水者的肚子放在你的大腿上，从后背按压，将海水等吸入物倒出。如心跳、呼吸停止，则应立即交替进行口对口人工呼吸和心脏挤压。

第四节　台风、龙卷风的临灾处置

一、台风的临灾处置

台风又称飓风，实际上是一种强烈的热带气旋。热带气旋是发生在热带海洋上的强烈天气系统，它像在流动江河中前进的涡旋一样，一边绕自己的中心急速旋转，一边随周围大气向前移动。在北半球热带气旋中的气流绕中心呈逆时针方向旋转，在南半球则相反。愈靠近热带气旋中心，气压愈低，风力愈大。但发展强烈的热带气旋，如台风，其中心却是一片风平浪静的晴空区，即台风眼。

根据中心风速，可将热带气旋分为六类：热带低压（TD）：底层中心附近最大平均风速10.8米/秒～17.1米/秒，也即中心风力为6级～7级。热带风暴（TS）：底层中心附近最大平均风速17.2米/秒～24.4米/秒，也即中心风力8

级～9级。强热带风暴（STS）：底层中心附近最大平均风速24.5米/秒～32.6米/秒，也即中心风力10级～11级。台风（TY）：底层中心附近最大平均风速32.7米/秒～41.4米/秒，也即中心风力12级～13级。强台风（STY）：底层中心附近最大平均风速41.5米/秒～50.9米/秒，也即中心风力14级～15级。超强台风（Super TY）：底层中心附近最大平均风速≥51.0米/秒，也即中心风力16级或以上。

（一）台风的形成及危害

台风的发生是一个复杂的过程，至今尚未彻底搞清。但如此庞然大物，其产生必须具备特有的条件。首先，要有足够广阔的热带洋面，并具备60米深的海水层，且温度保持在26.5℃以上。其次，在台风形成之前，预先要有一个弱的热带涡旋存在。再次，要有足够大的地球自转偏向力，因赤道的地转偏向力为零，而向两极逐渐增大，故台风发生地点大约离开赤道5个纬度以上。最后，在弱低压上方，高低空之间的风向、风速差别要小。

台风是影响范围广、危害性大的自然灾害，对人类安全构成巨大威胁。台风灾害主要表现为强风、暴雨和风暴潮。台风形成后，其中心附近风速很大。一个成熟的台风中心附近最大风速可达40米/秒～60米/秒，强劲的大风所造成的破坏相当巨大。台风暴雨洪水会淹没农田，毁坏农作物，导致粮食大幅度减产，甚至绝收，影响沿海渔业生产。台风还会毁坏房屋、通讯、交通、水利等基础设施，对国民经济各部门造成严重影响。

（二）台风预警（略，详见附录）

（三）台风临灾的应急准备

1. 准备食物和矿泉水。受台风影响，市民家里很可能遇上停电停水，准备些方便面、饼干等干粮和饮用水是必要的。另外，记住水电故障抢修电话。

2. 留意气象预报。多留意媒体报道、拨打气象电话（如96121）或通过气象网站等了解台风的最新情况，调整出行时间。气象台根据台风可能产生的影响，采用"消息"、"警报"和"紧急警报"三种形式向社会发布预报："消息"表示台风远离或尚未影响到预报责任区时，报道编号热带气旋的情况，警报解除时也可用"消息"方式；"警报"表示预计未来48小时内将影响本责任区的沿海地区或登临时发布警报；"紧急警报"表示预计未来24小时内将影响本责任区的沿海地区或登临时发布紧急警报。

3. 准备照明设施。家里最好准备一些诸如手电、蜡烛或蓄电的节能灯等照明工具，并备有干电池。因为万一遇上停电或是房屋进水，备用照明工具可以派上用场。

4. 检查高空物的摆放。遇台风时,折断的树枝、楼顶的广告、阳台花盆都会扛不住大风从天而降。台风来临之前,应清理自家阳台窗口的花盆衣架,检查楼道窗户,如果有破碎,应在第一时间修补完整,以免大风刮起时坠落伤人。

5. 疏通下水管防进水。地势低洼的居民区,积水带来的麻烦和危险还是能避则避。趁暴雨来临之前,先检查自家的排水管道,如果有条件最好疏通一遍。特别是住在一楼的住户,更要把一些浸不得水的电器、货物以及衣鞋,尽可能转移到高处。

6. 检查车库是否有积水可能。如果车子停在地下车库,一定要事先确定车库的排水系统是不是完善,免得台风过后,车子浸泡在水中。

(四)台风中的紧急处置

1. 台风来临时在家中的处置。听到警报后,用木板从外面将窗户封住。屋门及车库门应在上下两端处加固。如需出外躲避,就从外面加固;若留在屋内,就在屋里加固。门窗的玻璃用纸条或胶带贴成"米"字,缝隙处也要完全封死。在拉门或塑钢窗的滑道里放一个楔子,防止门在暴风雨中滑开。锁上通向阁楼的门窗,并用东西堵住,阻止大风刮进。

强台风过后不久,一定要在房子里或原先的藏身处呆着不动。因为台风的"风眼"在上空掠过后,地面会风平浪静一段时间,但绝不能以为风暴已经结束。通常,这种平静持续不到1个小时,风就会从相反的方向以雷霆万钧之势再度横扫过来,如果你是在户外躲避,那么此时就要转移到原来避风地的对侧。

2. 台风来临时在街道行走的处置。外出时尽量穿上雨衣,不要打伞。尽量远离高大树木、棚子、架子、架空的电线等。不要在高墙、广告牌及居民楼下行走,以免发生重物倾斜或高空坠物等突发事件。避开高层施工现场,不可靠近塔吊或工地围墙。注意街道积水,不要在道路边缘或打着漩涡的路上行走,以免落入窨井。风大造成行走困难时,可就近到商店、饭店等公共场所暂避。看见倾斜及倒下的电线杆等输电设施,要远远绕行,以避免触电。切忌在台风中盲目乱跑。

3. 台风中行车的处置。台风期间尽量不要开车外出,若有必要外出,要事前仔细检查车况,如雨刮器、刹车、各种灯光是否完好。若在行车中遭遇台风,应注意:减速慢行,减少频繁并线,保持与前方车辆的距离;开启雾灯,转弯时放慢速度轻转方向盘;特别注意从车辆侧面刮来的风,车速过快,容易翻车;遇有水洼地带,慢慢踩刹车、避开积水,注意不要与前车同时下水,防止前车因故停车;遇强风侵袭,应停于路边,不可强行驾驶。不要在树和广告牌下停车,楼上的花盆、空调室外机也要注意避开。

4. 台风中身处拥挤混乱的人群中的处置。台风中，若处于人群密集的地方，遭遇混乱往往更危险。应做好：深呼吸，用两只胳膊和肩膀、背部顶住压力；将胳膊放在胸前，有孩子也要这样保护；将两只脚一齐跳离地面，以免被踩住；不管朝哪个方向，要不断地移动；不要将双手交叉放在胸前，不要将手放在兜里。

5. 台风中不慎被卷入海里的处置。保持镇定，抓住身边任何漂浮物体。切忌惊慌失措，胡乱蹦跳消耗体力；落水前深吸一口气，下沉时咬紧牙关，让自然的浮力使你浮上水面，然后借助波浪冲力不断蹬腿，尽量浮在浪头上趋势前冲，奋力游向岸边；浪头到时挺直身体，抬头，下巴前挺，确保嘴露在水面上，双臂前伸或往后平放，身体保持冲浪板状态；浪头过后一面踩水前游，一面观察后一浪头的动向；大浪接近时可弯腰潜入海底，用手插在沙层中稳住身体，待海浪涌过后再露出水面。

二、龙卷风

龙卷风是从强对流积雨云中伸向地面的小范围快速旋转的漏斗状云柱。它的上端与积雨云相接，下端有的悬在半空，有的直接延伸到地面或水面，一边旋转，一边向前移动。龙卷风出现时，往往有一个甚至几个像大象鼻子一样的漏斗状云柱从云底向下伸展，同时伴有狂风、暴雨、雷电或冰雹。龙卷风经过水面，能把水吸到空中形成水柱，俗称"龙吸水"。

（一）龙卷风的形成及危害

龙卷风是云层中雷暴的产物。具体地说，龙卷风就是雷暴巨大能量中的一小部分在很小的区域内集中释放的一种形式。由于大气的不稳定性产生强烈的上升气流，在切变的风的作用下，上升气流在对流层的中部开始旋转，进而形成龙卷风核心，当发展的涡旋到达地面高度时，地面气压急剧下降，地面风速急剧上升，形成龙卷风。

龙卷风多发于春、夏、秋三季的下午到傍晚时分，其特点是：移动路径多呈直线，袭击范围较小，直径一般在十几米到几百米之间；移动速度较快，一般为40公里/小时～50公里/小时，最快可达100公里/小时；移动距离一般为几公里，少数也可达数十公里；持续时间较短，往往只有几分钟到几十分钟，最长不超过1小时；出现的随机性大，因此很难预报。

龙卷风有强弱之分，弱的仅能卷起衣服和草堆，强的则能拔树掀房，摧毁车辆、桥梁，也能把人、畜吸走，其破坏常是毁灭性的。在美国，龙卷风每年造成的死亡人数仅次于雷电。

（二）龙卷风的临灾准备

（1）注意媒体报道，如广播、电视等关于龙卷风的预报。

（2）识别龙卷云。龙卷云除具有积雨云的一般特征以外，在云底还会出现乌黑的滚轴状云，当云底见到有漏斗云伸下来时，龙卷风就会出现。

（3）提高警觉。防止山崩或道路坍方，山坡下和山区公路不宜停留或停车。为了生命的安全，应该及早离开。

（三）龙卷风中的处置

1. 室外遭遇龙卷风的处置。当在野外听到由远而近、沉闷逼人的巨大呼啸声时要立即躲避。这声音或"像千万条蛇发出的嘶嘶声"，或"像几十架喷气式飞机、坦克在刺耳地吼叫"，或"类似火车头或汽船的叫声"等。

在野外遭遇龙卷风时，记住要快跑，但不要乱跑。应以最快的速度朝与龙卷风前进路线垂直的方向逃离。来不及逃离的，要迅速找一个低洼地趴下。正确的姿势是：脸朝下，闭上嘴巴和眼睛，用双手、双臂保护住头部。开车外出遇到龙卷风，千万不能开车躲避，也不要在汽车中躲避，应立即离开汽车，到低洼地躲避。遇到龙卷风时，一定要远离大树、电线杆、简易房等，以免被砸、被压或触电。在电线杆或房屋已倒塌的紧急情况下，要尽可能切断电源，以防触电或引起火灾。

2. 室内遭遇龙卷风的处置。如果人在室内，要避开窗户、门和房子的外墙，要打开一些门窗，躲到与龙卷风方向相反的小房间内抱头蹲下。同时，用厚实的床垫或毯子罩在身上，以防被掉落的东西砸伤。躲避龙卷风最安全的地方是混凝土建筑的地下室或半地下室，简易住房很不安全。千万不要待在楼顶上。

第五节　暴雨、雷击的临灾处置

一、暴雨的临灾处置

我国气象部门规定，24 小时降雨量在 50 毫米以上的雨叫暴雨。暴雨来临时，往往乌云密布，电闪雷鸣，狂风大作。一般根据 24 小时降雨量的大小划分为：①降雨量在 50 毫米～100 毫米之间，称为暴雨；②降雨量在 100 毫米～200 毫米之间，称为大暴雨；③降雨量大于 200 毫米时，称为特大暴雨。

（一）暴雨预警及防御（略，详见附录）

（二）暴雨的临灾准备与避险

（1）检查房屋，如果是危旧房屋或处于地势低洼的地方，应及时转移。

（2）暂停室外活动，学校可以暂时停课。

（3）检查电路、炉火等设施是否安全，关闭电源总开关。

（4）提前收盖露天晾晒物品，收拾家中贵重物品放到档上或置于高处。

（5）暂停田间劳动，户外人员应立即到地势高的地方或山洞暂避。

（6）雨天汽车在低洼处熄火，千万不要在车上等候，应下车到高处等待救援。

二、雷击的临灾处置

雷电是由于云层相互摩擦、碰撞而使不同的云层带不同的电，当电压达到可以穿过空气的程度以后，临近的两片云层会发生放电现象，产生电花和巨大的响声。这就是人们所看到和听到的闪电和雷鸣。

（一）雷击的形成及危害

通常雷击有三种主要形式：①带电云层与大地上某一点之间发生迅猛的放电现象，叫做"直击雷"；②带电云层由于静电感应作用，使地面某一范围带上异种电荷，当直击雷发生以后，云层带电迅速消失，而地面某些范围由于散流电阻大，以致出现局部高电压，或者由于直击雷放电过程中，强大的脉冲电流对周围的导线或金属物产生电磁感应发生高电压以致发生闪击的现象，叫做"二次雷"或称"感应雷"；③"球形雷"。

自然界每年都有几百万次闪电。雷电灾害是"联合国国际减灾十年"公布的最严重的十大自然灾害之一。统计资料表明[1]，雷电造成的损失已经上升到自然灾害的第三位。据不完全统计，我国每年因雷击以及雷击负效应造成的人员伤亡达 3000～4000 人，财产损失达 50 亿元～100 亿元人民币。

（二）雷电的活动规律

（1）局部土壤电阻率小的地方易受雷击。因为雷电电流总是选取最易导电的途径。

（2）湖、塘、河边的建筑物易受雷击。

（3）空旷地区中的孤立建筑物易受雷击。

（4）高层建筑物周围的多层建筑物比其他地区的多层建筑物受雷击的概率要大。

（5）高层建筑物比多层建筑物易受雷击。因为高层建筑物容易产生更强烈的上行先导，将雷电引向本身。

（6）尖屋顶及高耸建筑物、构筑物易受雷击。

（7）高出周边建筑物的金属构件、设备易受雷击。

（8）金属屋顶或金属库容易受到二次雷击效应。建筑物本身构造及其附属构件能积蓄电荷的多少，对雷击影响很大，金属屋顶具有良好的导电性能，是易遭

---

[1] 资料来源：《浙江在线网》，访问日期：2004 年 9 月 3 日。

雷击的部位。

（三）雷击的应急准备与处置

1. 判断雷电。日常要养成收听天气预报的习惯，及时掌握天气趋势。同时可以通过感官来估计判断雷电是否即将来临。

（1）仰望天空：当空中浓密乌云（积雨云）开始堆积、变大变黑、云顶发展很快时，就有可能发生雷暴，此时就要想办法尽快到安全的地方躲一躲。

（2）倾听杂音：如果你从小型收音机中听到刺耳的杂音，即表示附近可能有雷雨云。

（3）估计距离：判断何时雷暴将到达，最简单的方法是当看到闪电时，通过计算看见闪电与听到雷声的间隔时间长短，来判断你所处位置与落雷的距离。如果间隔长，代表雷电离你远，反之则离你近。

2. 室内防雷。①一定要关好门窗，尽量远离门窗、阳台和外墙壁；②不要靠近、更不要触摸室内的任何金属管线；③不要使用任何家用电器，拔下所有的电源插头；④不要使用太阳能热水器洗澡，不宜使用水龙头；⑤发生雷击火灾时，要赶快切断电源，不要带电泼水救火，要使用干粉灭火器等专用灭火器灭火，并迅速拨打 119 或 110 电话报警；⑥不要打电话和手机。

3. 室外防雷。①应迅速躲入有防雷设施保护的建筑物内或者很深的山洞里，汽车内也是躲避雷击的理想地方。②远离树木、电线杆、烟囱等尖耸、孤立的物体。不宜进入孤立的棚屋、岗亭等低矮建筑物。绝对远离输电线。③找一块地势低洼的地方蹲下，双脚并拢，手放膝上，身体前屈。注意不要人群集中在一起或牵手靠在一起。④在空旷的场地，不要打雨伞，不宜把羽毛球、高尔夫球棍等扛在肩上。⑤游泳或从事水上作业，要尽快离开水面及其他空旷场地。⑥雷电天气不宜开摩托车、骑自行车赶路，打雷时切忌狂奔。⑦人在遭受雷击前，会突然有头发竖起或皮肤颤动的感觉，这时应立刻躺倒在地，或选择低洼处蹲下，双脚并拢，双臂抱膝，头部下俯，尽量降低自身位势、缩小暴露面。

（四）雷击急救（略，详见第十九章第三节）

第六节　洪水、泥石流的临灾处置

一、洪水的临灾处置

（一）洪水的特点及危害

洪水是指江河水量迅猛增加及水位急剧上涨的自然现象。洪水的形成往往受气候、下垫面等自然因素与人类活动因素的影响。按地区可分为河流洪水、融雪

洪水、注川洪水、冰凌洪水、雨雪混合洪水、溃坝洪水六种。我国河流的主要洪水大多是暴雨洪水。具体来说我国洪水的一般特性有:

1. 季节性明显,时空分布不均匀。据统计,4~10月全国大部分地区降雨量占全年平均降雨量的70%以上,6~8月降雨量占全年平均降雨量的50%左右。所以说,我国暴雨洪水多发生在春夏秋季节。

2. 洪水峰高量大,干支流易发生遭遇性洪水。我国地形的特点是东南低、西北高,有利于东南暖湿气流与西北冷空气交汇的加强,地面坡度大,植被条件差,导致汇流快,洪水量级大。我国几条主要河流面积较大,干支流经常发生遭遇性洪水,区间来水多,洪峰叠加,易形成峰高量大的暴雨洪水。

3. 洪水年际变化大。我国七大流域洪水年际变化很大,各年洪峰流量相差甚远,北方比南方更明显。如长江以南地区大水年的洪峰流量一般为小水年的2倍~3倍,而海河流域大水年和小水年的洪峰流量相比可相差几十倍甚至上百倍。

4. 大洪水的阶段性和重复性。从时间上讲,一个流域出现大洪水的时序分布虽然是不均匀的,但从较长时间观察来看,在许多河流上,一个时期大洪水发生的频率较高,而另一时期频率较低,频发期和低发期呈阶段性的交替变化。另外,在高频期内大洪水往往连年出现,有连续性。从空间上讲,我国暴雨洪水的发生与当地的天气和地形条件有密切关系,凡是近期出现大洪水的流域和区域,历史上也都发生过类似的大洪水,重复出现暴雨洪水的现象普遍存在。如1998年长江大洪水即类似1954年长江大洪水。

(二) 洪水的应急准备

(1) 根据当地电视、广播等媒体提供的洪水信息,结合自己所处的位置和条件,冷静地选择最佳路线撤离,避免出现"人未走水先到"的被动局面。

(2) 认清路标,明确撤离的路线和目的地。

(3) 储备必要物资。①备足速食食品或蒸煮够食用几天的食品,准备足够的饮用水和日用品;②扎制木排、竹排,搜集木盆、木材、大件泡沫塑料等适合漂浮的材料,加工成救生装置以备急需;③将不便携带的贵重物品做防水捆扎后埋入地下或放到高处,票款、首饰等小件贵重物品可缝在衣服内随身携带;④保存好尚能使用的通讯设备。

(三) 洪水中的处置

(1) 突然遭遇洪水袭击,要沉着冷静,快速转移。转移时要先人员后财产,先老幼病残人员,后其他人员。

(2) 洪水到来时,来不及转移的人员,要就近迅速向山坡、高地、楼房、避洪台等地转移，或者立即爬上屋顶、楼房高层、大树、高墙等高的地方暂避。

（3）如洪水继续上涨，暂避的地方已难自保，则要充分利用准备好的救生器材逃生，或者迅速找一些门板、桌椅、木床、大块的泡沫塑料等能漂浮的材料扎成筏逃生。

（4）如果已被洪水包围，要设法尽快与当地政府防汛部门取得联系，报告自己的方位和险情，积极寻求救援。注意：千万不要游泳逃生，不可攀爬带电的电线杆、铁塔，也不要爬到泥坯房的屋顶上。

（5）如已被卷入洪水中，一定要尽可能抓住固定的或能漂浮的东西，寻找机会逃生。

（6）发现高压线铁塔倾斜或者电线断头下垂时，一定要迅速远避，防止直接触电或因地面"跨步电压"触电。

（7）洪水过后，要做好各项卫生防疫工作，预防疫病的流行。

二、泥石流的临灾处置

（一）泥石流的特点及危害

泥石流是山区沟谷或斜坡上由暴雨、冰雪消融等引发的含有大量泥沙、石块、巨石的特殊洪流。由于含有大量固体碎屑物（含量在 $15\% \sim 80\%$），其运动过程中会产生巨大动能，流速、流量和冲刷撞击能力都远大于山洪，对生命财产及工农业生产造成巨大危害。泥石流暴发突然、猛烈，持续时间不长，通常在几分钟至一两个小时内结束。由于泥石流较难准确预报，易造成较大伤亡。1970年南美秘鲁的安第斯山发生冰川泥石流，将 3000 多万立方米的冰雪泥石冲入容加依城，顷刻间全城被彻底摧毁，3 万居民全部遇难。2005 年 10 月 2 日晚，福州武警指挥学校某部驻地遭受泥石流袭击，造成 85 人死亡。[1] 泥石流的特点如下：

1. 短暂的断流现象与巨大的轰鸣声。很多泥石流暴发之初常可听到由沟内传出的犹如火车轰鸣声或响雷声的声音，地面也发出轻微的震动，有时在响声之前，原在沟槽中流动的水突然出现片刻断流。

2. 强劲的冲刷、铲刮与侧蚀。泥石流在沟谷的中上游段具有强烈的冲刷、铲刮沟道底床的作用，常使沟床基岩裸露，岸坡垮塌。另外，在中下游段常侧蚀掏刷河岸阶地，使岸边沿线的道路交通、水利工程、农田及建筑物受到破坏。

3. 弯道超高与遇障爬高。泥石流运动时直进性很强，当处于河道拐弯处或遇到明显的阻挡物时，泥石流不是顺沟谷平稳下泻，而是直接冲撞河岸凹侧或阻

---

〔1〕 资料来源：《新华网》，访问日期：2005 年 11 月 13 日。

314

碍物。

4. 巨大的撞击、磨蚀现象。快速运动的泥石流动能大、冲击力强，据研究测定，当直径1米的大石块运动速度为5米/秒时，冲击力可达140吨。

5. 严重的淤埋、堵塞现象。在沟内及沟口的宽缓地带，由于地形纵坡度减小，泥石流流速会骤然下降，大量泥沙石块停积下来，堆积堵塞河道，淤埋农田、道路、水库、建筑物等目标。一些大规模泥石流的冲出物质堆堵在河道，可构成临时性的"小水库"，致使上游水位抬高，然而这种堵坝一旦溃决又会形成洪水泥石流，再次对下游造成危害。

6. 阵流现象。这种现象主要发生在黏性泥石流中。其特征是自泥石流开始到结束，沿途出现多次泥石流洪峰，即多次泥石流龙头，各次龙头出现的间隔时间长短不一。

（二）泥石流的临灾准备与处置

1. 感知泥石流前兆。①河流突然断流或水势突然加大，并夹杂着较多杂草、树枝；②深谷或沟内传来类似火车轰鸣或闷雷般的声音；③沟谷深处忽然变得昏暗，并伴随着轻微的震动感；④泥石流沟谷下游洪水突然断流。

2. 临灾准备。①泥石流多发区居民要注意自己的生活环境，熟悉逃生路线。②注意政府部门的预警和泥石流的发生前兆，在灾害发生前互相通知、及时准备。③去山地游玩要注意收听当地天气预报，不在暴雨之后或持续阴雨天气进入山区。④宿营时，要选择平整的高地作为营地，避开河（沟）道弯曲的凹岸或地方狭小、高度又低的凸岸；不要在沟道处或沟内的低平处搭建宿营棚。⑤在沟谷遭遇暴雨、大雨时，要迅速转移到安全的高地，不要在谷地或陡峭的山坡下避雨。

3. 临灾处置。①发现有泥石流迹象，要向沟谷两侧山坡或高地跑。但注意不要在土质松软、土体不稳定的斜坡停留，千万不要沿着沟向上或向下奔跑。②不要躲在有滚石和大量堆积物的山坡下面。③不要停留在低洼处，也不要攀爬到树上躲避。④不要躲在河（沟）道弯曲的凹岸或地方狭小、高度又低的凸岸。⑤逃生时抛弃重物。

三、滑坡的临灾处置

滑坡是指斜坡上的土体或者岩体，受河流冲刷、地下水活动、地震及人工切坡等因素影响，在重力作用下，沿着一定的软弱面或者软弱带，整体地或者分散地顺坡向下滑动的自然现象。俗称"走山"、"垮山"、"地滑"、"土溜"等。产生滑坡的主要条件一是地质、地貌条件；二是内外营力（动力）和人为作用的影响。

（一）滑坡前兆

1．滑坡前缘土体突然强烈上隆鼓胀。这是滑坡向前推挤的明显迹象，表明即将发生较为深层的整体滑动，滑坡规模也较大，具有整体滑动的特征。通常伴随前缘建筑物的强烈挤压变形，甚至错断。

2．滑坡前缘突然出现局部滑坍。这种情况可能会使滑坡失去支撑而即将发生整体滑动，但是，也可能是局部的失稳。应该及时报告主管部门，及时查看滑坡前后缘和两侧的变形情况，进行综合判断。

3．滑坡前缘泉水流量突然异常。滑坡前缘坡脚有堵塞多年的泉水突然涌出，或者发生泉水（水井）突然干枯、井水水位突然变化等异常现象的发生，说明滑坡体变形滑动强烈，可能发生整体滑动。

4．滑坡地表池塘和水田突然下降或干涸。滑坡表层修建的池塘或水田突然干枯、井水水位突然变化等异常现象的发生，说明滑坡体上出现了深度较大的拉张裂缝，并且水体渗入滑坡体后，加剧了变形滑动，可能发生整体滑动。

5．滑坡前缘突然出现规律排列的裂缝。滑坡前部，甚至中部出现横向及纵向放射状裂缝时，表明滑坡体向前推挤受到阻碍，已经进入临滑状态。

6．滑坡后缘突然出现明显的弧形裂缝。地面裂缝的出现，说明山坡已经处于不稳定状态。弧形张开裂缝和水平扭动裂缝圈闭的范围，就是可能发生滑坡的范围。滑坡后缘的裂缝急速扩展，并从裂缝中冒出热气（或冷风）。

7．简易观测数据突然变化。滑坡体裂缝或变形观测数据突然增大或减小，说明出现了加速变化的趋势，这是明显的临滑迹象。

8．危岩体下部突然出现压裂。在崖下突然出现岩石压裂、挤出、脱落或射出，通常伴随有岩石开裂或被剪切挤压的声响，这种迹象表明可能发生崩塌。

9．动物出现异常现象。猪、牛、鸡、狗等惊恐不宁，不入睡，老鼠乱窜不进洞，可能是滑坡、崩塌即将来临的前兆。

总之，滑坡灾害的发生通常具有综合的前兆，单一由个别的前兆来判定灾害可能会造成误判，带来不良的社会影响。因此，发现某一前兆时，必须尽快查看，迅速做出综合的判定。若同时出现多个前兆时，必须迅速疏散人员，并报告当地主管部门。

（二）临灾准备

临时避灾不是灾难临头才想起避灾，而是要从发现灾害前兆之时起，就要有所准备，因为"有备"，才能"无患"。躲避地质灾害应做好以下几方面的准备：

1．预先选定临时避灾场地。在危险区之外选择一处或几处安全场地，作为避灾的临时用地。要把地质安全放在第一位，避免从一处危险区又迁到另一处地质灾害危险区内。

2. 预先选定撤离路线、规定预警信号。通过实地踏勘选择好转移路线，转移路线要尽量少穿越危险区，沿山脊伸展的道路比沿山谷伸展的道路更安全。事先约定好撤离信号（如广播、敲锣、击鼓、吹号等），同时还要规定信号管制办法，以免误发信号造成混乱。

3. 落实公布责任人。要事先落实并公布地质灾害防灾避灾总负责人，以及疏散撤离、救护抢险、生活保障等各项具体工作的负责人。通过电视、有线广播等途径，对拟订的避灾措施进行广泛宣传，做到家喻户晓；必要时还应组织模拟演习，以检验避灾措施的实用性，针对发现的问题，对方案进行完善。

4. 预先做好必要的物资储备。有条件时，应在避灾场地预先搭建临时住所，使群众在避灾过程中拥有基本的生活条件。群众的财产和生活用品可以提前转移到避灾场所，这样既能方便群众生活又可减少财产损失。交通工具、通讯器材、雨具和常用药品等，也应根据具体情况提前做好准备。

（三）灾后自救

滑坡地质灾害发生后，在专业救灾队伍未到之前，应即时采取必要的避灾措施。

1. 不要立即进入灾害区搜寻财物，以免因再次发生滑坡、崩塌而造成事故。当滑坡、崩塌发生后，后山斜坡并未立即稳定下来，仍会不时发生崩石、滑坍，甚至还会继续发生较大规模的滑坡、崩塌。因此，不要立即进入灾害区去挖掘和搜寻财物。

2. 立即派人将灾情报告政府。偏远山区地质灾害发生后，道路、通讯毁坏，无法与外界沟通，应该尽快派人将灾情向政府报告，以便尽快开展救援。

3. 迅速组织村民查看是否还有滑坡、崩塌发生的危险。灾害发生后，在专业队伍到达之前，应该迅速组织力量巡查滑坡、崩塌斜坡区和周围是否还存在较大的危岩体和滑坡隐患，并应迅速划定危险区，禁止人员进入。

4. 查看天气，收听广播，收看电视，关注是否还有暴雨。根据多年的经验，并注意收听广播、收看电视，了解近期是否还会有发生暴雨的可能。如果将有暴雨发生，应该尽快对临时居住的地区进行巡查，建立防灾应急预案，指定专门的人员时刻监视斜坡和沟谷情况，避免新的灾害发生。

5. 有组织地搜寻附近受伤和被困的人。撤离灾害地段后，要迅速清点人员，了解伤亡情况，对于失踪人员要尽快组织人员进行查找搜寻。

【案例】18—1　攀枝花"8·30"大地震中村民的逃生经历

2008 年 8 月 30 日 16 时 30 分，四川攀枝花发生 6.1 级地震，截至 9 月 2 日

18 时，攀枝花会理地震已造成四川、云南两省109.7万人受灾，38人死亡。这是继四川汶川大地震后，该年发生的损失最大的一次地震。处于震中的成千上万幸存者又是如何死里逃生的？他们的幸运，是否和之前的汶川大地震有着联系？下面的一些幸存者的口述已经给出了肯定答案。

幸存者1：段某，76岁，会理黎溪镇村民。伤情：普通外伤。口述：那天我正在屋头睡觉，突然听到儿媳妇在屋外喊："爸！地震了！"我刚起身准备往外头跑的时候，发觉只穿了一条内裤。想到儿媳妇在外面，如果我光叉叉地跑出去，肯定不好意思。就顺手抓起裤子准备穿，但这个时候我想到几个月前在电视上看到的地震，房子一下被震倒了把人砸死。我就想还是命要紧，管他差不差哦！于是拿着裤子就往外跑。

幸存者2：李某，46岁，会理新桥村村民。伤情：其妻左足皮肤裂伤。口述：当时我们正在堂屋里吃饭。突然听到房子发出"咯吱咯吱"的巨响声，我没想就大喊了一声："地震了！"我们一家三口就立即起身往外跑，门口是一个岔口，往左是两层高的土坯房，往右是一层高的土坯房。因为那段时间，电视里一天到晚都在说：躲避地震时，不要在高房子下面。于是我就拉着儿子朝右边跑去，但我突然发现妻子是朝左边跑的，我就顺手拉了她一把，并大喊了一声："朝这边跑！"结果话还没喊完，就听到"轰"的一声，那个两层高的房子外墙就倒了下来。漫天都是泥灰，妻子"啊"了一下，她的左脚被砸到了。我们赶紧叫人来把她脚上的泥墙抬了起来，发现她一脚都是血。

幸存者3：讲述者：李某，9岁，会理莲塘村人。伤情：左脚坏死被截肢。口述：那天我和家人正在堂屋里吃饭，突然听到地下传来"轰隆隆"的声音，我还发觉了碗也在摇动。我马上就想到是地震了，于是高喊："地震了！"然后就起身往外跑。我刚跑到门口，身后的屋顶已经在往下垮，噼里啪啦的，这个时候我突然被打倒在地，呛了几口泥灰，觉得脚很痛很痛，转身一看：一坨大火砖已经把我的左脚掌打成肉酱了！当时痛得我好想哭，但我觉得我不能哭，因为之前在报纸上看了很多地震新闻，我觉得如果我继续倒在地上的话，肯定会被继续掉下来的火砖砸到，说不定命都没了。于是我就准备站起来，但我觉得我的脚根本用不上劲，我就只好爬。爬的时候就像迷迷糊糊地在梦中一样，只知道尽量能往前面一点。可能刚爬了1米的样子，我就昏了过去。后来我醒了，也震完了。爸爸哭着安慰妈妈："娃娃还是命大，要是他不爬那一截，可能命都没有了。"

四川省地震局"8·30"地震调查结果表明，虽然此次地震的一些特殊性放大了它的破坏力，但政府和传媒此前对"5·12"这堂地震知识课的有效传播，使当地人防震意识得到很大提高，并且对不同情况下的逃生技巧有了一定了解，极大地减少了受灾地区的伤亡。

【案例】18－2　印度洋海啸中一个小女孩的成功逃生

2004 年 12 月 26 日，印度尼西亚海域发生里氏 9 级地震并引发海啸，海啸袭击了斯里兰卡、印度、泰国、印尼、马来西亚、孟加拉图、马尔代夫、缅甸和非洲东岸等国家和地区，造成 30 余万人丧生，上百万人丧失家园。然而在这场人类近 200 多年来死伤最惨重的海啸灾难中，却有一例成功逃避灾难的事情。

发生海啸的当天早晨，一位来普吉岛过圣诞节的英国小女孩与家人到海滩散步，看到"海水开始冒泡，泡沫发出咝咝声，就像煎锅一样"。凭着她刚在两周前在学校学到的地理知识，小女孩迅速判断出，这是海啸即将到来的迹象。她急忙告诉父母，由父母通知他们住宿的万豪酒店的职员，立即疏散了所有在海滩上的旅客。由于她及时发出预警，约 100 名游客在海啸到达前几分钟撤退，幸免于难。这位英国小女孩就是后来被媒体称为"沙滩天使"的蒂莉·史密，当年她只有 10 岁。

【案例】18－3　飓风"卡特里娜"中美国民众的危机意识

2005 年 8 月 25 日，5 级飓风"卡特里娜"给美国路易斯安那、密西西比等州造成巨大破坏，整个受灾范围几乎与英国国土面积相当。截至 9 月 18 日，官方统计的死亡数字已升至 883 人。美国国会预算局评估报告显示，"卡特里娜"飓风将导致约 40 万人失业，2005 年下半年美国经济增长率将降低 1 个百分点。据估计，"卡特里娜"飓风至少毁坏了 15 万处产业，损失金额在 250 亿美元～1000 亿美元之间。这次惨烈的灾难，与新奥尔良等沿海地区在城市规划发展上忽视了防灾因素以及美国政府应急反应迟缓有直接关系，但与受灾地区民众危机意识淡薄也不无关联。很多当地居民对飓风的危害毫不知情，也满不在乎。这可能与这个"美国爵士乐诞生地"和"悠闲之都"的新奥尔良人的"慢节拍、不在乎"习性有关。在政府下达撤离令时，很多人因眷念财产而不愿撤离。而美国纽约大学的一项调查表明，多数美国人对灾害存在侥幸心理，认为自己的家才是最安全的地方。许多人表示在听到灾害预报后将会储备一些食品和水，而决定撤离则是警察和红十字会的事情。

【案例】18－4　湖面雷击事件

2008 年 6 月 23 日晚上 7 点，国家级重点风景名胜区浙江千岛湖湖域雷雨大作，一艘去杨梅岛采收杨梅的挂机船被雷电击中，导致 3 人死亡，4 人受伤。据幸存者回忆，当晚 7 点左右，船靠杨梅岛，一位帮工跳上岸，正要系缆绳时，霹雳从天而降，击中小船，船上船下 8 人顿时瘫倒在地。气象专家认为被雷击是一件概率非常小的事，这次事件有一定的偶然性。不过，其中也有一定原因。①当时船在湖面上，相对宽广的湖面，船就是制高点，雷打高点，这个大家都知道。②湖是雷暴喜欢的地方。因为湖面开阔，水汽蒸发会在湖面上形成很多小水滴，有点像雾，水是会导电的，再加上这些小水滴自己还会上下运动产生电，很容易引发雷暴。③那艘船船顶包着白铁皮，金属是导体，就更容易被雷击中了。这艘挂机船是被落地雷击中的。而据杭州市气象台统计，23日下午至上半夜，整个杭州地区共出现了4918次落地雷。

【案例】18—5　一起特大山体滑坡灾害的成功避让

2004年5月16日，浙江省P县遭遇当年省内最大的一次山体滑坡灾害，滑坡土方总量约23万立方米，巨大的泥浆把所在村村民的房子推出100多米远。然而，这起可能会造成群死群伤大悲剧的灾害事件，结果却无一人死伤，而且还最大限度地减少了村民的财产损失。这次成功的避让源于当地政府在应急管理中具有敏锐的鉴别力、果断的决策力和科学的统筹协调能力。

2003年底，当地村民上山时发现山体有细微的裂缝，即报告了本村的地质灾害预警信息员，这一情况通过该县建立的县、乡（镇）、村三级地质灾害预警信息网络，迅速传达到县主要领导，县长赵某即带领有关部门到实地察看。他们随即采取了三项对策：第一个对策是，当天下午即与省地质三大队联系，请专家到现场进行踏勘、分析，重视、倾听专家的意见。专家通过缜密科学的分析后，认为此处山体会出现大面积滑坡。得到此灾害预报后，第二个对策是与专家一起根据将出现塌方的总量、位置等，最终决定采取山下的村民必须搬迁避让的治理方案。但村民对搬迁十分抵触。于是县政府采取了第三个对策，一方面紧急启动应急预案，每周两次对滑坡体进行巡查，并做好记录，确保监控到位，并在开裂山体公路两端设立警示牌，雨天禁止行人通行；另一方面做山下农户人员搬迁、房屋腾空的细致思想工作，同时县里从地质灾害地方配套专项基金中，拨付专款安排农户的补助款项和治理费用，对执意不搬的村民拟实行强制搬迁，最终使搬迁工作得以完成。

【案例分析题】

1. 案例18—1中，"8·30"大地震中村民的逃生经历对你有何启发？
2. 通过案例18—2，谈谈如何加强成年人的危机知识教育？
3. 根据案例18—3，分析危机意识和危机处置的关系。
4. 案例18—4中，伤亡者在雷暴天气中的避险措施的不当之处有哪些？
5. 案例18—5中，成功避险的关键因素有哪些？

【思考讨论题】

1. 我国自然灾害的特点及分类是什么？
2. 自然灾害现场处置机制的基本内容是什么？
3. 在地震、海啸、台风、龙卷风、暴雨、雷击、洪水、泥石流事件中如何自救和避险？

【实务操作题】

选择一种自然灾害，制作一份自然灾害中逃生和避险的宣传材料。

第十九章　家庭应急处置

【学习内容】

本章介绍了家庭应急机制的基本内容。其中家庭应急预防、家庭应急评估和家庭应急方案是学习重点。

【学习目标】

通过本章的讲授及进行案例分析、思考讨论和实务操作等学习活动，学生应熟悉家庭应急机制的基本内容，掌握常见的家庭急救技术，会编制家庭应急方案。

第一节　家庭应急机制

一、家庭应急预防

（一）安全常识学习

（1）了解本地区和家庭周围经常发生的灾害事件和应对各种灾害事件的基本常识。

（2）熟悉家中水、电、气总阀的位置、关闭的情势和程序。

（3）熟悉紧急救护常识和灭火器的使用方法。

（4）牢记各类常用的紧急电话，如火警电话、匪警电话、急救电话等等，尤其要教会孩子如何拨打110报警电话。

（5）参加灾难应对和急救知识培训班，在家庭成员中普及安全知识，尤其要教会孩子应急常识，至少每半年给孩子讲述一次安全知识。

（二）家庭安全检查

通过核实家中安全事项，来寻找家庭中的安全隐患，并加以整改。家庭中通常存在许多安全盲点，应逐一核对是否注意到了以下安全事项：

安全事项	检查内容
消防安全	○ 在家中是否装设油烟警报器，注意安装位置和房间，尤其要重视卧室。 ○ 厨房是否备有灭火器，放置的位置在哪里，家庭所有成员是否了解使用方法。 ○ 灯具是否远离窗帘、衣物等易燃物品。 ○ 家中是否堆积易燃物品。
水电气安全	○ 检查家中电线有无老化、裸露甚至断裂等现象。电气线路有无超负荷使用情况。电气线路上的插头、插座是否牢靠。家中所用保险丝是否有洞、是否有铁丝代替现象。 ○ 燃气管道安装是否牢固、软管是否老化。燃气管道、阀门处是否漏气，燃气炉灶处是否通风良好。 ○ 电视机或影音器材上是否放置了盛水的花瓶、水杯等容器。
信息安全	○ 电脑重要信息有无备份、加密。 ○ 出生证、结婚证、护照、执照证件、遗嘱、房产证和保险单等重要证件是否复印，原件和复印件分别存放的位置在哪里。 ○ 家中财产是否购买保险。
意外伤害	○ 衣橱等高处是否堆放行李箱等重物。 ○ 浴室地面是否铺垫子或大毛巾，以防老人或儿童滑倒。
紧急逃生	○ 针对不同灾难和事件，能否确定家庭中的避难点或"安全房间"。 ○ 每个房间是否都能找出两条逃生路线，如通过房门逃生或借助窗外管道逃生。 ○ 窗户是否保持开关自如。逃生通道是否通畅。
紧急求助	○ 是否将家庭紧急联络人、消防队、派出所电话号码贴在靠近家中电话的地方。
应急准备	○ 家庭是否储存了应急物品并准备了家庭应急包。 ○ 是否制定了火灾逃生预案。

二、家庭应急评估

家庭应急评估是在对危及家庭的危险因素进行识别和风险分析的基础上所作出的突发事件对家庭破坏程度的判断。家庭应急评估应尽量把影响家庭安全的内外因素罗列出来，并对周边的应急资源和应急能力一并加以考虑。主要要做到：

（1）咨询当地最可能发生的灾难会是什么以及应该为不同的灾难做些什么样的准备。

（2）熟悉各种警告信号，当听到这些警告信号时，能准确地断定究竟发生了什么以及应该怎样行动。

（3）如果家里有老人以及行动不便的人，应了解灾难发生时怎样给予他们帮助。

（4）了解在其他各种场所，比如家人工作的地方，孩子上学、上幼儿园、托儿所以及家人经常去的地方，应该制定什么样的紧急预案。

（5）咨询当灾难发生时，家养的宠物应该怎样得到保护。因为考虑到可能影响家人健康，当出现紧急事件时，宠物可能不被允许进入紧急避难所。

以下清单列出了自然灾害及其他危险。请勾出最有可能在您的社区发生的危险。

○ 暴风雪	○ 断电
○ 台风	○ 停水
○ 龙卷风	○ 停气
○ 暴风	○ 暴发传染病
○ 泥石流或雪崩	○ 危险物泄漏
○ 洪水	○ 工业事故
○ 海啸	○ 交通事故
○ 地震	○ 森林火灾
○ 干旱	○ 恐怖事件
○ 恶劣天气（高温/严寒）	○ 其他＿＿＿＿＿＿＿＿

三、家庭应急方案

家庭应急方案的起草人应召开家庭会议，和家庭每一位成员一起讨论和完善家庭应急方案，以制定出自家独特的应急方案。尤其要重视老人、儿童的意见，并要求各位成员熟记应急方案的内容，可将应急方案的附图或附表贴在家中显眼处，必要时可以组织家庭内部应急演练。家庭应急方案具体内容大致包括：

（一）家庭疏散线路和家庭成员集合处

1. 事先要了解住所周围的社区和地区的疏散线路。简单画出家里各房间至所住楼层安全出口的撤离线路图，保证每个房间有两个紧急出口。

2. 设定集合处。为防止突发事件造成联络中断，家人无法在短时间内汇合，应确定紧急状态时的"家庭成员集合处"，最好有两处：①家中发生意外时可去的屋外安全地点；②当发生意外难以到达①地点时，可去的本市某交通便捷地。

家里的紧急出口：_____

从所在居民点疏散的线路：_____

家附近的安全集合处：_____
所在居民点附近的安全集合处：_____

（二）家庭紧急联络人

在本市和外市各选择一位"家庭紧急联络人"。这样，事故发生时，家庭成员可以通过此两位固定的联络人取得联系。将"家庭紧急联络人"的号码和常用报警号码贴在家中电话机上或近旁。

联系人	姓名	家庭电话	工作电话	手提电话	电子邮件	家庭地址
本市以内						
本市以外						

本地紧急情况电话号码：

火警，公安局，交通事故处理中心，急救中心：119，110，122，120（或者统一拨110）

其他：_____

_____

非紧急情况号码：_____
派出所：_____
火灾：_____
医疗门诊：_____
其他联系电话：_____

_____

（三）家庭成员信息卡

为每位家庭成员准备一张信息卡（老人和儿童尤其必需）。上面记录本人的姓名、家庭住址、家庭其他成员、联络电话、年龄、血型、既往病史等信息。信息卡应每年更新，并在工作单位和邻居家备份。

姓名		年龄		血型	
家庭住址				电话	
家庭其他成员				电话	
既往病史					
朋友					
邻居					

（四）孩子的应急安排

向孩子的学校或幼儿园询问他们的紧急情况对策，了解他们在紧急情况下如何与家长联络。如果自己不能接孩子，而需要指定人去接，要了解学校或幼儿园要求何种授权才能把孩子交给指定的人。要保证学校或幼儿园有家长、看护人和指定联系人的最新通讯录。

指定人1：_____ 电话：_____

指定人2：_____ 电话：_____

（五）有特殊健康需要的人

建立一个由朋友、亲戚、医疗保健人员、同事和邻居构成的个人支持网络，以保证您的特殊需要。将您详细的医疗状况、过敏反应、外科手术史、家庭病史、在用药物、健康检查、近期免疫、紧急联络人和保险等情况写在纸上。准备一个方便药箱，内有够两周用的药物和医疗器具，如果可能，也装入处方和医疗文件。

健康信息：_____

_____

药物和医疗器具：_____

_____

方便药箱的放置地方：_____

（六）邻里安全计划

与您的邻居合作，以保证邻里中每个人都得到照应。了解哪些人在紧急情况下需要特别帮助，哪些人具有应急特殊技能，结成小组，相互照应。

四、家庭应急处置的程序和方法

（一）什么时候拨打报警救助电话

紧急情况出现时，应向相关机构报告。如果是非紧急情况，请使用列在当地电话簿里的7位数电话拨打警察局、救火队和护理服务站的电话。

（二）应急行动

在重大灾害情况下，按照自己的紧急情况方案行事。带上您的紧急物品包，先保证自身安全，然后再帮助别人。从电台或电视收听、收看官方播报的信息，当地政府可能会通知你留守在原处，按他们的要求去做，留在原地，直到一切都安全了再走动或按照要求疏散。

（三）安全疏散

除非官方有理由相信你处于危险之中，否则不会要求你从家里离开。当听到安全疏散的指令时，要立刻疏散，疏散时应注意以下事项：

（1）认真收听收音机，严格按照地方政府有关部门或机构发布的消息行事。

（2）保持镇定，不要慌张，按照预先制定的方案行事。

（3）记得清点人数，看看有没有被遗漏的家庭成员。

（4）穿戴具有防护作用的服装和结实的鞋子。记得带上准备好的生活补给品。

（5）离开房间前关上水源、电源和天然气的开关。

（6）关闭其他可能带来安全隐患的设备。

（7）留下一张便条，告诉他人你们离开的时间以及准备去往哪里。

（8）按照权威部门提供的旅游路线疏散，不要抄近道疏散，因为某些路段可能无法通行，甚至会有危险。如果确信还有足够的时间离开危险地带，可以考虑。

（9）将宠物安顿好，锁上房门。

五、家庭应急预案演习

尽管已经制定了各种应急预案，但是当紧急事件发生时，家人常常还是会慌了手脚，脑子里一片空白，不知道怎样面对突然发生的一切，所以和家人一起进行应急预案演习可以帮助我们在遇到紧急情况时本能地采取正确的应对方式。

（1）每6个月和家人一起进行一场演习，以确保他们不会忘记应急预案的内容。

（2）训练家人（尤其是小孩）逃离火灾现场的技巧。

（3）每3个月更换一次储存的饮用水，每6个月更换一次储存的食物。

（4）按照说明书定期检查烟火探测器及其电源是否完好。

（5）每月测试一次烟火探测器，每年更换一次烟火探测器的电池。

六、家庭应急箱

每个家庭都应准备一些必需的应急物品并放置于箱内，以备不时之需。应急物品的数量和种类应根据实际情况来配备。如家庭：物品齐全，可供全家用一天。工作地：主要准备食物和水，轻便小巧。私家车：主要准备食物、水、医疗急救箱和手电筒等。具体地说家庭可按照下列清单储备应急箱中的日常用品。

（一）水

储备家庭使用的 3 天水量，以每人每天 4 升的标准储存（2 升用来饮用，2 升供准备食物和清洁卫生）。若有儿童、老人、病人则需加量。水需装在干净、密封、易携带的塑料瓶中。每 6 个月更换一次储备用水。条件允许的家庭可购买一套合格的便携式水净化过滤器。

（二）食品

选择储备食品应遵循以下几条原则：挑选不需冷藏、即开即食、少含或不含水分的固体食品，如饼干、面包、方便面等；选择轻便易携带的食物；为老人、幼儿和有特殊要求的人准备食品；为宠物准备食物。

（三）应急工具

（1）简易灭火器（定期更换）。

（2）应急逃生绳：承重力不小于 200 千克，绳直径为 25 毫米～30 毫米，外裹阻燃材料。

（3）简易防烟面具：当遭遇火灾或遇到其他有害气体侵害时，取出面具戴在头上。

（4）其他工具：锤子、哨子、无线电收音机、电池、手电筒、针线、纸笔、地图、多用刀、防水火柴、蜡烛、铁杯、纸巾、录音机、毛巾、迷你灶、手套、指南针、太阳镜。

（四）卫生物品

个人卫生用品（牙刷、牙膏、梳子、刮胡刀等）、塑料袋（装垃圾）、塑料桶、香皂、洗衣粉、厕纸。

（五）衣物

每位家庭成员至少备有两套换洗衣物。如轻便结实耐磨的鞋子、舒适的袜子、帽子、手套、内衣。还要备有毯子、睡袋和雨衣。

（六）医药包

应该在家中或车里常备一个医药包，并保证家中成员都清楚医药包的位置和使用方法。如果进行户外活动，也应该随身携带一个医药包以备不时之需。药箱要确保幼龄儿童不能打开，还要定期更换药品，注意药品保质期。医药包常用物品包括：医用材料，如药用棉花、药用火酒、正方形消毒纱布、绷带、胶布、剪刀、体温计、棉棒、安全别针。外用药，如碘酒、眼药水、烫伤药膏、跌打膏药、消炎止痛药膏、创可贴。内服药，如止泻药、退烧片、保心丸、止痛片、抗生素、催吐药、胃药。其他，如消毒药水。

（七）特殊物品

（1）婴儿用品：尿布、奶瓶、奶粉及所需医药。

（2）成人用品：药品、处方药、假牙及有关用品、眼镜、隐形眼镜及有关用品、个人梳洗用具。

（3）娱乐用品：给孩子的游戏机、书籍和无声的玩具。

（4）重要的家庭文件（装在密封防水的容器中，注意备份）。①备份的汽车钥匙、现金、驾照、信用卡；②遗嘱、保险单、合同、股票和基金；③护照、社保卡、病历卡；④银行账户号码、房产证；⑤信用卡的号码、公司和客户服务电话；⑥家庭记录（出生证明、结婚证明、死亡证明等）；⑦家庭所有成员的近期照片和宠物照片。

将家庭应急箱放在方便易取之处，并告知所有家庭成员。上述各项物品需装在密封的塑料袋或容器中。每 6 个月更换一次储备的水和食物。每年都要重新整理和添减相关物品。更换电池、衣物（尤其注意随季节进行调整）。听从医嘱准备适当的常用药品。将家庭计算机中的重要文件进行定期备份。箱中物品需防湿、防潮。为婴儿、残障成员和宠物准备特别的应急包。

第二节　家庭特殊应急处置

一、儿童的应急处置

（一）灾难前的应急准备

1. 家长准备。①准备家庭应急方案时，鼓励孩子的参与；②让孩子随身携带信息卡，记录个人和家庭联络人等的信息；③将应急的基本物品放在一起，比如食品、水、电池、收音机、手电筒等，并告知孩子放置的地方；④注意保护对孩子有感情意义的个人物品，比如玩具、毛毯等，当孩子不开心时可以用来安慰；⑤家长需仔细告知孩子应急常识。

2. 家庭安全教育内容。

家长告知孩子的内容
（1）告诉孩子什么是灾难。培养孩子的安全意识和坚强意志，建议家长给孩子看《鲁滨逊漂流记》。
（2）举例说明身边可能发生的事件，如火灾、暴雨等。
（3）教会孩子如果突然断水、断电或者电话失灵怎么办。
（4）教会孩子识别常见的警示符号。
（5）告诉孩子灾难发生时将会有很多人帮助他们，让他们镇静地等待援助。
（6）教会孩子什么情况下应该呼救以及如何拨打报警电话。
（7）无论多小的孩子都要教会他拨打电话（可以采用图画和颜色识别等多种方式）。
（8）教会孩子初步易懂的急救技巧。
（9）教给孩子简单易懂的具体灾难应对常识。
（10）告诉孩子当家人被灾难分离后要拨打的电话和团聚的地点。
（11）告诫孩子凡事都要听取父母的建议。
（12）提醒孩子千万不要轻信陌生人。

（二）灾难后儿童的心理辅导

1．灾难后儿童的心理困境。对成人来说，灾难带给人们发自内心深处的恐慌，无论如何，随着时光的推移，这种恐慌会慢慢地平复，但对孩子来说，情况可能会非常糟糕。当灾难发生后，孩子可能会面临如下的困境无法自拔：

（1）极度的恐慌。这种恐慌源于对灾难时刻不由自主地回忆，或者搬迁到新地方的陌生感。

（2）担心灾难再度降临。

（3）父母过于悲伤或恐惧的情绪对孩子产生影响，更加让他对灾难充满了恐惧。

（4）害怕受伤的亲人会死去。

（5）害怕自己被抛弃，或者被迫离开温暖的家。

2．家长的心理辅导。

（1）尽可能平静地向孩子解释灾难。灾难发生后，父母要尽可能以孩子能理解的方式向他解释灾难，以及接下来可能发生的一切，以给予孩子足够的心理准备。不管怎样，孩子有权利知道事情的真相，与其隐瞒孩子，让他有更多不切实际的猜想，并且因为这些猜想带来更多的心理压力与恐慌，不如告诉他事实真相，帮助他理解目前的处境。

（2）以实际行动给孩子安全感。灾难发生后，年幼无知的孩子更多地通过父母或者家里其他成员的反应来理解灾难以及灾难带来的一切后果。父母要坚强地面对一切，让孩子通过观察父母的眼睛和行为，确认灾难已经过去，一切都会恢复正常。

（3）给孩子适当的心理疏导。灾难发生后，孩子所受的心理创伤可能很难在短时间内平复，因此，父母要给他足够的时间来排解一切。父母要经常和他交流，认真倾听他的心声，鼓励他不断地提出问题，引导他把自己的恐惧表达出来，尤其不要嘲笑他的胆小，更不要以灾难作为恐吓的内容来警告他的日常行为。

（4）让孩子以自己的方式排解压力。有的孩子在灾难发生后可能会不断地通过游戏重演灾难。这是他排解心理压力的一种方式，他以这种方式来解释灾难，表达他对灾难的理解。父母没有必要因为担心他陷入灾难的阴影无法自拔而强行制止孩子的这种游戏活动。

（5）尽早恢复正常的生活秩序。灾难发生后，父母没必要因为担心孩子承受不了而花费大量的时间小心翼翼地维持一种与往日不同的生活状态，而要在尽可能短的时间里恢复正常的生活。正常的生活秩序会让孩子意识到灾难已经远离，一切又都回到从前，那种熟悉的生活状态与感觉会给他一种安全感，帮助他摆脱灾难带来的心理恐慌。

（6）让孩子参与重建家园的活动。无论孩子多小，都可以给他一些机会，让他做一些力所能及的家务活参与到重建家园的活动中来。这些全新的活动会带给孩子一种新奇感，从而有效地转移他的注意力，忘却灾难带给他的伤害，同时也帮助他理解，虽然灾难发生了，但是一切都已经好转的事实。

（7）始终让孩子和他亲近的人在一起。灾难发生后，孩子最需要的是跟自己亲近的人在一起，因为跟自己亲近的人在一起会给他一种心理上的支持。灾难发生后忙乱的父母千万不要试图将小孩托付给亲戚朋友，这种处理方式会带给孩子更多的不安全感，甚至带给他另一种来自心理的灾难。

（8）寻求心理医生的帮助。如果孩子最爱的人在灾难中去世，这种打击可能会在很长一段时间内让他无法回到正常的生活状态。这个时候，他需要更多悉心的关照，因此，家里其他人员要更多地给予他关爱，通过努力让他明白即便他最亲近的人不在了，但是其他人一样会保护他，关爱他，让他过像以往一样正常的生活。如果家人怎么努力都无法改变现状，可以寻求心理医生的帮助。

二、老年人的应急处置

（一）确定固定救助人

选择 3 位身边的邻居、亲戚朋友作为紧急情况时老人的救助人。此 3 人须是老人信任之人，知晓老人的状况和需求并能在最短的时间里提供帮助的人。

（二）进行个人评估

对照老年人自身情况，思考以下问题：①身体状况如何？②有哪些疾病？③生活能否自理？④饮食是否需要辅助工具？⑤精神是否健康？⑥是否需要配备特殊的交通工具？

（三）了解相关信息

（1）对周围常见灾难的应对措施，做到心中有数。

（2）了解社区应急计划，相应地调整自己的应急计划。

（3）了解社区预警系统，关注社区的信息发布途径，以便及时获得信息。

（4）参加援助项目，在本社区登记个人情况，便于灾难发生时专门人员上门服务。

（四）制订计划

（1）与自己的家庭成员和紧急救助人共同制订该计划。

（2）确定自己的"固定联络人"和"灾后集合地"，具体方式可参照前文家庭应急方案中的做法。

（3）准备本人的信息联络卡。

（4）确定逃生路线和安全房间。

（5）别忘记自己的宠物。

（6）家庭应急计划中的其他内容。

（五）应急准备

（1）准备好急救用品，以备不时之需。

（2）记下本地公安、消防、急救等部门和红十字会的地点与电话。

（3）在轮椅、拐杖、助走器等必需设备上贴上标签。

（4）将诸如心脏助搏器这类重要医疗设备的型号和序号记录下来。

（5）预先安排好紧急疏散时需要的交通工具。

（6）预先补充处方药。

（7）记下24小时营业的紧急药房的电话号码。

（8）将紧急电话号码贴在电话机旁边。

（9）老人应随身携带重要联络电话号码和自身医药数据。

（10）选择从家里疏散的最佳途径并进行练习。

（11）老人应与家人、邻居保持联络。

（12）老人应将自己的应急计划内容告诉他人。

（13）为老人手边准备方便叫人的电铃。

备注：若家中有残障人士，其应急计划的制定可参考老年人的应急计划。

三、宠物的应急处置

（1）提前确定收容所。

（2）准备一份宠物收容所的清单，并列出紧急状况下能帮忙照顾宠物的亲友。若你计划将宠物送去宠物收容所，最好先了解该所的设备是否适合长期照顾宠物以及该所是否有紧急事件应变计划。

（3）当全家必须搬进避难所或其他地方，而家中宠物无处可去时，你可以将宠物关在家中某个房间，并给它留下足够的食物和水。

（4）紧急备用物品箱。为宠物准备一个紧急备用物品箱，以便在撤离住所时能够即刻带走。

第三节　家庭急救应用

一、脊柱骨折

脊柱骨折常见于人体背部中央受到外力冲击而造成的颈、胸、腰部脊柱骨折。由于受伤时外力作用方向、大小不同，脊柱骨折的严重程度不同，从损伤椎体外形上脊柱骨折可分为压缩性骨折、粉碎性骨折和完全性骨折等类型。脊柱骨折后，伤员会在骨折相应部位感觉疼痛、局部压痛。如有脊髓损伤，伤员会出现受伤水平以下脊髓所支配的肢体不能活动、感觉消失等症状和体征即截瘫，后果严重。判断脊柱骨折需要结合相应的受伤史及伤者的症状和体征。

脊柱骨折常见于以下受伤史：①从高空摔下，臀或四肢先着地者；②重物从高空直接砸压在头或肩部者；③暴力直接冲击在脊柱上者；④正处于弓背、弯腰时受到挤压力者。

典型症状、体征有：①骨折相应部位感觉疼痛、局部压痛或有隆起、畸形；②如有脊髓损伤，伤员会出现受伤水平以下脊髓所支配的肢体有麻木、活动无力或不能活动的症状，即截瘫，后果严重。

急救要点：

（1）怀疑伤员脊柱骨折时，应按脊柱骨折固定法予以固定。

（2）如伤者仍被瓦砾、土方等压住时，不要硬拉暴露在外面的肢体，以防加重血管、脊髓和骨折的损伤。应将压在伤者身上的东西搬掉。脊柱骨折时常伴有颈、腰椎骨折。先使伤员两下肢伸直，两上肢也伸直放在身旁。再按照脊柱骨折搬运法，将伤员整体平抬至硬板床或门板等硬担架上，身体禁止扭曲（见第十一章第五节中关于"脊柱骨折的搬运"介绍）。

（3）在搬运时动作要轻柔，放置在木板上后，用布带固定伤员或身体两侧放沙袋，防止伤员在搬运途中滑落。

（4）急送医院，途中随时观察病情变化。

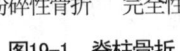

压缩性骨折　粉碎性骨折　完全性骨折

图19-1　脊柱骨折

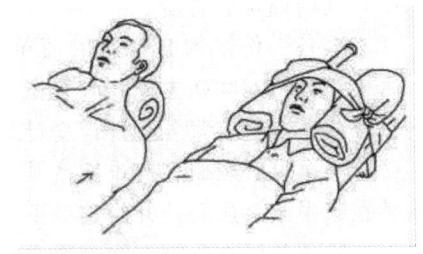

图19-2　颈椎骨折固定、搬运

二、手部外伤

在日常生活和各种操作中，手的外伤几乎是难以避免的，快速、有效的急救处理，能够减轻痛苦、减少出血和缩短后续治疗时间。

手的外伤按照致伤器具分为钝器伤和锐器伤两大类。钝器伤常见于被重物压伤和被硬物打伤，皮肤大多没有裂开，常呈现皮下发青或血肿，此时要立即用冷毛巾或冷水袋外敷15分钟至半小时，以达到皮下快速止血、防止血肿增大和减轻疼痛的效果。若手指甲下出现血肿，可用无菌注射器垂直在指甲血肿上穿刺小洞，使积血从洞中流出，减轻甲床下压力，可明显减轻疼痛，再贴上护伤胶布，保护指甲不脱落。现场没有注射器可用烧红的回形针代替进行穿刺。锐器伤常见于刺伤和刀伤。当手被刺时，首先应该查看是否有刺入物，若有刺入物就要及时拔出或设法挑出。挑刺时双手捏紧伤处，用火烧过或酒精消毒过的针拨开皮肤，顺势挑出刺入物。如果是刀伤，会引起出血甚至手部完全断裂，要用外伤急救技能紧急处理，出血多时抬高肢体超过心脏水平位，用止血点压迫止血法用力压迫手腕两侧的桡动脉和尺动脉以减少出血，然后进行伤口包扎。包扎时要稍用力以达到止血目的，即用加压包扎。如果手部主要血管损伤出血，出血量较大，可先用止血点压迫止血法止血，然后换用止血带止血法：先在同侧上臂上1/3部位敷好衬垫，然后用橡皮止血带或布类止血带缠绕以止血，并于伤者明显部位标示时间。运送医院途中要注意观察手指末梢血供情况，途中时间长的应每隔1小时松开止血带1分钟～2分钟，以免手部缺血坏死。止血后要包扎伤口，防止伤口进一步感染，不要再受到外界细菌的侵入。正确的方法是：用消毒的敷料包扎伤口，也可用干净的棉制品（如干净的手绢、毛巾或衣服）包扎，千万不可在伤口上涂抹紫药水之类的药物，这样会影响医生正确判断伤情。

有骨折时要防止伤指损伤加重，这是指当手指发生骨折，不全离断时，若不固定，任其随意活动就可能使原来未损伤的血管神经发生损伤。正确的方法是：

用小木板、铁皮等临时作一固定，这样还有止痛的作用。

目前，我国的显微外科技术水平处于世界领先地位，由于显微外科技术的应用，现在几乎任何部位的断指都有可能接活。发生断指（肢）事件后，①要马上止血、包扎伤口。断指后手的主要动脉损伤，出现大出血，应立即抬高肢体超过心脏水平位，用指压动脉止血法用力压迫手腕两侧的桡动脉和尺动脉或压迫肱动脉以减少出血，然后换用止血带止血法止血。在同侧上臂上 1/3 部位缚好衬垫，然后用橡皮止血带或布类止血带缠绕以止血，并于伤者明显部位标示时间。运送医院途中要注意观察手指末梢血供情况，以免远端缺血坏死。②不要随意丢弃断指（肢），要妥善保存断指（肢），避免断指（肢）坏死造成残疾。正确的方法是：用无菌敷料或干净的软布包裹断指（肢），放入不透气的塑料袋内密封，再将密封袋装进有碎冰块的大盒子中冷藏（见图 19－4 断腕（指）的保存）。③及时转运，越快越好，争取在 6 小时～8 小时内进行再植手术。千万不要在断指（肢）上面涂擦消毒液或把断指（肢）浸入酒精、消毒水、盐水等中转运，这样就破坏了断指（肢）的组织结构，影响再植成活率。

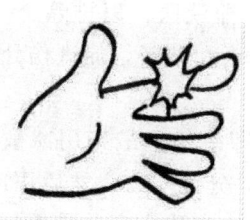

图19-3　断指

图19-4　断腕（指）的保存

断指再植术后注意事项：病员手指离断后不仅在肉体上，而且在精神上也是一个很大的创伤，再加上长时间的再植手术，病人是十分痛苦和疲劳的。为此，术后应安排病人在一个舒适、安静、空气新鲜的病房休息。室温要求保持在 20℃～25℃之间，尤其是冬季。为了便于观察断指再植术后指体的血液循环变化及局部加温，常用 60 瓦侧照灯作局部持续照射，照射距离为 30 厘米～40 厘米之间。

断指再植术后病员要保持良好的心态，一般需要绝对卧床 7 天～10 天，避免因位体的改变而刺激患肢。术后要抬高患肢，使伤手的位置与心脏处于一个水平位，以维持手部稳定的、有效的循环量，减轻术后水肿。再植指体度过血管危象的危险期后，可在床上做较大的活动，甚至可坐起及适当下地活动。部分病员可外出活动，但是要受到一定限制，外出时用一棉套袖或毛巾保护患处，以确保再植指不出意外。

烟中的尼古丁可使动脉痉挛，手指血流阻力增加，还可使血小板凝聚，黏稠度增加和血流变慢，是动脉危象的有效诱发因子，而且被动吸烟与主动吸烟同样有害。即使伤口愈合，动脉痉挛也可导致动脉危象而引起再植坏死。为了提高再植指的成活率，我们的做法是：6周内绝对戒烟，并尽可能长期戒烟，并且不准进入吸烟区与吸烟人共聚。

三、关节扭伤

关节过猛的扭转、撕裂附着在关节外面的关节囊、韧带及肌腱，就是关节扭伤。扭伤最常见于踝关节、腕关节及下腰部。发生在下腰部的扭伤，就是平常说的闪腰、岔气。关节扭伤表现为局部疼痛、肿胀、皮肤青紫及关节不能转动。

（一）急救措施

一旦发生关节扭伤，应立即休息，停止运动和比赛。冰敷是第一要务，可直接用塑料袋装冰块或用冰袋放置在疼痛处，以减少皮下出血并可有效止痛。冰敷可每隔两小时做15分钟，至肿胀不再继续增加为止。冰敷后用弹性绷带压迫包扎，防止出血、肿胀的加剧。切记不要施予不恰当的推拿和按摩，这样可能会加重出血，引发炎症反应。病人经现场急救后应立即就医，以排除合并韧带断裂、骨折等可能性。而后期的复健治疗，对于消除疼痛和肿胀，促进伤处愈合有肯定的疗效。

1. 掌指、指间关节扭伤。应停止运动，立即冷敷。最好用冰敷，但一般没有准备，可用冷水代替。将手指泡在水中冷敷15分钟左右，然后用冷湿布包敷，再用胶布把手指固定在伸指位置。如果肿痛剧烈，为防止合并骨折，应去医院进一步诊治。

2. 踝关节扭伤。

（1）立即脱下鞋子，抬高伤脚。如果足部肿胀无法脱鞋时就用剪刀剪开脱掉。

（2）迅速冷敷。用冷水毛巾或冰袋放在伤部或将伤脚放进盛满冰块的桶内，其效果会更好。千万不要在冷敷前揉擦或按摩，否则会使伤部肿胀加重。

（3）固定。冷敷后用弹力绷带扎紧扭伤部位，采用8字形包扎或在踝外侧用长胶布固定、绷带包扎于矫枉过正位（见图19-6踝部胶布固定、绷带包扎于矫枉过正位）。如果伤部疼痛剧烈，肿胀明显，应考虑骨折的可能，及时送医院拍X光片检查。

（4）经过24小时，肿胀和疼痛过后，没有发现骨折征象，可用热敷，以促进局部血液循环，利于血肿及时吸收。

（5）短期内可考虑暂时使用腋下拐杖，以避免走路时足部不当受力，影响复原或再次扭伤。休息时，尽可能把脚抬高，可促进血液循环，降低踝部肿胀和疼痛。

（6）要静养。可用茶水或酒调敷七厘散，敷伤处，外加包扎，并用枕头把小腿垫高。

脚踝扭伤的治疗，不仅在解决疼痛，更要找出引起伤害的原因及预防再发的方法。场地、鞋子的不当选择甚至足部的异常构造（如扁平足）都可引起踝关节扭伤。而受伤过的踝部，更需加强训练其柔软度、肌力及本体平衡感，才能防止再次伤害。

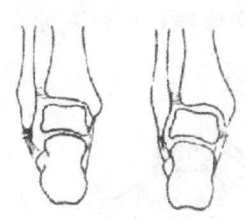　　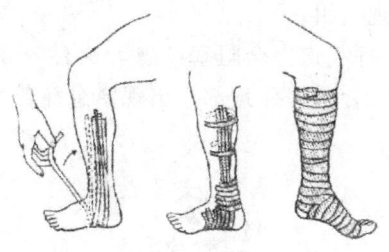

图19-5　踝关节扭伤，周围韧带撕裂伤　　图19-6　踝部胶布固定、绷带包扎于矫枉过正位

3. 腰部扭伤。应在局部做冷敷，尽量采取舒服体位，或者侧卧，或者仰卧屈曲，腰下垫上毛毯之类的物品。急救处理后，最好是担架搬运送医院或找医生来家治疗。

（二）扭伤注意事项

（1）腰肌扭伤，最重要的是安静，慌慌张张地跑医院会成为使疾病加重的原因。如果处理不当，会反复发作，甚至发展成椎间盘突出。

（2）习惯性踝关节扭伤者，可在鞋底外侧后半段垫高半公分（即在外侧钉一片胶皮或塑料），以保护韧带，防止再度发生踝关节扭伤。

（3）腰扭伤者最好睡硬板床，扎宽腰带，平时注意锻炼腰部肌肉。

四、呼吸道异物阻塞的急救

气管异物阻塞多发生于幼儿。当小孩边吃边玩时，突然停止活动，出现哭闹、阵发性高声呛咳、阵发性喘鸣、面色紫绀、呼吸困难，继而窒息、神志不清和昏迷等现象时，应怀疑为气管异物阻塞。

气管异物是导致小孩意外死亡的常见原因，多发生在 1 岁～5 岁的儿童，由于其发病骤然，病变迅速，危险性大，家长了解这些知识很有必要。常见的气管异物有西瓜子、花生米、糖块、硬币、黄豆以及一些光滑的小玩具等。由于异物完全堵塞气管后可引起窒息，超过4分钟便会危及生命，时间过长即使抢救成功，也常会留下严重的后遗症，所以现场急救非常重要。

（一）阻塞的定义

呼吸道异物阻塞是指某些物体堵在气管内，使空气无法进入肺部，影响正常的呼吸，严重者可导致死亡。常见于因进食时玩闹、哭笑、吞咽过量或体积过大的食物以及其他异物（弹子、玻璃珠、花生米、图钉、纽扣、硬币等）造成。

（二）阻塞的症状

1. 呼吸道部分阻塞：如果气体交换良好，则咳嗽有力、有喘息声；如果气体交换不足，则咳嗽弱而无力，呼吸困难伴有鸡鸣音（吸气时的高频喘鸣音），甚至出现紫绀。

2. 呼吸道完全阻塞：患者突然不能说话、呼吸和咳嗽，面色灰暗、紫绀，用拇指、食指捏住颈部，出现窒息痛苦表情（见图19-7）。

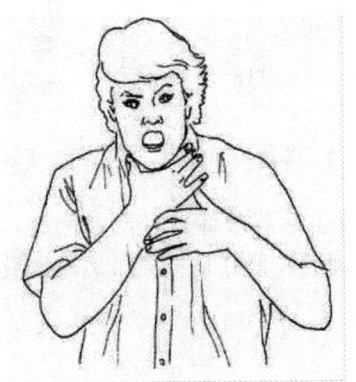
图19-7　窒息痛苦样表情

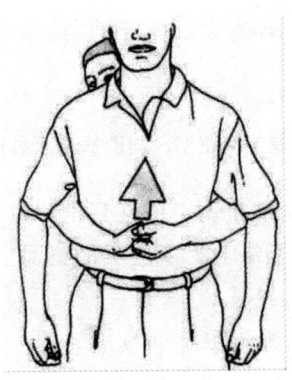
图19-8　海氏法

（三）呼吸道异物阻塞的排除方法

1. 咳嗽是最好的排除呼吸道异物阻塞的方法，适用于通气良好的患者，尤其是成年人。小儿由于咳嗽反射未发育完善，老年人因腹肌力量小、咳嗽无力，效果不好。

2. 手法排除适用于完全性阻塞和气体交换不足的部分性阻塞的患者。手法排除有以下几种：

（1）指扣口咽法。适用于异物堵塞在口腔、咽后部，位置较浅者。方法是直接用手指将异物扣出，解除呼吸道阻塞。昏迷病人需先开口，施救者用左手拇指贴紧病人上方牙齿，食指与拇指交叉，压迫下方牙齿，一用力就可开口，再用右手食指插到咽喉深部，手指末节屈曲，从异物旁边伸到其后方，钩出异物，但不

338

要勉强，以免将异物推得更深，无法取出。

（2）海氏法（垂腑压腹法）。适用于异物阻塞喉、气管处者。施救者站在病人后面，两臂抱住病人，一手握拳，大拇指朝内，放在病人的上腹中部与剑突之间，另一只手压在拳头上，有节奏地使劲向上推压。这样使横膈肌肉抬高，压迫肺底，连续两次，使肺内产生一股强大气流，将异物从气管推入口腔，解除窒息（见图19－8）。挤压要快而有力，压后放松，反复操作，直至异物从口中排出。

（3）击背法。适用于异物阻塞气管，尤其是婴儿、幼儿。方法是将小儿患者头向下，面朝下，施救者一手托胸腹部，用另一手的手掌根在两侧肩胛骨之间叩击2～4次，促使异物排出。也可将患儿倒提，然后击背（见图19－9）。

（4）腹部冲击法。对于昏迷的呼吸道异物阻塞者，可以采用腹部冲击法。方法是使昏迷病人处于仰卧位，施救者分开两腿跪下，骑跨在病人两腿上。施救者双手握拳，拇指对着病人上腹中部，一只手抓着另一只手腕压迫腹部，向胸腔方向用力冲击，反复多次，以使病人肺内的气体得到突然挤压而将异物冲出。如异物被排入口中，应立即取出。异物排出后有呼吸、心跳停止者，应立即进行心肺脑复苏（见图19－10）。

（5）椅背法。误吸异物后只有一个人在场时，可用椅背法自救。气道堵塞者面向下，利用椅子背、桌子角或竹杜突出部分抵压腹上部，使异物吐出（见图19－11）。

（6）当上述方法无效，眼看患者即将丧生时，可立即进行环甲膜穿刺术，用粗针头或小刀的刀尖在颈部正前方喉结下的凹陷处，穿入气管或挑破环甲膜，插入小塑料管或两端开口的笔管，重新开放气道，然后再将病人送往附近的医院抢救。严重窒息的患者神志已丧失，所以进行环甲膜穿刺是不会感到疼痛的，并且环甲膜处无重要血管神经通过，只要操作中毫不犹豫，细心谨慎，就可达到既不损伤颈部的血管，又能解除患者窒息的目的。

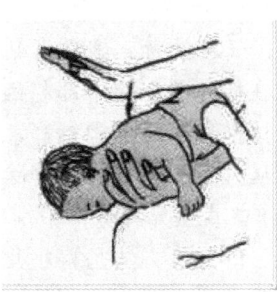 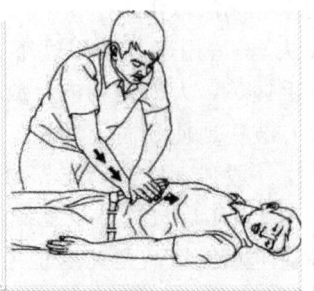 

图19-9　击背法　　　图19-10　腹部冲击法　　　图19-11　椅背法

（四）呼吸道异物阻塞的预防

预防应注意以下几点：

1. 加强儿童教育，着重注意 5 岁以下儿童的教育，不要把玩的东西放在口中。据某医学会报道，在 2675 例气管支气管异物中，5 岁以下儿童占 80％，3 岁以下占 20％，最小年龄仅 2 个月。

2. 吃饭时养成良好习惯，不要跑跳和开玩笑。应该细嚼慢咽，防止呛咳，防止异物误入气道。另据某医学院附属医院耳鼻喉科统计，气管异物中，西瓜子（集中在七八月龄）占 81％，花生米（集中在 11 个月～2 岁）占 16％。经急救自行咳出者只占 1％～2％，大多数病例需立即手术。小孩嘴巴里有食物时，尽量不要逗他笑，也不要让他蹦蹦跳跳，如果一摔倒的话，就很容易将食物吸食到气管里去。

3. 成人饮食也得留意，不可粗心。特别是卧床的老年人，进食时应少量慢咽，尤其是进食汤圆、面条、年糕等光滑食物时，要防止发生食物误吸入气道而引起气道堵塞。

五、溺水急救

每逢夏季，因溺水后救治不及时而导致死亡者屡见不鲜。溺水事件是常见的意外，溺水后可引起窒息缺氧。溺水急救，关键在一个"早"字。

（一）淹溺致死的原因

（1）大量水、藻草类、泥沙进入口鼻、气管和肺，阻塞呼吸道而窒息。

（2）惊恐、寒冷使喉头痉挛，呼吸道梗阻而窒息。

（3）淡水淹溺，大量水分入血，血被稀释，出现溶血，血钾升高导致心室颤动——心跳停止；海水淹溺，高钠引起血渗透压升高，造成严重肺水肿，导致心力衰竭而死亡。

（4）淹溺发生在水中，寻找伤员费时间，被救上岸时已丧失抢救时机。

（二）溺水时的表现

（1）轻者面色苍白，口唇青紫，恐惧，神志清楚，呼吸心跳存在。

（2）重者面部青紫、肿胀，口腔充满泡沫或带有血色，上腹部膨胀，四肢冰凉，昏迷不醒，抽搐，呼吸心跳先后停止。

（三）溺水中的急救

1. 不会游泳者的自救。①落水后不要惊慌，一定要保持头脑清醒；②冷静地采取头顶向后，口向上方的方法，将口鼻露出水面，此时就能进行呼吸；③呼气要浅，吸气宜深，尽可能使身体浮于水面，以等待他人抢救；④切记：千万不能将手上举或拼命挣扎，因为这样反而容易使人下沉。

2. 会游泳者的自救。①一般是因小腿腓肠肌痉挛而致溺水，应平心静气，及时呼人援救；②自己将身体抱成一团，浮上水面；③深吸一口气，把脸浸入水中，将痉挛（抽筋）下肢的拇指用力向前上方拉，使拇指跷起，持续用力，直到剧痛消失，抽筋自然也就停止；④一次发作之后，同一部位可能再次抽筋，所以对疼痛处要充分按摩和慢慢向岸上游去，上岸后最好再按摩和热敷患处；⑤如果手腕肌肉抽筋，自己可将手指上下屈伸，并采取仰面位，以两足游泳。

3. 互救。①救护者应镇静，尽可能脱去衣裤，尤其要脱去鞋靴，迅速游到溺水者附近。②对筋疲力尽的溺水者，救护者可从头部接近。③对神志清醒的溺水者，救护者应从背后接近，用一只手从背后抱住溺水者的头颈，另一只手抓住溺水者的手臂游向岸边。④如救护者游泳技术不熟练，则最好携带救生圈、木板或用小船进行救护，或投下绳索、竹竿等，使溺水者握住再拖带上岸。⑤救援时要注意，防止被溺水者紧抱缠身而双双发生危险。如被抱住，不要相互拖拉，应放手自沉，使溺水者手松开，再进行救护。

4. 现场急救溺水者。按照溺水者年龄不同，现场急救有所差异。如溺水者是成年人，则按照以下步骤进行急救：

（1）畅通呼吸道。将伤员抬出水面后，应立即清除其口、鼻腔内的水、泥及污物，用纱布（手帕）裹着手指将其舌头拉出口外。解开衣扣、领口，以保持呼吸道通畅。

（2）倒水。施救者一腿跪下，另一只腿屈膝而立，让患者趴在救护者的膝盖上，使其头部下垂，并用手平压背部进行倒水，使水从气管、肺、胃内排出；也可抱起伤员的腰腹部，使其背朝上、头下垂进行倒水；或者抱起伤员双腿，将其腹部放在急救者肩上，快步奔跑使积水倒出。但倒水时间不宜过长以免延误复苏，应马上进行下一步抢救。

（3）对呼吸停止者应立即进行人工呼吸，一般以口对口吹气为最佳。施救者位于伤员一侧，托起伤员下颌，开放气道后，捏住伤员鼻孔，吸一口气后，往伤员嘴里缓缓吹气，待其胸廓稍有抬起时，放松其鼻孔，并用一手轻压其胸部以助呼气。反复并有节律地进行（每分钟吹 10～12 次），直至恢复呼吸为止（详见第十一章第六节"心肺脑复苏"）。

（4）心跳停止者应先进行胸外心脏按压。使伤员仰卧，背部垫一块硬板，头稍后仰，施救者位于伤员一侧，面对伤员，一手掌平放在其胸骨下段、剑突上两横指处，另一手掌放在前手背上，借施救者身体重量垂直下压，将胸骨下压 4 厘米～5 厘米，然后松手腕使胸骨复原（手掌不能离开胸壁），反复有节律地进行（每分钟 100 次），直到心跳恢复为止。

如果溺水者是儿童或者是婴儿，操作步骤与成年人溺水相同，不同的是心肺脑复苏操作（详见第十一章现场急救第六节心肺脑复苏）。

六、煤气中毒急救

因各种原因导致煤气燃烧不完全，使空气中一氧化碳（CO）浓度大幅度增加，一氧化碳与血红蛋白的结合力约是氧气与血红蛋白结合力的 200 倍，而且一旦结合，很难使它们分开，所以，人们吸入高浓度一氧化碳后短时间内就会发生急性一氧化碳中毒。煤气中含一氧化碳约为 10％～40％，煤气中毒实际上就是一氧化碳中毒。一氧化碳能与血红蛋白结合成为碳氧血红蛋白，妨碍了红细胞携带运输氧和二氧化碳的功能，一氧化碳中毒的基本病变就是缺氧，主要表现是大脑因缺氧而出现昏迷。

家庭煤气中毒主要指一氧化碳中毒和液化石油气、管道煤气、天然气中毒，前者多见于冬天用煤炉取暖，门窗紧闭、通风不良、排烟不畅时；后者常见于液化灶具漏泄或煤气管道漏泄等。煤气中毒时病人最初感觉为头痛、头昏、恶心、呕吐、软弱无力，当他意识到中毒时，常挣扎下床开门、开窗，但一般仅有少数人能打开门，大部分病人会迅速发生抽筋、昏迷症状，两颊、前胸皮肤及口唇呈樱桃红色，如救治不及时，就会很快因呼吸抑制而死亡。

（一）煤气中毒分型

煤气中毒依其吸入空气中所含一氧化碳的浓度和中毒时间的长短，常分为三型：

（1）轻型。中毒时间短，血液中碳氧血红蛋白浓度为 10％～20％。表现为中毒的早期症状，头痛、眩晕、心悸、恶心、呕吐、四肢无力，甚至出现短暂的昏厥，一般神志尚清醒，脱离中毒环境后，吸入新鲜空气，症状迅速消失，一般不留后遗症。

（2）中型。中毒时间稍长，血液中碳氧血红蛋白占 30％～40％，在轻型症状的基础上，可出现虚脱或昏迷，皮肤和黏膜呈现煤气中毒特有的樱桃红色。如抢救及时，可迅速清醒，数天内完全恢复，一般无后遗症。

（3）重型。发现时间过晚，吸入煤气过多，或在短时间内吸入高浓度的一氧化碳，血液碳氧血红蛋白浓度常在 50% 以上，病人呈现深度昏迷，各种反射消失，大小便失禁，四肢厥冷，血压下降，呼吸急促，会很快死亡。一般昏迷时间越长，预后越严重，常留有痴呆、记忆力和理解力减退、精神失常、肢体瘫痪等后遗症。

（二）现场急救

1. 立即打开门窗，将中毒者移到通风良好、空气新鲜的地方，并注意保暖。查找煤气漏泄的原因，排除隐患。急救之前注意个人防护，可用湿布捂住口鼻或在室外深吸气后屏气快速进入房间并马上开门、开窗。始终注意环境安全，禁止开关电器，防止电火花引起爆炸、火灾等严重后果。

2. 松解中毒者衣扣，保持呼吸道通畅，清除口鼻分泌物。

3. 若中毒者呼吸微弱甚至停止，应立即进行人工呼吸；只要心跳还存在就有救治可能，人工呼吸应尽量坚持；如果患者曾呕吐，人工呼吸前应先消除口腔中的呕吐物。如果心跳停止，立即开展心外按压（详见第十一章第六节"心肺脑复苏"）。

4. 针灸治疗。立即进行针灸治疗，取穴为太阳、列缺、人中、少商、十宣、合谷、涌泉、足三里等。轻、中型中毒者，针刺后可以逐渐苏醒。现场急救可指压人中、合谷、太阳、涌泉等穴位，达到刺激清醒的效果。

5. 立即给氧，有条件应立即转医院高压氧舱室做高压氧治疗，尤适用于中、重型煤气中毒患者，不仅可使病者苏醒，还可使后遗症减少。

6. 医学急救。①如果中毒者昏迷程度较深，可将地塞米松 10 毫克放在 20% 的葡萄糖液 20 毫升中缓慢静脉注射，并用冰袋放在头颅周围降温，以防止或减轻脑水肿的发生；或者立即静脉注射 50% 的葡萄糖液 50 毫升，加维生素 C 500 毫克～1000 毫克，轻、中型病人可连用 2 天，每天 1～2 次，不仅能补充能量，而且有脱水之功，早期应用可预防或减轻脑水肿。②如有肌肉痉挛，可肌肉或静脉注射安定 10 毫克以控制之，并可减少肌体耗氧量。③昏迷者按昏迷病人的处理进行。

7. 煤气中毒纠正后的处理。

（1）坚持早晨到公园或在阳台上进行深呼吸运动、扩胸运动、练太极拳，每天 30 分钟左右，轻、中型中毒者应连续晨练 7 天～14 天；重型中毒者可根据后遗症情况，连续晨练 3 月～6 月。

（2）继续服用复合维他命每天 1 丸～2 丸；连服 7 天～14 天；或维生素 C 0.1 克～0.2 克，每天 3 次；亦可适量服用维生素 B1、B6、复合维生素 B 等。

（3）检查煤气使用情况，以防再次中毒。①检查煤气有无漏泄，安装是否合理，燃气灶是否有故障，使用方法是否正确等；②检查冬天取暖方法是否正确，煤气管道是否畅通，室内通风是否良好等；③尽量不使用煤炉取暖，如果使用，必须遵守煤炉取暖规则，切勿马虎；④热水器应与浴池分室而建，并经常检查煤气与热水器连接管线是否完好；⑤如入室后感到有煤气味，应迅速打开门窗，并检查有无煤气漏泄或是否有煤炉在室内，切勿点火；⑥经常擦拭灶具，保证灶具不致造成人体污染，在使用煤气开关后，应用肥皂洗手，并用流水冲净，在厨房内安装排气扇或排油烟机；⑦一定要使用煤气专用橡胶软管，不能用尼龙、乙烯管或破旧管子，每半年检查一次管道通路。

七、食物中毒急救

食物中毒的病例夏秋两季较多。一般都认为是因为夏天的食物较易腐坏所致，当然这不是绝对的，因为冬春两季也可能引起食物中毒。我们常可以看到集体中毒的事件，其主要的原因是大家都吃了同样东西。通常食物的需求量一大，厨师就提早一天把所需材料准备好。因此，吃了这些食物的人们，也较容易造成集体中毒。食物中毒多是因细菌污染食物而引起的一种以急性胃肠炎为主症的疾病，最常见的为沙门氏菌类污染，以肉食为主；葡萄球菌引起中毒的食物多为乳酪制品、糖果糕点等；嗜盐菌引起中毒的食物多是海产品；肉毒杆菌引起中毒的食物多是罐头肉食制品。容易致病的食物有下列数种：鱼贝类、腊肠加工品、冰淇淋、奶油面包及牛奶、棒冰等食物，另外，吃食过了时节的贝类，也很容易引起中毒，因此要特别注意那些不合时令上市的食品。

河豚及蕈类等也是有毒的食物。尤其是河豚，一定要经过专业厨师烹调后，才可吃食。蕈类若认为是可疑的，还是以不食为佳。此外，虽然吃了相同的食物，有人会发病，有人却安然无恙，这可说是各人抵抗力不同的缘故。而婴儿抵抗力较弱，也更容易发生食物中毒。

此外，还有因吃未煮熟的生菜而中毒的现象，尤以吃生鱼片为最。此类中毒通常是因制作食物者或场所不洁净而造成的，例如，生鱼片若处理不当，会导致肠胃炎，这是食物中毒中常见且发生比率最高的类型。

（一）食物中毒的症状

食物中毒以呕吐和腹泻为主要症状，常在食后一小时到一天内出现恶心、剧烈呕吐、腹痛、腹泻等症状，继而可出现脱水和血压下降而致休克。肉毒杆菌污染所致食物中毒病情最为严重，可出现吞咽困难、失语、复视等症状。

（二）集体就餐食物中毒的判断

（1）短时间内大量出现相同症状的病人。

（2）有共同的进食史；不吃这种食物不发病。

（3）停止供应该种食物后中毒症状不再出现。

（4）食物中毒一般在用餐后 4 小时～10 小时发病，高峰期出现在用餐后 6 小时左右。

（三）现场急救

1. 催吐。如果有毒食物吃下去的时间在 2 小时以内，可以用催吐的方法。用手指等刺激咽喉引吐，减少毒物吸收。食物中毒早期应禁食，但不宜过长。

2. 导泻。如果吃下去的有毒食物时间较长，已超过 2 小时，但精神较好，则可服用泻药，促使有毒食物尽快排出体外。一般用大黄 30 克或番泻叶 15 克，一次煎服。

3. 利尿。大量饮水，稀释血中毒素浓度，并服用利尿药。

4. 解毒。如果是吃了变质的鱼、虾、蟹等引起的食物中毒，可取食醋 100 毫升，加水 200 毫升，稀释后一次服下。此外，还可采用紫苏 30 克、生甘草 10 克一次煎服。若是误食了变质的饮料或防腐剂，最好的急救方法是用牛奶或其他含蛋白质的饮料灌服。

5. 封存。将吃过的食物进行封存，避免更多的人受害，更重要的是可以化验查出原因。

6. 选择合适的抗生素（如诺氟沙星、黄连素）、解痉药（如阿托品、山莨菪碱），肉毒杆菌食物中毒者应速送医院急救，给予抗肉毒素血清等。

7. 补液。剧烈呕吐、腹痛、腹泻不止者可用硫酸阿托品注射，有脱水征兆者要及时补充体液，可饮用加入少许食盐、糖的饮品，或静脉输液。

（四）预防

选择经过安全处理的食品，应购买消过毒的牛奶而不买生奶，水果、蔬菜一定要洗干净；彻底加热食品，食品所有部位的温度都必须达到 70℃ 以上；做熟食品放置时间不宜过长，最好在食品出锅后尽快吃掉；妥善贮存熟食品，应在 60℃ 以上或 10℃ 以下的条件下贮存熟食；贮存的熟食品在食用前必须再次彻底加热，加热时应使所有部位的温度达到 70℃ 以上；避免熟食品与生食品接触，用于处理生、熟食品的刀具、案板要分开，以避免交叉传染；注意洗手，加工制作食品前和再次间歇后必须把手洗净；保持厨具和厨房的清洁，所有用来置备食品的用具表面必须保持绝对干净，抹布应每天更换，并在下次使用前煮沸消毒；避免昆虫、鼠类和其他动物接触食品；饮用安全卫生的水，不喝生水。禁食霉腐变质的食品可有效预防食物中毒发生。

八、酒精中毒急救

酒精的化学名称叫乙醇，酒精中毒是因摄入过多含乙醇（酒精）的饮料而引起中枢神经先兴奋后抑制的失常状态。一般可自愈，严重时，可引起呼吸中枢的抑制甚至麻痹，而且对肝脏也有毒性。一旦酒醉，先出现兴奋状态：红光满面、爱说话、语无伦次、行走不稳以致摔倒；后出现抑制呈濒危状态：昏迷不醒、频繁抽搐、呼吸浅慢、心率减慢、心搏无力、血压下降、呼吸心跳不规律，极严重的甚至可造成死亡。通常黄酒、葡萄酒含酒精量为 $10\% \sim 15\%$，白酒 $40\% \sim 60\%$。成人中毒量为 70 毫升～80 毫升，致死量为 250 毫升～500 毫升；儿童致死量为 25 毫升；婴儿 6 毫升以上即可致死。

（一）酒精中毒的判断

有饮酒或用酒精擦浴史，并出现以下症状：

（1）兴奋期：眼充血，表情无忧无虑，欣快感，言多粗鲁，眩晕等。

（2）错乱期：神志错乱，语无伦次，行走不稳，动作笨拙，吐字不准、不清。

（3）昏睡期：皮冷唇紫，多汗，昏迷，血压下降，心跳加快，躁动，呕吐，大小便失禁，呼吸衰竭，生命中枢麻痹而死亡。

（二）急救原则

（1）让醉酒病人安静睡下，取平卧位头偏向一侧，防止呕吐物堵塞气道。注意保暖，头部给予冷敷或冰敷，饮以浓茶水或淡盐水，轻度酒精中毒者，一般几小时可恢复。

（2）尽快催吐、洗胃。先用筷子等刺激病人舌根部以催吐，再用 1% 的苏打水200 毫升～300 毫升（或炭末混悬液）洗胃。

（3）浸冷水。当醉酒者不省人事时，可取两条毛巾，浸上冷水，一条敷在后脑上，一条敷在胸膈上，并不断地用清水灌入口中，可使醉酒者渐渐苏醒。据称在热毛巾上滴数滴花露水，敷在醉酒者的脸上，对醒酒止呕吐有奇效。

（4）重度酒精中毒进入昏迷期者，应做人工呼吸及针刺人中、涌泉穴急救，同时应立即送往附近医院抢救。

（5）醉酒不深的可喝些果汁、绿豆汤，生吃梨子、西瓜、荸荠（马蹄）、桔子之类的水果来解酒，效果较好。

（三）急救注意事项

1. 对轻度中毒者，首先要制止其再继续饮酒。其次可找些梨子、马蹄、西瓜之类的水果给其解酒；也可以用刺激咽喉的办法（如用筷子等）引起呕吐反应，将酒等胃内容物尽快呕吐出来（对于已出现昏睡的患者不适宜用此方法）。最后要安排其卧床休息，注意保暖，注意避免呕吐物阻塞呼吸道；观察呼吸和脉搏的情况，如无特别，一觉醒来即可自行康复。如果患者卧床休息后，还有脉搏加快、呼吸减慢、皮肤湿冷、烦躁等现象，则应马上送医院救治。

2．严重的急性酒精中毒，会出现烦躁、昏睡、脱水、抽搐、休克、呼吸微弱等症状，应该从速送往医院急救。

3．空腹喝酒还能引起低血糖症。此时应喝点糖开水，禁忌喝醋。要注意保暖和卧床休息。如出现抽搐、痉挛时，要防止咬破舌头。

九、中暑急救方法

中暑多发生于盛夏，往往是在通风不良的窑洞里、闷热的产房内以及烈日下和高温环境里，由于高温、高湿不断作用于人体，致使体内散热困难，体温不能正常发散，因而体温急升，损害脑细胞而引起的。早期症状包括皮肤干热发红、口渴、头昏、胸闷、恶心、心悸、耳鸣、四肢无力、注意力不集中、呼吸急促和肠胃道病，如呕吐、出血等；严重者会有皮干无汗、体温在 40℃ 以上、抽筋、昏迷、与钠、钾等电解质不平衡的症状，甚至可发生虚脱晕倒。

发生中暑，首先将病人搬到阴凉通风的地方平卧（头部不要垫高），解开衣领，同时用浸湿的冷毛巾敷在其头部。喝一些稀释的电解质饮料，或是含低盐的开水。重者，除上述降温方法外，还应用冰块或冰棒敷其头部、腋下和大腿腹股沟处，同时用井水或凉水反复擦身，扇风进行降温。

（一）现场急救

一旦出现上述中暑症状，可以按照以下"移、敷、促、浸、擦"五字诀，进行现场救治：

1．移。迅速将病人移至阴凉、通风的地方，解开衣裤，以利呼吸和散热。

2．敷。可用冷水毛巾或冰袋、冰块置于病人头部、腋窝、大腿根部等处，并快速扇风。

3．促。按摩病人四肢皮肤，使皮肤血管扩张，加速血液循环，促进散热。待体温降至正常，可停止降温。

4．浸。将患者躯体呈 45 度浸在 18℃ 左右井水中，以浸没乳头为度。老年人、体弱者和心血管病患者，水温不宜过低。

5．擦。4 个人同时用毛巾擦浸在水中的患者身体四周，把皮肤擦红，一般擦 15 分钟～30 分钟左右，即可把体温降至 37℃～38℃，大脑未受严重损害者多能迅速清醒。

轻者一般经过上述处理会逐渐好转，再服一些人丹、藿香正气水（丸）或十滴水；严重者应立即送往医院救治。

（二）中暑的预防

夏天从事户外活动要避开烈日，放慢速度以慢慢适应气温的转变，多喝水，喝稀释的电解质饮料，避免酒精和咖啡因，勿抽烟。戴帽子可减缓头部吸热的速度，特别是秃头或逐渐秃头的人。勿打赤膊，以免吸收更多的辐射热，通风的汗衫反而有消暑的作用。选择浅色、透气的衣服，棉花及聚酯合成的衣物最为透气。过于炎热时可以冷水冲淋头部及颈部，当水分蒸散时可帮助散热。中暑可能在连续几天内逐渐地虚脱，如出现在几天内体重直线下降的情况，应加以留意。一旦中暑，可向患者泼水，将患者移到通风阴凉或有冷气的地方，如果患者意识清醒，则给予补充水分，再以冷毛巾湿敷患者。

【知识链接】日射病急救法

在海滨、登山或在炎热的夏天进行运动时，由于在阳光下暴晒过久，头部缺少防护，会突然发生高烧、耳鸣、恶心、头痛、呕吐、昏睡、怕光刺激等现象，这便是日射病。严重的日射病也能致死，千万不可粗心大意，应采取紧急处理。

急救措施如下：

（1）轻者要迅速到阴凉通风处仰卧休息，解开衣扣、腰带，敞开上衣。可服十滴水、人丹等防治中暑的药品。

（2）如果患者的体温持续上升，有条件的可在澡盆中用温水浸泡下半身，并用湿毛巾擦浴上半身。

（3）如果患者出现意识不清或痉挛，应取昏迷体位。在通知急救中心的同时，注意保证呼吸道畅通。

注意事项如下：

（1）作为降温手段，也可用酒精擦身体并吹电扇，以达到降温的目的。但是，采取这种方法降温较快，医生不在现场时，最好不要使用。

（2）有人症状稍有见轻又参加运动，应多加注意，防止再一次得日射病。

（3）与日射病相近似的还有一种热射病。这是因在炎热的天气作业或旅游，由于过量的热积聚所致。其症状是皮肤干热无汗，体温高达42℃，疲乏、头痛、头晕、尿频、面色发红、步态不稳、瞌睡或昏睡。二者的原因有些差别，但急救措施完全相同。

十、预防破伤风

人们在劳动或走路时，往往因为不留神，被铁钉扎伤。切不可以为这是小伤而不予处理。正因为伤口小、出血少，脏东西排不出来，才容易引起化脓感染。而且因为伤口小而深，最适合厌氧的破伤风杆菌生长繁殖，发生破伤风。

破伤风是由破伤风梭状芽孢杆菌所引致。破伤风杆菌主要存在于泥土、人和动物的粪便里，是一种厌氧菌，只有在缺氧的环境中才能繁殖。若伤口很浅，在血运丰富的地方不易感染，因为破伤风杆菌在有氧的地方不能生存繁殖。若伤口较深，污染较严重，发生破伤风的可能就会大大增加。破伤风杆菌作用于人体后繁殖并释放溶血毒素和神经毒素，导致人体发生溶血和全身肌肉痉挛。突出症状主要为抽搐：非常剧烈的咀嚼肌和躯干肌的抽搐，患者常常会牙关紧咬、身体不由自主地往后仰，呈现角弓反张。有时外界环境，如声、光、震动的轻微刺激，就可引起患者剧烈抽搐和大量出汗，严重的患者还会引起呼吸麻痹，导致死亡。一般而言，破伤风潜伏期为 6 天～10 天，也有少数人潜伏期会长达 1 个月左右，破伤风一旦发作，按照目前医疗水平治愈仍是非常困难的。据临床统计，破伤风患者的死亡率在 70％～80％之间，但是其预防效果极佳，所以我们要注重破伤风的预防。

（一）破伤风的预防措施

1. 打预防针。一岁以内的幼儿，均要注射白喉、百日咳、破伤风（俗称白百破）三联疫苗，由于白百破疫苗不是终身免疫，上小学后要再接种一次。注射疫苗后，其体内已有足够抵抗破伤风毒素的抗体存在，能达到较佳的预防效果。

2. 注射破伤风抗毒素血清（TAT）。如果只是一般性的表皮擦伤，应该不会染上破伤风，无需紧张。但若出现较深的伤口，或伤口被泥土、铁锈等污染物污染，受伤者需在 12 小时（最迟 24 小时）以内，到医院在医生的指导下注射一定数量的破伤风抗毒素血清（TAT）。注射前需做皮试，皮试阴性者一次性肌注，皮试阳性者分次脱敏注射。

3. 彻底清洗伤口。人受外伤后，伤口被破伤风杆菌感染的可能性较高，但真正得病的人并不多。这是因为破伤风杆菌本身并不致病，只有当细菌大量繁殖，其产生的毒素进入血液后才会引起破伤风。而细菌大量繁殖的条件是缺氧，这种缺氧环境一般只有在伤口外口较小、伤口内有坏死组织或血块充塞、局部缺血等情况下才会发生。因此，受伤后正确处理伤口、破坏受伤部位的缺氧环境是预防破伤风的关键。如果是被铁钉之类的尖锐物刺伤，应先将尖锐物拔出，然后用双手大拇指将伤口内的血挤出，然后用双氧水彻底冲洗伤口，随后用碘伏或酒精局部消毒，再用消毒纱布对伤口进行包扎。禁止涂抹油膏，防止再次形成无氧环境，造成细菌繁殖。

4. 动物咬伤、烧烫伤也需注意。日常生活中，很多人并不知道动物咬伤、烧烫伤还需注射破伤风抗毒血清。事实上，只要人体皮肤出现外伤，如动物咬伤、开放性损伤骨折、烧烫伤等，甚至细小的伤口如刺伤，同时符合破伤风发病所需的一切因素和条件，均可能发生破伤风。

（二）破伤风的判断

判断破伤风依据是否有外伤史及临床表现：

（1）有外伤史：曾有过创伤感染史，哪怕是一点点小创口或创口已愈合，以及分娩、流产、手术、接产等消毒不严等都可致病。

（2）伤者临床表现：初期病人张口困难、不安、头痛、头晕、疲惫，甚至肌肉强制性痉挛、牙关紧闭、呈苦笑面容，颈、躯干、下肢后侧肌群痉挛，出现腰部上挺，颈项上弓之"角弓反张"现象。重者遇声、光、震动等刺激时，会发生吞咽困难、窒息等。也可发生肌肉撕裂，关节脱臼，骨折和舌咬伤的状况。

（3）一般潜伏期6天～10天，若患者潜伏期超过10天以上，起病又慢，每天发作少（3次左右），及时治疗预后良好。若潜伏期未过7天，在3天内，痉挛发作频繁，多项症状出现，提示预后不良。

十一、毒蛇咬伤

毒蛇咬人时，其上颌腺分泌的毒液随牙齿注入人体，引起急性中毒甚至死亡。因毒蛇的种类不同，所含毒素的成分也各异，中毒的症状亦不同，毒素分为神经毒素（使延髓麻痹、引起四肢肌肉瘫痪和呼吸肌麻痹）、血液毒素（破坏毛细血管、溶解经细胞、引起凝血机理紊乱、出血和溶血）和心脏毒素（引起心肌损害和心力衰竭）三类。

（一）临床表现

（1）有被蛇咬伤史、伤处牙痕的顶端有两个特别粗而深的牙痕，说明是被毒蛇所咬；若仅是成排的细齿状牙痕，说明是被无毒蛇所咬。

（2）由于毒素作用不同，或出现四肢麻痹、无力、眼睑下垂、瞳孔散大，对光反射消失，不能吞咽和说话，呼吸缓慢无力等神经障碍，导致窒息、心衰死亡，或全身皮下淤血、鼻衄血、呕血、咯血、尿血、便血等，甚至昏迷、虚脱、休克而死亡。

（二）急救措施

（1）患者应保持镇静，切勿惊慌、奔跑，以免加速毒液吸收和扩散。在安静的状态下，将病人迅速护送至医院。

（2）立即绑扎伤肢。用止血带或橡胶带，或就地取材用皮带、布条、绳带等在肢体被咬伤的上方扎紧，结扎紧度以阻断淋巴和静脉回流为准；结扎时打活结，便于解开，每隔15分钟～30分钟放松1分钟～2分钟，避免肢体缺血坏死，急救处理结束后，可以解除。一般不要超过2小时。

（3）扩创排毒。缠扎止血带后，有条件的，创口要用清水、肥皂水或高锰酸钾溶液反复冲洗。用手由上向下、由周围向创口中心挤压，或用吸吮器、拔火罐吸出创口毒液。在紧急情况时可用口吸吮（口应无破损或龋齿，以免吸吮者中毒），边吸边吐，再以清水、盐水或酒漱口。首先吸毒至少0.5小时～1小时，重症或肿胀未消退，做十字形切开后再吸引，以后可将患肢浸在2％冷盐水中，自上而下用手指不断挤压20分钟～30分钟。咬伤后超过24小时，一般不再排毒，如伤口周围肿胀明显，可在肿胀处下端每隔3厘米～6厘米处，用消毒钝头粗针平刺直入2厘米；如手足部肿胀时，上肢者穿刺八邪穴（4个手指指缝之间），下肢者穿刺八风穴（4个足趾趾缝之间），以排除毒液，加速退肿。

（4）蛇药。蛇药为中草药制成的成药，可供口服和外敷，亦有针剂。其中蛇药、蛇伤解毒片及注射液、蛇药酒等，对多种毒蛇的咬伤有显著的解毒作用。这些药物在旅行前应选购备用。

（三）预防

（1）打草惊蛇，把蛇赶走。

（2）在山林地带宿营时，睡前和起床后，应检查有无蛇潜入。

（3）不要随便在草丛和蛇可能栖息的场所坐卧，禁止用手伸入鼠洞和树洞内。

（4）进入山区、树林、草丛地带应穿好鞋袜，扎紧裤腿。

（5）遇见毒蛇，应远道绕过；若被蛇追逐时，应向上坡跑，或忽左忽右的转弯跑，切勿直跑或直向下坡跑。

十二、电击伤急救

电闪雷鸣时，人在树下或建筑物下容易遭雷击。雷击和触电都可当即致死，轻则致伤。超过65伏的交流电压就会伤害人体，而高压电线落地，周围方圆10米内都会使人触电。闪电的电压可达1亿伏，击中人体，可使人立即碳化焦黑。

对于触电者的急救应分秒必争。发生呼吸或心跳停止的病人，病情都非常危重，这时应一面进行抢救，一面紧急联系，就近送病人去医院进一步治疗；在转送病人去医院途中，抢救工作仍不能中断。

（一）电击伤现场急救

（1）关掉电闸，切断电源，然后施救。无法切断电源时，可以用木棒、竹竿等将电线挑离触电者身体。如挑不开电线或其他致触电的带电电器，应用干的绳子套住触电者将其拖离，使其脱离电流。救援者最好戴上橡皮手套，穿橡胶运动鞋等。切忌用手去拉触电者，不能因救人心切而忘了自身安全。

（2）若伤者神志清醒，呼吸、心跳均自主，应让伤者就地平卧，严密观察，暂时不要站立或走动，防止继发休克或心衰。

（3）伤者丧失意识时要立即叫救护车，并尝试唤醒伤者。呼吸停止、心跳存在者，应就地平卧松解衣扣，通畅气道，立即口对口进行人工呼吸。心跳停止、呼吸存在者，应立即做胸外心脏按压。

（4）若发现其心跳、呼吸已经停止，应立即进行心肺脑复苏，即开放气道、人工呼吸和胸外按压（少数已证实被电死者除外），抢救要尽可能坚持，直到使触电者恢复呼吸、心跳，或确诊已无生还希望时为止。现场抢救最好能两人同时分别施行人工呼吸及胸外按压，以 2 : 30 的比例进行，即人工呼吸 2 次，胸外按压 30 次。

（二）电击伤急救注意事项

（1）处理电击伤时，应注意有无其他损伤。如触电后弹离电源或自高空跌下，常并发颅脑外伤、血气胸、内脏破裂、四肢和骨盆骨折等。

（2）现场抢救中，不要随意移动伤员，若确需移动时，抢救中断时间不应超过 30 秒。移动伤员或将其送往医院时，除应使伤员平躺在担架上并在背部垫以平硬阔木板外，应继续抢救，呼吸、心跳停止者要持续进行人工呼吸和胸外按压（详见第十一章第六节"心肺脑复苏"），在医院医务人员未接替前救治不能中止。

（3）对电灼伤的伤口或创面不要用油膏或不干净的敷料包敷，而要用干净的敷料包扎，或送往医院后待医生处理。

（4）碰到闪电打雷时，要迅速到就近的建筑物内躲避。在野外无处躲避时，要将手表、眼镜等金属物品摘掉，找低洼处伏倒躲避，千万不要在大树下躲避，不要站在高墙上、树木下、电线杆旁或天线附近。

【案例】19—1　美国华盛顿州家庭应急措施[1]

灾难发生后，您和您的家人应至少能够独自应付 3 日。紧急救援人员届时将非常繁忙，并可能无法立即为所有需要救助的人提供援助。采取下列措施可帮助您保护自己。

灾难袭来之前

（1）为家人选择一个灾后相聚的地点。

（2）选择一个灾区以外的人士，以备家人失散时与之联络。该人的居所应当

---

[1] 资料来源：《华盛顿州军事部紧急事务管理处网站》（www.doh.wa.gov），访问日期：2005 年 8 月 20 日。

远离灾区，不会受应急事件的影响。

（3）知道如何与在学校或托儿所的子女联络，以及如何在灾难之后接回他们。若委托他人接回子女，则应通知校方。随时更新子女的紧急疏散卡。

（4）分别将家里及工作场所的应急用品放在一起。如果子女的学校或托儿所备有个人应急用品，应为自己的子女在学校或托儿所存放一份。

（5）知道附近的消防站及警署在何处。

（6）了解所在小区的警告讯号、其鸣响方式以及听到警报后应该采取什么措施。

（7）懂得伤员急救和心肺复苏术。为家庭成员准备急救箱、急救手册和充足的药品。

（8）懂得如何切断自来水、煤气和电源。知道关闭阀门和开关所在。

（9）手头备有少量现金。如果电力中断，自动提款机不能使用。

（10）如果有家庭成员不会讲英文，请用英文制作应急卡，在卡上注明其姓名、地址及其医疗或过敏信息。确保这些家庭成员能够随时找到其应急卡。

（11）每半年进行一次地震和火灾训练。

（12）为自己的重要记录进行备份，并将其存放在其他城市或州的银行保管箱中。将原件妥为收藏。将自己家人的相片和录影带以及贵重物品存放在保管箱中。

（13）确保家庭成员了解撤离房间时的所有可能之出口。所有出口均应保持畅通。

（14）确保所有家庭成员就应急计划达成一致意见。将应急信息提供给保育人员或其他看护人员。

在紧急事件或灾难发生过程中

（1）保持冷静并花时间考虑。为需要的地方提供援助。

（2）从收音机或电视中收听、收看官方信息及指示。

（3）仅在有紧急需要时才使用电话。

（4）如果被通知疏散，应带上自己的应急箱，并按官方指示撤离到安全地点或临时避难所。

在紧急事件或灾难过后

（1）进入损毁建筑及家门时应小心。

（2）远离损坏的电线及潮湿的电器设备。

（3）检查食物和水源有无污染。

（4）向亲属报平安，但通话时间勿过长。因为电话可能需作应急之用。

（5）如果政府提供救灾物资，新闻媒体会公布申请地点。

【案例】19—2　果冻卡喉急救

2005年1月，某市一名11个月大的女婴，在吸食一个果冻时喉咙被卡住导致窒息，事后虽经医院抢救恢复了心跳，但父母因种种原因放弃了治疗，孩子终未被挽回生命。

这名不幸的女婴老家在四川，去年春节后，她就被父母带到了该市。1月12日上午，因忙着搬家，夫妇俩便把女儿交给了一个亲戚照看。到了中午12点半左右，小家伙可能饿了，一直在哭，照看她的亲戚便拿了一个乒乓球大的果冻，准备喂给她吃。当天的天气很冷，那个亲戚特意将果冻放在开水里热了一下。她撕开果冻后，原本打算一点一点的挤给孩子吃，没想到经过受热的果冻很滑，不小心被孩子一口就吸了进去。据这个亲戚说，"果冻一吸进去，孩子马上就不行了，浑身抖了起来。"闻讯后赶来的女婴父亲马上把孩子送到了该市医学院附属医院。当时孩子已窒息十多分钟，心跳和呼吸都没了，经过全力抢救，小家伙终于又恢复了呼吸和心跳。当天下午3时30分，孩子被转到了该市妇保院，随即入住重症监护中心。医生说，医院从孩子肺部吸出了很多果冻。她因缺氧造成脑细胞损伤，产生了并发性炎症。由于缺氧时间较长，对大脑有损伤，有可能以后成为植物人。14日，因种种原因，孩子的父母放弃了对她的治疗，于当日下午2点左右将她从医院接走，一小时后，一个小小的生命告别了这个世界。

【案例】19—3　溺水急救

2007年8月3日，某县一名9岁的儿童在游泳时不慎溺水，同在一个村的军校学子卢某成功将其打捞上岸，并对已经停止呼吸的孩子进行急救。这名军校学子凭着所学的急救技能，紧急施救近半个小时，最终将这名落水儿童从死亡线上救了回来。卢某告诉记者，3日下午4时许，他正和好友赵某在村子里玩，弟弟忽然跑过来，指着村子池塘的方向焦急地喊道："哥哥，村里的菲菲（化名）掉水里了，快去救人！"听到弟弟的求救后，卢某和赵某便急忙一路脱着衣服奔向了池塘。但是两人在池塘里打捞了10多分钟都没有找到菲菲。凭着军人特有的责任感和毅力，卢某没有放弃。又过了10多分钟，卢某他们终于在池塘的底部打捞起了菲菲并迅速将其抱上岸。由于溺水时间已经过去近半个小时，菲菲在被救上岸时已经没有了呼吸，面部也如同白纸一样，而且整个身体开始僵硬。见到这样的情景，闻讯赶来的菲菲的父亲当时就吓昏了过去。但此时的卢某并没有惊慌，他沉着地将菲菲的身体搬到平地上并迅速清除掉菲菲口鼻中的杂物。随后用自己在军校所学的急救技能开始紧急施救，先是在菲菲的小腹上按压，把他肚中的水压了出来，紧接着就开始做人工呼吸。卢某告诉记者，抢救了20多分钟以后，菲菲竟然开始有了微弱的呼吸。受到鼓舞的卢某又继续为菲菲做人工呼吸。"没想到菲菲吸入肚中的河水和胃中的食物一块儿涌到我的嘴里，但当时只想救人，也顾不上这些了。"卢某对记者说。随后，菲菲被赶来的 120 救护车送往医院，孩子成功脱离危险。事发时菲菲和几个小伙伴在村里的池塘边玩耍，不慎滑入池塘里。

【案例分析题】

1. 通过案例 19—1，分析编制家庭应急计划应考虑哪些因素？
2. 通过案例 19—2，分析该案例中急救不当之处，遇有气道异物堵塞该如何急救？
3. 通过案例 19—3，分析该案例的成功之处。

【思考讨论题】

1. 家庭应急预防（评估）应考虑哪些内容？
2. 如何编制家庭应急计划？试着为你的家庭做一份家庭应急计划。
3. 某人在生产中不幸被截断左手食指，应如何进行现场急救？
4. 某人从高处坠落，导致背部受伤，双下肢不能活动，感觉异常，该如何进行现场急救？
5. 某男子在家洗澡，由于天冷门窗紧闭发生煤气中毒，家人发现时呼吸、心跳已停止，该如何急救？

【实务操作题】

1. 选择一种自然灾害，制作一份在自然灾害中逃生和避险的宣传材料。
2. 模拟一起电击伤事件现场，伤者倒地不省人事，进行现场急救。

中华人民共和国突发事件应对法

（2007 年 8 月 30 日第十届全国人民代表大会常务委员会
第二十九次会议通过）

第一章　总　则

第一条　为了预防和减少突发事件的发生，控制、减轻和消除突发事件引起的严重社会危害，规范突发事件应对活动，保护人民生命财产安全，维护国家安全、公共安全、环境安全和社会秩序，制定本法。

第二条　突发事件的预防与应急准备、监测与预警、应急处置与救援、事后恢复与重建等应对活动，适用本法。

第三条　本法所称突发事件，是指突然发生，造成或者可能造成严重社会危害，需要采取应急处置措施予以应对的自然灾害、事故灾难、公共卫生事件和社会安全事件。

按照社会危害程度、影响范围等因素，自然灾害、事故灾难、公共卫生事件分为特别重大、重大、较大和一般四级。法律、行政法规或者国务院另有规定的，从其规定。

突发事件的分级标准由国务院或者国务院确定的部门制定。

第四条　国家建立统一领导、综合协调、分类管理、分级负责、属地管理为主的应急管理体制。

第五条　突发事件应对工作实行预防为主、预防与应急相结合的原则。国家建立重大突发事件风险评估体系，对可能发生的突发事件进行综合性评估，减少重大突发事件的发生，最大限度地减轻重大突发事件的影响。

第六条　国家建立有效的社会动员机制，增强全民的公共安全和防范风险的意识，提高全社会的避险救助能力。

第七条　县级人民政府对本行政区域内突发事件的应对工作负责；涉及两个以上行政区域的，由有关行政区域共同的上一级人民政府负责，或者由各有关行政区域的上一级人民政府共同负责。

突发事件发生后，发生地县级人民政府应当立即采取措施控制事态发展，组织开展应急救援和处置工作，并立即向上一级人民政府报告，必要时可以越级上报。

突发事件发生地县级人民政府不能消除或者不能有效控制突发事件引起的严重社会危害的，应当及时向上级人民政府报告。上级人民政府应当及时采取措施，统一领导应急处置工作。

法律、行政法规规定由国务院有关部门对突发事件的应对工作负责的，从其规定；地方人民政府应当积极配合并提供必要的支持。

第八条　国务院在总理领导下研究、决定和部署特别重大突发事件的应对工作；根据实际需要，设立国家突发事件应急指挥机构，负责突发事件应对工作；必要时，国务院可以派出工作组指导有关工作。

县级以上地方各级人民政府设立由本级人民政府主要负责人、相关部门负责人、驻当地中国人民解放军和中国人民武装警察部队有关负责人组成的突发事件应急指挥机构，统一领导、协调本级人民政府各有关部门和下级人民政府开展突发事件应对工作；根据实际需要，设立相关类别突发事件应急指挥机构，组织、协调、指挥突发事件应对工作。

上级人民政府主管部门应当在各自职责范围内，指导、协助下级人民政府及其相应部门做好有关突发事件的应对工作。

第九条　国务院和县级以上地方各级人民政府是突发事件应对工作的行政领导机关，其办事机构及具体职责由国务院规定。

第十条　有关人民政府及其部门作出的应对突发事件的决定、命令，应当及时公布。

第十一条　有关人民政府及其部门采取的应对突发事件的措施，应当与突发事件可能造成的社会危害的性质、程度和范围相适应；有多种措施可供选择的，应当选择有利于最大程度地保护公民、法人和其他组织权益的措施。

公民、法人和其他组织有义务参与突发事件应对工作。

第十二条　有关人民政府及其部门为应对突发事件，可以征用单位和个人的财产。被征用的财产在使用完毕或者突发事件应急处置工作结束后，应当及时返还。财产被征用或者征用后毁损、灭失的，应当给予补偿。

第十三条　因采取突发事件应对措施，诉讼、行政复议、仲裁活动不能正常进行的，适用有关时效中止和程序中止的规定，但法律另有规定的除外。

第十四条　中国人民解放军、中国人民武装警察部队和民兵组织依照本法和其他有关法律、行政法规、军事法规的规定以及国务院、中央军事委员会的命令，参加突发事件的应急救援和处置工作。

第十五条　中华人民共和国政府在突发事件的预防、监测与预警、应急处置与救援、事后恢复与重建等方面，同外国政府和有关国际组织开展合作与交流。

第十六条　县级以上人民政府作出应对突发事件的决定、命令，应当报本级人民代表大会常务委员会备案；突发事件应急处置工作结束后，应当向本级人民代表大会常务委员会作出专项工作报告。

第二章　预防与应急准备

第十七条　国家建立健全突发事件应急预案体系。

国务院制定国家突发事件总体应急预案，组织制定国家突发事件专项应急预案；国务院有关部门根据各自的职责和国务院相关应急预案，制定国家突发事件部门应急预案。

地方各级人民政府和县级以上地方各级人民政府有关部门根据有关法律、法规、规章、上级人民政府及其有关部门的应急预案以及本地区的实际情况，制定相应的突发事件应急预案。

应急预案制定机关应当根据实际需要和情势变化，适时修订应急预案。应急预案的制定、修订程序由国务院规定。

第十八条　应急预案应当根据本法和其他有关法律、法规的规定，针对突发事件的性质、特点和可能造成的社会危害，具体规定突发事件应急管理工作的组织指挥体系与职责和突发事件的预防与预警机制、处置程序、应急保障措施以及事后恢复与重建措施等内容。

第十九条　城乡规划应当符合预防、处置突发事件的需要，统筹安排应对突发事件所必需的设备和基础设施建设，合理确定应急避难场所。

第二十条　县级人民政府应当对本行政区域内容易引发自然灾害、事故灾难和公共卫生事件的危险源、危险区域进行调查、登记、风险评估，定期进行检查、监控，并责令有关单位采取安全防范措施。

省级和设区的市级人民政府应当对本行政区域内容易引发特别重大、重大突发事件的危险源、危险区域进行调查、登记、风险评估，组织进行检查、监控，并责令有关单位采取安全防范措施。

县级以上地方各级人民政府按照本法规定登记的危险源、危险区域，应当按照国家规定及时向社会公布。

第二十一条　县级人民政府及其有关部门、乡级人民政府、街道办事处、居民委员会、村民委员会应当及时调解处理可能引发社会安全事件的矛盾纠纷。

第二十二条　所有单位应当建立健全安全管理制度，定期检查本单位各项安全防范措施的落实情况，及时消除事故隐患；掌握并及时处理本单位存在的可能引发社会安全事件的问题，防止矛盾激化和事态扩大；对本单位可能发生的突发事件和采取安全防范措施的情况，应当按照规定及时向所在地人民政府或者人民政府有关部门报告。

第二十三条　矿山、建筑施工单位和易燃易爆物品、危险化学品、放射性物品等危险物品的生产、经营、储运、使用单位，应当制定具体应急预案，并对生产经营场所、有危险物品的建筑物、构筑物及周边环境开展隐患排查，及时采取措施消除隐患，防止发生突发事件。

第二十四条　公共交通工具、公共场所和其他人员密集场所的经营单位或者管理单位应当制定具体应急预案，为交通工具和有关场所配备报警装置和必要的应急救援设备、设施，注明其使用方法，并显著标明安全撤离的通道、路线，保证安全通道、出口的畅通。

有关单位应当定期检测、维护其报警装置和应急救援设备、设施，使其处于良好状态，确保正常使用。

第二十五条　县级以上人民政府应当建立健全突发事件应急管理培训制度，对人民政府及其有关部门负有处置突发事件职责的工作人员定期进行培训。

第二十六条　县级以上人民政府应当整合应急资源，建立或者确定综合性应急救援队伍。人民政府有关部门可以根据实际需要设立专业应急救援队伍。

县级以上人民政府及其有关部门可以建立由成年志愿者组成的应急救援队伍。单位应当建立由本单位职工组成的专职或者兼职应急救援队伍。

县级以上人民政府应当加强专业应急救援队伍与非专业应急救援队伍的合作，联合培训、联合演练，提高合成应急、协同应急的能力。

第二十七条　国务院有关部门、县级以上地方各级人民政府及其有关部门、有关单位应当为专业应急救援人员购买人身意外伤害保险，配备必要的防护装备和器材，减少应急救援人员的人身风险。

第二十八条　中国人民解放军、中国人民武装警察部队和民兵组织应当有计划地组织开展应急救援的专门训练。

第二十九条　县级人民政府及其有关部门、乡级人民政府、街道办事处应当组织开展应急知识的宣传普及活动和必要的应急演练。

居民委员会、村民委员会、企业事业单位应当根据所在地人民政府的要求，结合各自的实际情况，开展有关突发事件应急知识的宣传普及活动和必要的应急演练。

新闻媒体应当无偿开展突发事件预防与应急、自救与互救知识的公益宣传。

第三十条　各级各类学校应当把应急知识教育纳入教学内容，对学生进行应急知识教育，培养学生的安全意识和自救与互救能力。

教育主管部门应当对学校开展应急知识教育进行指导和监督。

第三十一条　国务院和县级以上地方各级人民政府应当采取财政措施，保障突发事件应对工作所需经费。

第三十二条　国家建立健全应急物资储备保障制度，完善重要应急物资的监管、生产、储备、调拨和紧急配送体系。

设区的市级以上人民政府和突发事件易发、多发地区的县级人民政府应当建立应急救援物资、生活必需品和应急处置装备的储备制度。

县级以上地方各级人民政府应当根据本地区的实际情况，与有关企业签订协议，保障应急救援物资、生活必需品和应急处置装备的生产、供给。

第三十三条　国家建立健全应急通信保障体系，完善公用通信网，建立有线与无线相结合、基础电信网络与机动通信系统相配套的应急通信系统，确保突发事件应对工作的通信畅通。

第三十四条　国家鼓励公民、法人和其他组织为人民政府应对突发事件工作提供物资、资金、技术支持和捐赠。

第三十五条　国家发展保险事业，建立国家财政支持的巨灾风险保险体系，并鼓励单位和公民参加保险。

第三十六条　国家鼓励、扶持具备相应条件的教学科研机构培养应急管理专门人才，鼓励、扶持教学科研机构和有关企业研究开发用于突发事件预防、监测、预警、应急处置与救援的新技术、新设备和新工具。

第三章　监测与预警

第三十七条　国务院建立全国统一的突发事件信息系统。

县级以上地方各级人民政府应当建立或者确定本地区统一的突发事件信息系统，汇集、储存、分析、传输有关突发事件的信息，并与上级人民政府及其有关部门、下级人民政府及其有关部门、专业机构和监测网点的突发事件信息系统实现互联互通，加强跨部门、跨地区的信息交流与情报合作。

第三十八条　县级以上人民政府及其有关部门、专业机构应当通过多种途径收集突发事件信息。

县级人民政府应当在居民委员会、村民委员会和有关单位建立专职或者兼职信息报告员制度。

获悉突发事件信息的公民、法人或者其他组织，应当立即向所在地人民政府、有关主管部门或者指定的专业机构报告。

第三十九条　地方各级人民政府应当按照国家有关规定向上级人民政府报送突发事件信息。县级以上人民政府有关主管部门应当向本级人民政府相关部门通报突发事件信息。专业机构、监测网点和信息报告员应当及时向所在地人民政府及其有关主管部门报告突发事件信息。

有关单位和人员报送、报告突发事件信息，应当做到及时、客观、真实，不得迟报、谎报、瞒报、漏报。

第四十条　县级以上地方各级人民政府应当及时汇总分析突发事件隐患和预警信息，必要时组织相关部门、专业技术人员、专家学者进行会商，对发生突发事件的可能性及其可能造成的影响进行评估；认为可能发生重大或者特别重大突发事件的，应当立即向上级人民政府报告，并向上级人民政府有关部门、当地驻军和可能受到危害的毗邻或者相关地区的人民政府通报。

第四十一条　国家建立健全突发事件监测制度。

县级以上人民政府及其有关部门应当根据自然灾害、事故灾难和公共卫生事件的种类和特点，建立健全基础信息数据库，完善监测网络，划分监测区域，确定监测点，明确监测项目，提供必要的设备、设施，配备专职或者兼职人员，对可能发生的突发事件进行监测。

第四十二条　国家建立健全突发事件预警制度。

可以预警的自然灾害、事故灾难和公共卫生事件的预警级别，按照突发事件发生的紧急程度、发展势态和可能造成的危害程度分为一级、二级、三级和四级，分别用红色、橙色、黄色和蓝色标示，一级为最高级别。

预警级别的划分标准由国务院或者国务院确定的部门制定。

第四十三条　可以预警的自然灾害、事故灾难或者公共卫生事件即将发生或者发生的可能性增大时，县级以上地方各级人民政府应当根据有关法律、行政法规和国务院规定的权限和程序，发布相应级别的警报，决定并宣布有关地区进入预警期，同时向上一级人民政府报告，必要时可以越级上报，并向当地驻军和可能受到危害的毗邻或者相关地区的人民政府通报。

第四十四条　发布三级、四级警报，宣布进入预警期后，县级以上地方各级人民政府应当根据即将发生的突发事件的特点和可能造成的危害，采取下列措施：

（一）启动应急预案；

（二）责令有关部门、专业机构、监测网点和负有特定职责的人员及时收集、报告有关信息，向社会公布反映突发事件信息的渠道，加强对突发事件发生、发展情况的监测、预报和预警工作；

（三）组织有关部门和机构、专业技术人员、有关专家学者，随时对突发事件信息进行分析评估，预测发生突发事件可能性的大小、影响范围和强度以及可能发生的突发事件的级别；

（四）定时向社会发布与公众有关的突发事件预测信息和分析评估结果，并对相关信息的报道工作进行管理；

（五）及时按照有关规定向社会发布可能受到突发事件危害的警告，宣传避免、减轻危害的常识，公布咨询电话。

第四十五条　发布一级、二级警报，宣布进入预警期后，县级以上地方各级人民政府除采取本法第四十四条规定的措施外，还应当针对即将发生的突发事件的特点和可能造成的危害，采取下列一项或者多项措施：

（一）责令应急救援队伍、负有特定职责的人员进入待命状态，并动员后备人员做好参加应急救援和处置工作的准备；

（二）调集应急救援所需物资、设备、工具，准备应急设施和避难场所，并确保其处于良好状态、随时可以投入正常使用；

（三）加强对重点单位、重要部位和重要基础设施的安全保卫，维护社会治安秩序；

（四）采取必要措施，确保交通、通信、供水、排水、供电、供气、供热等公共设施的安全和正常运行；

（五）及时向社会发布有关采取特定措施避免或者减轻危害的建议、劝告；

（六）转移、疏散或者撤离易受突发事件危害的人员并予以妥善安置，转移重要财产；

（七）关闭或者限制使用易受突发事件危害的场所，控制或者限制容易导致危害扩大的公共场所的活动；

（八）法律、法规、规章规定的其他必要的防范性、保护性措施。

第四十六条 对即将发生或者已经发生的社会安全事件，县级以上地方各级人民政府及其有关主管部门应当按照规定向上一级人民政府及其有关主管部门报告，必要时可以越级上报。

第四十七条 发布突发事件警报的人民政府应当根据事态的发展，按照有关规定适时调整预警级别并重新发布。

有事实证明不可能发生突发事件或者危险已经解除的，发布警报的人民政府应当立即宣布解除警报，终止预警期，并解除已经采取的有关措施。

第四章　应急处置与救援

第四十八条 突发事件发生后，履行统一领导职责或者组织处置突发事件的人民政府应当针对其性质、特点和危害程度，立即组织有关部门，调动应急救援队伍和社会力量，依照本章的规定和有关法律、法规、规章的规定采取应急处置措施。

第四十九条 自然灾害、事故灾难或者公共卫生事件发生后，履行统一领导职责的人民政府可以采取下列一项或者多项应急处置措施：

（一）组织营救和救治受害人员，疏散、撤离并妥善安置受到威胁的人员以及采取其他救助措施；

（二）迅速控制危险源，标明危险区域，封锁危险场所，划定警戒区，实行交通管制以及其他控制措施；

（三）立即抢修被损坏的交通、通信、供水、排水、供电、供气、供热等公共设施，向受到危害的人员提供避难场所和生活必需品，实施医疗救护和卫生防疫以及其他保障措施；

（四）禁止或者限制使用有关设备、设施，关闭或者限制使用有关场所，中止人员密集的活动或者可能导致危害扩大的生产经营活动以及采取其他保护措施；

（五）启用本级人民政府设置的财政预备费和储备的应急救援物资，必要时调用其他急需物资、设备、设施、工具；

（六）组织公民参加应急救援和处置工作，要求具有特定专长的人员提供服务；

（七）保障食品、饮用水、燃料等基本生活必需品的供应；

（八）依法从严惩处囤积居奇、哄抬物价、制假售假等扰乱市场秩序的行为，稳定市场价格，维护市场秩序；

（九）依法从严惩处哄抢财物、干扰破坏应急处置工作等扰乱社会秩序的行为，维护社会治安；

（十）采取防止发生次生、衍生事件的必要措施。

第五十条　社会安全事件发生后，组织处置工作的人民政府应当立即组织有关部门并由公安机关针对事件的性质和特点，依照有关法律、行政法规和国家其他有关规定，采取下列一项或者多项应急处置措施：

（一）强制隔离使用器械相互对抗或者以暴力行为参与冲突的当事人，妥善解决现场纠纷和争端，控制事态发展；

（二）对特定区域内的建筑物、交通工具、设备、设施以及燃料、燃气、电力、水的供应进行控制；

（三）封锁有关场所、道路，查验现场人员的身份证件，限制有关公共场所内的活动；

（四）加强对易受冲击的核心机关和单位的警卫，在国家机关、军事机关、国家通讯社、广播电台、电视台、外国驻华使领馆等单位附近设置临时警戒线；

（五）法律、行政法规和国务院规定的其他必要措施。

严重危害社会治安秩序的事件发生时，公安机关应当立即依法出动警力，根据现场情况依法采取相应的强制性措施，尽快使社会秩序恢复正常。

第五十一条　发生突发事件，严重影响国民经济正常运行时，国务院或者国务院授权的有关主管部门可以采取保障、控制等必要的应急措施，保障人民群众的基本生活需要，最大限度地减轻突发事件的影响。

第五十二条　履行统一领导职责或者组织处置突发事件的人民政府，必要时可以向单位和个人征用应急救援所需设备、设施、场地、交通工具和其他物资，请求其他地方人民政府提供人力、物力、财力或者技术支援，要求生产、供应生活必需品和应急救援物资的企业组织生产、保证供给，要求提供医疗、交通等公共服务的组织提供相应的服务。

履行统一领导职责或者组织处置突发事件的人民政府，应当组织协调运输经营单位，优先运送处置突发事件所需物资、设备、工具、应急救援人员和受到突发事件危害的人员。

第五十三条　履行统一领导职责或者组织处置突发事件的人民政府，应当按照有关规定统一、准确、及时发布有关突发事件事态发展和应急处置工作的信息。

第五十四条 任何单位和个人不得编造、传播有关突发事件事态发展或者应急处置工作的虚假信息。

第五十五条 突发事件发生地的居民委员会、村民委员会和其他组织应当按照当地人民政府的决定、命令，进行宣传动员，组织群众开展自救和互救，协助维护社会秩序。

第五十六条 受到自然灾害危害或者发生事故灾难、公共卫生事件的单位，应当立即组织本单位应急救援队伍和工作人员营救受害人员，疏散、撤离、安置受到威胁的人员，控制危险源，标明危险区域，封锁危险场所，并采取其他防止危害扩大的必要措施，同时向所在地县级人民政府报告；对因本单位的问题引发的或者主体是本单位人员的社会安全事件，有关单位应当按照规定上报情况，并迅速派出负责人赶赴现场开展劝解、疏导工作。

突发事件发生地的其他单位应当服从人民政府发布的决定、命令，配合人民政府采取的应急处置措施，做好本单位的应急救援工作，并积极组织人员参加所在地的应急救援和处置工作。

第五十七条 突发事件发生地的公民应当服从人民政府、居民委员会、村民委员会或者所属单位的指挥和安排，配合人民政府采取的应急处置措施，积极参加应急救援工作，协助维护社会秩序。

第五章 事后恢复与重建

第五十八条 突发事件的威胁和危害得到控制或者消除后，履行统一领导职责或者组织处置突发事件的人民政府应当停止执行依照本法规定采取的应急处置措施，同时采取或者继续实施必要措施，防止发生自然灾害、事故灾难、公共卫生事件的次生、衍生事件或者重新引发社会安全事件。

第五十九条 突发事件应急处置工作结束后，履行统一领导职责的人民政府应当立即组织对突发事件造成的损失进行评估，组织受影响地区尽快恢复生产、生活、工作和社会秩序，制定恢复重建计划，并向上一级人民政府报告。

受突发事件影响地区的人民政府应当及时组织和协调公安、交通、铁路、民航、邮电、建设等有关部门恢复社会治安秩序，尽快修复被损坏的交通、通信、供水、排水、供电、供气、供热等公共设施。

第六十条 受突发事件影响地区的人民政府开展恢复重建工作需要上一级人民政府支持的，可以向上一级人民政府提出请求。上一级人民政府应当根据受影响地区遭受的损失和实际情况，提供资金、物资支持和技术指导，组织其他地区提供资金、物资和人力支援。

第六十一条 国务院根据受突发事件影响地区遭受损失的情况，制定扶持该地区有关行业发展的优惠政策。

受突发事件影响地区的人民政府应当根据本地区遭受损失的情况，制定救助、补偿、抚慰、抚恤、安置等善后工作计划并组织实施，妥善解决因处置突发事件引发的矛盾和纠纷。

公民参加应急救援工作或者协助维护社会秩序期间，其在本单位的工资待遇和福利不变；表现突出、成绩显著的，由县级以上人民政府给予表彰或者奖励。

县级以上人民政府对在应急救援工作中伤亡的人员依法给予抚恤。

第六十二条　履行统一领导职责的人民政府应当及时查明突发事件的发生经过和原因，总结突发事件应急处置工作的经验教训，制定改进措施，并向上一级人民政府提出报告。

第六章　法律责任

第六十三条　地方各级人民政府和县级以上各级人民政府有关部门违反本法规定，不履行法定职责的，由其上级行政机关或者监察机关责令改正；有下列情形之一的，根据情节对直接负责的主管人员和其他直接责任人员依法给予处分：

（一）未按规定采取预防措施，导致发生突发事件，或者未采取必要的防范措施，导致发生次生、衍生事件的；

（二）迟报、谎报、瞒报、漏报有关突发事件的信息，或者通报、报送、公布虚假信息，造成后果的；

（三）未按规定及时发布突发事件警报、采取预警期的措施，导致损害发生的；

（四）未按规定及时采取措施处置突发事件或者处置不当，造成后果的；

（五）不服从上级人民政府对突发事件应急处置工作的统一领导、指挥和协调的；

（六）未及时组织开展生产自救、恢复重建等善后工作的；

（七）截留、挪用、私分或者变相私分应急救援资金、物资的；

（八）不及时归还征用的单位和个人的财产，或者对被征用财产的单位和个人不按规定给予补偿的。

第六十四条　有关单位有下列情形之一的，由所在地履行统一领导职责的人民政府责令停产停业，暂扣或者吊销许可证或者营业执照，并处五万元以上二十万元以下的罚款；构成违反治安管理行为的，由公安机关依法给予处罚：

（一）未按规定采取预防措施，导致发生严重突发事件的；

（二）未及时消除已发现的可能引发突发事件的隐患，导致发生严重突发事件的；

（三）未做好应急设备、设施日常维护、检测工作，导致发生严重突发事件或者突发事件危害扩大的；

（四）突发事件发生后，不及时组织开展应急救援工作，造成严重后果的。

前款规定的行为，其他法律、行政法规规定由人民政府有关部门依法决定处罚的，从其规定。

第六十五条　违反本法规定，编造并传播有关突发事件事态发展或者应急处置工作的虚假信息，或者明知是有关突发事件事态发展或者应急处置工作的虚假信息而进行传播的，责令改正，给予警告；造成严重后果的，依法暂停其业务活动或者吊销其执业许可证；负有直接责任的人员是国家工作人员的，还应当对其依法给予处分；构成违反治安管理行为的，由公安机关依法给予处罚。

第六十六条　单位或者个人违反本法规定，不服从所在地人民政府及其有关部门发布的决定、命令或者不配合其依法采取的措施，构成违反治安管理行为的，由公安机关依法给予处罚。

第六十七条　单位或者个人违反本法规定，导致突发事件发生或者危害扩大，给他人人身、财产造成损害的，应当依法承担民事责任。

第六十八条　违反本法规定，构成犯罪的，依法追究刑事责任。

第七章　附　则

第六十九条　发生特别重大突发事件，对人民生命财产安全、国家安全、公共安全、环境安全或者社会秩序构成重大威胁，采取本法和其他有关法律、法规、规章规定的应急处置措施不能消除或者有效控制、减轻其严重社会危害，需要进入紧急状态的，由全国人民代表大会常务委员会或者国务院依照宪法和其他有关法律规定的权限和程序决定。

紧急状态期间采取的非常措施，依照有关法律规定执行或者由全国人民代表大会常务委员会另行规定。

第七十条　本法自 2007 年 11 月 1 日起施行。

附二：

国家突发公共事件总体应急预案

（2006 年 1 月 8 日颁布）

1 总则

1.1 编制目的

提高政府保障公共安全和处置突发公共事件的能力，最大程度地预防和减少突发公共事件及其造成的损害，保障公众的生命财产安全，维护国家安全和社会稳定，促进经济社会全面、协调、可持续发展。

1.2 编制依据

依据宪法及有关法律、行政法规，制定本预案。

1.3 分类分级

本预案所称突发公共事件是指突然发生，造成或者可能造成重大人员伤亡、财产损失、生态环境破坏和严重社会危害，危及公共安全的紧急事件。

根据突发公共事件的发生过程、性质和机理，突发公共事件主要分为以下四类：

（1）自然灾害。主要包括水旱灾害，气象灾害，地震灾害，地质灾害，海洋灾害，生物灾害和森林草原火灾等。

（2）事故灾难。主要包括工矿商贸等企业的各类安全事故，交通运输事故，公共设施和设备事故，环境污染和生态破坏事件等。

（3）公共卫生事件。主要包括传染病疫情，群体性不明原因疾病，食品安全和职业危害，动物疫情，以及其他严重影响公众健康和生命安全的事件。

（4）社会安全事件。主要包括恐怖袭击事件，经济安全事件和涉外突发事件等。

各类突发公共事件按照其性质、严重程度、可控性和影响范围等因素，一般分为四级：Ⅰ级（特别重大）、Ⅱ级（重大）、Ⅲ级（较大）和Ⅳ级（一般）。

1.4 适用范围

本预案适用于涉及跨省级行政区划的，或超出事发地省级人民政府处置能力的特别重大突发公共事件应对工作。

本预案指导全国的突发公共事件应对工作。

1.5 工作原则

（1）以人为本，减少危害。切实履行政府的社会管理和公共服务职能，把保障公众健康和生命财产安全作为首要任务，最大程度地减少突发公共事件及其造成的人员伤亡和危害。

（2）居安思危，预防为主。高度重视公共安全工作，常抓不懈，防患于未然。增强忧患意识，坚持预防与应急相结合，常态与非常态相结合，做好应对突发公共事件的各项准备工作。

（3）统一领导，分级负责。在党中央、国务院的统一领导下，建立健全分类管理、分级负责，条块结合、属地管理为主的应急管理体制，在各级党委领导下，实行行政领导责任制，充分发挥专业应急指挥机构的作用。

（4）依法规范，加强管理。依据有关法律和行政法规，加强应急管理，维护公众的合法权益，使应对突发公共事件的工作规范化、制度化、法制化。

（5）快速反应，协同应对。加强以属地管理为主的应急处置队伍建设，建立联动协调制度，充分动员和发挥乡镇、社区、企事业单位、社会团体和志愿者队伍的作用，依靠公众力量，形成统一指挥、反应灵敏、功能齐全、协调有序、运转高效的应急管理机制。

（6）依靠科技，提高素质。加强公共安全科学研究和技术开发，采用先进的监测、预测、预警、预防和应急处置技术及设施，充分发挥专家队伍和专业人员的作用，提高应对突发公共事件的科技水平和指挥能力，避免发生次生、衍生事件；加强宣传和培训教育工作，提高公众自救、互救和应对各类突发公共事件的综合素质。

1.6 应急预案体系

全国突发公共事件应急预案体系包括：

（1）突发公共事件总体应急预案。总体应急预案是全国应急预案体系的总纲，是国务院应对特别重大突发公共事件的规范性文件。

（2）突发公共事件专项应急预案。专项应急预案主要是国务院及其有关部门为应对某一类型或某几种类型突发公共事件而制定的应急预案。

（3）突发公共事件部门应急预案。部门应急预案是国务院有关部门根据总体应急预案、专项应急预案和部门职责为应对突发公共事件制定的预案。

（4）突发公共事件地方应急预案。具体包括：省级人民政府的突发公共事件总体应急预案、专项应急预案和部门应急预案；各市（地）、县（市）人民政府及其基层政权组织的突发公共事件应急预案。上述预案在省级人民政府的领导下，按照分类管理、分级负责的原则，由地方人民政府及其有关部门分别制定。

（5）企事业单位根据有关法律法规制定的应急预案。

（6）举办大型会展和文化体育等重大活动，主办单位应当制定应急预案。

各类预案将根据实际情况变化不断补充、完善。

2 组织体系

2.1 领导机构

国务院是突发公共事件应急管理工作的最高行政领导机构。在国务院总理领导下，由国务院常务会议和国家相关突发公共事件应急指挥机构（以下简称相关应急指挥机构）负责突发公共事件的应急管理工作；必要时，派出国务院工作组指导有关工作。

2.2 办事机构

国务院办公厅设国务院应急管理办公室，履行值守应急、信息汇总和综合协调职责，发挥运转枢纽作用。

2.3 工作机构

国务院有关部门依据有关法律、行政法规和各自的职责，负责相关类别突发公共事件的应急管理工作。具体负责相关类别的突发公共事件专项和部门应急预案的起草与实施，贯彻落实国务院有关决定事项。

2.4 地方机构

地方各级人民政府是本行政区域突发公共事件应急管理工作的行政领导机构，负责本行政区域各类突发公共事件的应对工作。

2.5 专家组

国务院和各应急管理机构建立各类专业人才库，可以根据实际需要聘请有关专家组成专家组，为应急管理提供决策建议，必要时参加突发公共事件的应急处置工作。

3 运行机制

3.1 预测与预警

各地区、各部门要针对各种可能发生的突发公共事件，完善预测预警机制，建立预测预警系统，开展风险分析，做到早发现、早报告、早处置。

3.1.1 预警级别和发布

根据预测分析结果，对可能发生和可以预警的突发公共事件进行预警。预警级别依据突发公共事件可能造成的危害程度、紧急程度和发展势态，一般划分为四级：Ⅰ级（特别严重）、Ⅱ级（严重）、Ⅲ级（较重）和Ⅳ级（一般），依次用红色、橙色、黄色和蓝色表示。

预警信息包括突发公共事件的类别、预警级别、起始时间、可能影响范围、警示事项、应采取的措施和发布机关等。

预警信息的发布、调整和解除可通过广播、电视、报刊、通信、信息网络、警报器、宣传车或组织人员逐户通知等方式进行，对老、幼、病、残、孕等特殊人群以及学校等特殊场所和警报盲区应当采取有针对性的公告方式。

3.2 应急处置

3.2.1 信息报告

特别重大或者重大突发公共事件发生后，各地区、各部门要立即报告，最迟不得超过 4 小时，同时通报有关地区和部门。应急处置过程中，要及时续报有关情况。

3.2.2 先期处置

突发公共事件发生后，事发地的省级人民政府或者国务院有关部门在报告特别重大、重大突发公共事件信息的同时，要根据职责和规定的权限启动相关应急预案，及时、有效地进行处置，控制事态。

在境外发生涉及中国公民和机构的突发事件，我驻外使领馆、国务院有关部门和有关地方人民政府要采取措施控制事态发展，组织开展应急救援工作。

3.2.3 应急响应

对于先期处置未能有效控制事态的特别重大突发公共事件，要及时启动相关预案，由国务院相关应急指挥机构或国务院工作组统一指挥或指导有关地区、部门开展处置工作。

现场应急指挥机构负责现场的应急处置工作。

需要多个国务院相关部门共同参与处置的突发公共事件，由该类突发公共事件的业务主管部门牵头，其他部门予以协助。

3.2.4 应急结束

特别重大突发公共事件应急处置工作结束，或者相关危险因素消除后，现场应急指挥机构予以撤销。

3.3 恢复与重建

3.3.1 善后处置

要积极稳妥、深入细致地做好善后处置工作。对突发公共事件中的伤亡人员、应急处置工作人员，以及紧急调集、征用有关单位及个人的物资，要按照规定给予抚恤、补助或补偿，并提供心理及司法援助。有关部门要做好疫病防治和环境污染消除工作。保险监管机构督促有关保险机构及时做好有关单位和个人损失的理赔工作。

3.3.2 调查与评估

要对特别重大突发公共事件的起因、性质、影响、责任、经验教训和恢复重建等问题进行调查评估。

3.3.3 恢复重建

根据受灾地区恢复重建计划组织实施恢复重建工作。

3.4 信息发布

突发公共事件的信息发布应当及时、准确、客观、全面。事件发生的第一时间要向社会发布简要信息，随后发布初步核实情况、政府应对措施和公众防范措施等，并根据事件处置情况做好后续发布工作。

信息发布形式主要包括授权发布、散发新闻稿、组织报道、接受记者采访、举行新闻发布会等。

4 应急保障

各有关部门要按照职责分工和相关预案做好突发公共事件的应对工作，同时根据总体预案切实做好应对突发公共事件的人力、物力、财力、交通运输、医疗卫生及通信保障等工作，保证应急救援工作的需要和灾区群众的基本生活，以及恢复重建工作的顺利进行。

4.1 人力资源

公安（消防）、医疗卫生、地震救援、海上搜救、矿山救护、森林消防、防洪抢险、核与辐射、环境监控、危险化学品事故救援、铁路事故、民航事故、基础信息网络和重要信息系统事故处置，以及水、电、油、气等工程抢险救援队伍是应急救援的专业队伍和骨干力量。地方各级人民政府和有关部门、单位要加强应急救援队伍的业务培训和应急演练，建立联动协调机制，提高装备水平；动员社会团体、企事业单位以及志愿者等各种社会力量参与应急救援工作；增进国际间的交流与合作。要加强以乡镇和社区为单位的公众应急能力建设，发挥其在应对突发公共事件中的重要作用。

中国人民解放军和中国人民武装警察部队是处置突发公共事件的骨干和突击力量，按照有关规定参加应急处置工作。

4.2 财力保障

要保证所需突发公共事件应急准备和救援工作资金。对受突发公共事件影响较大的行业、企事业单位和个人要及时研究提出相应的补偿或救助政策。要对突发公共事件财政应急保障资金的使用和效果进行监管和评估。

鼓励自然人、法人或者其他组织（包括国际组织）按照《中华人民共和国公益事业捐赠法》等有关法律、法规的规定进行捐赠和援助。

4.3 物资保障

要建立健全应急物资监测网络、预警体系和应急物资生产、储备、调拨及紧急配送体系，完善应急工作程序，确保应急所需物资和生活用品的及时供应，并加强对物资储备的监督管理，及时予以补充和更新。

地方各级人民政府应根据有关法律、法规和应急预案的规定，做好物资储备工作。

4.4 基本生活保障

要做好受灾群众的基本生活保障工作，确保灾区群众有饭吃、有水喝、有衣穿、有住处、有病能得到及时医治。

4.5 医疗卫生保障

卫生部门负责组建医疗卫生应急专业技术队伍，根据需要及时赴现场开展医疗救治、疾病预防控制等卫生应急工作。及时为受灾地区提供药品、器械等卫生和医疗设备。必要时，组织动员红十字会等社会卫生力量参与医疗卫生救助工作。

4.6 交通运输保障

要保证紧急情况下应急交通工具的优先安排、优先调度、优先放行，确保运输安全畅通；要依法建立紧急情况社会交通运输工具的征用程序，确保抢险救灾物资和人员能够及时、安全送达。

根据应急处置需要，对现场及相关通道实行交通管制，开设应急救援"绿色通道"，保证应急救援工作的顺利开展。

4.7 治安维护

要加强对重点地区、重点场所、重点人群、重要物资和设备的安全保护，依法严厉打击违法犯罪活动。必要时，依法采取有效管制措施，控制事态，维护社会秩序。

4.8 人员防护

要指定或建立与人口密度、城市规模相适应的应急避险场所，完善紧急疏散管理办法和程序，明确各级责任人，确保在紧急情况下公众安全、有序的转移或疏散。

要采取必要的防护措施，严格按照程序开展应急救援工作，确保人员安全。

4.9 通信保障

建立健全应急通信、应急广播电视保障工作体系，完善公用通信网，建立有线和无线相结合、基础电信网络与机动通信系统相配套的应急通信系统，确保通信畅通。

4.10 公共设施

有关部门要按照职责分工，分别负责煤、电、油、气、水的供给，以及废水、废气、固体废弃物等有害物质的监测和处理。

4.11 科技支撑

要积极开展公共安全领域的科学研究；加大公共安全监测、预测、预警、预防和应急处置技术研发的投入，不断改进技术装备，建立健全公共安全应急技术平台，提高我国公共安全科技水平；注意发挥企业在公共安全领域的研发作用。

5 监督管理

5.1 预案演练

各地区、各部门要结合实际，有计划、有重点地组织有关部门对相关预案进行演练。

5.2 宣传和培训

宣传、教育、文化、广电、新闻出版等有关部门要通过图书、报刊、音像制品和电子出版物、广播、电视、网络等，广泛宣传应急法律法规和预防、避险、自救、互救、减灾等常识，增强公众的忧患意识、社会责任意识和自救、互救能力。各有关方面要有计划地对应急救援和管理人员进行培训，提高其专业技能。

5.3 责任与奖惩

突发公共事件应急处置工作实行责任追究制。

对突发公共事件应急管理工作中做出突出贡献的先进集体和个人要给予表彰和奖励。

对迟报、谎报、瞒报和漏报突发公共事件重要情况或者应急管理工作中有其他失职、渎职行为的，依法对有关责任人给予行政处分；构成犯罪的，依法追究刑事责任。

6 附则

6.1 预案管理

根据实际情况的变化，及时修订本预案。

本预案自发布之日起实施。

附三：

浙江省大型群众性文体活动事故应急预案

（2006 年 6 月 8 日）

1 总 则

1.1 编制目的

建立健全大型群众性文体活动事故的应急响应机制，规范应急管理工作秩序，正确、快速和有效处置大型群众性文化体育活动中发生的事故，最大限度地减少事故造成的人员伤亡和财产损失，维护人民群众的生命安全和社会稳定。

1.2 编制依据

依据《浙江省突发公共事件总体应急预案》和《关于加强应急机制建设提高政府保障公共安全和处置突发公共事件能力的意见》等，制定本预案。

1.3 适用范围

本预案适用于以下原因造成大型群众性文体活动事故的应急处置行动：

（1）因人群过分拥挤，通道严重堵塞等原因，发生人员挤压、踩踏、坠落、溺水等人员伤亡的事故。

（2）场馆舞台、看台、栏杆等建筑物或临时搭建设施发生倒塌，造成人员伤亡的事故。

（3）燃放烟花、礼炮或释放氢气球遇明火发生爆炸等造成人员伤亡的事故。

（4）其他非人为故意损害、破坏而引发的人员伤亡事故。

大型群众性文体活动因火灾造成人员伤亡的事故按《浙江省重大火灾事故应急预案》处置；其他大型群众性活动事故应急处置参照本预案实施。

1.4 工作原则

（1）以人为本，科学决策。把保障人民群众的生命安全、最大程度地减少事故灾难造成的损失放在应急处置行动的首位。运用先进技术，充分发挥专家作用，实行科学民主决策。

（2）统一指挥，分级负责。在省委、省政府的统一指挥下，市、县（市、区）

政府和省级有关部门、驻浙部队、武警部队按照各自的职责分工和权限，负责有关大型群众性文体活动事故的应急管理和处置行动。

（3）快速反应，协同处置。大型群众性文体活动事故发生后，相关市、县（市、区）政府及时启动相应级别的大型群众性文体活动应急预案，严格落实应急处置行动责任制。省级有关部门及时给予配合和支持。相关政府与省级有关部门相互协作、相互配合，保证事故信息的及时准确传递和事故灾难的快速有效处置。

2 组织指挥体系

2.1 组织指挥机构

对省内发生的特别重大、重大群众性文体活动事故，涉及跨市或超出事发地市政府应急处置能力的较大群众性文体活动事故，省政府根据应急处置行动需要，成立省大型群众性文体活动事故应急指挥部（以下简称省指挥部），统一指挥、协调大型群众性文体活动事故的应急处置行动。省级有关部门在省指挥部的统一指挥下，认真履行各自的职责，快速、高效处置大型群众性文体活动事故。

2.2 综合协调机构

省指挥部下设办公室，为综合协调机构，办公室设在省公安厅，负责综合协调和日常工作。

2.3 现场指挥机构

事故发生后，省指挥部根据大型群众性文体活动事故的性质、危害程度、波及范围和处置行动的需要，派出省指挥部部分领导、专家和应急救援队伍赶赴现场，设立现场指挥部。参与现场应急处置行动的相关部门和单位，在现场指挥部的统一指挥下，实施现场应急处置和救援行动。

3 事故分级

根据事故的性质、损失、危害程度和涉及范围，将群众性文体活动事故划分为特别重大群众性文体活动事故（Ⅰ级）、重大群众性文体活动事故（Ⅱ级）、较大群众性文体活动事故（Ⅲ级）、一般群众性文体活动事故（Ⅳ级）四级。

4 预测预防

各级政府要高度重视大型群众性文体活动的安全防范工作，按照"谁主办，谁负责"的要求，落实安全防范措施，消除安全隐患。凡组织大型群众性文体活动，必须向职能部门申报、审批，组织活动的牵头部门和主办单位必须制定安全保卫工作方案和突发事件应急处置预案，并按方案、预案开展相关人员的培训和演练。在积极落实各项安全保卫工作基础上，要充分预测可能出现的各种事故，克服麻痹松懈思想，增强忧患意识，从思想上、物资上、人力上做好应对各类突发性事故的准备工作。

5 应急响应

5.1 先期处置

先期处置按照属地为主的原则,主要依靠事发地的应急处置力量。事故发生后,事发地市、县(市、区)政府和有关单位要立即采取措施控制事态发展。在现场指挥部成立之前,各应急救援队伍和职能部门、活动主办单位,在事发地县级以上政府的指挥、协调下,先期进行处置。各级政府和有关部门根据职责和规定的权限启动相应级别的大型群众性文体活动事故应急预案和行动方案,及时组织应急救援行动,同时迅速向上级政府报告基本情况和先期处置情况,以及请求事项,全力控制事态扩大,严防次生事故发生。

5.2 分级响应机制

大型群众性文体活动事故应急响应坚持属地为主的原则。事发地政府按照有关规定全面负责本行政区域内大型群众性文体活动事故的应急处置行动。

5.3 信息报送与处理

大型群众性文体活动事故发生后,事发地市、县(市、区)政府,省级活动主办部门,立即如实向省政府、省指挥部报告,不得迟报、漏报、瞒报、虚报,同时通报省级有关部门。报告内容主要包括:活动主办单位,活动规模,事故发生的时间、地点和现场情况,事故发生的原因分析,事故造成伤亡状况,事故的影响范围,事故发展趋势和已经采取的措施。

5.4 医疗卫生救援

事发地医疗卫生行政主管部门负责组织开展紧急医疗救护和现场卫生防疫工作。医疗卫生机构根据事故类型,及时开展现场医疗救援和疾病预防。

5.5 群众安全防护

现场指挥部根据事故灾难的特点和严重程度,确定保护群众安全需要应采取的防护措施;及时启用应急避难场所,迅速有序地转移、疏散、撤离现场人群;采取有效措施控制事故源头,防止事态扩大、人员伤亡增加;对受伤群众及时组织运送和救治。

5.6 应急人员安全防护

现场应急救援人员根据现场处置行动需要,携带相应的专业防护装备,采取安全防护措施,严格执行应急救援人员进入和离开事故现场的相关规定。

5.7 现场检测与评估

根据应急处置行动需要,现场指挥部成立事故现场检测与评估小组,负责检测、分析和评估工作,查找事故的原因和评估事态的发展趋势,预测事故的后果,为现场指挥部决策提供参考。检测与评估报告及时上报省指挥部。

5.8 新闻发布

新闻发布按照应急响应的级别，分别由省指挥部或事发地市政府组织实施。特别重大、重大群众性文体活动事故的新闻发布工作，由省新闻办具体负责，或由省新闻办协调有关单位共同实施。

5.9 应急响应结束

特别重大、重大群众性文体活动事故应急处置行动结束或相关危险因素已消除，由现场指挥部提出应急响应结束建议，经省指挥部批准，解除应急状态，应急响应结束，并通知省级有关部门和事发地政府。

6 后期处置

6.1 善后处理

事发地市政府或省级民政、卫生、文化、体育部门积极稳妥、深入细致做好善后处理工作。对事件中的伤亡人员，以及紧急调集、征用有关单位、个人的物质等，要按规定给予抚恤、补助或者偿还、补偿。

6.2 事故调查

重大事故由省政府派出事故调查组进行调查；特别重大事故由国务院派出事故调查组进行调查，省有关部门协助调查。事故调查按照国家有关法律、法规的规定，对大型群众性文体活动事故的原因、性质、影响、责任和经验教训等问题进行综合调查评估，并对有关责任人提出处理建议。

7 应急保障

7.1 经费保障

省大型群众性文体活动事故应急准备和救援工作所需资金由省公安厅提出预算，经省财政厅审核后列入省级财政预算。

7.2 物资、装备保障

各级政府和有关部门应加强大型群众性文体活动事故应急处置的物资、装备储备，切实提高应急保障能力。

7.3 通信保障

大型群众性文体活动事故应急处置工作所需的通信保障体系，由省通信管理局等部门负责建立，确保本预案启动时各单位的联络畅通，以及应急处置行动的指挥畅通。

7.4 组织纪律保障

严格工作纪律，形成快速高效的部门协作机制。参与应急处置的各部门在接到行动指令后，要迅速组织或指派相关人员、装备，在最短的时间内赶赴现场，在现场指挥部的统一指挥下，根据预案中明确的职责快速投入事故应急处置。各部门要加强联系沟通，互相配合，团结协作，形成合力。工作中要严格做到服从命令，听从指挥，恪尽职守，及时处置。

7.5 预案演练

各级大型群众性文体活动事故应急处置指挥机构要按照本级预案及相关行动方案，适时组织大型群众性文体活动事故应急处置实战演练，磨合机制、锻炼队伍、完善预案，切实提高防范和处置大型群众性文体活动事故的能力。

8 附则

8.1 管理与更新

本预案由省公安厅牵头制订，报省政府批准后实施。随着形势发展，省公安厅应会同成员单位及时修订完善本预案，报省政府批准。

各市、县（市、区）政府和省级有关部门依据本预案，结合本地区、本部门实际情况，制订相应的大型群众性文体活动事故应急预案和行动方案，报省公安厅备案。

8.2 奖励与责任追究

8.2.1 奖励

在大型群众性文体活动事故应急处置行动中，有下列表现之一的单位和个人，应根据有关规定予以奖励：

（1）出色完成应急任务，成绩显著的；

（2）防止或挽救事故灾害有功，使人民群众的生命和国家、集体财产免受损失和减少损失的；

（3）对应急准备或应急响应提出重要建议，实施效果显著的；

（4）有其他特殊贡献的。

8.2.2 责任追究

在大型群众性文体活动事故应急处置行动中，有下列行为之一的，按照法律、法规和有关规定，对有关责任人视情节和危害后果，由其所在单位或上级机关给予行政处分；其中，对国家公务人员和国家机关任命的其他人员，分别由任免机关或监察机关给予行政处分；属于违反治安管理行为的，由公安机关依法予以治安处罚；构成犯罪的，由司法机关依法追究刑事责任：

（1）不按照规定制订大型群众性文体活动事故应急预案和行动方案，拒绝履行应急准备义务的；

（2）不按照规定报告、通报事故真实情况的；

（3）拒不执行大型群众性文体活动事故应急预案，不服从命令和指挥，或者在应急响应时临阵脱逃的；

（4）盗窃、挪用、贪污应急救援保障资金和物资的；

（5）阻碍应急工作人员依法执行任务或者进行破坏活动的；

（6）散布谣言，扰乱社会秩序的；

（7）有其他危害应急处置工作行为的。

8.3　实施时间

本预案自印发之日起实施。

附四：

预警信号

依据突发公共事件即将造成的危害程度、发展情况和紧迫性等因素，预警信号由低到高划分为一般（IV级）、较重（III级）、严重（II级）、特别严重（I级）四个预警级别，并依次采用蓝色、黄色、橙色和红色来加以表示。

🔵	蓝色等级 （IV级）	预计将要发生一般（IV级）以上突发公共安全事件，事件即将临近，事态可能会扩大。
🟡	黄色等级 （III级）	预计将要发生较大（II级）以上突发公共安全事件，事件已经临近，事态有扩大的趋势。
🟠	橙色等级 （II级）	预计将要发生重大（II级）以上突发公共安全事件，事件即将发生，事态正在逐步扩大。
🔴	红色等级 （I级）	预计将要发生特别重大（I级）以上突发公共安全事件，事件会随时发生，事态正在不断蔓延。

气象灾害预警信号

（资料源自中央气象局网站，2008年9月5日）

灾　　害	图例	预警 等级	预警含义
台风		IV级	24小时内可能或者已经受热带气旋影响，沿海或者陆地平均风力达6级以上，或者阵风8级以上并可能持续。
		III级	24小时内可能或者已经受热带气旋影响，沿海或者陆地平均风力达8级以上，或者阵风10级以上并可能持续。

		II 级	12 小时内可能或者已经受热带气旋影响，沿海或者陆地平均风力达 10 级以上，或者阵风 12 级以上并可能持续。
		I 级	6 小时内可能或者已经受热带气旋影响，沿海或者陆地平均风力达 12 级以上，或者阵风达 14 级以上并可能持续。
暴雨		IV 级	12 小时内降雨量将达 50 毫米以上，或者已达 50 毫米以上且降雨可能持续。
		III 级	6 小时内降雨量将达 50 毫米以上，或者已达 50 毫米以上且降雨可能持续。
		II 级	3 小时内降雨量将达 50 毫米以上，或者已达 50 毫米以上且降雨可能持续。
		I 级	3 小时内降雨量将达 100 毫米以上，或者已达 100 毫米以上且降雨可能持续。
大风		IV 级	24 小时内可能受大风影响，平均风力可达 6 级以上，或者阵风 7 级以上；或者已经受大风影响，平均风力为 6 级～7 级，或者阵风 7 级～8 级并可能持续。
		III 级	12 小时内可能受大风影响，平均风力可达 8 级以上，或者阵风 9 级以上；或者已经受大风影响，平均风力为 8 级～9 级，或者阵风 9 级～10 级并可能持续。

		II 级	6 小时内可能受大风影响，平均风力可达 10 级以上，或者阵风 11 级以上；或者已经受大风影响，平均风力为 10 级～11 级，或者阵风 11 级～12 级并可能持续。
		I 级	6 小时内可能受大风影响，平均风力可达 12 级以上，或者阵风 13 级以上；或者已经受大风影响，平均风力为 12 级以上，或者阵风 13 级以上并可能持续。
雷电		III 级	6 小时内可能发生雷电活动，可能会造成雷电灾害事故。
		II 级	2 小时内发生雷电活动的可能性很大，或者已经受雷电活动影响，且可能持续，出现雷电灾害事故的可能性比较大。
		I 级	2 小时内发生雷电活动的可能性非常大，或者已经有强烈的雷电活动发生，且可能持续，出现雷电灾害事故的可能性非常大。
冰雹		II 级	6 小时内可能出现冰雹天气，并可能造成雹灾。
		I 级	2 小时内出现冰雹可能性极大，并可能造成重雹灾。
大雾		III 级	12 小时内可能出现能见度小于 500 米的雾，或者已经出现能见度小于 500 米、大于等于 200 米的雾并将持续。
		II 级	6 小时内可能出现能见度小于 200 米的雾，或者已经出现能见度小于 200 米、大于等于 50 米的雾并将持续。

		I 级	2 小时内可能出现能见度小于 50 米的雾，或者已经出现能见度小于 50 米的雾并将持续。
霾		III 级	12 小时内可能出现能见度小于 3000 米的霾，或者已经出现能见度小于 3000 米的霾且可能持续。
		II 级	6 小时内可能出现能见度小于 2000 米的霾，或者已经出现能见度小于 2000 米的霾且可能持续。
沙尘暴		III 级	12 小时内可能出现沙尘暴天气（能见度小于 1000 米），或者已经出现沙尘暴天气并可能持续。
		II 级	6 小时内可能出现强沙尘暴天气（能见度小于 500 米），或者已经出现强沙尘暴天气并可能持续。
		I 级	6 小时内可能出现特强沙尘暴天气（能见度小于 50 米），或者已经出现特强沙尘暴天气并可能持续。
寒潮		IV 级	48 小时内最低气温将要下降 8℃以上，最低气温小于等于 4℃，陆地平均风力可达 5 级以上；或者已经下降 8℃以上，最低气温小于等于 4℃，平均风力达 5 级以上，并可能持续。
		III 级	24 小时内最低气温将要下降 10℃以上，最低气温小于等于 4℃，陆地平均风力可达 6 级以上；或者已经下降 10℃以上，最低气温小于等于 4℃，平均风力达 6 级以上，并可能持续。
		II 级	24 小时内最低气温将要下降 12℃以上，最低气温小于等于 0℃，陆地平均风力可达 6 级以上；或者已经下降 12℃以上，最低气温小于等于 0℃，平均风力达 6 级以上，并可能持续。

		I 级	24 小时内最低气温将要下降 16℃以上，最低气温小于等于 0℃，陆地平均风力可达 6 级以上；或者已经下降 16℃以上，最低气温小于等于 0℃，平均风力达 6 级以上，并可能持续。
霜冻		IV 级	48 小时内地面最低温度将要下降到 0℃以下，对农业将产生影响，或者已经降到 0℃以下，对农业已经产生影响，并可能持续。
		III 级	24 小时内地面最低温度将要下降到零下 3℃以下，对农业将产生严重影响，或者已经降到零下 3℃以下，对农业已经产生严重影响，并可能持续。
		II 级	24 小时内地面最低温度将要下降到零下 5℃以下，对农业将产生严重影响，或者已经降到零下 5℃以下，对农业已经产生严重影响，并将持续。
暴雪		IV 级	12 小时内降雪量将达 4 毫米以上，或者已达 4 毫米以上且降雪持续，可能对交通或者农牧业有影响。
		III 级	12 小时内降雪量将达 6 毫米以上，或者已达 6 毫米以上且降雪持续，可能对交通或者农牧业有影响。
		II 级	6 小时内降雪量将达 10 毫米以上，或者已达 10 毫米以上且降雪持续，可能或者已经对交通或者农牧业有较大影响。
		I 级	6 小时内降雪量将达 15 毫米以上，或者已达 15 毫米以上且降雪持续，可能或者已经对交通或者农牧业有较大影响。

道路结冰		III 级	当路表温度低于 0℃，出现降水，12 小时内可能出现对交通有影响的道路结冰。
		II 级	当路表温度低于 0℃，出现降水，6 小时内可能出现对交通有较大影响的道路结冰。
		I 级	当路表温度低于 0℃，出现降水，2 小时内可能出现或者已经出现对交通有很大影响的道路结冰。
高温		III 级	连续三天日最高气温将在 35℃ 以上。
		II 级	24 小时内最高气温将升至 37℃ 以上。
		I 级	24 小时内最高气温将升至 40℃ 以上。
干旱		II 级	预计未来一周综合气象干旱指数达到重旱（气象干旱为 25 年～50 年一遇），或者某一县（区）有 40% 以上的农作物受旱。
		I 级	预计未来一周综合气象干旱指数达到特旱（气象干旱为 50 年以上一遇），或者某一县（区）有 60% 以上的农作物受旱。
森林火险		III 级	森林火险等级为三级。中度危险，林内可燃物较易燃烧，森林火灾较易发生。
		II 级	森林火险等级为四级。高度危险，林内可燃物容易燃烧，森林火灾容易发生，火势蔓延速度快。
		I 级	森林火险等级为五级。极度危险，林内可燃物极易燃烧，森林火灾极易发生，火势蔓延速度极快。

附五：

应急标志

应急供电 Emergency Power Supply 应急供电道路指示标志 指示应急供电、照明设施的方向	应急指挥 Emergency Command 应急指挥道路指示标志 指示应急指挥场所的方向
应急棚宿区 Area For Makeshift Tents 应急棚宿区道路指示标志 指示应急棚宿区的方向	应急厕所 Emergency Toilets 应急厕所道路指示标志 指示应急厕所的方向
应急水井 Emergency Drinking Well 应急水井道路指示标志 指示应急水井的方向	应急供水 Emergency Water Supply 应急供水道路指示标志 指示应急供水设施的方向
应急停机坪 Emergency Airfield 应急停机坪道路指示标志 指示应急停机坪的方向	应急医疗救护 Emergency Medical Treatment 应急医疗救护道路指示标志 指示应急医疗救护、卫生防疫场所的方向
应急物资供应 Emergency Goods Supply 应急物资供应道路指示标志 指示应急救扬资供应场所的方向	应急灭火器 Emergency Fire Extinguisher 应急灭火器道路指示标志 指示应急灭火器的方向

附六：

全身血液循环模型

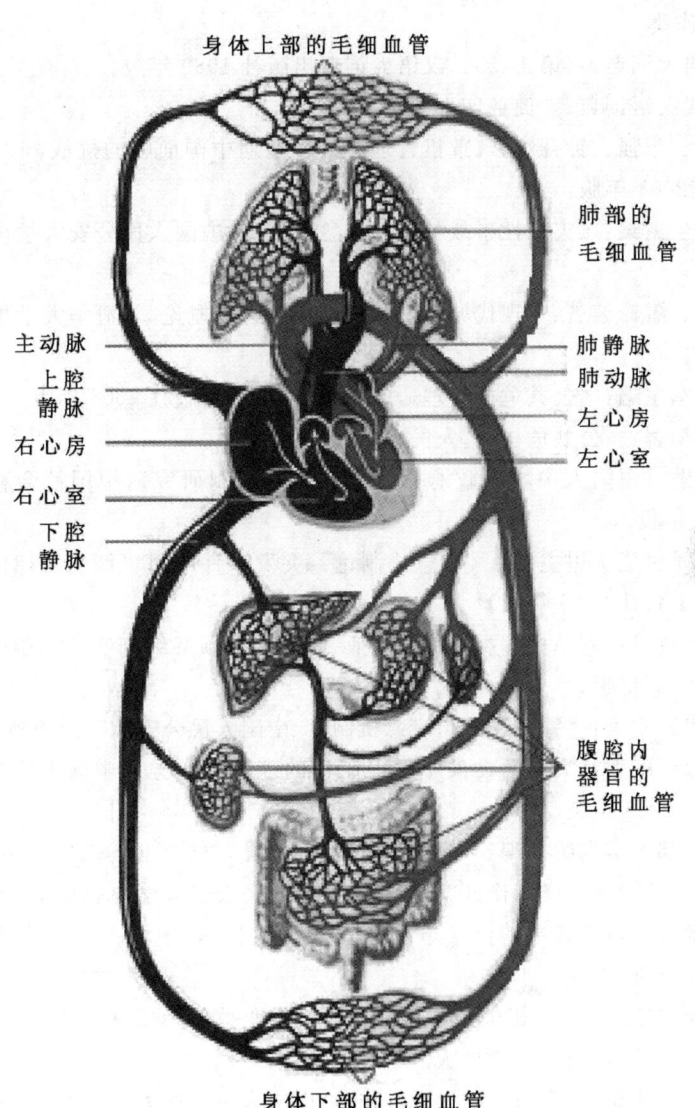

身体上部的毛细血管

肺部的
毛细血管

主动脉
上腔
静脉
右心房
右心室
下腔
静脉

肺静脉
肺动脉
左心房
左心室

腹腔内
器官的
毛细血管

身体下部的毛细血管

参考文献

一、著作类

1. 《汉语大词典》(第 4 卷)，汉语大词典出版社 1989 年版。

2. 《现代汉语词典》，商务印书馆 1996 年版。

3. 薛澜、张强、钟开斌：《危机管理——转型期中国面临的挑战》，清华大学出版社 2003 年版。

4. 郭太生主编：《灾难性事故与事件应急处置》，中国人民公安大学出版社 2006 年版。

5. 张沛、潘锋编著：《现代城市公共安全应急管理概论》，清华大学出版社 2007 年版。

6. 肖鹏军主编：《公共危机管理》，中国人民大学出版社 2006 年版。

7. 卢涛编著：《公共危机》，人民出版社 2008 年版。

8. 薛克勋:《中国大中城市政府紧急事件响应机制研究》,中国社会科学出版社 2005 年版。

9. 韩大元、莫于川主编：《应急法制论：突发事件应对机制的法律问题研究》，法律出版社 2005 年版。

10. 应急救援系列丛书编委会编:《企业、政府应急预案编制实务》,中国石化出版社 2008 年版。

11. 余凌云主编：《警察预警与应急机制》，中国人民公安大学出版社 2007 年版。

12. 华敬锋编著:《大型活动安全保卫工作的理论与实务》,中国人民公安大学出版社 2006 年版。

13. 公安部人事训练局编：《犯罪现场勘查教程》，群众出版社 2000 年版。

14. 段钢编著：《怎样制作办案笔录》，中国人民公安大学出版社 2003 年版。

15. 丛术良、陈建武主编：《单位治安保卫教程》，中国人民公安大学出版社 2005 年版。

16. 冯琐柱等编著：《机关、团体、企业、事业单位治安保卫工作》，中国人民公安大学出版社 2004 年版。

17. 马社强主编：《交通事故处理教程》，中国人民公安大学出版社 2005 年版。

18. 郭太生主编：《事故对策学》，中国人民公安大学出版社 2002 年版。

19. 孙绍玉等编著:《火灾防范与火场逃生概论》,中国人民公安大学出版社2001年版。

20. 王自齐、赵金根主编:《化学事故与应急救援》,化学工业出版社2004年版。

21. 冯琐柱主编:《治安事件预防、预警与处警》,中国人民公安大学出版社2002年版。

22. 张胜前主编:《治安事件处置》,中国人民公安大学出版社2001年版。

23. 谷福生、李斌杰编著:《巡警执法执勤工作规范300问》,中国法制出版社2006年版。

24. 李小明主编:《中国保安学》,警官教育出版社1998年版。

25. 陈建武、徐秀林主编:《保安勤务》,中国商业出版社2007年版。

26. 李晓明、王精忠主编:《保安紧急情况临场处置》,中国人民公安大学出版社2002年版。

27. 劳动和社会保障部教材办公室等编写:《助理保卫师》,中国劳动社会保障出版社2005年版。

28. 劳动和社会保障部教材办公室等编写:《保卫员(中级)》,中国劳动社会保障出版社2005年版。

29. 中国红十字总会编:《救护员指南》,社会科学文献出版社2005年版。

30. 中国红十字总会主编:《自救与救人——应急应变指南》,黑龙江科技出版社2000年版。

31. 高俊敏等编著:《野外生存与防身自救》,军事谊文出版社2000年版。

32. 孙照华主编:《应急自救指南》,中国农业出版社1994年版。

33. 柏树林主编:《人体解剖学》(第六版),人民卫生出版社2004年版。

34. 王一镗主编:《心肺脑复苏》(第二版),上海科学技术出版社2007年版。

35. 陆再英、终南山主编:《内科学》,人民卫生出版社2008年版。

36. 张淑华、刘瑛、车德仁主编:《实用警务现场急救》,中国人民公安大学出版社2004年版。

37. 吴在德、吴肇汉主编:《外科学》,人民卫生出版社2004年版。

38. 王保捷主编:《法医学》(第四版),人民卫生出版社2004年版。

39. 王大为、尹伟主编:《未成年人自我保护读本》,世界知识出版社1999年版。

40. 中国灾害防御协会主编:《市民公共安全应急指南》,北京大学出版社2006年版。

41. 浙江省人民政府应急管理办公室等编:《公众防灾应急手册》,浙江人民出版社2005年版。

42. 国土资源部主编:《临灾处置和应急救灾手册》,国土资源部网站。

43. 广东省人民政府应急管理办公室主编:《你准备好了吗——广东省应急知识

宣传手册》，广东人民出版社 2008 年版。

44. 北京市人民政府应急管理办公室主编：《首都市民防灾应急手册》，北京出版社 2005 年版。

45. 戚建刚、杨小敏编著：《从灾难中学习——突发事件应对案例评析》，中国法制出版社 2007 年版。

46. 桂维民编著：《应急管理 100 例》，中共中央党校出版社 2007 年版。

47. ［澳］罗伯特·希斯：《危机管理》，王成、宋炳辉、金瑛译，中信出版社 2001 年版。

48. ［英］约翰·怀斯曼主编：《生存手册》，李斌、倪明译，华文出版社 1999 年版。

49. Jamesf, Broder, Cfe, Facfe, *Risk Analysis and the Security Survey*, Elseviver Inc., 2006.

50. Russelll, Bintliff, *The Complete Manual of Corporate and Industrial Security*, Prentice Hall Int, 1992.

51. FEMA, *Are You Ready?—An In-depth Guide to Sitizen Preparedness*.

二、论文类

1. 张成福："公共危机管理：全面整合的模式与战略"，载《中国行政管理》2003 年第 7 期。

2. 王宁、王延章："应急管理体系及其业务流程研究"，载《公共管理学报》2004 年第 2 期。

3. 陈淑伟："我国公共危机管理研究的主题与视域"，载《南京市行政学院学报》2007 年第 1 期。

4. 李霞："我国政府危机管理与危机管理能力研究综述"，载《行政论坛》2007 年第 2 期。

5. 刘兵等："城市公共危机应急处置体系的主要问题与对策"，载《成都大学学报》2007 年第 3 期。

6. 张兆端："危机管理与危机警务"，载《江苏警官学院学报》2005 年第 4 期。

7. 刘铁民："突发公共事件应急预案编制与管理"，载《中国应急管理》2007 年第 5 期。

8. 王铭霞、王金桃："企业危机管理预案及设计"，载《商业研究》2005 年第 2 期。

9. 朱华桂、曾向东："监测预警体系建设与突发事件应急管理"，载《江苏社会科学》2007 年第 3 期。

10. 寇丽平："浅谈公共安全应急机制的基本构成"，载《山东警察学院学报》2007 年第 1 期。

11. 曾琼："构建我国突发公共安全事件指挥系统的思考"，载《中共伊犁州委党校学报》2007年第1期。

12. 李登圣："关于大型城市110指挥系统建设的思考"，载《警察技术》2007年第3期。

13. 陈芳："试论公共安全危机应急保障资源配置的原则与要素"，载《福建公安高等专科学校学报》2007年第6期。

14. 周志军："公安消防部队处置灾难性事故若干问题的思考"，载《消防科学与技术》2006年第6期。

15. 肖鹏英："论公共危机管理的法律制度建设"，载《学术论坛》2006年第4期。

16. 曹艳蓉："浅谈我国政府行政紧急权在公共应急法制中的行使"，载《理论界》2007年第5期。

17. 莫纪宏："紧急权力与紧急状态立法"，载《前线》2004年第5期。

18. 于安："制定紧急状态法的基本问题"，载《法学杂志》2004年第5期。

19. 李和、高双、王靖宁："街面巡逻处置突发事件的策略与战术"，载《中国刑事警察》2005年第3期。

20. 李琳："试论涉爆现场紧急处置原则和程序"，载《北京人民警察学院学报》2005年第2期。

21. 刘山勋："谈保安员如何进行现场保护"，载《辽宁警专学报》2005年第4期。

22. 李罡："与事故证人的沟通技巧"，载《安防科技》2004年第3期。

23. 李国民："六种刑事治安案件突发现场的处置程序"，载《中国保安》2005年第12期。

24. 靳慧云："计算机犯罪案件现场的认定和保护"，载《中国人民公安大学学报》2003年第3期。

25. 何凌："计算机犯罪现场勘查的先期处置"，载《苏州教育学院学报》2004年第2期。

26. 陈江渝、杨超："浅议大型会展活动安全保卫工作的十大原则"，载《公安研究》2005年第12期。

27. 赵忠诚："大型群众性活动安全保卫预案的特点、要素与要求"，载《铁道警官高等专科学校学报》2008年第1期。

28. 黄凤林、陈丽丽："大型集会性活动危机临战处置对策"，载《湖北警官学院学报》2006年第2期。

29. 冯红新、杜明星："大型活动安全保卫工作应急处置模式构建"，载《江苏警官学院学报》2006年第4期。

30. 华敬锋："大型活动安全保卫工作的原则"，载《公安研究》2004年第6期。

31. 刘艳芳："大型活动安保工作的组织指挥"，载《江苏警官学院学报》2005年第5期。

32. 林丽君："美国大型活动的安全保卫计划"，载《公安学刊》2005年第3期。

33. 臧建国："公共场所挤压踩伤事故的处置策略"，载《吉林公安高等专科学校学报》2005年第2期。

34. 何靖、彭国安、龚文武："大型国际性展会安全保卫措施的策划与组织"，载《公安研究》2008年第5期。

35. 徐乃龙："处置足球骚乱事件刍议"，载《山东公安专科学校学报》2004年第3期。

36. 薛克勋："用科学管理原理优化紧急事件接警服务"，载《广东公安科技》2004年第2期。

37. 姜乐军："试论当前农村群众集体上访的成因及对策"，载《云南行政学院学报》2007年第4期。

38. 费丽芳："当前群体性上访事件多发的症结剖析与思考"，载《社会科学论坛》2007年第1期。

39. 陈园月："湖南常德游客4·19集体上访事件处理始末"，载《中共桂林市委党校学报》2008年第1期。

40. 孙玉仁："试论司法警察安全检查勤务"，载《广西政法管理干部学院学报》2007年第3期。

41. 孔雯、陈普宪："群体性事件应急处置指挥机制的运行障碍与突破"，载《中国人民公安大学学报》2007年第1期。

42. 刘汉锦："五种群体性治安事件及处置特点初探"，载《警察技术》2001年第1期。

43. 田晓敏："论灾害事故应急处置中的新闻管理"，载《江西公安专科学校学报》2004年第4期。

44. 叶皓："政府在突发事件处置中的舆论引导"，载《现代传播》2004年第4期。

45. 张平："警务危机传播与应对媒体策略"，载《北京人民警察学院学报》2007年第6期。

46. 毛振军："在突发公共事件应急处置中政府对媒体管理存在的问题及对策"，载《实事求是》2007年第2期。

47. 纪国峰、翟良云："化学事故应急救援知识讲座——危险化学品事故现场处置基本程序"，载《劳动保护》2004年第4期。

图书在版编目（CIP）数据

现场处置 / 张绪梁，郭锦艳编著. —北京：中国政法大学出版社，2009.3
（2022.8重印）

ISBN 978-7-5620-3344-8

Ⅰ.现... Ⅱ.①张...②郭... Ⅲ.紧急事件—公共管理—教材 Ⅳ.D035

中国版本图书馆CIP数据核字(2009)第023534号

出版发行	中国政法大学出版社
经 销	全国各地新华书店
承 印	固安华明印业有限公司

720mm×960mm 16开本 25.75印张 455千字
2009年3月第1版 2022年8月第7次印刷
ISBN 978-7-5620-3344-8/D•3304
定 价：66.00元

社 址	北京市海淀区西土城路25号
电 话	(010)58908435(编辑部) 58908325(发行部) 58908334(邮购部)
通信地址	北京100088信箱8034分箱 邮政编码 100088
电子信箱	fada.jc@sohu.com(编辑部)
网 址	http://www.cuplpress.com (网络实名：中国政法大学出版社)